LA
RÉPUBLIQUE D'HAÏTI

ET

SES VISITEURS

(1840-1882)

UN PEUPLE NOIR DEVANT LES PEUPLES BLANCS
(Étude de politique et de sociologie comparées)

LA RÉPUBLIQUE D'HAÏTI

ET

SES VISITEURS (1840-1882)

RÉPONSE A M. VICTOR COCHINAT (DE LA *Petite Presse*)

ET A QUELQUES AUTRES ÉCRIVAINS

PAR

Louis-Joseph JANVIER

Docteur en médecine de la Faculté de Paris,
Lauréat de la Faculté de médecine de Paris, Élève à l'École des Sciences Politiques,
Membre de l'Association littéraire internationale,
de l'Association scientifique de France, de la Société française d'Hygiène,
Médaille décorative d'Haïti (1re classe), etc.

> Les juges seront jugés.
> J. MICHELET.
> (*La France devant l'Europe*, 1871.)
> Qui vit se passionne.
> Indifférence est preuve d'égoïsme,
> d'ignorance ou d'impuissance.
> ....
> Il vaut mieux mourir pour la patrie :
> c'est vivre éternellement.
> L. J. J.

PARIS

MARPON ET FLAMMARION, LIBRAIRES-ÉDITEURS

1 A 9, GALERIES DE L'ODÉON ET BOULEVARD DES ITALIENS, 10

1883

A MES DEUX MÈRES

MATRI — MATRIAE

> *Mater matriaque res sacræ sunt.*
> Le Sénat romain.
>
> La mère et la matrie sont des choses sacrées.
> La Convention française.

Même morte, la mère vit.

Elle revit dans l'enfant.

Le cerveau c'est elle qui le donne.

L'être intellectuel et moral que nous avons en nous est d'essence toute féminine.

Il se transforme par l'étude et par le raisonnement se masculinisant au fur et a mesure.

Mais jusqu'au jour dernier, l'enfant garde toujours quelque chose de la mère.

Même morte, la mère vit.

Elle revit dans l'enfant.

Matri.

* * *

Matriæ — Et a toi aussi, mère immatérielle ; tu as nourri mon cerveau : a toi, *res sacra*.

O mère ! O matrie ! Choses saintes, choses sacrées vous êtes !...

C'est le cœur tout empli de vous ; c'est l'être tout bouillant de colère ; c'est le sang tout brulé d'amour que j'ai écrit ces pages — et en pensant a vous.

Mères, vous êtes deux... et vous n'êtes qu'une.

A TOI

LIS—JOS—IYER.

Paris 15 Octobre 1882.

AVANT-PROPOS

Ibo.

Il y a quatre-vingts ans qu'Haïti est assise sur la sellette. L'accusée n'a jamais pu répondre qu'à de rares et courts intervalles. Presque toujours on n'entendait pas sa voix.

Elle demande la parole.

Ce livre est actuel, opportun, nécessaire.

Les exigences de la polémique seules m'ont empêché de lui donner une forme didactique, doctrinale, dogmatique.

Il n'expose, ne résume et ne prévoit pas moins le passé, le présent et l'avenir de la nation haïtienne.

*
* *

Du 8 Septembre au 31 Décembre 1881, il parut, dans un petit journal quotidien de Paris, des chroniques que je trouvai injurieuses et calomnieuses pour ma patrie.

Je fus indigné de voir qu'elles étaient signées du

nom d'un homme qui, jusqu'alors, avait toujours passé, bien à tort, pour être l'ami des Haïtiens.

Je crus qu'il m'était d'impérieux devoir de protester contre la véracité de ces chroniques.

Et c'est ainsi que sont nées ces pages.

Je sais que la pensée qui me les dicte me sera plus tard reprochée par quelques-uns.

Mais ma conscience avec laquelle je n'ai jamais transigé — et ne transigerai jamais — est la seule règle à laquelle j'obéisse.

Tant pis pour ceux qui trouveraient à redire que je lui ai obéi en cette circonstance.

Nul ne peut être jugé que par ses pairs.

Je ne me soucie que du jugement de ceux qui — quels qu'ils soient et à quelque nationalité qu'ils appartiennent — aiment véritablement et pleinement leur patrie et l'humanité. Ce sont les seuls qui aient du cœur.

J'ose me flatter que ceux-là me donneront toujours raison.

Cela me suffit.

Louis-Joseph JANVIER.

Paris, 4, rue de l'Ecole-de-Médecine.
Ce 15 Octobre 1882.

PRÉFACE

> Mille chemins, un seul but.
> Victor Hugo.
> *Porque no ?....*
> L.-J. J.

La patrie (*la matrie,* comme disaient si bien les Doriens) est l'amour des amours. Elle nous apparaît dans nos songes comme une jeune mère adorée, ou comme une puissante nourrice qui allaite, par millions. . . . .

Faible image ! non seulement elle nous allaite, mais elle nous contient en soi : *In ea movemur et sumus.*

. . . .

Plus l'homme avance, plus il entre dans le génie de sa patrie, mieux il concourt à l'harmonie du globe ; il apprend à connaître cette patrie, et dans sa valeur propre et dans sa valeur relative, comme une note du grand concert ; il s'y associe par elle ; en elle il aime le monde.

La patrie est l'initiation nécessaire à l'éternelle patrie.

. . . .

Que l'homme, dès l'enfance, s'habitue à reconnaître un Dieu vivant dans la Patrie.

MICHELET. *Le Peuple.*

***

J'aime les âmes généreuses qui ont foi dans la justice et qui défendent leurs droits. C'est avec ces âmes-là qu'on fait un grand peuple.

LABOULAYE. *Paris en Amérique.*

***

La patrie est plus que ton père et plus que ta mère ; et quelque violence ou quelque injustice qu'elle nous fasse, nous devons la subir sans chercher à y échapper.

SOCRATE à CRITON, d'après Paul DE SAINT-VICTOR.
Barbares et Bandits.

***

Les enfants sont moins à leurs parents qu'à la cité.

PLATON.

***

L'amour de la patrie conduit à la bonté des mœurs, et la bonté des mœurs mène à l'amour de la patrie.

MONTESQUIEU.

L'outrage engendre l'outrage.

Proverbe arabe.

Le plus beau des instincts de l'homme est l'amour de la patrie.

CHATEAUBRIAND.

Ma patrie est ma gloire et mon unique amour.

VICTOR HUGO.

Défendre son pays par la plume comme par l'épée est toujours un devoir en même temps qu'un honneur.

V. SCHŒLCHER.
Lettre aux Haïtiens. In *Détracteurs de la Race noire*, 1882.

Une nation est une âme, un principe spirituel. Deux choses qui, à vrai dire, n'en font qu'une constituent cette âme, ce principe spirituel.

L'une est dans le passé, l'autre est dans le présent.

L'une est la possession en commun d'un riche legs de souvenirs; l'autre est le consentement actuel, le désir de vivre ensemble, la volonté de continuer à faire valoir l'héritage qu'on a reçu indivis.

L'homme ne s'improvise pas. La nation, comme l'individu, est l'aboutissant d'un long passé d'efforts, de sacrifices et de dévouements.

Le culte des ancêtres est de tous le plus légitime, les ancêtres nous ont faits ce que nous sommes.

Un passé héroïque, de grands hommes, de la gloire (j'entends de la véritable), voilà le capital social sur lequel on assied une idée nationale. Avoir des gloires communes dans le passé, une volonté commune dans le présent, avoir fait de grandes choses ensemble, vouloir en faire encore, voilà la condition essentielle pour être un peuple. On aime en proportion des sacrifices qu'on a consentis, des maux qu'on a soufferts. On aime la maison qu'on a bâtie et qu'on transmet. Le chant spartiate : « Nous sommes ce que vous fûtes ; nous serons ce que vous êtes », est, dans sa simplicité, l'hymne abrégé de toute patrie . . .

. . . .

La souffrance en commun unit plus que la joie. En fait de souvenirs nationaux, les deuils valent mieux que les triomphes ; car ils imposent des devoirs, ils commandent l'effort en commun. . . .

. . . .

Une nation est donc une grande solidarité constituée par le sentiment des sacrifices qu'on a faits et de ceux qu'on est disposé à faire encore. Elle

suppose un passé, elle se résume pourtant dans le présent par un fait tangible : le consentement, le désir clairement exprimé de continuer la vie commune. L'existence d'une nation est un plébiscite de tous les jours, comme l'existence de l'individu est une affirmation perpétuelle de la vie. . . . . .
. . . .

L'homme n'est esclave ni de sa race, ni de sa langue, ni de sa religion, ni du cours des fleuves, ni de la direction des chaînes de montagnes. Une grande agrégation d'hommes saine d'esprit et chaude de cœur crée une conscience morale qui s'appelle une nation. . . . .
. . . .

Le moyen d'avoir raison dans l'avenir est à certaines heures de savoir se résigner à être démodé.

Ernest-RENAN.
Qu'est-ce qu'une nation? 1882.

* *

Un gouvernement a pour fonction de défendre les intérêts égoïstes de la nation.

Pierre LAFFITE.

* *

Le patriotisme est une des formes les plus vivantes et les plus élevées de la morale.

Camille DOUCET.

— VIII —

*
* *

Combien y en a-t-il qui vivent et qui meurent sans savoir même s'il y a une patrie.

Le chancelier D'AGUESSEAU.
Discours de rentrée du Parlement.

*
* *

Il y a des gens qui ont des cornes de taureau pour se défendre, il y en a d'autres qui n'ont que des cornes de colimaçon.

Carmen SYLVA
(Elisabeth de Roumanie).

*
* *

Quand revoyroy-je, hélas! de mon petit village
Fumer la cheminée? Et en quelle saison
Revoyroy-je le clos de ma pauvre maison
Qui m'est une province et beaucoup davantage?

J. DU BELLAY.

*
* *

Nos père et mère, nos enfants, nos parents, nos amis nous sont chers, mais tous ces amours viennent se confondre et se réunir dans l'amour de la patrie.

CICÉRON.

*
* *

Etudions avec soin l'histoire de notre pays ;

appliquons-nous à la bien connaître ; plus nous le connaîtrons, plus nous l'aimerons, et l'amour donne tout : il donne la foi et l'espérance, il tourne en joie les sacrifices, il enseigne la constance et la modération, il engendre l'union, il prépare la force.

Victor COUSIN.
La Société française au XVIIe siècle.

* * *

La patrie n'est pas seulement une idée, un principe, un symbole ; c'est un être qui existe et que l'on voit, auquel on s'adresse ; dirait-on la Patrie absente sans cela ?

Taxile DELORD.

* * *

Père, mère, grands parents, camarades, compagnons d'armes, épouse, enfants, frais ou douloureux souvenirs : voilà ce que c'est que la patrie. Médire de tout cela est un crime dans tous les pays.

F. MALAPERT.
De l'Enseignement de l'histoire de France.

* * *

Beaucoup de gens ne critiquent que pour ne pas paraître ignorants. Ils ignorent que l'indulgence est la marque de la plus haute culture.

Carmen SYLVA.

— x —

Est-ce qu'on emporte sa patrie à la semelle de ses souliers ?

DANTON.

Dans la vivacité même de la polémique, il ne faut jamais rien faire, rien dire, rien écrire, qui, pour atteindre un adversaire, risque de blesser la patrie.

Henri MARION.

.... O Patrie ! ineffable mystère ! Mot sublime et terrible ! inconcevable amour !

A. DE MUSSET.

Quant à nous qui aimons notre pays, nous saluons avec une sympathie et un respect profonds tous ceux qui savent se dévouer à la défense du leur.

Henri ROCHEFORT.
Intransigeant du 27 Juillet 1882.

L'amour de la patrie est aux nations ce que l'amour de la vie est à l'homme.

LAMARTINE.

La patrie est le lien qui nous unit aux hommes

de notre race, à ceux du passé et de l'avenir comme à ceux du présent.

C'est un champ toujours en semailles et en moissons : nous moissonnons les semailles de nos ancêtres et nous semons les moissons de nos héritiers.

Paul BOURDE.
Le Patriote, 1882.

* * *

On n'élève pas les âmes sans les affranchir.

GUIZOT.
Mémoires de mon temps.

* * *

L'amour de la patrie est aussi une religion. De lui peuvent découler toutes les grandeurs, toutes les vertus. Il est la première et la plus vigoureuse source de l'honnêteté et de l'honneur.

Thomas GRIMM.
Le Petit Journal du 19 Septembre 1882.

* * *

Soyons modestes chacun pour nous ; ne le soyons pas, nous n'en avons pas le droit, pour notre nation ; ne faisons pas bon marché d'une possession qui n'a d'égale nulle part.

La Patrie est aussi là.

E. BERSOT.
Discours à l'Académie des sciences morales et politiques.

*
* *

Nous voulons qu'on respecte la patrie, parce que nous y voyons une expression, une des manifestations les plus élevées de la pensée humaine.

La patrie ne se définit pas par des limites naturelles, elle ne se définit pas par la langue, par la race ; elle n'a presque rien à démêler avec la géographie, la linguistique, l'ethnographie. La patrie se constitue par le libre et mutuel consentement d'hommes qui veulent vivre sous un régime politique et social qu'ils ont librement créé et adopté. Elle se cimente par le souvenir des luttes soutenues ensemble pour conquérir cet état social, par la fraternité des champs de bataille, du sang versé, et aussi par les aspirations communes et les intérêts communs.

Il n'y a d'unité de patrie et de nation que lorsque chacun des membres de cette nation est prêt à périr pour la défense de tous.

Paul BERT.
Conférence faite au Palais du Trocadéro,
le 8 Août 1882.

*
* *

L'insulté, c'est comme Dieu : tous les hommes sont égaux devant elle ; il n'y a ni grand insulteur ni petit insulté.

Claude TILLIER.

*
* *

L'amour de la patrie peut seul donner la durée

à la patrie ; lui seul peut créer cette union des esprits, des cœurs, des courages, des vertus qui est la vie d'un pays, sa fécondité et sa grandeur au dedans, sa puissance au dehors. Un pays divisé est une proie toute prête pour qui veut la dévorer.

Charles LÉVÊQUE.
Les Harmonies providentielles.

*
* *

Nous nous ensevelirons sous les ruines de notre Patrie plutôt que de laisser porter la moindre atteinte à nos droits politiques.

Le roi Henri CHRISTOPHE.
Manifeste du 18 *Septembre* 1814.

*
* *

La patrie est notre mère commune ; sa gloire est notre patrimoine à nous tous, et tous nous devons cultiver ce patrimoine avec un égal amour.

SAINT-REMY (des Cayes).
Pétion et Haïti, t. V.

X

Lorsque la patrie est injuriée l'injure rejaillit sur chaque citoyenne. Quand la nation est insultée chaque citoyen reçoit un soufflet sur la figure.

*
* *

Il est des hommes qui n'ont pas de patrie ; ce sont ceux qui n'aiment pas la leur.

※
※ ※

Une nation, en tant que personne morale, n'a pas le droit de se laisser diffamer. Si elle le laisse faire et qu'elle garde le silence, elle diminue d'autant la somme de bonne réputation et le capital moral dont elle a la garde ; elle amoindrit l'héritage de gloire qu'elle a reçu des ancêtres et qu'elle est tenue de transmettre sinon augmenté, mais du moins non amoindri, à la nation renouvelée, c'est-à-dire aux futures générations.

※
※ ※

Celui qui calomnie une nation est plus criminel et moins brave que celui qui calomnie un homme.

※
※ ※

Plus on a d'étendue dans l'esprit moins on critique, parce que plus on embrasse plus on concilie.

※
※ ※

Ils m'ont dit : « Taisez-vous — Ne répondez point. » — J'ai dit : « Et ma conscience ?.. » « Rien ne dompte la conscience de l'homme, car la conscience de l'homme c'est la pensée de Dieu », a écrit Victor Hugo en tête des *Châtiments*.

*
* *

Un homme qui emploie son intelligence à faire mépriser une collection d'hommes est essentiellement méprisable ; il ne mérite aucun respect, aucun égard, aucune compassion.

*
* *

Il est dangereux pour un peuple comme pour un homme d'être connu par à peu près, par ouï-dire, d'après les légendes, les cancans, les anecdotes et les racontars. On est toujours quelque peu défiguré ; quelquefois même on est tué dans l'esprit des générations et dans celui des races futures.

*
* *

Les lymphatiques sont généralement sceptiques. Les sanguins sont croyants. Les nerveux deviennent facilement des fanatiques.

Je suis un sanguin !

*
* *

O mon Haïti chère ! Je crois en toi et tu es ma seule idole !...

*
* *

Qui n'aime sa patrie n'aime rien, et personne ne le doit aimer.

L.-J. J.
Détracteurs de la Race Noire, 1882.

Les Haïtiens sont déjà parvenus à cet état de culture intellectuelle que j'appelle, d'après Bagehot, « *l'âge de la discussion* ».

X

Et maintenant, je remercie la noble France, cette mamelle du monde, qui me nourrit le cerveau depuis tantôt six ans, et qui permet, par ainsi, que je tienne aujourd'hui la plume pour la défense de ma patrie, de ma race attaquées, injuriées, calomniées par quelques hommes du Moyen-Age égarés au milieu du XIXe siècle, par quelques individus qui ne veulent pas comprendre que l'on ne peut faire reculer ni le soleil, ni la sublime Révolution française, ni Haïti, fille de l'un et filleule de l'autre, ni la race noire qui s'éveille, sortant enfin du bagne matériel et intellectuel où l'esclavage l'avait maintenue prisonnière pendant des semaines d'années, la faisant croupir dans l'abjection dépressive, les douleurs morales, les tortures physiques et les vilenies sans nom pendant de si longs et de si sombres jours.

LIS - JOS - JVER.

Paris, Octobre 1882.

COUP D'ŒIL SYNOPTIQUE

Voy.

« L'île d'Haïti, placée entre le 17me degré 55 minutes et le 20me degré de latitude septentrionale, et entre le 71mo et le 77mo degré de longitude occidentale du méridien de Paris, a environ 160 lieues de longueur de l'Est à l'Ouest, sur une largeur du Nord au Sud qui varie depuis 60 lieues jusqu'à 7, et 350 lieues de tour, non compris les anses. Sa surface, indépendamment des îles adjacentes, est évaluée à 5,200 lieues carrées.

« Elle est située à l'entrée du golfe du Mexique, dans l'Océan Atlantique. L'une des quatre Grandes Antilles, elle tient le premier rang après Cuba, placée à 22 lieues au Nord-Ouest. A l'Ouest-Sud-Ouest, elle a la Jamaïque dont elle est distante de 45 lieues; et à l'Est-Sud-Est, elle a Puerto-Rico qui en est éloignée de 20 lieues. Au Nord, se trouvent les îles Turques et les autres débouquements. Au Sud, elle n'est éloignée de la Colombie que d'environ 250 lieues, et moins d'intervalle la sépare des îles du Vent. De sorte que l'on peut dire que de toutes les Antilles, Haïti est la plus avantageusement située par rapport aux relations qu'elle peut avoir avec ces îles et avec la Colombie ; celles qu'elle entretient avec l'Europe et les Etats-Unis ne rendent pas moins avantageuse cette situation géographique. » (B. Ardouin, *Géographie d'Haïti*. Port-au-Prince, 1856.)

De toutes les îles Antilles, Haïti fut la première colonisée, et la richesse de son sol est telle qu'actuellement encore ce sol est le sol le plus fertile de toute l'Amérique insulaire.

Haïti fut découverte, le 6 Décembre 1492, par Christophe Colomb.

Avant la venue des Européens l'île portait plusieurs noms indiens : *Bohio* (Riche en villages), *Bahiti* ou *Haïti* (Terre Haute), *Quisqueya* (Grande Terre).

Les Espagnols la dénommèrent *Hispaniola* (Petite Espagne) ; plus tard les Français l'appelèrent *Saint-Domingue*.

Devenue indépendante en 1804, l'île reprit ce nom indien tant pittoresque et si mélodieux : *Haïti* (la Montagneuse).

Pour le moment, elle est divisée en deux parties : *la République dominicaine*, à l'Est : *la République haïtienne*, à l'Ouest.

Celle-ci est de beaucoup la plus peuplée, la plus connue, la plus riche et la plus commerçante. C'est toujours d'elle que l'on veut parler quand on dit simplement : *Haïti!*

C'est d'elle dont nous avons à nous occuper ici.

Gouvernement. — La République d'Haïti est gouvernée par un président nommé pour sept ans. Le président en charge est le général Salomon, qui fut ministre des Finances de 1848 à 1859 et, plus tard, ambassadeur en France et en Angleterre. Il a été élu le 23 Octobre 1879 par la Chambre et le Sénat réunis en *Assemblée nationale.*

« Il y a de quatre à cinq secrétaires d'Etat, selon que le président d'Haïti le juge utile. » (Art. 124 de la Constitution.) Ils sont responsables devant le Parlement. (*Constitution*, art. 129.)

Le cabinet actuel se compose de cinq ministres.

Voici quels sont les ministères et leur groupement : *Agriculture et Instruction publique.* — *Finances, Commerce et Relations extérieures.* — *Intérieur et Travaux publics.* — *Justice et Cultes.* — *Guerre et marine.*

Population. — La population de la République haïtienne est évaluée à 1,200,000 âmes.

Religion. — Les Haïtiens sont catholiques ou protestants.

Commerce. — Haïti fait un grand commerce avec les Etats-Unis, la France, l'Angleterre, l'Allemagne et l'Italie. En 1878, le total général de ce commerce s'élevait à 90 millions de francs, dont 53 millions à l'exportation et 37 millions à l'importation; le mouvement général de la navigation était de 1,624 navires, dont 775 à vapeur, ceux-ci jaugeant à eux seuls 1,066,658 tonneaux.

Dix ans de paix constante suffiront pour faire tripler le commerce de la République antiléenne.

Principales productions. — Le café, le coton, le campêche, l'acajou, le cacao, la cire, les cornes, les cuirs et peaux, les écailles, le gaïac, les piments, les citrons, etc.

Budget. — En 1878-1879, la loi de finances prévoyait 26 millions de recettes. Le budget des dépenses était calculé sur ce chiffre. Depuis trois ans le rendement des impôts n'a été qu'en augmentant.

Dette. — La double dette qu'Haïti a contractée envers la France (indemnité territoriale et emprunt de 1825) était réduite à 2,400,000 francs en 1880. La dette intérieure (dette flottante) et la dette extérieure (emprunt de 1875) sont de 35 millions de francs environ.

A l'étranger, la République haïtienne est représentée par des ministres plénipotentiaires à Paris, à Londres et à Washington.

A part ces agents diplomatiques, elle entretient

des consuls dans tous les grands ports de commerce d'Europe et d'Amérique.

Langue. — La française. Dans le peuple on parle un patois qui est un mélange de mots des langues française, anglaise et espagnole et de mots provenant des dialectes africains. Dans les écoles on enseigne aussi l'anglais et l'espagnol.

Administration. — Haïti se divise en neuf arrondissements financiers.

Au point de vue politique, elle est divisée en cinq départements. Ce sont : *l'Ouest*, chef-lieu : Port-au-Prince ; *le Nord*, chef-lieu : le Cap ; *le Sud*, chef-lieu : les Cayes ; *l'Artibonite*, chef-lieu : Gonaïves ; *le Nord-Ouest*, chef-lieu : Port-de-Paix. Les départements sont subdivisés en arrondissements, les arrondissements en communes, les communes en sections rurales. La justice est rendue par des tribunaux de paix, des tribunaux correctionnels, des tribunaux de commerce, des tribunaux civils et par le tribunal de Cassation.

Villes principales. — Port-au-Prince, capitale de la République (35,000 habitants), est le siège de l'archevêché d'Haïti. Le Cap (25,000 âmes) est érigée en évêché. Ces deux villes sont aussi les deux plus grandes places de commerce de la République noire.

Les autres villes du littoral, qui sont actuellement importantes par leur commerce ou leur situation géographique, sont : Jacmel, Aquin, les Cayes, Jérémie, Baradères, Miragoâne, Petit-Goâve, Saint-Marc, Môle-Saint-Nicolas, Fort-Liberté.

Iles adjacentes. — La Tortue, la Gonâve, les Cayemittes, la *Navaze*, l'Ile-à-Vaches, la *Béate* et *Alta-Vela*.

Un pareil pays vaut la peine d'être connu et respecté. S'il est attaqué, défiguré, blessé, diffamé, ridiculisé, bafoué, vilipendé, conspué, ses enfants doivent le défendre et le montrer sous son véritable jour.

C'est ce que je vais faire.

LIVRE PREMIER

~~~~~~~~

ESCARMOUCHES

SEPTEMBRE-OCTOBRE

Ahora!
L.-J. J.

CHAPITRE PREMIER

LES IMPERTINENCES DE M. COCHINAT

SOMMAIRE. — Lettre à Pinckombe. — Gustave d'Alaux. — *Unguibus et rostro*. — M. Cochinat, géographe. — La « baie-tise » de Cochinat. — Mouettes blanches et poissons volants. — C'est pharamineux ! — Inginac, Boyer et Ardouin. — Amour du clairon, question d'atavisme. — M. Cochinat et les commissionnaires en tous pays. — Mendiants à Paris, à Liverpool, à Cherbourg. — Apprenez à réfléchir, Monsieur Cochinat. — Le chauvinisme haïtien, fils du chauvinisme français. — Mère, ils t'ont craché au visage ! — L'orgueil ? Moyen de sélection, dit Darwin. — Beauté est signe de liberté. — Nous voulons faire nous-mêmes. — Haïti a coûté cher. — .... Toujours une main d'étranger qui tient les fils. — Ecrivains haïtiens, inclinez-vous.... et saluez-les ! Saluez !... — Etrangers qui ont écrit sur Haïti. — Leurs erreurs. — .... Il est meilleur d'avoir du bon sens. — Hygiéniste *omniscient !* — Je l'en défie ! — Appropriation des terres en Haïti. — Port-au-Prince. — Une *Commune* noire. — Population peu casanière... *à cause de la chaleur*. — Il dit tout le contraire de ce qui est. — *Notre* ancienne colonie ! — Ça lui emplit la bouche !... — Politiques en chambre et triples crétins ! — Oyez cette phrase. — Remontrances à un remontrant.

Le journal port-au-princien *l'Œil* (n° du 15 Octobre 1881) publia l'avis, la lettre et l'article suivants :

« 1° Les colonnes de l'*Œil*, que nous ouvrons à

M. Louis-Joseph Janvier pour la publication de l'article qu'on va lire, resteront naturellement ouvertes aussi à M. Victor Cochinat pour la réplique (1).

« *La direction.* »

2°

« Paris, 4, rue de l'Ecole-de-Médecine,
« 19 Septembre 1881.

« Monsieur Edouard Pinckombe,

« Sénateur de la République d'Haïti, directeur-
« gérant du journal *l'Œil*.

« Port-au-Prince (Haïti).

« Monsieur le Directeur-gérant,

« Je viens d'adresser la lettre suivante à M. Dal-
« loz, directeur de la *Petite Presse* :

« Monsieur le Directeur,

« Voltaire répétait souvent : « Mon Dieu, délivrez-moi de
« mes amis ; quant à mes ennemis, je m'en charge. »
« Lorsque quelqu'un qu'on suppose votre ami dit du mal
« de vous, tout le monde le croit sur parole.
« Ce que j'en dis ici vise M. Cochinat.
« M. Cochinat passe pour être l'ami des Haïtiens. Il vous
« adresse en ce moment de Port-au-Prince des chroniques
« sur Haïti que vous faites insérer dans la *Petite Presse*.

---

(1) M. Victor Cochinat ne répliqua pas.

« Ces chroniques sont de la plus pure fantaisie.

« Elles peuvent fausser l'esprit des abonnés de votre jour-
« nal aussi bien que causer des préjudices à un pays déjà
« trop calomnié.

« Si vous voulez m'ouvrir les colonnes de votre feuille, je
« m'offre à prouver jusqu'à quel point la vérité peut être tra-
« vestie ou dénaturée par un chroniqueur doué peut-être
« d'une trop riche imagination.

« Veuillez croire, Monsieur le Directeur, aux sentiments
« de reconnaissance anticipée avec lesquels j'ai l'honneur
« d'être

« Votre serviteur,

« Louis-Joseph JANVIER,

« 4, rue de l'Ecole-de-Médecine,
« Paris. »

« Quelle que soit la réponse de M. Dalloz, je veux
« faire insérer dans un journal haïtien une criti-
« que des chroniques publiées par M. Cochinat
« dans les colonnes d'un journal de Paris.

« Vous êtes trop patriote, Monsieur le Directeur,
« pour laisser calomnier davantage le pays qui
« vous a donné le jour.

« Trop longtemps, nous nous sommes laissé
« bafouer et traîner dans la boue sans jamais pro-
« tester contre les assertions erronées ou fausses
« dont on se servait pour le faire.

« Je suis d'avance persuadé, Monsieur le Direc-
« teur, que vous voudrez bien donner l'hospitalité
« dans les colonnes de votre journal aux lignes qui
« suivent.

« Je vous en remercie du bon de mon cœur et
« vous offre ici l'expression anticipée et la meil-
« leure de toute ma gratitude.

« Louis-Joseph JANVIER. »

3° *Les impertinences de M. Cochinat.*

« *Du bec et des ongles....* »

Sous le règne de l'empereur Faustin Ier, Haïti fut visité par un Français nommé Gustave d'Alaux. C'était un cerveau superficiel et étroit, un esprit léger, peu réfléchi et nullement philosophique.

M. Gustave d'Alaux — peut-être vit-il encore quelque part — avait au moins deux qualités : il écrivait sa langue maternelle et était spirituel.... parfois.

A son retour en France, il fit beaucoup rire de nous, en publiant un livre sur Haïti dans lequel il nous peignit sous les traits les plus ridicules et les plus mensongers.

Les lauriers de M. Gustave d'Alaux empêchaient M. Cochinat de dormir.

M. Cochinat est en ce moment de passage à Port-au-Prince, et il profite de l'hospitalité que nous lui donnons pour dire de nous le plus de mal possible dans un journal de Paris, *la Petite Presse.*

Il est impossible de relever toutes les assertions

erronées, toutes les anecdotes absurdes, toutes les réflexions saugrenues que M. Cochinat a écrites, rapportées ou faites sur Haïti et sur ses habitants.

Je viens ici attirer l'attention sur quelques-unes dont je veux faire toucher au doigt toute l'insanité ou toute l'ineptie et donner, par ainsi, une idée de l'œuvre et de l'écrivain.

M. Cochinat débute par une faute de géographie. Il dit :

« Pendant trois heures nous avons navigué pour entrer dans le port de Port-au-Prince, sur cette baie que forme à droite l'île de la Gonâve, et à gauche la pointe de Saint-Marc. »

J'en demande bien pardon à M. Cochinat, mais l'*île* de la Gonâve et la *pointe* de Saint-Marc n'ont jamais formé de BAIE. D'ailleurs, d'une façon générale, en géographie, une *île* et une *pointe* ne forment pas de baie ; elles peuvent *fermer* cette baie lorsqu'elles sont très rapprochées l'une de l'autre, mais tel n'est pas le cas ici, car, justement, le bras de mer qui s'étend entre la *pointe* de Saint-Marc et l'*île* de la Gonave est la partie la plus large du CANAL de Saint-Marc.

Si M. Cochinat s'était donné la peine de jeter un coup d'œil sur la carte, il aurait vu que la portion de mer qui baigne, d'un côté, la côte Est de la Gonâve et, de l'autre, la côte Ouest d'Haïti, porte — de la *pointe* de Saint-Marc à la *rade* de Port-au-Prince — le nom de *canal* de Saint-Marc.

C'est sur ce *canal* que le bateau qui portait M. Cochinat a navigué pendant trois heures.

Si je n'avais les calembours en horreur, je proposerais de donner le nom de son découvreur à la baie — si baie il y a — découverte d'une façon si inattendue par M. Cochinat, entré la pointe de Saint-Marc et l'île de la Gonâve, et je la baptiserais : — La *baie-tise* de Cochinat.

Et d'une !

Dans la rade de Port-au-Prince, M. Cochinat eut l'heur d'assister à un curieux spectacle.

Je cite ce chroniqueur par trop fantaisiste.

« Les mouettes blanches picoraient les cimes des vagues et *faisaient surgir* (sic) de leur sein des troupes de poissons volants qui piquaient l'air de leurs ailerons avant de retomber dans la mer. »

D'abord la phrase est écrite en un français douteux.

Mais le joli, c'est que — pour M. Cochinat — ce sont les mouettes qui font surgir les poissons volants du sein de la mer.

Plus savant que Buffon et Linné, M. Cochinat a observé cela tout seul. Heureuses mouettes ! quelle attraction exercez-vous donc sur les poissons volants pour que rien qu'en vous voyant picorer les sommets des vagues, ils surgissent du sein de la mer ?...

Et après qu'ils ont surgi, les poissons s'empressent de piquer l'air de leurs ailerons (que vouliez-vous qu'ils fissent, Monsieur Cochinat?) puis, ayant piqué, et satisfaits, sans doute, ils retombent dans la mer. Vraiment?... C'est pharamineux!...

M. Cochinat n'a oublié qu'une chose : c'est de nous dire ce que les mouettes faisaient pendant ce temps-là.

M. Cochinat n'est pas plus heureux en Histoire naturelle qu'il ne l'a été en Géographie.

Je lui donne le conseil — puisqu'il donne des conseils aux Haïtiens, je puis lui en donner aussi, — à titre de gracieuse restitution — je lui donne le conseil de relire Lacépède, et Buffon, et Cortambert.

Il fait quelquefois bon « se remembrer les chouses », dit Montaigne quelque part.

———

Ailleurs, M. Cochinat fait répondre par le président Boyer au général Inginac qui lui demandait du canon pour marcher contre Léogane : « Des canons, vous voulez donc qu'on les prenne?... »

La chose ainsi présentée, le lecteur qui n'est pas au courant croira, de suite, que le président Boyer doutait de la valeur de ses soldats jusqu'à les supposer plus lâches que les bourgeois qui composaient l'armée révolutionnaire du Sud. Ce qui eût été impossible, absurde.

Le président Boyer — si tant est que ce colloque ait eu lieu entre lui et Inginac — ne voulait pas donner des canons, sachant bien que les troupes, envoyées de Port-au-Prince pour combattre les insurgés, étaient dans l'intention de passer à l'ennemi.

Ce qui arriva. Relisez Ardouin, Monsieur Cochinat, t. XI, p. 325, et vous verrez qu'il a écrit :

« Toute la garde nationale de Port-au-Prince passa du côté des insurgés, avec les autres régiments de ligne. »

Voyons, voyons, Monsieur Cochinat, soyez de bonne foi, et, quand vous voulez raconter les choses, ne racontez pas à demi. N'ayez pas surtout l'air de douter du courage des Haïtiens. On sait à quoi s'en tenir là-dessus. On sait qu'ils descendent des flibustiers et des noirs d'Afrique — de rudes compagnons, les uns et les autres. Les lions n'ont jamais engendré des agneaux, et les Haïtiens n'ont pas dégénéré. Et la preuve, c'est cet amour du clairon et du tambour que vous les voyez avoir. Pure question d'atavisme moral dont vous ne vous rendez pas compte parce que vous n'avez jamais étudié les lois de l'hérédité psychologique !!....

M. Cochinat nous présente les commissionnaires de Port-au-Prince. Il les trouve déguenillés, — comme s'il n'en était pas ainsi partout! — et il ajoute :

> « Cette horde de commissionnaires sans médailles, sans tarif et surtout sans règle, nous donna d'abord une piètre idée de l'ordre qui devait régner dans la ville. »

M. Cochinat n'a vraiment pas de chance avec les commissionnaires. A Southampton, il en rencontre un qui lui prend ses bagages de force, pour les faire porter à bord ; à Port-au-Prince, ils se battent à coups de *coco-macaque* pour transporter les mêmes bagages. Et il s'en plaint. S'il allait dans les montagnes d'Haïti où il ne trouverait pas de commissionnaire du tout, il se plaindrait encore et dirait : « La paresse des montagnards est à nulle autre pareille : aucun d'eux n'a voulu consentir à porter mes bagages ? »

Décidément M. Cochinat appartient à la grande classe des voyageurs grincheux.

Et le piquant, c'est que le perspicace M. Cochinat juge déjà de l'ordre qui doit régner dans la ville rien qu'en voyant faire les commissionnaires du port! Quel homme, mon Dieu! Quel homme!...

Lorsqu'on débarque à Liverpool ou à Cherbourg, on est assailli par une nuée de mendiants qui vous forcent presque à leur faire l'aumône. A Paris, en hiver, et au quartier Latin, il en est de même avec les mendiants, les petits Italiens et les petits marchands de bouquets de violettes. Il n'y a pas moyen de s'en débarrasser, une fois qu'ils sont pendus après vos habits.

Et tenez, Monsieur Cochinat, en hiver aussi, le sixième de la population du cinquième arrondissement de Paris vit de charité publique. Si je me trompe, c'est d'après M. d'Haussonville et la « *Revue des Deux Mondes* » et les circulaires de M. Dubief, maire de cet arrondissement.

Eh bien! je vous le demande, qui donc s'est jamais servi de ces données comme critérium, comme base de raisonnement pour dire que Liverpool et Paris sont des villes où la misère et le désordre règnent en maîtres ?....

Apprenez à réfléchir, Monsieur Cochinat, à quelque chose cela est bon, et surtout ne jugez jamais trop vite et sur les apparences. C'est faire preuve d'étourderie et de légèreté de caractère que d'agir autrement.

M. Cochinat jugeant de l'ordre qui devait régner dans l'intérieur de la ville de Port-au-Prince, en voyant se quereller les commissionnaires du port, me fait l'effet de cet Anglais, qui, à peine débarqué à Boulogne, voyant passer une femme rousse, prend son calepin et écrit flegmatiquement : « En France, toutes les femmes sont rousses!.... »

Plus loin M. Cochinat dit :

« L'amour-propre ou plutôt la vanité des Haïtiens » — soyons poli, Monsieur — « est une chose à laquelle il ne faut jamais toucher..... A la moindre observation ou comparaison d'un étranger, ils répondent : — « Si notre pays « est si mauvais et le vôtre si bon, pourquoi donc venez-vous « chez nous? Qu'y venez-vous faire ? » Et ils croient sans réplique ce naïf argument. »

Moi, j'avoue ne pas en voir toute la naïveté, surtout quand il s'adresse à l'un de ces trop nombreux aventuriers, véritables mouches du coche, qui viennent nous *raser* en Haïti, quand ce n'est pas pour être entrepreneurs de révolutions ou tripoteurs d'affaires véreuses. Tripoteurs d'affaires véreuses, entendez-le bien, Monsieur Cochinat!...

Si tant est qu'elle soit naïve, cette réponse, je dirai à M. Cochinat qu'à Paris — où pourtant la naïveté ne court pas les rues — c'est exactement la même que l'on fait à tous les étrangers — de quelque nation qu'ils soient — dès l'instant qu'ils se permettent de critiquer les institutions, les mœurs et la politique françaises.

Un de mes amis, un Européen, a été menacé d'expulsion et dénoncé à la préfecture de police pour avoir osé défendre la cause de l'amnistie avant que cette mesure de haute et fine politique eût été votée par le Sénat.

Et puis, voyez-vous, Monsieur Cochinat, le

chauvinisme haïtien est fils du chauvinisme français (1).

Si — avant que de venir à Paris — je n'adorais Haïti comme on adore à la fois sa mère et sa maîtresse, mon séjour en France eût suffi pour m'ouvrir les yeux et pour me faire aimer ma patrie d'une amour folle, enfantine et furieuse!...

Les Français aiment tant leur pays et le défendent avec tant de généreuse colère, et j'ai tant pleuré de rage avec eux en lisant Paul de Saint-Victor et Deroulède, et en relisant Hugo et Michelet, que je haïrais jusques au mépris l'Haïtien qui ne défendrait pas Haïti de toute son éloquence et de tout son sang au besoin !

Mère, ils t'ont craché au visage et ils t'ont souffletée de leurs sarcasmes et de leurs rires lorsque, les entrailles saignantes et les flancs déchirés, tu pleurais en pansant tes blessures.

Les lâches ! les petits ! les mauvais ! !... Eh bien ! moi, le moindre de tes enfants, mère, je me dresse

---

(1) « Parmi les nombreuses variétés du chauvinisme, il y a celle
« des gens qui, dès qu'ils mettent le pied sur un sol étranger, se
« sentent pris instinctivement d'un irrésistible besoin de railler ou
« de dénigrer tout ce qu'ils aperçoivent. Ils ne prennent la peine ni
« d'étudier ni de comprendre un peuple dont souvent ils ne connais-
« sent rien, ni l'histoire, ni les mœurs, ni les institutions, ni la
« langue. Ils se font une opinion au débotté. C'est fini, ils n'en dé-
« mordront pas. »
La Justice, du 16 Octobre 1882.

Ce passage peut parfaitement être appliqué à M. Cochinat et à ses chroniques.
L.-J. J.

devant toi, et, la dextre armée d'une plume ou d'une épée, je te défendrai jusques à mon jour dernier.

Je les souffletterai à mon tour, et j'aurais voulu même qu'ils fussent tous là, réunis devant moi, dans un seul homme, pour lui cracher au visage et pour lui écraser la figure du talon de ma bottine!!....

Ce sentiment d'estime de soi que vous avez reconnu chez les Haïtiens et que vous appelez si improprement de la vanité, c'est de l'orgueil, Monsieur Cochinat. Et je souhaite que cet orgueil ne s'éteigne jamais dans leur cœur.

Savez-vous pourquoi? Parce que l'orgueil est un des meilleurs stimulants moraux de sélection; Darwin prétend que le paon n'a conquis les ornements de sa belle queue que parce qu'il est né orgueilleux.

C'est le sentiment d'orgueil que causent la liberté et l'indépendance qui nous fait — ainsi que vous l'avez observé — les plus beaux hommes de la race à laquelle vous appartenez.

Beauté est signe de liberté!

Et je vais parler franchement et sans ambages:

Vous tous, étrangers, noirs ou blancs, qui venez en Haïti pour faire fortune honnêtement — ou autrement — habitez avec nous, enrichissez-vous honnêtement — ou autrement — mais, de grâce, épargnez-nous vos conseils.

Vos conseils ! lorsqu'ils ne sont pas intéressés ou malveillants, ils sont impertinemment donnés.

Vous manquez généralement de tact et de mesure.

Nous voulons faire nous-mêmes. Et il y a dans ce superbe entêtement un sentiment d'orgueil que vous ne comprenez pas — vous autres tous — parce que vous n'avez pas payé aussi cher que nous le droit de dire, en frappant le sol du pied : « Ceci est mien, j'en peux faire ce que je veux ! »

Aucun pays, en effet — j'excepte la France — n'a fait, au milieu de difficultés sans nombre, de sourdes inimitiés, de haines mesquines, de lâchetés des uns et de dédains des nations qui nous étaient obligées, aucun pays n'a fait les efforts que les Haïtiens ont fait pour demeurer un peuple libre et fier (1).

Nous savons, d'ailleurs, ce qu'il nous faut, et,

---

(1) Nos aïeux ont combattu pour l'indépendance des États-Unis et ont versé leur sang pour cette cause au siège de Savannah.

Le président Pétion donna des armes, de l'argent et des hommes à Bolivar et aida le patriote colombien à délivrer son pays de la domination des Espagnols. C'est l'indépendance de la Colombie et du Vénézuela qui a amené celle du Pérou et celle de la Bolivie.

Eh bien ! à ce fameux congrès de Panama où Bolivar avait convié les représentants de tous les États libres de l'Amérique, les envoyés d'Haïti, sous les conseils de ceux des Etats-Unis, ne furent pas admis. Cela se passait sous Boyer. (Voir Ardouin.)

Vers la même époque, nous fîmes indirectement passer de l'argent aux Grecs qui combattaient alors pour leur indépendance. (Voir Ardouin.)

Quand nous avons fait ces nobles et généreuses choses, nous sortions de l'abject esclavage depuis un quart de siècle à peine. Tout bien considéré, il n'y a que la France qui ait fait aussi beau que nous.

quand nous voulons étudier, nous savons parfaitement aller à ces sources de lumière qui se nomment Paris, Londres, Berlin ou Washington.

Ce lopin de terre où nous sommes les maîtres, et que nous gardons avec un soin tant jaloux à nos arrière-neveux, nous l'avons payé trois fois. Nous l'avons d'abord acheté dans la personne de nos ancêtres, et payé de deux siècles de larmes et de sueur; puis nous l'avons payé d'une immense quantité de sang, et puis encore nous l'avons payé de 120 millions en argent.

Cent vingt millions d'argent! de 1825 à 1880! C'est un joli denier! Sans compter les cent mille francs par ci, les cent mille francs par là, que vous nous avez soutirés — après chaque révolution inutile que vous aviez faite — vous tous, qui mangiez avec nous la veille, et qui vous disiez nôtres, et qui, le lendemain, veniez nous menacer de Bismarck, de Disraëli ou de Fish, ou qui disiez que vous étiez nés à la Guadeloupe, à la Martinique ou... ailleurs.

Cent vingt millions en cinquante ans! — mettons deux cents millions en chiffres ronds — lorsque nous n'avons jamais eu qu'un budget annuel de vingt millions en moyenne! On serait pauvre à moins, Monsieur Cochinat.

Quand vous aurez fait chez vous — proportionnellement — ce que nous avons fait chez nous, et quand vous aurez dépensé ce que nous avons dépensé, vous viendrez nous donner des conseils et compter nos punaises et nos maringouins.

D'ici là, taisez-vous..., et laissez-nous faire !...

———

« Jamais, je crois, dit M. Cochinat, l'on n'a donné une
« idée vraie d'Haïti aux autres nations dans aucune publica-
« tion qui le concerne. Les gens du pays qui ont vécu en
« France n'osent signer une seule page dans un sens désap-
« probateur et ceux qui y viennent pour travailler se gardent
« bien, en ne louant pas tout ce qui se fait, de se créer des
« embarras. »

Cette phrase contient plusieurs erreurs.

D'abord, il est faux qu'ils se créent des embarras, les étrangers qui disent du mal de nous, en Haïti même. Et s'ils ne faisaient que cela : dire du mal de nous, nous les bénirions. Mais le mal, ce sont eux qui le font. Ce sont généralement les grandes maisons commerciales des principales villes de la République qui se constituent les bailleresses de fonds des politiciens et des révolutionnaires sans vergogne.

Si l'on cherchait bien, derrière chaque insurrection qui a eu lieu en Haïti depuis 1843 jusques à nos jours, on trouverait toujours une main d'étranger qui tient les fils et qui fait mouvoir les pantins.

En ce moment même où j'écris, je me suis laissé dire — cela sous toutes réserves — que ce sont les grands commerçants étrangers habitant Haïti qui font courir tous les bruits absurdes, toutes les bourdes, toutes les petites infamies qui ont circulé ces temps derniers sur le compte du Gouvernement actuel, parce qu'ils voient — dit-on — que l'usure, dont ils étaient accoutumés de vivre, va prendre fin dès que la Banque nationale d'Haïti aura commencé de fonctionner.

*
* *

Il est faux que les écrivains haïtiens n'aient jamais osé prendre la plume pour désapprouver la politique de tel ou tel gouvernement, et pour donner des conseils à leurs compatriotes.

Je ne veux pas citer les noms des écrivains contemporains — de peur d'en omettre un seul et de faire des jaloux — mais je dirai à M. Cochinat : Comment voulez-vous qu'un peuple si franc, si expansif, si batailleur, d'un caractère si fier, puisse taire ses pensées et craindre de les écrire ?

Les fils des boucaniers n'ont jamais désappris à parler haut... en Haïti, du moins.

Le sang franco-africain qui bout dans leurs veines les empêche d'être des taciturnes et des hypocrites.

Tenez, Monsieur Cochinat, prenez les cinq derniers volumes d'Ardouin et lisez-les. Vous verrez les noms suivants : Darfour, Milcent, Prévost, Nau, Dumai-Lespinasse, David-Troy, Granville, Courtois, Cauvin ainé, etc. ; inclinez-vous et... saluez.

Saluez-les ! ils étaient journalistes et prêchaient la concorde et le travail à leurs compatriotes, et faisaient respecter la race noire, à laquelle vous appartenez dans un temps où elle n'était guère respectée ailleurs qu'en Haïti.

M. Cochinat à l'air de croire que ce ne sont que les Haïtiens qui ont fait leurs études en France, et les Européens qui viennent en Haïti pour y travailler, qui pourraient écrire sur ce pays et en donner une idée vraie aux nations européennes.

C'est une erreur. Beaucoup d'écrivains, qui n'appartenaient ni à l'une ni à l'autre catégorie susvisées par M. Cochinat, ont publié des livres sur Haïti pendant ces quarante dernières années.

Ils s'appellent : Victor Schœlcher, Lepelletier de Saint-Remy, Gustave d'Alaux, Paul d'Hormoys, Alexandre Bonneau, Edgard Lasselve, Louis et Georges Verbrugghe, Victor Meignan, etc., j'en passe... et des moins connus de M. Cochinat.

Si les livres qu'ils ont écrits contiennent des appréciations injustes, c'est parce que — excepté M. Schœlcher — aucun d'eux n'avait le raisonnement assez solide et l'esprit assez vaste et assez philosophique pour bien comprendre, saisir et exposer l'état social, intellectuel, physique et moral, du pays qu'ils avaient entrepris de présenter à leurs lecteurs.

Ils se sont trompés dans leurs appréciations, parce que le plus souvent ils ne voyaient que la surface — et la capitale — et que d'autres fois ils n'avaient rien du tout vu. Ils s'étaient trompés surtout parce que l'homme est sujet à l'erreur, et M. Cochinat est en passe de donner, encore une fois, une preuve décisive de la véracité de cette sentence.

M. Cochinat ne sait rien d'Haïti, pas même les noms des écrivains qui ont fouillé son passé, étudié son présent et essayé de deviner son avenir.

———

M. Cochinat dit encore :

« Le voyageur ne trouve à Port-au-Prince ni établissements de bains, ni dégraisseurs, ni pâtissiers, ni confiseurs, et si quelqu'un s'avisait d'établir une de ces industries, il courrait sûrement à la ruine. »

J'avoue ne pas comprendre. Comment! il n'y a pas de bains publics, et si quelqu'un vient en établir, personne n'ira prendre de bain, et ledit industriel fera faillite !...

M. Cochinat nous croit donc bien malpropres !...

A toute personne pourvue d'un peu de gros bon sens, il aurait paru plus probable que le propriétaire des bains ferait plutôt fortune que de se ruiner. Mais, pour M. Cochinat, ce serait déroger que de penser comme pensent les gens sensés.

S'il paraît bon de vouloir faire de l'esprit, même

aux dépens de la vérité, il est meilleur d'avoir du bon sens, Monsieur Cochinat.

Je veux rapporter dans son entier la phrase suivante qu'écrit le trop fantaisiste chroniqueur de la *Petite Presse* :

« Pour l'indigène, l'existence matérielle est peu coûteuse, car l'Haïtien en général est d'une sobriété forcée, nuisible, autant au travail qu'il ne pratique pas et dont il a honte qu'à la prospérité de son pays.

« Il vit de fort peu de chose, de poisson salé, de morue, de riz et de pois, de quelques tranches d'avocat ou beurre végétal, et il se rabat sur le mangot et sur la canne à sucre pour se remplir. Ce n'est que sur le rhum ou le tafia qu'il n'économise pas. »

M. Cochinat à l'air de croire qu'un bon travailleur doit être un fort mangeur.

C'est assez vrai dans les pays froids, mais dans les pays chauds il n'est pas nécessaire qu'il en soit de même. M. Cochinat saura que les Chinois, les Javanais, les fellahs d'Egypte et les Kabyles, en Algérie, ne se nourrissent généralement que de riz, et pourtant ce sont tous de grands travailleurs.

Le Chinois, dont la sobriété est proverbiale, et qui ne se nourrit que de riz, est pourtant meilleur travailleur que l'Anglo-Saxon, qui se gave de viandes.

Il en est ainsi aux États-Unis du moins.

Ce pauvre M. Cochinat ! il est aussi ignorant en hygiène qu'il l'est en géographie et en histoire naturelle.

*
* *

M. Cochinat nous dit que nous ne travaillons pas.

Mais c'est insensé ! Et il en parle bien à son aise !

Qui donc a payé — en cinquante ans — les deux cents millions dont j'ai parlé plus haut ? Et qui les avait sués ?... M. Cochinat croit-il, par hasard, qu'ils nous sont tombés de la lune ?...

Qu'il nous montre, à latitude égale, à population égale, et toutes choses égales d'ailleurs, un seul peuple qui en ait fait autant.

Je l'en défie !...

Il y a un tas d'imbéciles qui n'ont jamais fait œuvre de leurs dix doigts, et qui s'en vont répétant niaisement partout : « Les Haïtiens sont très paresseux. »

Leur sottise et leur ineptie font sourire de dédain tous les gens sensés.

*
* *

Pour M. Cochinat on dirait, en vérité, que personne en Haïti n'a touché à une houe depuis 1804.

Il voudrait probablement, le brave cœur, voir les paysans haïtiens ramenés à l'ancien régime ou à quelque chose d'approchant, comme à peu près la condition des paysans de la Martinique et de la Guadeloupe — régime qui est si humain qu'il faisait, dernièrement encore, l'objet des vives critiques de l'honorable M. Schœlcher, un grand cœur et un grand esprit celui-là !

Si M. Cochinat nous avait dit que le régime de l'appropriation des terres en Haïti est pour être changé le plus possible — et cela sans secousse — parce que le régime actuel de la propriété met un certain empêchement au travail, parce que le sol n'est pas assez divisé, il aurait dit quelque chose de bon et de juste, et cela eût atténué l'effet de cette phrase pharamineuse de sottise : « Les Haïtiens ont honte du travail (1). »

Franchement, M. Cochinat qui est de la même race que nous, et qui se dit notre ami chaud — d'aucuns ajoutent, malicieusement, depuis l'emprunt Domingue surtout — franchement, M. Cochinat est moins juste et moins bienveillant envers nous que ne l'a été le marquis de Beauvoir envers les Siamois, et M. Henri Rochefort envers les naturels des îles Sandwich !...

Lisons encore.

---

(1) Voir à la fin du volume la note A.

M. Cochinat écrit ceci :

« Nous avons aussi à Port-au-Prince deux anciens mem-
« bres de la Commune, les citoyens Vaillant et Chardon qui
« n'ont pas voulu profiter de l'amnistie et qui tiennent cha-
« cun un café. Ils font leurs affaires et ils aiment ce pays où,
« sans doute, ils trouvent tous les éléments d'une Commune
« noire. »

Malgré les mots « sans doute » on sent l'impertinence.

Je ne veux pas faire ici l'apologie de la Commune. Mais je veux dire, en passant, que les
hommes qui ont fait la Commune n'ont eu que
trois torts : 1° de l'avoir faite pendant que les
Prussiens étaient encore à Saint-Cloud ; 2° d'avoir
brûlé quelques monuments qui n'étaient pour
rien dans les revendications sociales pour lesquelles ils combattaient ; 3° d'avoir été vaincus.

Hormis ces trois reproches qu'on peut lui adresser, la Commune, c'était tout simplement le gouvernement d'une grande cité par elle-même, c'est-
à-dire l'administration de cette cité par des délégués librement élus par les citoyens réunis dans
leurs comices.

Plus tard, la Commune est devenue une insurrection de la blouse contre la redingote, de l'ouvrier contre le capital. Mais qu'était-ce que la Révolution française ? Une insurrection — qui a
réussi — de la redingote contre l'habit de soie, du

bourgeois contre le noble et le prêtre, et qui a délivré le monde….. et M. Cochinat de l'esclavage dans lequel ils vivaient auparavant.

M. Cochinat a dû être aussi effrayé pendant la Commune que le fut Panurge pendant la tempête et peut-être bien que, « par excès de male paour, il lui est arrivé la même chouse qui arriva au compaignon de Pantagruel ».

Voyons, Monsieur Cochinat, dites-moi, sans rire, et la main sur la conscience, croyez-vous que les anciens membres de la Commune qui n'ont pas voulu bénéficier de l'amnistie et qui sont restés en Suisse, en Nouvelle-Calédonie, à Londres ou à New-York, croyez-vous qu'ils ne sont restés dans ces différents endroits que parce qu'ils y ont trouvé tous les éléments d'une Commune….. telle que vous comprenez la chose ?

Malgré vos mots « sans doute » jésuitiquement placés à la fin de votre phrase, je n'hésite pas à vous dire, Monsieur Cochinat, que vous n'êtes qu'un malveillant ou un ignorant. Et, si cela vous blesse…. je demeure à Paris, 4, rue de l'Ecole-de-Médecine, et j'y serai encore — selon toute probabilité — à votre retour dans cette ville….. mais vous ne viendrez pas me chercher, vous êtes de ces individus qui insultez les gens, et qui, — comme l'a dit Victor Hugo, —

« …. Quand on va chez eux pour chercher leurs oreilles,
Leurs oreilles n'y sont jamais. »

Une dernière citation. M. Cochinat écrit cette insanité :

« La population (de Port-au-Prince) n'est pas casa-
« nière, et cela se conçoit, à cause de la chaleur. »

Nous avons déjà dit que M. Cochinat était très ignorant en hygiène. Un esprit réfléchi n'aurait pas manqué d'écrire le contraire de la première partie de cette phrase. Mais M. Cochinat, lui, ne se gêne pas et prend avec le bon sens d'étranges libertés.

Il dit tout le contraire de ce qui est.

Ainsi, il écrit carrément que les jeunes gens de Port-au-Prince, voire même les députés, sont des ivrognes.

Je donne à cette assertion le plus formel démenti.

M. Cochinat a la manie de se répéter à chaque instant pour dire, en parlant d'Haïti : « *Notre ancienne colonie de Saint-Domingue.* » Notre ancienne colonie ! Ça lui emplit la bouche !

Sous la plume de M. Cochinat, cette expression me choque et me déplaît plus que je ne puis le dire.

Aux temps où nous étions déjà libres et indépendants — cela de par l'héroïsme de nos grands-pères — ces va-nu-pieds sublimes — et que nous traitions de puissance à puissance avec la France, M. Cochinat, dans la personne des siens, gémissait encore à la Martinique de la condition d'affranchis dans laquelle ils vivotaient et courbaient la tête sous le mépris des colons.

Lorsque nous étions déjà *citoyens* haïtiens, lui, il était encore demi-esclave de sujets français.

N'oubliez jamais cela, Monsieur Cochinat, et ne dites plus en parlant d'Haïti : « Notre ancienne colonie de Saint-Domingue », dites, s'il vous plaît, l'ancienne colonie française de Saint-Domingue.

Quant au mot « notre » il sonne terriblement mal venant de vous, et vous me faites l'effet, en le disant, de ces domestiques qui disent de la villa qu'ont vendue leur maître — avant même qu'ils ne fussent entrés au service de ce maître — : « *Notre ancienne villa.* »

Avant le décret du 27 Avril 1848 rendu sur l'initiative de M. Schœlcher par le Gouvernement provisoire de la République française, et qui brisait à jamais les chaînes de l'esclavage dans les colonies françaises, aurait-il pu dire, en parlant d'Haïti : « Notre ancienne colonie ?..... »

Puisque vous alliez en Haïti avec l'intention d'étudier de près ce pays, que ne vous êtes vous donné la peine de relire Montesquieu — tout le monde l'a lu — et de lire attentivement les livres de Psychologie sociale de Herbert Spencer et de Littré.

Eclairé et assagi par la lecture de ces auteurs, vous auriez vu que nous sommes, en ce moment, en Haïti, en pleine phase d'évolution. Nous montons.

Cette évolution se fait lentement, mais elle se fait.

* * *

Il est de ces politiques en chambre, de ces politiquess péculatifs dont Bossuet parlait avec tant de dédain, qui se figurent que l'on peut transformer le tempérament d'un peuple, le substratum de son caractère, aussi facilement que le médecin transforme le tempérament d'un malade.

Triples crétins ! il faut pour cela des siècles de capital intellectuel accumulé ; il faut le coup de pouce du temps et le grand enseignement que donnent les catastrophes et les douleurs subies et virilement traversées par tout un peuple.

Et l'on ne tient pas débit de ces choses-là, Monsieur Cochinat.

Oyez cette phrase du grand économiste P. Leroy-Beaulieu : « La vie d'un peuple est comme « celle d'un homme ; seulement les années dans la « vie d'un homme sont des décades dans la vie « d'un peuple (1). »

Si vous aviez pris la précaution de lire Herbert

---

(1) P. Leroy-Beaulieu. *Cours du Collège de France. Notes personnelles.*

Spencer et Littré, cela vous eût ouvert l'intellect et vous eussiez eu une perception plus nette et plus philosophique des hommes et des choses en Haïti.

En étudiant la physiologie générale des sociétés, vous eussiez appris à être moins superficiel et moins injuste que vous ne l'avez été.

Il est plus difficile, Monsieur Cochinat, de faire de la critique sociale que de faire de la critique dramatique.

Vous n'aviez surtout pas le droit de mentir sur le compte de la société haïtienne, et vous êtes grotesque, en vérité, lorsque vous essayez de jeter le ridicule sur une nation si pleine d'avenir.

Louis-Joseph JANVIER,
Etudiant.

Paris, 20 Septembre 1881.

CHAPITRE II

CHRONIQUEUR MAL RENSEIGNÉ

~~~~~~

SOMMAIRE. — Il n'en fut rien. — Avis de *l'Œil*. — Lettre à M. Dalloz. — *Le Vaudoux*. — Prenez pour des fables... — Exposition nationale d'Haïti. — La première Exposition française. — Chaptal et Fox. — Prédiction de François de Neufchâteau (1798). — Quelle différence immense ! — Gouverner, c'est prévoir ! — .... Il a pris date au nom du pays.... — L'avenir se chargera de le démontrer. — Hommes d'Etat haïtiens. — Le président actuel. — Banque nationale. — Union postale. — Crédit d'Haïti. — Port-au-Prince embellie. — L'instruction publique. — Le général Légitime, ministre de l'Intérieur. — Jamais, en vérité.... — M. Laforesterie, ministre des finances. — La France et Haïti. — Le pain et le sel. — ... même avec une fleur... — Je suis dans l'intention.

Cet article devait être publié — ainsi que promesse m'en avait été faite — par le journal parisien qui avait inséré les chroniques de M. Cochinat. Il n'en fut rien à la suite de pourparlers qu'il serait trop long de relater ici.

Je l'envoyai alors au directeur-gérant du journal haïtien *l'Œil*. Il parut dans un numéro de ce journal — précédé de quelques lignes d'avis de la

Direction — à la date du 26 Novembre 1881. Voici l'avis :

« Notre compatriote Louis-Joseph Janvier nous prie
« de publier dans nos colonnes la lettre suivante qu'il a
« adressée à M. Dalloz, administrateur de la « *Petite*
« *Presse* », à propos des chroniques de M. Cochinat
« sur Haïti, publiées dans ce journal. »

La Direction.

Paris, ce 17 Octobre 1881.

Monsieur Dalloz, administrateur de la *Petite Presse*.

Monsieur l'Administrateur,

En ma qualité d'Haïtien, et d'Haïtien qui aime ardemment son pays, il m'a paru qu'il m'était d'impérieux devoir de protester contre l'absolue véracité des chroniques intitulées : *De Paris à Haïti* que M. Cochinat a fait insérer sur la « *Petite Presse* », dans le courant du mois dernier.

Je dirai d'abord que M. Cochinat était peut-être mal préparé pour bien voir et étudier la société haïtienne sous ses multiples aspects.

M. Cochinat n'a vu qu'une seule ville d'Haïti, et ce n'est pas d'ailleurs après un séjour de trois semaines à un mois dans un pays que l'on se peut flatter de rendre un compte exact des mœurs de ce pays.

Pour bien juger des usages et des coutumes

d'un peuple, il faut avoir égard au milieu social, intellectuel et moral de ce peuple ; il faut surtout ne pas émettre de fausses appréciations, en oubliant les conditions physiques de milieu, d'habitat dans lesquelles ce peuple s'est développé.

M. Cochinat m'a paru ne pas se soucier assez de l'histoire et des origines ethniques de la nationalité haïtienne.

Aussi les jugements qu'il formule laissent-ils beaucoup à désirer sous le double rapport de l'impartialité et de la justesse des aperçus.

Il se trompe ou se contredit souvent quand il ne veut pas prendre cure des différences qui doivent exister entre l'ouvrier haïtien, né d'hier et peu besoigneux, et l'ouvrier de n'importe quelle nation vieille, l'ouvrier parisien, par exemple.

De même que toutes les planètes ne peuvent être observées à l'aide des mêmes instruments d'astronomie, de même toutes les agglomérations sociales ne peuvent être étudiées à travers la même optique.

M. Cochinat, en partant pour Haïti, a commis une grande faute, en négligeant d'emporter avec lui, à défaut de Littré et de Herbert Spencer, un exemplaire des *Lettres Persanes*.

Les descriptions que donne M. Cochinat des danses et réunions de *Vaudoux* sont absolument fantaisistes. On les doit tenir pour controuvées.

Depuis vingt ans les danses de *Vaudoux* sont

prohibées sous les peines les plus sévères, et M. Edgard Lasselve, un touriste français qui a voyagé par toute la République haïtienne pendant trois ans, avoue, dans un livre qu'il a publié l'année dernière, qu'il lui a été impossible de rencontrer une seule fois, une réunion de *Vaudoux*, encore qu'il eût spécialement cherché à assister à l'une d'elles.

Il faut prendre pour des fables ces racontars qui ont été faits à M. Cochinat, sans doute par un inepte plaisant, et d'après lesquels ce chroniqueur, vivement impressionné et induit à erreur, a décrit ces réunions qu'il n'a certainement point vues.

M. Cochinat me semble surtout avoir été mal inspiré dans ce passage où il reproche au gouvernement haïtien d'avoir organisé une exposition générale des produits du pays.

M. Cochinat trouve qu'il aurait mieux valu attendre — pour organiser une exposition — que la République d'Haïti fût pourvue d'un outillage économique complet : canaux, routes, ponts, etc.

Sur ce point encore, M. Cochinat me permettra de n'être nullement de son avis. Les Expositions nationales ou universelles qui ont eu lieu ces temps derniers à Melbourne, à Buenos-Ayres, en Algérie, en Italie, etc., se sont faites dans des pays dont l'outillage économique est loin d'être déjà complet.

En France, ce fut sous le Directoire, au lendemain des guerres de la Révolution et durant que la grande nation était encore toute troublée de ses terribles convulsions que la première Exposition nationale fut organisée.

Les routes étaient à cette époque dans le pire état. Les exposants ne furent qu'au nombre de cent dix (1).

L'industrie française d'avant la Révolution était morte ; l'industrie nouvelle, celle qui allait naître sous le Consulat et progresser à la faveur du Blocus Continental, était encore dans l'enfance.

Comme Chaptal, ministre de l'Intérieur, faisait à l'éloquent Fox, le constant ami de la France, les honneurs de la troisième Exposition, celle de 1802, l'Anglais ne put s'empêcher de critiquer assez dédaigneusement les produits français exposés, les comparant mentalement aux produits anglais similaires.

François de Neufchâteau, alors qu'il était ministre de l'Intérieur sous le Directoire, avait écrit, en 1798, à propos de la première Exposition française dont il fut l'organisateur : « J'ai cru devoir
« me hâter de poser la première pierre d'un édi-
« fice immense que le temps seul peut achever, et
« qui s'embellira, chaque année, par les efforts
« réunis du commerce et de l'industrie. Lisez avec
« attention le catalogue et vous vous convaincrez

---

(1) E. Levasseur. Cours du Collège de France et *Histoire des classes ouvrières*.

« que l'industrie française, prise au dépourvu, a
« honoré le génie national par des productions
« qui peuvent exciter l'envie des étrangers ; vous
« verrez que cette Exposition conçue et exécutée à
« la hâte, incomplètement organisée, est réelle-
« ment une première campagne, une campagne
« désastreuse pour l'industrie anglaise et glo-
« rieuse pour la République. »

La prédiction de François de Neuchâteau ne s'est réalisée que de nos jours et en partie seulement. Depuis que les traités de commerce ont été conclus entre Napoléon III et le gouvernement de Sa Majesté Britannique, l'Angleterre est devenue le principal débouché des manufactures françaises.

Quelle différence immense d'ailleurs entre l'Exposition nationale française de 1798 et l'Exposition universelle qui a eu lieu à Paris en 1878!...

J'ai cité ces exemples pour conclure qu'un gouvernement ne doit jamais différer de prendre une mesure, de donner un exemple d'où il peut sortir, plus tard, un grand bien pour le pays, confié à ses soins.

Gouverner, c'est prévoir.

Le cabinet de Port-au-Prince ne dépensera jamais assez d'argent pour des entreprises du genre de l'Exposition haïtienne de 1881.

En agissant ainsi qu'il l'a fait, le Gouvernement a pris date au nom du pays et personne ne l'en saurait blâmer.

Ce million, qui — selon M. Cochinat, — a été mal à propos dépensé pour couvrir les frais de construction de l'édifice qui devait contenir les produits haïtiens, ce million, à mon avis, ne pouvait recevoir meilleure destination que celle qu'on lui a donnée. Cette somme ne sera pas perdue. L'avenir se chargera de le démontrer.

*
* *

Les appréciations qu'a faites M. Cochinat sur les hommes d'Etat haïtiens ne peuvent pas moins induire à erreur que celles qu'il a faites touchant les choses d'Haïti, et les portraits qu'il a tracés de ces hommes d'Etat ne sont point vrais.

Le président actuel de la République, le général Salomon, est un ancien ambassadeur d'Haïti à Paris.

Depuis son avènement au pouvoir il a effectué de grandes choses. Il a doté le pays d'une Banque nationale, institution rêvée depuis soixante-dix ans. Grâce à son gouvernement, Haïti fait aujourd'hui partie de l'Union Postale. Il a remis l'ordre dans les finances et dans l'administration. Le crédit d'Haïti, autrefois ébranlé, il l'a relevé, lorsqu'il a eu reconnu, comme dette nationale, l'emprunt que la République d'Haïti avait contracté à Paris, en Juin 1875. Il a réorganisé l'armée.

Il fait en ce moment embellir, éclairer, assainir

et entretenir admirablement les rues de Port-au-Prince, capitale de la République.

Tous ces beaux résultats, toutes ces féériques transformations, le Président les a obtenus et réalisés en moins de deux ans d'honnête, active et ferme gestion des affaires.

Les deux réformes maîtresses, les réformes capitales qu'on attend de lui, il saura les exécuter.

Une loi sur l'instruction publique est en ce moment à l'étude.

L'instruction déjà assez répandue — toutes choses étant égales d'ailleurs — sera bientôt générale. Elle sera gratuite et obligatoire ; elle sera distribuée aussi largement dans les campagnes que dans les villes ; elle sera donnée aussi généreusement aux filles qu'aux garçons. Elle sera élevée et en profondeur comme elle l'est en France, en même temps que répandue et en surface comme elle l'est aux Etats-Unis (1).

Le ministre de l'Agriculture, le général D. Légitime, patriote rempli d'une foi profonde dans l'a-

---

(1) Le suffrage universel est la base des républiques. Or, un citoyen a besoin de savoir lire pour voter librement ; et les autres citoyens ont besoin qu'il sache lire pour qu'il vote intelligemment.

« Ce qui fait la puissance d'un peuple, ce n'est pas tant son étendue territoriale, la richesse de son sol, le nombre et la sûreté de ses ports, la possession d'un gros capital, que l'intelligence et l'activité des citoyens.

« L'instruction est donc le premier intérêt social et politique.

L'État, en exigeant qu'on la donne à tous les enfants, pourvoit à sa propre conservation, à sa puissance et à son honneur.

« Il accomplit en même temps son premier devoir envers les ci-

venir de son pays, et administrateur savant, habile et zélé, se multiplie pour créer des merveilles.

Jamais, en vérité, Haïti n'a été si prospère et en meilleures mains qu'elle ne l'est actuellement.

Il ne répugne à aucun esprit sérieux et réfléchi de croire, et d'affirmer même qu'avec l'arrivée du général Salomon au pouvoir Haïti a rompu, pour toujours, avec l'ère stérile des révolutions, des coups d'Etat et des pronunciamientos, ces bâtons dans les roues d'un peuple en évolution.

J'ai tout lieu d'être étonné aussi des critiques acerbes dirigées par le chroniqueur de la *Petite Presse* contre le dernier ministre des Finances, M. Charles Laforesterie.

M. Cochinat reproche à cet ancien fonctionnaire haïtien dont il fut, en d'autres temps, le commensal assidu, d'être indûment décoré de la Légion d'Honneur. Rien n'est moins fondé que ce reproche.

Ministre Résident d'Haïti à Paris, M. Laforesterie fut chargé par le cabinet de Port-au-Prince de la mission de le représenter au congrès du Mètre-Etalon.

Les voix étaient partagées entre le Mètre-Type

---

toyens, puisqu'il leur assure le premier des biens et le plus indispensable.

« L'égalité est la base des sociétés modernes.

« Or, il n'y a pas d'égalité véritable entre un homme absolument illettré et les autres hommes. Il a des droits, mais il lui est impossible d'en faire usage. »

(Jules Simon, le *Gaulois* du 17 Mai 1882.)

français et le Mètre-Etalon que l'Allemagne proposait aux puissances. Le vote du commissaire haïtien, exprimé le dernier, fut décisif : il fit pencher la balance en faveur du Mètre français. Cette victoire toute pacifique qu'elle venait de remporter — c'était en 1874 — la noble France la devait à la petite Haïti, laquelle, justement, venait d'être outragée dans son honneur par une flotille prussienne, parce que, quatre ans auparavant, durant la guerre franco-allemande, elle avait manifesté ses sentiments de sympathie pour la Nation-Flambeau alors quelle était traînée sur la claie et reniée par ceux-là mêmes pour lesquels elle avait autrefois dépensé son sang et son argent, et dont elle avait été le sublime artisan de l'indépendance ou de l'unité.

La France remercia Haïti sur la poitrine de M. Laforesterie. Beaucoup d'hommes portent à leur boutonnière la décoration de la Légion d'Honneur et qui ne l'ont point obtenue à la suite d'un tel concours de circonstances toutes glorieuses pour la nation que la France voulait honorer en eux.

M. Laforesterie vient de tomber du ministère.

Cette seule considération aurait pu suffire pour modérer la verve exagérément caustique de M. Cochinat et pour lui dicter un jugement moins sévère et moins partial sur la conduite politique d'un homme dont il a goûté le pain et le sel.

Les esprits d'élite prodiguent toujours leurs consolations à leur ami qui n'est plus puissant, et la marque des grands caractères, c'est de ne jamais frapper — même avec une fleur — l'ennemi tombé.

Ces critiques que je formule hâtivement ici, et d'une façon si modérée, je me propose de les reprendre ailleurs, et à nouveau, sous une forme moins anodine.

Je suis dans l'intention, — quand il aura paru, — de critiquer d'un bout à l'autre, et de discuter, à tous les points de vue, le livre que M. Cochinat compte publier, en réunissant toutes les chroniques qu'il a écrites sur Haïti.

Je suis, Monsieur l'Administrateur, votre très honoré et très reconnaissant serviteur.

Louis-Joseph JANVIER.

CHAPITRE III

LES INSOLENCES DE M. COCHINAT [1]

SOMMAIRE. — Je sors de ma réserve. — Ma *furia*. — Sans euphémismes. — Entre autres bourdes. — Faut-il qu'un homme soit lâche et mal élevé ! — J'aurais pu vous répondre. — J'aurais pu vous montrer... — Douleurs ostéocopes. — Voyez l'Europe. — J'évoquerais. — Je vous aurais montré. — Et puisque ces choses.... — Paysan haïtien, mon frère.... — Les temps viendront. — Tout vient à point. — L'altruisme vous emplit le cœur !... — Gardez-les ! — Courage *civil* et courage civique ! — Chétive pécore ! — Va, simple jésuite et triple gueux !.... — Arcahaies et Gonaïves, villes sacrées !... — Bientôt, ô Cochinat !... — Tu les verras passer... — Regarde-les. — Donc, tu les regarderas passer. — Héros et vaillants de 1803 !... — C'est l'indépendance d'Haïti... — Manant, apprends à vivre. — La France est la capitale des peuples. Haïti est la France noire. — Aveugle, trois fois aveugle.

Monsieur le Directeur,

J'avais pris avec moi-même le formel engagement de ne plus répondre, pour le moment, aux

---

(1) Cet article a paru dans deux numéros du journal haïtien « *le Persévérant* » aux dates des 20 et 28 Janvier 1882. Je remercie

chroniques de M. Cochinat. Je voulais attendre qu'il les eût réunies et publiées afin de répondre par un livre au livre de M. Cochinat.

Je sors de ma réserve. Aussi bien je ne la puis plus garder après la nouvelle insulte que ce condottiere des lettres dont la couardise égale l'insolence vient de jeter à la face de mon pays.

Il y a des gens qui ont la manie, quand on leur dit une injure, de prendre des gants blancs pour répondre à l'insulteur. Moi pas. Je sens bouillonner tout mon sang et je deviens fiévreux de fureur toutes les fois qu'on touche à une personne ou à une chose qui m'est chère. Et j'ai pour coutume invariable de défendre l'objet aimé avec une *furia* que mon âge et mon tempérament expliquent facilement.

D'ailleurs, M. Cochinat ayant été insolent envers mes concitoyens et mon pays, et ce burlesque personnage écrivant plutôt en argot qu'en français,

---

ici le directeur de ce journal et lui envoie l'expression la meilleure de toute ma gratitude.

D'aucuns trouvent cet article violent. J'en conviens. L'indignation m'étouffait lorsque je l'écrivis. Je n'en retire pas une ligne. Je n'ai pas à me repentir de mes colères.

Que ceux qui n'ont point lu « *Brissot démasqué* » (Camille Desmoulins), *Les Châtiments* (Victor Hugo), *Les Odeurs de Paris* (Louis Veuillot), *Les Signes du Temps* et *la Lanterne* (Henri Rochefort), *Barbares et Bandits* (Paul de Saint-Victor), que ceux-là qui n'ont point lu ces livres me jettent la première pierre.

L'outrage appelle l'outrage, dit un proverbe arabe... Qui peut écrire froidement quand la patrie — la mère — est insultée?... S'il existe, celui-là, il est à plaindre.

L.-J. J.

je laisse là le style sucré du xviiie siècle, et vais employer, en m'adressant à lui, un langage moins recherché et plus brutal.

M. Cochinat adore l'expression triviale, la phrase crue et impertinente. Je veux le suivre sur son terrain, me servir du jargon qui lui est propre et lui parler sans euphémismes,

Le chroniqueur de la « *Petite Presse* » dit, entre autres bourdes, que les députés haïtiens sont vendus au pouvoir ; — qu'ils se votent des indemnités de 500 piastres en sus de leur traitement ; — qu'ils manquent de courage civique, etc. Il ajoute qu'il n'y a pas de tribune dans les Chambres haïtiennes, mais il omet de faire remarquer qu'il en est de même en Angleterre, dans les deux Chambres du Parlement. Et il part de là pour conclure, avec sa légèreté et sa suffisance habituelles, que cette absence de tribune est cause que les membres du Parlement haïtien parlent pendant trop longtemps et plusieurs fois sur une question.

Il ne sait probablement pas, l'étourdi, que dans plusieurs parlements où l'on discourt à la tribune les orateurs ne se font pas faute de débiter des harangues apprises par cœur et gesticulent comme des pantins articulés, pendant des heures entières, aux rires unanimes de l'auditoire.

Faut-il qu'un homme soit lâche et mal élevé pour insulter ainsi à tout un peuple qui lui donne une hospitalité plus qu'écossaise, fraternelle?

Faut-il que cet homme ait une âme plate et vile ? Monsieur Cochinat, vous ne faites que rééditer, et cela sans esprit, les calembredaines de MM. d'Alaux, Meignan, Lasselve et autres Verbrugghe, lesquels au moins étaient blancs et n'avaient jamais émargé à la caisse *des reptiles* à la Légation d'Haïti, sous Geffrard ou sous Domingue.

J'aurais pu vous répondre, Monsieur le chroniqueur léger, et vous dire qu'il existe aussi des concussionnaires ailleurs qu'en Haïti ; qu'aux Etats-Unis, par exemple, si des politiciens achètent les votes d'un grand nombre d'électeurs, ce n'est pas pour des prunes ; que M. Conkling, candidat au Sénat, a offert ces temps derniers jusqu'à 3,000 dollars pour chaque vote à ses électeurs de l'Etat de New-York — cela s'il en faut croire les journaux de la République Étoilée. D'ailleurs, lisez Simonin, lisez Molinari, lisez Cucheval-Clarigny, lisez les journaux et revues anglais, français, américains et vous verrez ce qu'ils disent à cet égard.

J'aurais pu aussi vous montrer, le livre de Macaulay à la main, lord Bute et Fox imitant Walpole et achetant les voix dont ils avaient besoin pour faire passer un bill favorable à la paix ; j'aurais pu vous faire voir Pitt, *the Great Commoner*, parlant trois heures, appuyé sur ses béquilles — il souffrait d'un accès de goutte vraie et non de douleurs ostéocopes comme vous — et pourtant le

Chambre voter à une forte majorité en faveur de la Cour et du Ministère.

Et, pour répondre à vos insanités sur l'état actuel de la nation haïtienne, j'aurais pu parler de la misère noire du Poméranien ; du paysan anglais exploité encore par le grand propriétaire ; de l'Irlandais hâve, déguenillé, nourri de pommes de terre et couchant souvent en plein air, par les 55° de latitude nord, écrasé et râlant sous la botte du landlord anglais.

J'évoquerais, si je le voulais, avec Tocqueville, Michelet, Louis Blanc, j'évoquerais le serf français d'avant la Révolution, et, avec Anatole Leroy-Beaulieu, le paysan russe d'il y a vingt ans ; je montrerais la paysanne italienne avortant, parce qu'obligée de mourir pour vivre dans les rizières de la Lombardie et sur les rochers des Abruzzes.

Je vous aurais montré l'ouvrier de Londres veule, avachi, phtisique ; le mineur blême en Albion, blême en Belgique, blême en Saxe et le socialisme, grondement du peuple qui veut manger, marée de la misère humaine montant partout et menaçant de submerger la vieille Europe dont vous ne connaissez que la croûte, la surface des sociétés. Et je vous aurais dit : Voyez, comparez, raisonnez, soyez juste et apprenez à penser.

Et puisque ces choses se passent dans les sociétés qui comptent mille ans et plus d'existence, pourquoi voulez-vous qu'Haïti soit transformée comme par un coup de baguette magique et soit, plus que les Etats-Unis, l'Angleterre, l'Allemagne et l'Italie, administrée et gouvernée d'après les règles de la justice et de l'équité absolues, d'après les lois de la science, de la philosophie et de la morale pures ?...

Paysan haïtien, mon frère, tu es très heureux. Vis, aime, cours, chasse, danse, respire à pleins poumons dans les taillis et dans les grands bois sourds ; fais des enfants — nous en aurons besoin pour aller là-bas planter le drapeau du cap Engaño à la pointe Isabellique — ; ne cède pas une parcelle de ta terre à personne et attends. Les temps viendront.

De longs jours s'écouleront avant que vienne pour toi l'heure de la vraie misère ; tu ne seras misérable que quand les mangots et les goyaves ne paveront plus les chemins, que les bois seront enfermés entre des murs, que les rivières seront moins poissonneuses, la terre moins fertile et qu'il y aura un seul pour dévorer en une nuit le travail de cent journées de l'artisan ou du paysan (1).

---

(1) Dans la *Revue des Deux Mondes* du 1er Septembre 1882, je lis ceci : « Il y a donc beaucoup de misère à New-York, bien que ce soit la ville la plus riche des Etats-Unis. On trouve là, comme à Paris et à Londres, l'application de cette loi constante sur laquelle MM. les docteurs en sociologie devraient bien prendre la peine de

Tout vient à point. La lutte âpre pour l'existence n'est pas l'idéal, pas plus que la civilisation n'est l'œuvre d'un jour. Vous êtes libres, bons, généreux, hospitaliers, intelligents. L'altruisme vous emplit le cœur. Voilà l'essentiel. Le reste? Il va venir, il vient peu à peu. Tout fleurit et prospère à la faveur de la paix et d'un gouvernement fort. Vous avez la paix, vous avez le gouvernement fort, gardez-les avec un soin jaloux. Gardez-les, malgré les chroniques de M. Cochinat dont le but manifeste est de semer la haine entre les citoyens et d'exciter au mépris du gouvernement qui a refusé d'acheter la plume de ce bandit des lettres, de ce renégat de sa race.

*
* *

Vous dites, Monsieur Cochinat, que les Haïtiens manquent de courage *civil*. Courage *civil* ? D'abord, vous faites là une faute de français. C'est courage *civique* qu'il aurait fallu dire. (Voyez Lafaye, *Dictionnaire des Synonymes*, édition 1878, page 264.)

Courage *civique* ! Mais vous êtes insensé !...

Relisez, dans Ardouin, l'histoire d'Haïti de 1807 à 1843 ; lisez les journaux de 1825 à nos

---

nous donner quelques explications et qui met partout *l'extrême pauvreté en contraste avec l'extrême opulence*. Mais la différence qu'on pourrait établir entre l'ancien et le nouveau monde, c'est que dans le nouveau il y a beaucoup moins de misères imméritées. » (Othenin d'Haussonville. *A travers les Etats-Unis.*)

jours, ou bien demandez qu'on vous raconte l'histoire parlementaire de cette époque personnifiée dans ces deux hommes : Delorme, Modé.

Certes Boissy d'Anglas saluant la tête de Féraud est admirable. Baudin, Hugo et Schœlcher furent sublimes en Décembre 1851 ; mais, comment trouvez-vous Thouret, de la grande Constituante (lisez Taine) ; comment trouvez-vous le *Marais* et la *Plaine* dans la *Convention* (lisez Wallon, Hugo, Mortimer-Ternaux, Quinet) ; comment trouvez-vous Dupin en 1851 ?...

Est-ce que Thouret efface Mirabeau ?... Dupin efface-t-il Hugo ?... Croyez-vous qu'on puisse dire, sans outrager le bon sens et la vérité, que les Français manquent de courage civique parce que le Sénat n'a pas donné signe de vie, le 4 Septembre 1870, tandis que Gambetta et Jules Favre allaient à l'Hôtel-de-Ville proclamer la République ?...

Voyons, voyons, répondez, triple nigaud ou triple malveillant !

Je vous accorde que les députés haïtiens qui avaient si bien tenu tête au ministère dans la séance du 11 Octobre 1867 eurent tort de ne pas rester en séance le 14 pour parlementer avec l'émeute — ce qui eût empêché toutes les calamités qui arrivèrent les deux années suivantes — mais, saviez-vous que, en France, Blanqui et les manifestants en faveur de la Pologne avaient aussi chassé l'Assemblée de 1848 de la salle des séances? ⚔

On vous a sans doute fait le récit de la séance du 12 Juin 1873 à la Chambre des Représentants d'Haïti, mais je gage qu'on a oublié de vous dire que nous avons eu aussi Hérard-Dumesle, David-Saint-Preux, Lartigue, Beaugé et Lochard, lesquels furent superbes de froide intrépidité et de civique résolution lorsque par trois fois ils essayèrent de percer les rangs des soldats que Boyer avait placés pour les empêcher d'entrer à la Chambre et d'aller remplir leurs fonctions de mandataires du peuple.

Au lieu d'écrire niaisement que le nègre dormirait dans l'eau — sans vous apercevoir que vous vous calomniez vous-même — que ne lisiez-vous Saint-Remy? Vous eussiez appris dans son livre quel était Nissage Saget; vous auriez su qu'il fit partie de l'Assemblée haïtienne de 1807, et que, plus tard, il osa publiquement faire des reproches à Pétion qui s'était emparé de la dictature dans l'Ouest.

Franchement, Monsieur Cochinat, vous me faites pitié!...Oui, j'ai pitié de votre ignorance crasse des choses d'Haïti ; j'ai pitié de vous quand je considère l'étroitesse de vos aperçus, la petitesse de vos idées et la nullité de vos moyens comme styliste et comme penseur.

L'alcool, le tabac et les filles ont mangé votre cerveau et vidé votre moelle.

Vous avez cinquante ans d'âge, mais vous n'êtes qu'un blanc-bec quand vous voulez faire le raisonneur.

Vous n'avez pas plus de sens que de jugement.

Vous êtes piteux, Monsieur Cochinat, et vos moyens d'agir sont pitoyables.

———

M. Cochinat, désignant Haïti, dit ceci :

« La chétive pécore fera si bien qu'elle finira par crever si elle continue..., etc. »

Chétive pécore ! Il était réservé à ce goujat d'écrire ce mot pour qualifier Haïti.

Tu l'appelles chétive pécore, pleutre, parce qu'elle a refusé d'acheter ta plume à raison de trois cents francs par mois.

Si elle t'avait donné cette somme tu lui aurais prodigué les comparaisons les plus flatteuses et les plus gracieuses appellations.

Tu l'appelles chétive pécore parce qu'elle refuse de te faire l'aumône désormais, mendiant ; parce qu'elle ne veut plus te nourrir, gueule venimeuse de serpent.

Va, simple jésuite et triple gueux, ta prédiction ne s'accomplira point. Et, quoi que tu fasses, tu n'arriveras jamais jusqu'à la hauteur de notre mépris, vile et vénale créature.

Tu es noyé dans une mer d'abjection, valet à

langue de vipère ; tu reviendras en France, et, bouffon, tu seras condamné à lécher les bottes des directeurs de journaux qui continueront de te crosser le derrière.

Puis sonnera pour toi l'heure du sommeil dernier, et ta face de pitre esquissera la dernière grimace. Pas un honnête homme ne suivra ta bière et ne l'accompagnera jusqu'à la fosse commune où on la jettera. Tu auras passé ne laissant derrière toi que l'indifférence ou le dégoût pour ta mémoire. Et ton âme, — si tant est que tu en aies une, — tu la rendras, pleine de fiel et couverte d'ulcères, à Satan dont tu es une incarnation.

Ta charogne empoisonnera les vers qui la dévoreront et la pourriture de ta carcasse aura depuis longtemps cessé d'empester la terre, cependant qu'Haïti continuera de vivre libre, splendide et prospère au grand soleil et sous l'œil bleu de l'infini.

Quand le dernier souvenir de ta réputation de stipendiaire avili se sera éteint dans la mémoire des malheureuses générations qui auront vu grincer tes dents de saltimbanque, quand il ne restera rien de toi, pas même ton nom — les maroufles de ton espèce ne laissent jamais d'immortels héritiers — quand tu seras complètement oublié, Haïti sera toujours la patrie des cœurs nobles et généreux qui continueront d'empêcher que meurent de soif tes faméliques semblables.

Nous aimons qu'on nous morde la main, nous autres Haïtiens ; nous adorons rendre des services et par ainsi nous faire des ennemis des ingrats que nous avons obligés.

Le substratum du caractère haïtien le veut ainsi.

Nous continuerons donc de vous héberger, de vous vêtir, de vous pensionner, Smesters, Lasselves et Cochinats de l'avenir, jésuites, pieds-plats et imposteurs futurs!...

Arcahaies, Gonaïves, villes sacrées!

Aussi longtemps que la diligente abeille, butineuse du suc des calices, ira au matin visiter les spadices de vos dattiers ; aussi longtemps que les bengalis viendront le soir tremper leur bec dans les spathes des bananiers en fleurs et s'enivrer du doux nectar ; aussi longtemps que les *tchatchas* et les campêchiers (1) embaumeront de leurs griseuses effragances (2) les villes et les campagnes d'Haïti, aussi longtemps le drapeau haïtien flottera,

---

(1) Le *Tchatcha*, c'est le *Swartzia officinalis*; de même que le campêchier (*Hematoxylon campechianum*), le *Tchatcha* appartient à la grande famille des plantes légumineuses.

(2) La langue est dans un perpétuel devenir.

On rencontrera dans le cours de cet ouvrage quelques rares néologismes et quelques rares archaïsmes. Je dois déclarer que pas un d'eux n'est de moi et qu'ils sont *tous* sanctionnés par le *Dictionnaire* de Littré et fréquemment employés par Michelet, Léon Cladel, Octave Uzanne, Mario Proth et René Maizeroy.

Cette note est mise ici pour ceux qui croient candidement qu'une langue peut se trouver tout entière dans ce que Michelet appelait « un lexique du langage poli » ou qui confondent le mot *vocabulaire* avec le mot *dictionnaire*.

joyeux et fier, sur vos plages riantes, Arcahaies et Gonaïves, villes sacrées !... (1).

* * *

Bientôt, ô Cochinat, tu vas assister à l'anniversaire de l'indépendance d'Haïti.

Tu vas voir passer, tenant le drapeau rouge et bleu, ceux qui ont été baptisés avec l'eau de la Guinaudée et ceux qui sont nés sur les bords verdoyants que la rivière du Massacre caresse de ses méandres et fertilise de ses débordements. Regarde-les. Durant qu'éclatera à tes oreilles la martiale claironnée des notes sonores qui jailliront des trompettes de cuivre et que les tambours battront éperdument le défilé de toute la vigueur de leurs bras musculeux, regarde-les passer. Regarde aussi les enfants dont les narines frémissent de plaisir et dont le cœur palpite d'allégresse guerrière dans leur jeune poitrine, et dis-toi bien que ce ne sont pas là des gens qui laisseront *crever Haïti*... selon ta triviale expression.

Auparavant demande qu'on te lise (dans le *Dictionnaire encyclopédique des sciences médicales*, ou dans celui de M. Jaccoud) demande qu'on te lise l'opinion de Rochard sur la vitalité du noir haïtien.

Rochard — un savant médecin de marine — la croit exceptionnellement vigoureuse.

Donc, tu les regarderas passer, ces soldats qui

---

(1) Voir la note *B* à la fin du volume.

ont excité ton hilarité de Trimalcion et ta verve de Gautier-Garguille, tu verras qu'ils ont sur la face quelque chose qu'on n'aura jamais vu reluire dans ton œil vitreux de valet assoupli : c'est le regard droit, assuré, fier, poitraillant au danger; c'est l'étincelle que leur ont léguée ces vaillants dont tu essaies de désunir les fils ; c'est toujours cette prunelle tout enflammée d'enthousiasme et de folle bravoure que leurs aïeux avaient à Champin, à Charrier, au Môle-Saint-Nicolas, le 4 Décembre 1803, et sur la grande place des Gonaïves, le premier jour de Janvier 1804.

Héros et vaillants de 1803 dont je veux bien remettre les noms sous tes yeux de nègre, car tu leur dois en partie la faculté dont tu jouis d'insulter aujourd'hui leurs fils, et cela — chose très grande! — chez eux, pendant que tu es chez eux et que tu manges les miettes de leurs tables.

Ils s'appelaient Dessalines et Pétion, Geffrard et Capois, Férou et Toussaint-Brave, Christophe et Cangé, Vernet et Gérin, Jean-Louis François, Magny, Louis Gabart et Boisrond-Tonnerre.

Si tu t'étais rappelé ces noms, au lieu de vouloir faire rire des Haïtiens actuels, tu eusses voulu que toute la race noire adorât à deux genoux la mémoire de leurs aïeux.

C'est l'indépendance d'Haïti qui a déterminé l'émancipation des noirs dans les colonies anglaises, la fondation de Libéria, l'émancipation des noirs à la Martinique et, plus tard, aux Etats-Unis. C'est elle, cette indépendance, qui, par un rayonnement dont vous ne vous rendez pas compte, petits esprits qui calomniez votre pays, pessimistes dont l'excuse est dans votre égoïsme d'hommes de peu de foi et trop pressés de jouir, c'est cette indépendance et cette autonomie d'Haïti qui ont exercé une pression salutaire sur certains gouvernements et qui ont déterminé l'émancipation des noirs à Puerto-Rico et au Brésil.

Et je dis à M. Cochinat : Manant, apprends à vivre et parle avec respect des petits-fils de Toussaint-Louverture auquel tu dois tant et auquel vous devez tant, vous tous, enfants de l'Afrique qui habitez l'Amérique.

*
* *

Tu as écris cet alinéa que je cite textuellement dans son entier :

« Oh! le journal! les Haïtiens prudents en ont une venette
« qui se comprend bien, car le journal ne se gêne pas pour
« dire la vérité, et la vérité, ici, c'est l'ennemie sur laquelle
« tout le monde doit courir sus.

« Songez donc, si l'on venait à savoir à l'étranger que
« toute cette fantasmagorie de civilisation que l'on fait voir
« à Port-au-Prince sur du papier, n'est — pardonnez-moi
« cette expression — que de la *blague*, et que depuis trop
« longtemps Haïti avec ses amiraux sans navires, ses géné-
« raux sans soldats, ses conseils *supérieurs* de l'instruction
« publique sans lycées, ses écoles de peinture sans peintres
« pour enseigner, joue vis-à-vis de la France par exemple,
« le rôle de la grenouille qui veut se faire aussi grosse qu'un
« bœuf, tout serait perdu. »

Cette phrase est un long tissu de sottises et de mensonges. Si je voulais la disséquer, l'analyser en toutes ses parties, je ferais voir qu'elle contient autant d'erreurs que de mots. Mais je reviendrai là-dessus pour te confondre, crapuleux imposteur, et je ferai toucher au doigt toute l'ineptie et toute la fausseté de tes dires.

La France est la capitale des peuples. Haïti est la France noire.

C'est la fille aînée de la race aimante qui, selon la parole de Michelet, cet apôtre, doit renouveler le monde en l'inondant de l'océan d'amour et d'éternelle jeunesse qu'elle tient en réserve dans son sein, ce sein bistré, trésor de sympathie, d'affection et de reconnaissance.

Pour la race noire, Haïti c'est le soleil se levant à l'horizon. Honte à celui, quelle que soit sa nationalité, qui, ayant dans les veines une seule goutte du noble et généreux sang africain, tenterait de le nier; et aveugle, trois fois aveugle, serait tout Africano-Américain qui n'aurait pas d'yeux pour le voir.

Louis-Joseph JANVIER.

Paris, 17 Décembre 1882.

CHAPITRE IV

RÉSIPISCENCE

~~~~~~~

Sommaire. — Esquisse est joli ! — Oui, ébauche ! (Voir Littré.) — Trop de louanges après l'insulte. — *Le Persévérant* (numéros des 20 et 28 Janvier 1882). — *Flagellant* est substantif et non adjectif. — Omniscient hygiéniste. — Excellents troupiers ! — Quelle vue perçante et quels jarrets d'acier ! — ... Comme des Numides ! — O chroniqueur naïf !... — Allez et ne péchez plus.

Le journal haïtien l'*Œil* (numéro du 4 Mars 1882) contenait les lignes suivantes :

« *Nous donnons ci-après une esquisse* (esquisse est joli !... et prétentieux) *du soldat haïtien, par M. Victor Cochinat. Nous avons eu la primeur de cette ébauche* (oui, ébauche !... Voir Littré) *qui sera publiée bientôt sur la Petite Presse.* »

LE SOLDAT HAÏTIEN

« Quelles solides légions on fera avec ces troupes quand leur instruction militaire sera achevée !.... car elles possèdent au plus haut degré les trois grandes qualités du soldat : la rapidité, la sobriété et le courage. »

On peut voir absolument le contraire écrit par le même olibrius sur la *Petite Presse* du 10 Novembre. Lisez plutôt :

« Il faut qu'elle (Haïti) fasse croire à l'Europe qu'elle en a une (une armée) solide et superbe. Et alors, pour atteindre ou plutôt pour ne pas atteindre ce but puéril, elle met sous les ordres de chefs dont les états de service sont d'une innocence éclatante, un tas de gens qui seraient excessivement utiles à l'agriculture. Elle les habille en soldats, dont le dégingandement, l'allure indolente, la tenue extra-négligée, et l'indifférence pour la propreté rappellent les fantassins les plus débraillés de Callot. »

« Ce sont les premiers marcheurs du monde. » (*Œil* du 4 Mars.)

Affirmation hasardée et trop laudative, la comparaison n'ayant jamais été établie entre la rapidité de la marche des fantassins haïtiens et la rapidité de la marche de ceux de toutes les autres armées du monde. Après l'insulte, trop de louanges. Nous relevons les insultes, mais aussi nous repoussons dédaigneusement cette monnaie des sots qu'on nomme la louange. Elle est fort sujette à caution surtout lorsqu'elle vient en rétractation d'injures faites sans raison et à la légère.

« Soumis *aveuglement* (sic) à la discipline et ne discutant jamais les ordres de leurs supérieurs, ils osent tout ce qu'on leur commande. » (*Œil* du 4 mars.)

Pourquoi donc avez-vous fait imprimer le contraire (dans la *Petite Presse*) à la date du 10 Novembre ?

« Les officiers de ces fantaisistes (les soldats haïtiens), lors même qu'ils auraient la volonté et le pouvoir de les instruire, n'y parviendraient pas, tant ces hommes aiment à faire le contraire de ce qu'on leur commande, à marcher lentement quand on leur dit « pas accéléré », à s'arrêter quand on leur dit seulement de marquer le pas, et ont horreur de toute discipline. »

Quelle confiance peut-on accorder aux paroles d'un homme qui, en Mars 1882, écrit absolument le contraire de ce qu'il a avancé en Novembre 1881 ?

« Mais pour qu'ils déploient ces qualités guerrières il faut qu'ils se battent pour un intérêt qui les touche et sous un général qu'ils aiment et qui leur inspire confiance. Alors ils ne songent plus au repos. Ces êtres si froids hier, si pleins d'indifférence pour les choses du service (voilà qui est en contradiction avec le « *soumis aveuglément à la discipline* » de tout à l'heure) deviennent tout à coup des fantassins que rien ne rebute, qu'aucun obstacle ne décourage, qu'aucun péril n'effraie. »

M. Cochinat avait fait imprimer le contraire (sur la *Petite Presse*). Je l'ai fait voir plus haut, je le ferai voir encore plus loin. Mes articles publiés sur le *Persévérant* (numéros des 20 et 28 Janvier 1882) ont rappelé à la pudeur le trop fantaisiste chroniqueur noir et l'ont forcé à faire insérer dans *l'Œil* — le 4 Mars — cette espèce de rétractation détournée que nous analysons en ce moment. Continuons.

« Insensibles aux variations de la température, ils marchent toute une journée, sans souliers, sous ces soleils cruels et sous ces pluies *flagellantes* (sic) d'Haïti qui percent les chemins ou les changent en rivières. Ils gravissent, infatigables et légers, les mornes les plus escarpés en se nourrissant d'une racine et en buvant l'eau des sources dans le creux de leurs mains. »

Que nous contez-vous là, omniscient hygiéniste ? N'avez-vous point dit que les Haïtiens manquaient d'énergie physique parce qu'ils ne se nourrissaient pas assez de viande et d'autres aliments azotés ?... (Voir au chapitre intitulé : « *Les impertinences de M. Cochinat* ».)

« Avec eux point n'est besoin, en guerre, de ces intendances, de ces tentes qui embarrassent et ralentissent l'essor d'une armée. Blessés, ils se pansent avec quelques simples et retournent au combat avant même que leurs plaies ne soient cicatrisées ; frappés mortellement ils expirent en riant pour leur cause. »

Soldats modèles et patriotes ! Excellents troupiers !... Comment se fait-il que vous ayez publié... — *sur la Petite Presse* — qu'ils ne seraient pas capables de défendre Haïti contre une armée venue du dehors ?... Comment et pourquoi avez-vous écrit pareille chose ?...

« Avec Dessalines, ils ont fait toute la route du Nord à l'Est jusqu'à Santo-Domingo (120 lieues), n'ayant pour tous vivres qu'un ou deux épis de maïs dans *leurs havre-sacs*, et dans la bouche, que quelques feuilles qu'ils mâchaient et dont ils connaissaient les propriétés désaltérantes. »

Cent vingt lieues, ma foi ! ce n'est guères ! Les mêmes soldats avaient déjà parcouru le même chemin avec Toussaint-Louverture et ils le parcoururent encore avec Boyer.

« Quelle vue perçante et quels jarrets d'acier! Secs et nerveux comme des Numides, ces marcheurs aux pieds durcis et aux *visages noirs ou bronzés* seraient les premiers soldats de ce siècle sous d'habiles stratégistes (et ils le prouveraient en allant conquérir le Groënland, la Patagonie et le Japon, n'est-ce pas?...), car il ne faut pas oublier que c'est avec des hommes semblables à eux que Jugurtha effraya Rome et qu'Annibal la mit à deux doigts de sa perte. »

Ça, c'est trop fort! J'en demande bien pardon à l'éminent anthropologiste martiniquais, les soldats de Jugurtha et ceux d'Annibal n'étaient nullement semblables aux Haïtiens. Les Numides avaient la peau noire ou à peu près noire, mais ils n'étaient pas de race noire. Lisez les vrais anthropologistes, ô chroniqueur naïf; consultez notamment de Quatrefages, Alf. Maury, Topinard; vous verrez qu'ils disent que les Numides appartenaient à la race caucasienne (rameau égypto-berbère).

Et maintenant, ô voyageur trop crédule pour avoir candidement écrit que les Haïtiens ne lisaient que Musset, je vous conseille charitablement de relire l'*Histoire Romaine* de Théodore Mommsen et l'*Histoire des Romains* de Victor Duruy. Lisez avec soin les chapitres où sont racontées la seconde guerre punique et la guerre contre Jugurtha. Allez... et ne péchez plus. — *Vale*.

LIVRE II

~~~~~~

REVENEZ-Y

SEPTEMBRE-OCTOBRE

Ancora !
L.-J. J.

CHAPITRE PREMIER

COURTES RIPOSTES

~~~~~~~~~

Sommaire. — Un excellent ami et collaborateur ?!... — Qui *reprit* serait meilleur... — C'est inexact. — *Extra*-démagogiques pour *ultra*-démagogiques !...—... *Depuis qu'il en a secoué le joug*.— « *Corriges* ton enfant, dit Dieu... » — Knout, schlague et chat à neuf queues. — ... Ce que c'est que l'atavisme ? — ... D'une imagination folle et délirante. — Ni solliciteur, ni frondeur. — ... A bon entendeur, demi-mot. — *Moniteur universel* ?! *Petite Presse*, oui ! — Jocrisse ou Calino. — Les résultats moraux sont plus grands encore !... — Les prénoms haïtiens... d'après lui. — De Voltaire à *Phylloxera*. — Il se nomme Jean-Baptiste *Thomas*. — Diafoirus ? — Non, Victor... — ... Paul, Duguesclin, Garibaldi. — ... Le ravissement où je suis... — Prenez Madiou, cette fois. — Voyez Saint-Méry ! — *Dondon, la Marmelade, la Seringue*, etc. — Journalistes, lisez les *Détracteurs !* — Blanqui-Vercingétorix. — (Si toutefois l'on en peut croire M. Meignan). — A la Martinique. — ... A Meignan et à Cochinat... — (Hein ? Victor !) — *La Justice*. — Sainte Routine est si puissante !...

Le numéro de la *Petite Presse* du 8 Septembre 1881 porte les lignes suivantes :

« Nous avons annoncé le départ de notre excellent ami et collaborateur Victor Cochinat pour Haïti, son pays natal. »

C'est une erreur. M. Cochinat n'est pas Haïtien : il est Martiniquais !...

Le 10 Septembre, sous la signature de Victor Cochinat, la *Petite Presse* insérait ceci :

« Haïti n'est autre que notre ancienne colonie de Saint-
« Domingue qui *prit* ce nom indien signifiant *Terre Haute*,
« après avoir secoué le joug de la France, quand le premier
« consul Bonaparte voulut y rétablir l'esclavage, que la
« Convention avait aboli. »

Qui *reprit* aurait été meilleur, cela au triple point de vue de l'histoire, de la géographie et de la grammaire. (Voir la note *B*, à la fin du volume.)

« Le nom de la ville (Port-au-Prince, capitale de la République d'Haïti) lui vient d'un vaisseau nommé *le Prince* qui mouilla dans la baie en 1706. » (*Petite Presse* du 11 Septembre.)

C'est inexact. D'après Moreau de Saint-Méry, les îlets qui sont dans la rade de Port-au-Prince portaient authentiquement le nom d'*Ilets du Prince* dès 1680, c'est-à-dire vingt-six ans avant que le navire *le Prince*, commandé par M. de Saint-André, ne fût venu prendre mouillage sur cette rade. (Saint-Méry. *Description de la partie française de Saint-Domingue*, t. II, p. 311.)

« Geffrard (président d'Haïti) fut à son tour chassé par Salnave, que les *Piquets*, bandes *extra-démagogiques — ultra-démagogiques*, voulez-vous dire, ô Cochinat ! — nommèrent président. »

Le 14 Juin 1867, le général Salnave fut constitutionnellement élu président d'Haïti pour quatre ans par une Assemblée constituante réunie à Port-au-Prince. Le 16, il prêta serment et le 21 du même mois il constitua son premier cabinet ministériel. (E. Robin. *Histoire d'Haïti.*)

———

M. Cochinat, parlant des corrections que les mères haïtiennes infligent à leurs enfants, nous dit que ceux-ci sont fouettés d'une manière régulière du matin au soir, et il ajoute :

« Je n'ai jamais vu un peuple plus amoureux du fouet depuis qu'il en a secoué le joug. »

A côté de l'opinion de M. Cochinat, je veux citer celle de M. Schœlcher :

« Quant à la puissance paternelle, elle est illi-
« mitée. Les nègres ont jeté ici (en Haïti) *sur des*
« *mœurs d'ailleurs toutes françaises* — je souligne —
« leur profond amour filial. Un père ne se croit rien
« d'interdit vis-à-vis de son fils ; il s'arroge le droit
« de le battre, *tout comme font les créoles de nos*
« *Antilles* — (c'est souligné dans Schœlcher ; *il faut*

« *entendre ici le mot créole dans le sens de blanc né*
« *dans les colonies*) — et le fils ne se croit rien per-
« mis vis-à-vis de son père. Les femmes même, si
« pleines de bons sentiments, elles qui nourrissent
« tous leurs enfants, qui rougiraient de leur lais-
« ser prendre le lait d'une autre, qui sont pour
« eux d'une faiblesse coupable, osent cependant
« les frapper, car on regarde encore ici les coups
« comme un moyen infaillible de correction.

« Sans doute on ne saurait excuser Haïti de
« persister dans cette coutume des temps barba-
« res ; mais ne soyons pas trop sévères pour ce
« peuple privé de toute direction élevée. Il n'y a
« que quarante ans que les châtiments corporels
« faisaient partie du code d'instruction publique
« d'Europe ; à l'heure où je parle, ils sont encore
« admis généralement par les colons des îles fran-
« çaises. — Pendant mon séjour à Port-au-Prince
« un quaker anglais qui visitait l'île a répandu
« plusieurs petits écrits publiés par la *Société des*
« *traités religieux de Paris* au milieu desquels il
« s'en trouve un (n° 48) intitulé : *Nécessité de main-*
« *tenir l'autorité paternelle*. Or, écoutez les con-
« seils que donnent aux parents ces hommes dé-
« voués aux bonnes œuvres, dont j'incrimine les
« actes et non pas les bonnes intentions : « *Corri-*
« *gez* vos enfants aussi rarement que possible et
« jamais dans la colère, mais ne manquez pas de
« les corriger quand la circonstance l'exigera. *Cor-*

« *rige ton enfant*, dit Dieu, et il donnera le plaisir à
« ton âme. La verge et la repréhension donnent la
« sagesse. Dieu va même jusqu'à déclarer que celui
« qui épargne la verge hait son fils, mais celui qui
« l'aime se hâte de le châtier. »

« Osera-t-on parler contre les mères haïtiennes
« qui infligent à leurs enfants une cruelle et dé-
« gradante correction, quand les hommes reli-
« gieux de Paris et les quakers de Londres
« répandent ces funestes préceptes! » (Schœlcher.
Colonies françaises et Haïti, t, II, p. 288.)

M. Schœlcher écrivait ces lignes en 1841. A
cette époque le knout était encore en usage dans
l'armée russe ; on donnait encore la schlague dans
l'armée autrichienne ; et, dans la marine anglaise,
le chat à neuf queues et les châtiments corporels
étaient encore en honneur. « Il n'y a pas soixante
ans on fouettait encore les midshipmen anglais. »
(Amiral Jurien de la Gravière, *Revue des Deux
Mondes*, Mars 1882.) Le midshipman est un aspi-
rant ou un cadet dans la marine anglaise : c'est
souvent un jeune noble.

Ces coutumes dégradantes ont été abolies presque partout. En Haïti, la Commission Centrale de
l'Instruction publique a formellement aboli l'usage
du fouet dans les écoles et l'officier haïtien qui se
permettrait de frapper un soldat, même pendant
le combat, courrait grand risque de se faire passer
un sabre au travers du corps.

Les paysans haïtiens ne fouettent jamais leurs enfants. Je sais bien que dans le bas peuple des villes on fouette encore les enfants, mais cette coutume devient de moins en moins générale et l'on peut dire qu'elle a presque disparu.

Mais, Monsieur Cochinat, savez-vous bien ce que c'est que l'atavisme?... — L'atavisme, c'est la ressemblance avec les aïeux. La définition est de Littré qui s'y connaît. En voici un exemple que je tire de Herbert Spencer : « Bien que la cessation de la guerre implique une plus complète adaptation de l'homme aux conditions de la vie sociale et la diminution de certains maux, cette adaptation ne sera pas encore suffisante et par suite il y aura encore beaucoup de malheur. En premier lieu cette forme de nature qui a produit et qui produit encore la guerre bien que, par hypothèse, elle se soit changée en une forme plus élevée, ne s'est pas changée cependant en une forme assez élevée pour que toutes les injustices et toutes les peines qu'elle cause disparaissent. *Pendant une longue période*, après que les habitudes de pillage auront pris fin, les défauts de la nature à laquelle tenaient ces habitudes subsisteront, et produiront leurs mauvais effets qui diminuent bien lentement. En second lieu, l'adaptation imparfaite de la constitution humaine aux travaux de la vie industrielle doit persister longtemps, et l'on peut s'attendre à ce qu'elle survive dans une certaine mesure à la cessation des guerres. Les modes d'activité nécessaires doivent rester pendant d'innombrables générations peu satisfaisantes à quelque degré. En troisième lieu les défauts de contrôle par rapport à soi-même comme nous en observons chez l'homme imprévoyant, ainsi que les divers manquements de conduite due à une prévision peu exacte des conséquences des actes, bien que moins marqués que maintenant, ne pourraient laisser de produire encore des souffrances.» (Herbert Spencer. *Morale évolutionniste*, p. 210.)

La coutume de fouetter les enfants nous est venue des Français, Monsieur Cochinat, et si, au lieu d'aller en Haïti, vous aviez été à la Martinique, votre pays natal, vous auriez pu constater que vos compatriotes fustigent encore leurs fils, et pourtant on ne leur donne plus le fouet à eux, aux hommes faits, depuis 1848.

Nous avons hérité d'une coutume barbare et nous cherchons par tous les moyens à nous en débarrasser. Mais savez-vous bien que l'on perd bien plus difficilement un vice que l'on n'acquiert une vertu et que l'éducation, la transformation intellectuelles et morales de tout un peuple ne sont pas choses promptes, faciles et ne se font pas en soixante ans?

Dire que les Haïtiens sont plus amoureux du fouet *depuis qu'ils ont secoué le joug* est une pure ineptie, une conception d'une imagination folle et délirante.

Et tenez, voici encore du Schœlcher — et du meilleur — : « Chose singulière, ces gens que l'on dit créés pour l'esclavage, une fois libres, sont si réfractaires à toute soumission absolue, qu'il est impossible d'en faire ce qu'on appelle de bons serviteurs, c'est-à-dire des laquais bien humbles et bien respectueux. Ici, comme dans toutes les colonies anglaises, la chose dont se plaignent le plus amèrement les riches, c'est de ne pouvoir trouver personne pour le service. » (Schœlcher, *eodem loco citato*, p. 300.) Cela s'écrivait en 1841. Vous comprenez que des gens qui se refusent à toute soumission absolue ne sont pas pour se laisser fouetter ! C'est donc une imposture que vous commettez, Monsieur le correspondant de la *Petite Presse* lorsque vous dites que les Haïtiens sont amoureux du fouet « *surtout depuis qu'ils en ont secoué le joug* ».

M. Cochinat nous fait assister à son entrevue avec le président d'Haïti.

« Vous venez ici pour vous rétablir ? » — lui demanda le général Salomon.....

« — D'abord, lui dis-je, mais aussi pour étudier ce pays que j'ai depuis longtemps l'envie de connaître, et pour envoyer le résultat de mes observations au *Moniteur universel*. Je me suis arrangé pour cela avec mon directeur, M. Paul Dalloz, et je tiens à vous dire tout cela afin de vous débarrasser de cette espèce de gêne qu'on éprouve involontairement envers un hôte que l'on n'attendait pas. Soyez donc tranquille, Monsieur le Président, je compte vivre ici en citoyen observateur — pourquoi *citoyen?* — des lois du pays et en utilisant mes facultés d'écrivain (?). Ni solliciteur, ni frondeur, telle est ma devise. »

Hein! ni solliciteur, ni frondeur!... On sait en Haïti que les Alexandre Bonneau et d'autres.... étaient autrefois pensionnés par le gouvernement de Geffrard pour écrire en faveur d'Haïti sur les journaux d'Europe. Ceux qui savent lire entre les lignes.... à bon entendeur, demi-mot !

On verra dans la suite que celui qui se donnait comme devant être le correspondant du *Moniteur Universel,* grand journal parisien lu par les bourgeois, ne fut que le chroniqueur de la *Petite Presse,* journal à un sou et peu lu dans le public européen qui peut contrôler ce qui se publie sur Haïti. On verra encore que M. Cochinat a complètement oublié au moins l'un des deux termes de cette devise : « Ni solliciteur ni frondeur », qui serait digne de Jocrisse ou de Calino; car comment peut-on écrire sur un pays quel qu'il soit sans fronder un peu les mœurs de ce pays, sans y trouver à reprendre ?

L'entrevue prit fin et M. Cochinat se retira, « s'étonnant un peu, nous dit-il, de voir ce chef, dont les partisans attendent toujours tant de réformes et d'améliorations matérielles, avoir l'air de croire qu'on est disposé à se contenter seulement de la transformation de Port-au-Prince. »

J'ai déjà montré que le gouvernement du général Salomon avait doté Haïti d'une Banque nationale; qu'il avait organisé une Exposition nationale; qu'il avait donné au pays une monnaie nationale basé sur le système métrique et fondue aussi scientifiquement que toutes les monnaies des nations européennes qui font partie de l'Union monétaire latine. De plus, M. Cochinat lui-même a pris la peine de nous faire savoir qu'Haïti faisait maintenant partie de l'Union internationale des Postes. Voilà les résultats patents, tangibles, matériels. Les résultats moraux sont plus grands encore. Le crédit d'Haïti relevé à l'étranger, la paix et la sécurité intérieures garanties et assurées pour longtemps encore, et peut-être pour toujours, ne sont pas des choses qu'on peut passer sous silence. — Il serait à désirer que les gouvernements futurs pussent chacun faire pour le pays autant, en comparaison, que le Gouvernement actuel a fait. S'il en était ainsi, avant trente ans, Haïti serait une puissance avec laquelle les plus grandes nations du monde seraient obligées de compter.

« Les enfants de ce pays sont généralement vifs et intelligents, et on doit leur en savoir d'autant plus gré que leurs pères les affublent de noms qui pourraient gêner leur développement intellectuel. Car les Haïtiens qui sont un peuple amoureux de l'emphase et dédaigneux du naturel, au lieu de donner à leurs garçons et filles des prénoms usités, tels que ceux de Pierre, Paul, Jacques, Emile, Jules, etc., se creusent la tête pour leur infliger, comme prénoms, remarquez-le bien, les noms les plus illustres de l'Italie, de la France, de l'Angleterre et de l'Allemagne.

« Ces pères excellents et prolifiques—il est rare qu'ils aient moins de six enfants,—après avoir épuisé tout ce que la Grèce, Carthage et Rome comptent de Léonidas, d'Epaminondas, d'Alcibiade, de Démosthènes, de Phocion, de Solon, d'Hannibal, d'Asdrubal, d'Amilcar, de Bomilcar, de Sylla, d'Hortensius, de Cicéron, etc., ne se sont-ils pas avisés d'aller fouiller dans le Moyen-Age, la Renaissance, les temps modernes et l'époque contemporaine pour donner à leur progéniture comme *prénoms* — j'insiste là-dessus — les noms de Dante, d'Abeilard, de Duguesclin, de Turenne, de Condé, de Luxembourg, de Fénelon, de Racine, Corneille, Massillon, Fléchier, Molière, Descartes, Villars, Voltaire, Condillac, Malebranche, Pope, Milton, Dalembert (sic), Helvétius, Portalès, d'Aguesseau, Duroc, Murat, Bessières, Rémusat — je vous jure sur l'honneur que je ne plaisante pas — Rossini, Weber, Meyerbeer, lord Byron, Dupuytren, Cuvier, Barnave, Vergniaud, Canrobert, Montholon, Labédoyère, Saint-Arnaud, Pélissier, etc., etc. Gambetta n'a pas encore été introduit à Port-au-Prince, ni Emile Zola, mais nous avons Chateaubriand, Montalembert, Lamartine et Musset.

« D'autres pères, prenant la chose plus loin, ont appelé leurs enfants Alibée, et leurs filles Pétrone, Attila. Un monsieur Toupuissant a baptisé son fils « *Je crois en Dieu* » (Je crois en Dieu Toupuissant, sur l'honneur!); un général, qui commandait le département du Nord-Ouest, a appelé son fils *Ouest et Nord*. Un quatrième, célèbre sous l'empire de Soulouque, appelait *son* fils « Castor et Pollux ». Un cinquième, le plus incroyable de tous, a donné pour petit nom à son héritier « *Ecce Homo !* »

« Enfin, une petite fille de la campagne, interrogée par un de mes amis sur son prénom, répondit *Chimène*, et mon ami, étonné de voir que le Cid avait pénétré dans les montagnes d'Haïti, insista pour savoir quelle raison avait porté la mère de l'enfant à cette fantaisie littéraire; la pauvre petite fit cette naïve réponse : « Monsieur, on m'appelle Chimène, parce que je suis née sur le grand *chimin* (chemin). »

« Le comble du prénom haïtien est celui qui, sur les conseils d'un mauvais plaisant, a été donné à un petit garçon. Ce prénom est *Phylloxera !* » (*Petite Presse* du 19 Septembre.)

Je n'en ai cité si long que pour avoir le droit de répondre autrement qu'en quelques lignes.

1° Tout d'abord il est à regretter qu'on ne puisse rendre à M. Cochinat la justice qu'il est obligé de rendre aux jeunes Haïtiens, lesquels sont vifs et intelligents, encore qu'ils soient « *affublés* » de noms d'hommes célèbres.

Le chroniqueur martiniquais s'appelle *Jean-Baptiste-Thomas-Victor Cochinat*. Il n'est ni un voyant, ni un prophète comme le fut *Jean-Baptiste ;* il est malheureux qu'il ne soit ni aussi incrédule que l'était le *Thomas* des Évangiles ni aussi subtil que l'était *Thomas* d'Aquin ; il n'est pas brave comme *Victor*, duc de Bellune ; il n'a jamais su défendre et faire estimer la race noire ainsi que l'a fait *Victor* Schœlcher, et il est bien loin d'avoir le génie de *Victor* Hugo, dont il n'écrit que très incorrectement la langue.

Je serais porté à supposer que, quant à ce qui est de M. Victor Cochinat, les noms dont il a été « *affublé* » au berceau ont *peut-être* pu gêner son développement intellectuel et l'ont *peut-être* empêché de ressembler en quoi que ce soit aux hommes illustres qui avaient porté ces noms avant lui.

2º Et maintenant le nom propre *Paul* est-il moins emphatique, plus naturel que le nom propre *Duguesclin*... par exemple ?.. Le connétable Bertrand Duguesclin ne fut qu'un grand batailleur qui peut passer inaperçu dans l'histoire philosophique de l'humanité. Paul fut un grand apôtre dont le nom brille d'une lueur immense dans l'histoire du christianisme et par conséquent dans l'histoire du monde moderne. Si *Paul* est plus usité que *Duguesclin*, comme prénom, c'est précisément parce que des parents religieux ou ambitieux ont voulu, pendant des siècles, placer leurs fils sous l'invocation ou sous la protection, en quelque sorte, du fécond apôtre qui a écrit les *Epîtres* aux Romains, aux Corinthiens, aux Galates, aux Ephésiens, aux Philippiens, aux Colossiens, aux Thessaloniciens, à Timothée, à Tite, à Philémon et aux Hébreux. Donc, pour qui veut aller au fond des choses, est plus ambitieux, plus emphatique — encore que plus usité — le prénom *Paul* comparativement au prénom *Duguesclin*.

Remarquons, en passant, que tous les *noms de famille* d'hommes célèbres sont susceptibles de devenir des prénoms, dans la suite des âges. Ainsi déjà, en Italie et dans une bonne partie de la Bourgogne, en France, dans le Dijonnais surtout, le nom de famille *Garibaldi* est devenu un prénom que portent quelquefois cinq enfants sur dix, dans telle localité prise au hasard.

3º Je ne saurais taire le ravissement où je suis de savoir que chaque Haïtien procrée en moyenne six enfants. Je vois là une preuve de l'excessive vitalité de la nation haïtienne. Hardi! mes compatriotes, continuez! Nous peuplerons tout seuls notre bien-aimée Quisqueya et nous ne bifferons jamais l'article 7 (l'article 6 actuel) de notre Constitution. Allez comme vous le faites (j'entends sur le faict de l'enfantement, comme eût dit Rabelais) et dans trente ans la population sera au moins triplée... et nous pourrons mieux encore faire la nique aux puissances qui regardent Haïti avec tant de convoitise.

4º La manie des grands noms historiques?... Elle nous vient des Français, Monsieur Cochinat. Lisez l'histoire d'Haïti, — prenez Madiou, cette fois, — et vous verrez que les noms de presque tous ceux qui ont joué un rôle dans nos premières révolutions sont tirés de la Bible, de l'histoire grecque ou de l'histoire romaine. Ces noms leur avaient été donnés par les colons européens. Vous savez d'ailleurs comment les colons baptisaient leurs esclaves, leurs affranchis et leurs enfants naturels. Voyez, sur ce sujet, le gros livre de Saint-Méry traitant des *Lois et Constitutions des colonies françaises* d'où est tiré, en grande partie, son ouvrage intitulé : *Description de la partie française de Saint-Domingue.*

Nous n'avons fait que continuer les anciens errements, de même que nous n'avons point changé les noms géographiques en Haïti, ce qui fait, par parenthèse, que les journalistes européens seraient bien plus sages s'ils ne riaient point tant des noms de lieux haïtiens, tels que *Marmelade, Dondon, la Seringue* et *Grand-Gosier*, etc., qu'ils trouvent absurdes et qui tous, cependant, ont été donnés à ces lieux par des Français. (Voyez *les Détracteurs de la race noire,* Paris, 1882, article de M. Jules Auguste.)

On sait de plus que, en France, pendant la Révolution française, chacun se débaptisa et prit un nom grec ou romain, si bien qu'il fallut plus tard un arrêté du Gouvernement consulaire pour enjoindre aux officiers de l'état civil de ne plus inscrire sur leurs registres de déclarations de naissances que des noms qui seraient pris dans le calendrier grégorien. (Voir à ce propos, dans la *Gazette des Tribunaux,* 1882, le compte rendu de l'action intentée à l'Administration par M. et Mme Négro qui réclamaient le droit de donner à leur fils le nom de Blanqui-Vercingétorix, droit qui leur avait été contesté par l'officier de l'état civil.)

Et voilà pourquoi, Monsieur Cochinat, en France, il n'y a plus que peu de Gracchus, de Sempronius, d'Harmodius et d'Aristogiton, etc., encore que pourtant les Marius et les Sextius ne soient pas très rares, car on trouve des hommes portant ces *noms* — comme *prénoms* — et qui siègent en ce moment même dans le Conseil municipal de Paris ou qui sont maires de cette ville.

Mais il paraît que le décret du Gouvernement consulaire fut encore moins rigoureusement appliqué à la Martinique qu'en France, — si toutefois l'on en peut croire M. Meignan, que je cite ici — : « Comme je passais au milieu de ces petites
« habitations véritablement africaines, j'entendis
« un petit nègre appeler de loin son frère Démos-
« thènes. Celui-ci répondit en lançant un gros
« juron à son jeune interlocuteur qu'il décora du
« nom de Montmorency. Souvent, à la Martinique,
« résonnent aux oreilles les noms les plus ron-
« flants et rappelant des illustrations d'époques
« les plus différentes, et cela non seulement chez
« les nègres, mais aussi parmi les mulâtres, j'a-
« jouterai même, parmi les blancs.

« Quand un paquebot arrive à Fort-de-France,
« quand un gouverneur vient s'installer à la Mar-
« tinique, tous les petits enfants qui naissent ces
« jours-là prennent le nom du paquebot ou bien du
« gouverneur, et, chose curieuse, se croient plus
« tard, quand ils sont arrivés à l'âge de raison, is-
« sus d'une grande famille, et parlent de leurs an-
« cêtres. Aussi n'est-il pas rare là-bas de rencontrer

« un Spartacus, un Polyeucte, une Cléopâtre, un
« Robespierre ou un Bismarck du noir le plus
« foncé. Souvent Bayard se dit, à la Martinique,
« cousin de Nabuchodonosor, et Cicéron, beau-
« frère de Lafayette. Ils ne sont pour cela ni
« guerriers, ni rois, ni orateurs, ni même, heu-
« reusement, commandants de la garde nationale ;
« mais nobles, ils le sont toujours (1). »

Je m'arrête ici ; et, à M. Meignan qui est blanc
et à M. Cochinat qui est nègre, j'avouerai ne pas
trouver que les Haïtiens et les Martiniquais soient
pour être blâmés lorsqu'ils donnent à leurs enfants
des noms de héros ou de savants. Pour un philosophe, il est clair qu'il y a là une aspiration vers
le *désir du mieux*. Il y a chez le parent qui donne
à son fils un nom célèbre, d'abord un sentiment
d'admiration tacite pour celui qui a illustré ce
nom et ensuite une espérance, peut-être orgueilleuse et même vaniteuse, mais à coup sûr louable,
que l'enfant se montrera digne du prénom qu'on
lui fait porter. M'est avis qu'un positiviste, et
même qu'un simple scolastique, n'aurait point ri
de ces choses et qu'il s'inclinerait plutôt devant
cette double manifestation de la pensée d'un père
qui place son enfant sous le patronage idéal d'un
grand personnage dont la mémoire est aimée ou
estimée, cela par un procédé analogue à celui que

---

(1) Victor Meignan. *Aux Antilles*, p. 78 à 81.

nous voyons employer en France par tant d'individus appartenant à toutes les sphères sociales, lorsqu'ils donnent à leurs enfants les noms de Charles, de Louis, d'Henri, de Marie-Caroline; de Louis-Philippe, de Marie-Amélie; de Napoléon et d'Eugénie.

En tous cas, je veux rapprocher les faits précédents rapportés par MM. Victor Meignan et Victor Cochinat — (hein? Victor!) — de ceux suivants rapportés par la *Justice*, journal parisien : « En « Angleterre, les prénoms ne sont pas tous pris « parmi les saints du Calendrier et il en est d'une « incontestable originalité. Tels sont : *Albones* « (tout os), *Corpse* (cadavre), *Waddle* (dandine- « ment), *Bolster* (traversin, coussin), *Eighteen* (18), « *Hogsflesh* (viande de cochon), *Maddle* (boue), « *Vulgar* (vulgaire).

« 18, passe encore, si c'est un numéro d'ordre, « mais on s'imagine difficilement des gens don- « nant à leurs enfants, avec le jour, les noms de « *Tout Os, Cadavre, Viande de cochon, Boue, Vul-* « *gaire*. » (*La Justice* du 10 Mars 1882.)

Il y a par le monde si peu d'hommes réfléchis (sainte Routine est si puissante) que les Anglais jouissant de la réputation d'être d'une race supérieure, bien des personnes — soi-disant intelligentes — trouveront tout naturel qu'ils donnent à leurs enfants des noms tels que *Viande de porc* ou *Boue*, cependant que les mêmes personnes riront aux larmes en entendant dire qu'il y a des Haïtiens qui s'appellent Voltaire ou Sylla et des Martiniquais qui se nomment Spartacus ou Robespierre.

Le monde est ainsi fait, et sainte Routine est si puissante!...

CHAPITRE II

UN PEU DE SOCIOLOGIE

~~~~~~~~~

Sommaire. — L'ouvrier à Port-au-Prince. — Voilà que ça change ! — Chef-d'œuvre d'inexactitude ! — Nous n'en sortirons point. — Entre nous. — Allons, Monsieur, un peu de sociologie. — Entendons-nous. — Tel fut le cas de Jasmin. — On sait ce qu'il advint. — ... A Gonaïves, la ville sainte ! — L'indemnité territoriale d'Haïti. — Revenons à l'ouvrier haïtien. — Un sociologue aurait applaudi. — Nous savons tous d'où nous sortons. — Des exemples?... — En voici! — Vanderbilt surnommé le *Commodore*. — *Grand Maître*, dites : « *Sinite parvulos.* » — A la silhouette. — A. Audiganne. — L'ouvrier français est quelque peu le père de l'ouvrier haïtien. — A Witebsk... (Thiers. *Campagne de Russie.*) — Louis Blanc. *Histoire de Dix Ans.* — Voilà 1848 ! — Déception immense !... — Louis Pauliat et la *Revue nouvelle*. — Denis Poulot et le *Sublime*. — Zola et l'*Assommoir*. — Aurélien Scholl, de l'*Evénement*. — Ameline dit : « Qui a bu boira..., etc. — Jules Simon et l'*Ouvrière*. — Levasseur, de l'Institut. — ... La Révolution française est son chef-d'œuvre. — L'ouvrier anglais. — Adam Smith. — E. Boutmy, de l'Institut. — P. Leroy-Beaulieu, de l'Institut. — Fournier. — Maguire. — Les *Home-rulers*. — Les révolutions, non! Les révoltes... — L'ouvrier américain. — Il sait lire. — Il est très patriote. — Il n'a qu'un défaut. — En deux mots comme en cent. — Karl Marx (*le Capital*, chapitre xxiv). — En avant! toujours et partout, en avant ! Et pour la patrie ! — On peut critiquer l'ouvrier, mais le calomnier, jamais.

Dans la *Petite Presse* du 20 Septembre, je lis ceci :

« C'est surtout aux ouvriers d'Haïti qu'on pourrait appliquer le dicton si connu : « Il cherche de l'ouvrage, mais il tremble d'en trouver, » car il est excessivement rare de trouver à Port-au-Prince un artisan qui vous fasse un travail chez vous.

« Lorsqu'après de longs jours de patience l'on peut en attraper un, il entre chez vous, examine l'ouvrage, convient du prix, et s'en va en vous disant : « Je reviens dans un « moment. » On ne le revoit plus. D'autres fois il vous persuade que le travail de réparation que vous lui donnez n'est pas nécessaire, et il ne le fait pas. En France, « l'ouvrier « pousse à la consommation, » si vous me permettez cette locution familière ; mais en Haïti, l'ouvrier prend les intérêts du bourgeois et il lui prêche l'économie. »

Voilà, certes, un ouvrier qui n'est pas prêt de devenir socialiste. De plus, s'il n'a pas lu les Evangiles, il en pratique tout de même les maximes : il prend plus soin des intérêts du prochain que des siens propres.

« En vous mettant à votre fenêtre, à 7 heures du matin, « voyez cet homme déguenillé qui passe : c'est un ouvrier « qui se rend à son chantier, et qui y travaillera juste le « temps nécessaire pour gagner quatre piastres et se reposer « le reste du temps. »

Voilà que ça change. Il travaille un peu... juste assez pour gagner quatre piastres. Mais, grand étourdi de Cochinat, vous avez oublié de nous dire combien de temps il mettait à gagner ces quatre piastres. Est-ce en un jour, est-ce en un mois, est-ce en une semaine ?.. Si c'était en un jour cela ferait un joli denier (25 francs environ). Si c'était en un mois ce ne serait pas suffisant pour son entretien et pour celui de sa famille, et alors je me demanderais de quoi et comment il pourrait vivre.

Voyez-vous, Monsieur le chroniqueur léger, vous ne savez point observer, ou bien, si votre esprit a su faire œuvre de perception ou d'observation, votre plume ne sait pas exprimer votre pensée d'une façon assez claire pour que vos lecteurs la puissent saisir entièrement et facilement.

« Voyez cet autre homme qui se dandine, qui fait le joli cœur, lie conversation avec les jeunes femmes qui passent, montre la cambrure de son pied bien chaussé, fait des effets de mollets sous son pantalon noir et porte une chemise d'une blancheur neigeuse. Il a un stick à la main et porte un petit paquet. C'est un ouvrier qui va aussi à son atelier, et qui, ayant honte d'être pris pour un travailleur, cache soigneusement ses outils dans le petit paquet en question. Il n'avouerait pas pour un empire qu'il vit du travail de ses mains et qu'il va changer de costume à l'atelier. »

Cette dernière phrase est un pur chef-d'œuvre d'inexactitude.

Pourquoi voulez-vous que cet homme refuse d'avouer qu'il vit du travail de ses mains lorsque ce travail lui permet d'être bien mis, d'avoir conscience de son rôle dans la société, d'être bon père et bon citoyen ? Si on le citait à comparoir devant le juge d'instruction pour témoigner dans une affaire, il avouerait sans difficulté aucune qu'il est ouvrier. Tous les gens sensés supposeront que partout où il ira il aimera mieux dire qu'il est ouvrier que de mentir et de laisser croire qu'il est un désœuvré ou un voleur.

Ah ça, Monsieur Cochinat, nous n'en sortirons point. Tout à l'heure vous nous disiez que l'ouvrier haïtien ne travaillait que le plus rarement qu'il le pouvait. Un peu après vous nous appreniez qu'il était déguenillé et qu'il ne travaillait que juste assez pour gagner quatre piastres afin de pouvoir se reposer. Voici maintenant que vous nous faites savoir qu'il est aussi bien mis qu'un commis de magasin de nouveautés à Paris ; qu'il est causeur — preuve de sociabilité — ; qu'il fait des effets de mollets dans la rue — preuve qu'il se sent bien fait. Entre nous, je crois fort que M. Cochinat, qui a des baguettes de tambour en place de mollets et le pied déformé parce qu'il est goutteux, est jaloux des mollets et de la cambrure du pied des ouvriers de Port-au-Prince.

Et je cesse de me moquer de vous, Monsieur Cochinat, pour ouvrir une parenthèse sur l'ouvrier haïtien et faire une comparaison entre lui et l'ouvrier de quelques nations vieilles.

Allons, Monsieur, un peu de sociologie.

L'ouvrier haïtien est un être tard venu dans le monde des classes ouvrières du globe.

Avant la Révolution française, les descendants d'affranchis et les affranchis noirs et mulâtres, d'ailleurs peu nombreux — ils n'étaient que 28,000 dans toute la colonie de Saint-Domingue contre 40,000 blancs et 452,000 esclaves — exerçaient seuls les professions ouvrières proprement dites.

Entendons-nous.

Sur ce nombre de 28,000 affranchis, il faut défalquer à peu près la moitié qui habitaient la campagne comme paysans ou qui allaient d'habitation en habitation, exerçant leurs professions.

Quinze mille environ étaient distribués dans plus de quinze villes du littoral dont les principales étaient Port-au-Prince, le Cap et les Cayes.

Ces affranchis n'avaient pas le droit d'exercer toutes les professions qu'il leur aurait convenu d'embrasser. Ainsi il leur était défendu d'être instituteurs (Moreau de Saint-Méry. *Lois et Constitutions des colonies françaises de l'Amérique sous le Vent*, 5 volumes in-4°. Paris, 1784.)

Il ne leur était permis d'être artisans que dans les corporations ouvrières réputées inférieures, car les maîtrises et les jurandes existaient alors à Saint-Domingue comme dans la métropole. — La profession la plus relevée à laquelle ils pouvaient prétendre était celle d'orfèvre. Ogé, Rigaud et Pétion étaient orfèvres. Les deux premiers avaient même traversé l'Océan pour venir apprendre l'orfèvrerie à Bordeaux. Il y avait aussi dans les principales habitations des esclaves à qui leurs maîtres avaient fait donner un métier et qui le pratiquaient sur les habitations de ces maîtres et sur celles des voisins sur lesquelles on leur avait octroyé la permission d'aller travailler.

Dans les villes aussi vivaient un certain nombre d'esclaves libres comme il y en avait autrefois à Rome et comme il y en a malheureusement encore à Cuba. Ceux-ci travaillaient durant toute la semaine et apportaient le dimanche le produit de leurs sueurs à leur heureux propriétaire. Quelques-uns de ces esclaves amassaient lentement et péniblement un petit pécule dans l'espoir de se racheter. Tel fut le cas de Jasmin, ce maçon noir qui fonda un hôpital au Cap et auquel Moreau de Saint-Méry, dans son livre sur la *Description de la partie française de Saint-Domingue*, a consacré quelques pages pleines d'émotion et d'admiration.

En même temps que les affranchis noirs et mulâtres prenaient les armes dans l'Ouest (23-24 Août 1791) les esclaves prenaient les armes dans le Nord. On sait ce qu'il advint.

Les émigrés de Coblentz et de l'armée de Condé disaient aux alliés de la première coalition : « L'armée française n'est qu'un ramassis de savetiers et de vagabonds. Dans quinze jours nous serons à Paris. » Brunswick lança son fameux manifeste. La France lui répondit par Valmy et par Jemmapes. Les savetiers et les paysans français se trouvèrent être des héros au feu.

Tels furent aussi les esclaves et les affranchis de Saint-Domingue.

Le 1ᵉʳ Janvier 1804, à Gonaïves — la ville sainte — un nouvel Etat naquit au monde. Et — chose stupéfiante ! — c'était un état noir.

Pour veiller sur le drapeau qu'ils s'étaient choisis à l'Arcahaie, le 18 Mai 1803, les Haïtiens restèrent en armes jusqu'en 1825 ne pensant que peu à organiser définitivement le travail, puisqu'ils étaient décidés à tout brûler si revenait une invasion étrangère, et de mourir tous plutôt que de renoncer à leur indépendance.

De 1825 seulement pouvait dater pour nous une ère de prospérité. De 1825 à 1881 nous avons été écrasés sous le fardeau d'une dette bien trop considérable, dette consentie pour indemniser les anciens colons de Saint-Domingue. M. Schœlcher tout le premier reconnaît que les Haïtiens n'auraient jamais dû consentir à payer cette indemnité. (Voir *Les Détracteurs de la race noire*, etc., Paris, 1882.)

Cette absence de quiétude politique de 1804 à 1825 et cette consécration du capital haïtien, depuis 1825 jusqu'à aujourd'hui, au paiement de l'indemnité territoriale, ont, en grande partie, déterminé les luttes politiques qui ont désolé le pays depuis ce temps.

Le capital haïtien n'a pas eu le temps de se constituer : voilà pourquoi l'industrie ne peut pas naître encore et c'est, au fond, la véritable raison pour laquelle les Haïtiens se sont tant agités et tant impatientés à la recherche d'un mieux social.

J'étonnerai beaucoup de personnes en disant que les révolutions et les révoltes qui ont eu Haïti pour théâtre, presque toujours, ont été engendrées par une crise économique, une crise sociale, plutôt que par une idée de politique pure ou par une simple compétition de prétendants au pouvoir.

Mais revenons à l'ouvrier haïtien. Soldat sous Dessalines, il le fut sous Cristophe et sous Pétion, sous Boyer, sous Faustin Ier et sous Geffrard. De là lui vient ce petit air cavalier et vainqueur qui lui sied à ravir et que j'aime tant lui voir.

Cette recherche dans la mise, dans la démarche, dans la conversation lui fait le physique distingué en même temps qu'elle assouplit son intelligence et le rend sociable et très facilement perfectible.

Vous avez vu le phénomène de la sélection physique, intellectuelle et morale de toute une société, Monsieur Cochinat, et vous ne l'avez pas compris ; un sociologue l'aurait compris et y aurait applaudi. Il est vrai que les sociologues sont toujours des observateurs sagaces et des savants.

Depuis trente ans l'ouvrier haïtien — celui des grandes villes — s'est toujours un peu assis à côté du bourgeois aussi bien à l'école primaire que dans les loges maçonniques. Depuis notre indépendance, l'ouvrier des petites villes s'est constamment trouvé debout sur le champ de bataille à côté du bourgeois ou couché dans les bivouacs tout près de lui. Ils échangent leurs idées, ils causent fraternellement et les distances existent légères entre eux. D'ailleurs, nous ne sommes pas très loin de 1804 et nous savons tous d'où nous sortons.

En France, depuis que la loi qui fait tout Français soldat a été votée, le fils du duc balaie quelquefois l'écurie de la caserne avec le fils du paysan et, vraiment, ce n'est pas là une fort mauvaise chose.

L'ouvrier haïtien sait qu'il ne tient qu'à lui de franchir les échelons dans la grande armée sociale et de devenir, par sa bonne conduite et son travail, général, ministre, commandant d'arrondissement professeur, etc., et cela ne contribue pas peu à faire qu'il demande tant l'instruction pour son fils et assez d'indépendance pour lui-même.

La force des Etats-Unis vient de ce que, en dehors d'indemnité qu'ils n'ont point eu à payer aux Anglais, de la température du pays qu'ils habitent, de leurs institutions politiques, de l'esclavage qu'ils ont conservé pendant près d'un siècle et de la grande quantité de sang anglo-saxon qu'ils ont dans leurs veines, la force des Etats-Unis vient de ce que, en dehors de tous ces éléments économiques ou politiques, en dehors de cette considération qu'ils sont un peuple de protestants, les Yankees peuvent prétendre à tout, l'intelligence, l'entregent, le flair, le sens pratique des affaires, le savoir étant les seuls signes auxquels on reconnaisse chez eux les hommes, qu'on les appelle au pouvoir, ou qu'on leur donne les moyens de conquérir la fortune.

Des exemples ? — En voici : le président Lincoln fut successivement bûcheron, facteur des postes, avocat ; le président Grant est le fils d'un tanneur — et il s'en vante ; — le président Garfield qui vient de mourir si malheureusement sous la balle de l'assassin Guiteau et dont tous les honnêtes gens regrettent la mort prématurée, le président Garfield est fils de paysan et a été batelier avant que de devenir professeur de langues mortes et de philosophie, encore que, à l'âge de quatorze ans, il ne savait pas encore lire. Vanderbilt, qu'on a surnommé le *Commodore* à cause du nombre de ses vaisseaux, Vanderbilt fut batelier et marchand d'oranges sur l'Hudson (Simonin). Je n'en veux pas trop citer et je passe.

L'ouvrier haïtien, lorsque l'instruction primaire sera devenue obligatoire — et ce sera bientôt fait — deviendra certainement un des premiers ouvriers non seulement de sa race, mais de toute l'Amérique, et il sera même supérieur à l'ouvrier anglo-américain à cause du sang et de l'esprit latins dont il est pourvu — cet esprit artistique, fin, original et charmant.

Actuellement déjà, on peut observer que l'ouvrier à Port-au-Prince ne se grise plus ; il n'est plus mesquinement querelleur et batailleur comme il l'était au temps du président Boyer où — question d'atavisme ! — les duels au sabre et en champ clos servaient de passe-temps dominicaux ; les combats de coqs tant en honneur en Angleterre, à Cuba et dans toute l'Amérique espagnole ou portugaise, et si ruineux, sont aujourd'hui délaissés par les ouvriers haïtiens. Toutes les vieilles danses africaines : le *banda*, le *madouka*, l'*arada*, le *congo*, le *séba*, l'*ibo*, etc., ont complètement disparu aussi bien des villes que des campagnes. La riante tonnelle sous laquelle se dansait autrefois la *martinique* est de moins en moins fréquentée et le carnaval même n'est plus en ce moment pour l'ouvrier de Port-au-Prince qu'un trop fatiguant et trop coûteux plaisir dont il cherche de plus en plus à s'abstenir. Il y a là un rapide travail de transformation sociale, toute une série de répudiations tacites et d'aspirations nouvelles, mais élevées, vigoureuses et nobles et qui sont pour être encouragées.

Ah ! si le Grand-Maître de l'ordre maçonnique voulait !... S'il ordonnait qu'on fît des conférences d'hygiène et d'économie politique dans toutes les Loges, conférences auxquelles les ouvriers seraient admis avec leurs parents ; s'il laissait tomber de ses lèvres le *Sinite parvulos ;* s'il disait à tous : « Venez à moi, venez à nous !... » Quel beau mouvement ce serait, et quelle belle œuvre !... Com-

bien grande! Combien généreuse et noble (1) !...
Déjà, aujourd'hui, voici ce qui se peut voir : le
dimanche venu, l'ouvrier haïtien s'habille avec
goût et simplicité et ne se bariole pas de couleurs
voyantes et disparates ; il va à la campagne, ou à
la messe, ou à la revue des troupes, trois façons
d'élever son âme, d'idéaliser, de poétiser son existence ; s'il est franc-maçon, il ne manque pas aux
tenues du dimanche ; s'il ne l'est pas, il passe son
après-midi dans sa famille ou avec ses amis, causant, jouant aux cartes ou discutant. Beaucoup
même, quoique catholiques, vont quelquefois assister aux sermons des pasteurs protestants. L'ouvrier protestant est presque toujours très pratiquant, et un des meilleurs citoyens que l'on puisse
rencontrer. Si les musées et les bibliothèques existaient à Port-au-Prince comme à Paris, on verrait à Port-au-Prince ce que l'on voit à Paris, en
hiver, dans les salles du Louvre, du musée du
Luxembourg, dans les bibliothèques scolaires ; on
verrait l'ouvrier qui a travaillé durant toute la semaine venir, de lui-même, se mettre en contact
intime avec tout ce qui fait rêver, tout ce qui fait
penser, tout ce qui agrandit le cerveau de l'homme
et le fertilise.

Je ne veux pour preuve de ce que j'avance ici

---

(1) Une Ligue de l'Enseignement vient de s'organiser à Port-au-Prince. Bravo !...

que l'empressement avec lequel les ouvriers haïtiens se sont portés au palais de l'Exposition nationale d'Haïti, afin de visiter les produits de l'île qui y avaient été réunis en 1881.

L'ouvrier, en Haïti, aime beaucoup sa famille, et il est excellent fils. Il est expansif, causeur, aimable, doux, point envieux, généreux et fier. Toutes ces qualités en font un homme de très agréable compagnie et dont on peut tout obtenir quand on sait s'emparer de son cœur, quand on sait le faire vibrer tout entier sous l'impulsion de sentiments hauts et grandioses.

L'ouvrier haïtien est éminemment patriote, et ce ne sera jamais lui qui ira s'aplatir devant l'étranger pour injurier les gouvernants de son pays.

Et maintenant que j'ai révélé l'ouvrier haïtien, que je l'ai montré sous son véritable jour dans le passé, dans le présent et dans l'avenir, je veux esquisser à grands traits, à la silhouette, la physionomie de l'ouvrier français, celle de l'ouvrier anglais et celle de l'ouvrier américain.

« Le progrès des classes ouvrières est, comme on sait, la conséquence d'un long mouvement historique. L'affranchissement se trouvait en germe dans ce Moyen-Age où l'immobilité paraissait pourtant si fortement consacrée. Le travail industriel était resté, plus que tout autre élément de la vie sociale, en dehors de la féodalité ; il avait pu en revêtir les formes, mais il n'était pas systématiquement emprisonné dans ses réseaux. Une issue lui était laissée ; c'est par cette issue que les classes bourgeoises, fortes de l'égalité chrétienne, ont échappé peu à peu à la féodalité pour la briser enfin plus tard. En France, l'avènement de la bourgeoisie en 1789 manifestait avec éclat la puissance du travail et en consacrait le principe. La voie se trouvait naturellement ouverte devant les classes vouées au travail, non pour les faire sortir de leur rôle, mais pour rehausser ce rôle et en élargir la sphère. Une cause commune réunissait, au fond, la bourgeoisie et les masses. Cependant les conséquences du principe, alors triomphant, ne pouvaient guère être reconnues et admises de prime abord. Il en est ainsi dans toutes les grandes évolutions de l'humanité. La bourgeoisie n'était pas même complètement mûre pour le pouvoir qu'elle revendiquait ; impuissante à s'imposer des règles à elle-même, elle pouvait encore moins discipliner et guider les masses qui grandissaient avec elle. De cette situation sont dérivés la plupart des désordres ultérieurs et les déceptions qui s'y sont mêlées. » (A. Audiganne. *Les Populations ouvrières*. Paris, 1854.)

L'ouvrier français est quelque peu le père de l'ouvrier haïtien. Prenons celui-là à partir de la Révolution française, après que les maîtrises et droits de maîtrise ont été abolis, que l'impôt des patentes a été créé et que l'industrie est devenue libre.

L'ouvrier de Paris prit la Bastille ; il participa à la fête de la Fédération ; il fit le 10 Août. Après avoir prodigué son sang sous la République, pour la liberté du monde, il le prodigua encore sous l'Empire pour que la France eût le pas sur les autres nations européennes. A Witebsk, trois cents voltigeurs du 9ᵉ de ligne « et tous enfants de Paris » furent admirables de froide intrépidité. Napoléon les salua et leur dit qu'ils avaient tous mérité la croix. (A. Thiers. *Consulat et Empire.* — Campagne de Russie.)

A la faveur d'un système économique protecteur et plus tard prohibitif, les ouvriers, qui n'étaient ni aux frontières ni dans les ateliers nationaux purent fonder l'industrie française libre. Le Blocus Continental vint, et les grandes fortunes industrielles commencèrent de naître.

L'asservissement de l'ouvrier recommençait.

Après la chute de l'Empire, le Blocus Continental cessa d'être.

L'Angleterre couvrit la France de ses produits, et ruina la petite industrie, puisque la *Chambre introuvable* et tous les Parlements de la Restauration ne songèrent à protéger que le haut commerce et la grande propriété foncière, abandonnant à la concurrence étrangère tout ce qui était sur la limite entre le consommateur et le grand propriétaire ou le grand industriel. Sous Louis-Philippe, le règne de l'industrialisme, commencé déjà avec la Restauration, se montra avec toute son avidité et dans toute son horreur. (Louis Blanc. *Histoire de Dix Ans.*) Les émeutes de Lyon étouffées dans le sang, d'autres éclatèrent dans plusieurs villes industrielles du Nord et du Midi.

Voilà 1848. — Déception immense !...

Le bonapartisme se montra l'ami et l'allié des classes ouvrières, tout en les tenant sous bonne garde quand les grèves éclataient. Mais les traités de commerce conclus par Napoléon III et les grands travaux entrepris par l'État et les compagnies de chemins de fer ont fait beaucoup de bien aux populations ouvrières en France, et la condition de l'ouvrier s'est de beaucoup améliorée surtout dans l'Est et dans le Midi. Malgré l'Internationale et malgré la Commune, le socialisme n'est pas prêt de devenir la règle en France comme il en est déjà en Allemagne.

Voici pour les grandes lignes, pour l'ensemble, pour la synthèse.

Quant à ce qui est de la vie intime de l'ouvrier français, peu la connaissent. Louis Pauliat (*Revue nouvelle*, 1881-1882) est fraternel, quand il fait l'histoire psychologique des classes ouvrières de Paris.

Denis Poulot, l'auteur du *Sublime*, le contredit quelque peu, et Emile Zola (*L'Assommoir*) le contredit tout à fait. Il est vrai que selon Aurélien Scholl (*Evénement*), Zola a calomnié l'ouvrier parisien. Ameline, qui a surtout vécu parmi les ouvriers dans les villes industrielles du Nord, les accuse d'aimer trop l'alcool, et il écrivait, en 1866, les lignes suivantes : « Qui a bu boira... Cette passion de boire quand même est une des sources principales de toutes les calamités sociales. Elle est la mère de toutes les rixes, de tous les délits et de tous les désordres des ouvriers.

« Elle engendre les crimes, les aliénations mentales, les morts subites, accidentelles et prématurées. On peut en croire un médecin qui disait récemment devant l'Académie des sciences : « J'af« firme que l'abus des boissons alcooliques est « devenu, dans cette seconde moitié du xixe siècle, « une question sociale de la plus grande impor« tance et un péril public.

« Croirait-on qu'en France, dans la Seine-Infé« rieure, une petite ville de neuf mille habitants « a consommé en une année, comme le calcul en a « été fait, vingt mille hectolitres d'alcool ! Il est « vrai qu'en 1832 un docteur calculait que les li« queurs absorbées en Angleterre, pendant un an, « formeraient une rivière de 9 kilomètres, large de « 3 mètres 50 et profonde de 4 mètres 60 !... Soyons « juste, cependant. L'ouvrier n'est pas absolument « sans excuse. L'ivrognerie est presque la seule « passion qui puisse satisfaire la sensualité de sa « gourmandise. » (A. Ameline. *Des institutions ouvrières*. Paris, 1866.)

Le même auteur réclamait l'instruction pour l'ouvrier. Le gouvernement de la République vient de combler ce désideratum, en 1882, en décrétant l'instruction primaire obligatoire.

Ameline citait un passage du livre de Jules Simon, *L'Ouvrière* :

« La seule école que les ouvriers puissent aimer, et, à vrai dire, la seule puissante et féconde école en ce monde, c'est la famille... Les habitudes de la vie de famille sont nécessaires à la rénovation des caractères... Quand, par une mâle discipline, on aura rempli les ouvriers du sentiment de leur responsabilité, quand on les aura dégoûtés des joies serviles du cabaret, et ramenés à la source des nobles sentiments et des fortes résolutions, ils trouveront dans les enseignements du foyer cette religion du devoir. Oui, la croyance est aussi nécessaire à l'âme de l'homme que le pain à son corps... Mais, si nous voulons que le sentiment du devoir pénètre jusque dans nos os et se lie en nous aux sources mêmes de la vie, ne comptons pour cette grande cure, que sur la famille. Ce n'est pas trop de cette force, qui est la plus grande des forces humaines, pour obtenir un tel résultat... »

Levasseur, de l'Institut, dans ses cours au Collège de France, aussi bien que dans son *Histoire des classes ouvrières*, enseigne que, depuis Louis-Philippe, l'ouvrier français ne fait que gagner en hauteur de caractère, en instruction, en bien-être, et qu'il a, de plus en plus, conscience de son rôle dans la société industrielle moderne.

D'ailleurs, pour moi, le rôle de l'ouvrier français restera à jamais glorieux. Une seule ligne peut suffire pour le définir, ce rôle, et cette ligne est une apothéose pour ce sublime artisan, — j'allais dire pour ce penseur — : la Révolution française est son chef-d'œuvre. Or, la Révolution française c'est la lumière qui illumine tout l'univers politique et social de nos jours.

L'ouvrier anglais était encore le serf du Cotton-Lord en 1825. Vers cette époque, les vérités économiques enseignées par Adam Smith passèrent dans les lois. Les ouvriers obtinrent alors la liberté des grèves. En même temps que le gouvernement permettait l'exportation des laines, les ouvriers obtinrent le droit de sortir de l'Angleterre, droit qu'ils n'avaient point auparavant. Les capitaux accumulés sont des territoires sur lesquels une nouvelle population peut vivre. En Haïti, il serait sage, tant au point de vue politique qu'au point de vue économique, de ne point trop se hâter de faire entrer en masse des capitaux étrangers. Il faut que notre capital soit produit par notre propre travail, par notre propre épargne et il se produit déjà bien plus vite que l'on ne serait tenté de le croire. Le capital anglais s'était lentement amassé et accumulé pendant des siècles. Il tint en échec les ouvriers anglais pour lesquels, dès 1819, on a demandé des droits politiques qu'ils n'ont point encore obtenus en 1882 ; actuellement sur 8.000.000 d'individus qui pourraient être électeurs en Angleterre, 2.500.000 seulement le sont. Encore qu'ils soient sur le seuil du suffrage universel les ouvriers anglais ne l'ont point encore, semblables en cela aux ouvriers de la Belgique, de l'Italie et de la plus grande partie de l'Allemagne.

Les guerres de l'Angleterre avec la France n'avaient fait qu'accroître la misère de l'ouvrier anglais. Elle alla en grandissant de la rupture de la paix d'Amiens à 1848. Des enquêtes sur la situation des ouvriers, faites de 1828 à 1845, prouvent, qu'à cette époque, la moyenne de la vie des hommes qui travaillaient dans les manufactures était de 19 ans, à Manchester, et de 17 ans, à Liverpool. Des enfants de deux ans étaient employés dans les ateliers. Les maîtres faisaient la paye dans des cabarets à eux appartenant. Les ouvriers mineurs étaient payés *tous les mois* et *en marchandises* et non en monnaie. Ceux qui demandaient de la monnaie étaient renvoyés. Pressurés, exploités, exclus du monde économique, tels étaient ces déshérités. Aujoud'hui tout cela n'est plus. L'enfant est mis à l'école par le patron et on ne lui donne plus d'opium ; le système du *troc* est aboli, et les ouvriers sont payés en numéraire. Les associations ouvrières (*trades unions*) sont nées. Les artisans ont acquis l'esprit de corps et le sentiment de leurs forces. Ils sont en progrès.

Ils demandent à participer à la vie politique et ils y auront bientôt une influence prépondérante car ils forment la moitié de la population du Royaume-Uni. (Boutmy, *Cours de l'Ecole des Sciences Politiques*, et Leroy-Beaulieu, *Cours du Collège de France*.)

La grande propriété étant la base du système de la propriété foncière en Angleterre, les paysans qui ne sont pas fermiers sont excessivement malheureux. Ils ne se vêtent que de loques dont les ouvriers des villes ne peuvent plus se servir (Fournier). En Irlande, c'est pis : par trente degrés de froid les paysans sont à peine vêtus et ne se nourrissent que de pommes de terre...... quand ils en ont. C'est ce que disait le député irlandais Maguire, en 1866, au Parlement anglais, et c'est ce que redisent en ce moment même les députés irlandais actuels au même Parlement, les *home rulers*.

Il est nécessaire de rappeler ces faits lorsqu'il y a tant de voyageurs superficiels et de spéculateurs étrangers habitant Haïti même qui se démènent pour donner à entendre que les paysans haïtiens sont les hommes de la terre les plus à plaindre. Grosse erreur! Immense erreur! et qui a causé trop de calamités à mon pays pour que je ne lui déclare pas une guerre à outrance ?.... Haïtiens, mes compatriotes, ce sont les révolutions... non!

les révoltes ! et ceux qui les font ou qui les conseillent, qui sont nos pires ennemis. Il n'y a que le travail et la paix qui, *très lentement,* peuvent nous mener à la richesse et au bonheur.

Disons deux mots de l'ouvrier américain des Etats-Unis.

Il sait lire. S'il veut devenir colon et propriétaire, il n'a qu'à demander des terres à l'Etat. On les lui cède à de très bas prix. Dans les villes, il gagne de forts salaires. Pourtant dans les grandes cités commerciales, son sort n'est pas toujours à envier. Homme du Nord et blanc, il a peut-être fait campagne contre le Sud. Homme du Sud et noir, il bénéficie des amendements ajoutés à la Constitution Fédérale, c'est-à-dire que, étant devenu citoyen, son moral et son intellect, il les perfectionne et les agrandit avec une merveilleuse rapidité. Il est très patriote. C'est un homme. Il n'a qu'un défaut : celui de croire que toute l'Amérique ne doit être qu'une vaste colonie ou une succursale des États-Unis.

J'ai tenu à faire apparaître, en ses principaux caractères, la physionomie particulière de l'ouvrier dans chacun des trois plus grands pays industriels du globe autant pour l'allègement des ouvriers haïtiens que pour dissiper cette erreur où sont un certain nombre de mes compatriotes auxquels les intéressés ont fait accroire que leur pays est très misérable, que la condition d'ouvrier ou de paysan, en Haïti, est très infortunée ou bien à nulle autre seconde, et qui, à l'ouïe de ces fallacieuses assertions, se découragent sans plus rien examiner et en rejetant toute la faute sur le compte du gouvernement haïtien.

En deux mots comme en cent, les ouvriers haïtiens n'ont point à se désespérer — ni n'ont point besoin d'avoir recours aux solutions violentes. Partout, de longs siècles ont passé pesant sur l'homme pauvre, le broyant ou lui faisant suer tout son sang pour celui qui avait le capital. Comment ce capital avait-il été acquis? Karl Marx (le *Capital*, ch. XXIV) nous le dit : c'est presque toujours à tort, ou illicitement ou frauduleusement. En Haïti, il n'en est point tout à fait ainsi : bourgeoisie et peuple sont issus de 1804 et le capital n'étant point encore bien accumulé, il sera à celui, fût-il ouvrier ou paysan — qui saura le constituer, l'amasser et le garder. La bourgeoisie et le peuple, en Haïti, c'est encore presque tout un. Donnons-nous la main et disons : En avant! toujours et partout en avant! Et pour la patrie.

Pourquoi prends-je avec tant de chaleur la défense des artisans haïtiens ?.... Voici : mon père, avant que de devenir bourgeois aisé et d'être ruiné par la néfaste Révolution (?) de 1867, avait été ouvrier tailleur, tout comme le fut aussi, en son adolescence, le président d'Haïti Jean-Pierre Boyer.

Je suis né au milieu de la population ouvrière

du Morne-à-Tuf; j'ai joué longtemps avec les fils d'ouvriers et les petits paysans; j'adore les ouvriers et les paysans de tous les pays. Je sais que ce sont tous de braves cœurs, et qu'ils constituent la vraie base matérielle de toute nation. Ainsi que je l'ai montré plus haut, sans le paysan et sans l'ouvrier français, la Révolution aurait avorté et le monde aurait été replongé dans l'arbitraire et dans le chaos. Il a fallu que le Tiers-Etat, le bourgeois, se sentît soutenu par l'artisan et le cultivateur, pour qu'il osât reprendre les biens de la mainmorte au clergé et, par ainsi, créer la France actuelle et le monde actuel.

On peut critiquer l'ouvrier, mais le calomnier, jamais. La synthèse historique et philosophique et la reconnaissance que l'on doit à qui vous nourrit, qui vous habille ou vous loge, veulent que l'ouvrier soit toujours respecté.

Il n'y aura jamais que des cuistres et des valets pour oser calomnier les paysans et les ouvriers, ces hommes qui donnent leurs sueurs et leur sang pour la patrie et pour lesquels la patrie — quelle qu'elle soit — se montre le plus souvent injuste quand elle n'est pas ingrate.

CHAPITRE III

VIEUX CONTES ET VIEUX COMPTES

~~~~~~~~~~

SOMMAIRE. — Le *Vaudoux*. — *In globo* ; — ce sont des *Tropidonotes*. — *Et dans le plus profond secret*. — Comme on dit dans l'histoire sainte. — Voyons, ô Cochinat, trop plein de désinvolte. — Petits esprits et grands drôles. — Ce qui est étonnant, ce qui est incroyable. — *En un seul repas (?).* — Le cannibalisme européen. — ... Après Paul d'Hormoys et Gustave Aimard. — Moyaux, Billoir, Barré et Lebiez, Prévost, Gilles et Abadie, Menesclou, Schonen. — Dites-moi, Cochinat que vous êtes... — Vingt lieues environ de Cabeza-Cachon vers Azua et de Ouanaminthe vers Saint-Yague. — Que vous avez les vues courtes ; vous me faites sourire, en vérité. — Comment je la voudrais.... — Tout le monde soldat, voilà le mot d'ordre. — Haïti aux Haïtiens ! — Haïti, c'est la civilisation noire latine. — Haïti est un argument... qui gêne et qui déplaît. — Ça ira, vous dis-je, ça ira. — Mettons qu'il y en ait cinq cents. — A beau mentir qui vient de loin. — Ombres généreuses et trop magnanimes des Bioncourt, des Bonneau... *et ejusdem farinæ*.— Il en est aux anges et il en rit... aux anges. — Serment d'Annibal. Et tenu. — Voyage fructueux... en perspective. — *Perrette et le Pot au lait.* — (Oui, la peine !) — Si l'on pouvait aux grandes choses comparer les petites. — Voici la teneur de ce fragment de lettre. — Remarquez, je vous prie, que c'est signé *Laforesterie*. — Ne fut pas toujours une sinécure. — Voilà l'oiseau ! — Ma plume crache. Est-ce de dégoût ? Peut-être !...

En nous parlant du *Vaudoux* en Haïti (*Petite Presse* des 21 et 22 Septembre), M. Cochinat nous apprend que :

« ..... les *sectateurs* de cette susperstition primitive, importée d'Afrique, adorent une couleuvre. La couleuvre qui est adorée avec tous les signes de la plus humble soumission (?) est souvent de la grosseur d'un boa et même d'un python, et elle se nourrit de lait et de poulets. »

Tout ce que M. Cochinat raconte du Vaudoux en Haïti est de pure invention. On en peut juger, *in globo*, par cette assertion que la couleuvre adorée est grosse comme un boa ou même comme un python. Le boa mesure, en moyenne, de 7 à 8 mètres de longueur (Vorepierre) et quelquefois 25 centimètres dans le plus grand diamètre de son corps (Tramon). Le python a une longueur moyenne de 8 à 10 mètres (Duméril) ; il atteint quelquefois 13 mètres de longueur (Adanson). Les couleuvres d'Haïti, au contraire, — les naturalistes le savent — sont des *Tropidonotes* de petite espèce, et il est excessivement rare de rencontrer dans cette Antille des individus qui mesurent plus de trois mètres de longueur.

On voit bien que le chroniqueur de la *Petite Presse* est rhumatisant ou goutteux, qu'il n'est jamais sorti de Port-au-Prince et qu'il n'a jamais vu les *Coluber* d'Haïti.

M. Cochinat a assisté — en rêve apparemment — à une cérémonie de Vaudoux, il en décrit l'aspect :

« Le jour — ou plutôt le soir — de la grande cérémonie, on tue une poule noire ou un cabri et on donne à chacun des frères de la secte une gorgée à boire du sang de la bête tuée. La foule des affiliés jouissent alors, après ces incantations, de l'inappréciable faveur de voir le dieu. Ce soir-là donc, dans quelques bois d'Haïti, au milieu d'une plaine qu'éclairent les rayons de la lune, vers minuit, et *dans le plus profond secret*, une assemblée composée pour la plupart de campagnards, mais aussi de gens de la ville ayant le mot de passe, se livre à des contorsions d'épaules et à des déhanchements, à des tours de reins qui les animent et leur excitent les sens. Peu à peu le bruit du tambour allume dans leurs têtes un vertige dont on voit les signes dans le blanc de leurs yeux hagards, dans la bave qui s'échappe de leurs lèvres contractées, dans les cris inarticulés qu'ils poussent et dans tout un tressaillement révélateur des troubles *hystériques* qui agitent leurs corps. Leurs dents blanches brillent de *lueurs lascives*, les batteurs de tambours redoublent alors de vigueur et d'énergie, ils enflent outre mesure le volume de son de leurs tambours qui semblent aussi avoir une âme. Un vent de folie pousse les uns vers les autres ces *sectateurs* (c'est *sectaire* qu'il faudrait, — voir les Dict. de Littré et de Lafaye — décidément, je suis tenté de croire que M. Cochinat n'a aucune cure des fines nuances qui existent entre les mots synonymes de la langue française (1)), ces *sectateurs* enivrés du dieu qui les possède, les clairières retentissent de cris étranges, et pendant les prostrations qui succèdent à ces ivresses, les prêtres, jouissant de leurs privilèges, font parfois des sacrifices humains en tuant et en dépeçant quelques petits enfants que des associés leur ont livrés, et, enfiévrés d'une joie infernale, ils se partagent dans un repas plus horrible que celui d'Atrée les membres sanglants de la victime. »

Je sais bien que Gustave d'Alaux et Paul d'Hormoys ont raconté de façon très fantaisiste toutes

---

(1) D'Hormoys, d'Alaux et les autres écrivent *sectateurs*. C'est une faute. Voir Littré et Lafaye.

les invraisemblances qui leur avaient été débitées sur le compte des soi-disant sectaires du Vaudoux, lesquels, disent-ils, vivaient encore en Haïti, il y a quelque trente ans, mais je n'aurais jamais voulu croire que M. Cochinat, qui est fils de nègre, et nègre lui-même, pourrait se faire l'écho des calomnies dont on a tant abusé pour salir ses congénères d'Haïti et pour leur contester la faculté de pouvoir se gouverner eux-mêmes.

Après les deux aventuriers dont j'ai plus haut cité les noms, M. Cochinat prend la peine de nous mander que ces choses-là se passent *dans le plus profond secret*, à minuit, en plein bois ; qu'il faut avoir le mot de passe pour assister à la réunion et puis — avec la naïveté d'un enfant sans malice, comme on dit dans l'Histoire sainte de Dupont — il nous décrit cette réunion absolument comme s'il y avait assisté. On ne se moque pas de ses lecteurs avec plus de désinvolture que ce chroniqueur fallacieux ne le fait.

Voyons, ô Cochinat trop plein de désinvolte, ou vous nous faites assister à une réunion que votre imagination a inventée, ou bien c'est un Haïtien qui vous a raconté, à sa manière, une scène de Vaudoux à laquelle il aurait collaboré comme sectaire ou à laquelle il aurait figuré dans la personne d'un de ses parents ou d'un de ses amis très intimes et celui-ci sectaire lui-même.

On raconte qu'il y a quelques très rares Haïtiens — un sur dix mille — qui croient, avec une simplicité sans seconde, que médire de leur patrie c'est se grandir aux yeux de l'étranger, en ayant l'air de n'être pas Haïtien. Les étrangers méprisent souverainement ces sortes de gens, ces niais contempteurs de leur pays, et ils ont raison.... étant donné que celui qui jette de la boue à la face des siens ou qui soulève la robe sale de sa mère est un être ignoble, vil, ignominieux. « Petits esprits et grands drôles », ainsi sont-ils définis par ceux devant lesquels ils viennent d'étaler cyniquement et sans pudeur les ulcères de la famille sociale dont ils font partie. J'ajoute, à l'adresse de ces cerveaux pointus, quoique obtus, que, si quelqu'un est né et vit durant longtemps au milieu de sauvages et de cannibales, il est impossible que, par hérédité parentale ou par influence du milieu social où il vit, il est impossible qu'il n'ait pas un peu de cannibalisme dans le sang. C'est clair. Lisez Jacoby et Ribot. Et ce qui est vraiment étonnant, vraiment incroyable, c'est la facilité avec laquelle sont admises, rééditées, répétées et perpétuées toutes ces bourdes grosses comme des cathédrales, toutes ces inventions autrefois écloses dans l'esprit d'un bimane en délire, tous ces racontars faits, dans le principe, par un blanc-bec à cervelle de cynocéphale, et qui durent pendant des centuries, et qui éclaboussent, pendant des décades, la réputation de tout un peuple, parce qu'on les détruit d'autant plus difficilement qu'ils ont facilement pris naissance et que les ignorants leur ont accordé toute créance.

Moreau de Saint-Méry, Paul d'Hormoys et Gustave d'Alaux lui-même — ce dernier si malveillant — ont à peine osé affirmer que les sectaires du Vaudoux offraient des sacrifices humains à la soi-disant divinité dont ils pratiquaient le soi-disant culte.

De plus, Monsieur le chroniqueur de la *Petite Presse*, quant à ce que vous racontez du noir Tony, de la commune de Jacmel, lequel aurait, d'après vos dires, tué une vieille femme et l'aurait mangée en *un seul repas* (?), c'est — s'il est vrai — un acte d'anthropophagie exactement semblable à celui qui s'est passé en Corse, il y a quelque temps. C'est un acte de folie pure, un acte de démence. Si je voulais fouiller à nouveau la collection de la *Gazette des tribunaux*, je pourrais retrouver, pour vous le raconter par le menu, le cas plus monstrueux de cet Auvergnat qui tua sa femme, en dépeça le cadavre, le sala et, durant un mois, en fit sa nourriture quotidienne. Il n'entrera pourtant jamais dans l'esprit de personne d'insinuer que les Auvergnats et les Corses sont des anthropophages.

Si vous vouliez faire croire que les Haïtiens, parce qu'ils descendent d'Africains, sont plus susceptibles d'être cannibales que d'autres peuples, je vous rappellerais que vous aussi vous êtes Africain, et que, pour cela, on doit être quelque peu cannibale à la Guadeloupe et à la Martinique. Paul d'Hormoys, dans son livre intitulé : *Sous les Tropiques*, ne raconte-t-il pas l'histoire d'une vieille Martiniquaise qui vendait à ses clients de Saint-Pierre des petits pâtés faits avec de la chair de cadavres enterrés la veille, qu'elle allait déterrer nuitamment dans un cimetière ?

J'ajouterai — pour les blancs — que, d'après Darwin, Herbert Spencer, John Lubbock, de Nadailhac, Letourneau, Mortillet, d'après tous les anthropologistes et tous les ethnographes et archéologues, dans les temps primitifs, l'homme fut cannibale sur toute la terre. Je ne veux pas parler des matelots naufragés et pressés par la famine, des Tziganes, et de tous autres gens anthropophages par occasion. Aux temps de leurs guerres contre les Romains, les Carthaginois, encore qu'ils fussent très civilisés, faisaient des sacrifices humains à Hercule Melkarth (Gustave Flaubert, *Salammbô*). Les druides gaulois sacrifiaient aussi à Hercule Teutatès.

Plus près de nous — Michelet nous le dit, en des pages magistrales — durant les grandes famines du Moyen-Age, en France, on ne se gênait mie pour manger des enfants. Pendant que Henri IV assiégeait Paris une mère mangea son enfant.

Voyez-vous, mon cher Monsieur Cochinat,

croyez-moi, les Haïtiens ne sont pas plus cannibales que les Martiniquais et les Bretons.

C'est pour votre édification que je cite ici Letourneau : « Schiller rapporte qu'à la fin de la guerre de Trente Ans les Saxons étaient devenus cannibales. En France, en 1030, durant une famine de trois ans, on allait, comme le faisaient les contemporains d'Abd-Allatif, à la chasse à l'homme. Un homme fut condamné au feu pour avoir mis en vente de la chair humaine sur le marché de Tournay. Dans sa chronique si curieuse, Pierre de l'Estoile nous parle, en donnant d'intéressants détails, du cannibalisme des Parisiens pendant le siège de Paris par Henri IV, le bon roi Henri, en 1590 : c'est une dame riche, qui, ayant vu mourir de faim ses deux enfants, en fait saler les cadavres par sa servante, avec laquelle elle les mange ; ce sont des lansquenets qui pratiquent la chasse à l'homme dans les rues de Paris et font des festins de cannibales à l'hôtel Saint-Denis et à l'hôtel de Palaiseau, etc. Plus tard encore des gens du peuple exhumèrent le cadavre du maréchal d'Ancre, le lendemain de son assassinat, et l'un d'eux fit cuire le cœur sur des charbons et le mangea en l'assaisonnant avec du vinaigre.

« On le voit, nous aurions tort de trop nous enorgueillir de notre civilisation actuelle, si imparfaite d'ailleurs. La bête n'est pas bien loin derrière nous ; elle est même encore en nous à l'état latent.

Néanmoins, la revue anthropophagique que nous venons de faire a un côté consolant. A sa manière, elle atteste une fois de plus que l'évolution du genre humain est progressive.

« L'homme commence par être un animal comme les autres, et il n'est pas le moins féroce. Alors, pour ce pauvre être, affamé et grossier, le besoin prime tout; toute chair lui est bonne, même celle de ses proches, de sa femme, de sa famille et de ses enfants; puis il ne mange plus guère que ses ennemis, c'est-à-dire ses rivaux des tribus voisines. Il est alors cannibale presque uniquement par vengeance et par gourmandise, mais cette dernière passion ne s'assouvit plus que sur des prisonniers ou des esclaves. Enfin le cannibalisme revêt la forme juridique, c'est-à-dire devient assez rare. A partir de là, il est de plus en plus condamné, réprouvé par la morale publique, et l'on n'y a plus guère recours que dans les plus dures extrémités de la famine, ou *dans l'état de folie*, quand, l'intelligence et la moralité ayant sombré, la bête se déchaîne à nouveau (1). »

Vous racontez, Monsieur Cochinat — après Paul d'Hormoys et Gustave Aimard — vous racontez le crime de Jeanne Pelé, vieux de dix-huit ans.

Croyez-vous qu'il soit plus horrible — toutes choses égales d'ailleurs — que ceux suivants qui

---

(1) Letourneau. *La Sociologie*. Paris, 1880.

ont eu Paris pour théâtre, et ce, dans ces six dernières années : Moyaux, jetant sa fille dans un puits et la laissant se noyer, encore qu'il entendît les cris et les supplications de l'enfant; Billoir, coupant un être humain en morceaux; Barré et Lebiez, deux étudiants, deux bourgeois instruits, dépeçant le cadavre d'une femme qu'ils avaient assommée pour lui voler son or; Prévost, sergent de ville, dévalisant un bijoutier après l'avoir assommé et divisant son cadavre en plusieurs tronçons; Gilles et Abadie, de sinistres gredins, n'ayant pas à eux deux trente-cinq ans, chefs d'une bande de voleurs et assassins; Menesclou, attirant dans sa chambre une fillette, non encore pubère et la tuant après l'avoir violée; Schonen, en faisant autant sur un petit garçon; etc., etc.

Si l'on ne citait que ces horreurs qui ont fait se soulever de dégoût toutes les poitrines françaises, on dirait à l'étranger que les Parisiens sont des assassins, lorsque, au contraire, ce sont des gens accueillants, affables, hospitaliers et tellement charmants qu'ils conquièrent tous les cœurs, autant par leurs franches manières que par leur exquise politesse.

Pourquoi donc, quand vous parlez d'Haïti, vous tous, ne montrez-vous jamais que les mauvais côtés, les verrues, les ulcères de ce jeune peuple, qui a les siens comme les autres ont les leurs? Pourquoi passez-vous toujours systématiquement sous silence les beaux traits de son caractère, les aspirations nobles, élevées et généreuses de ses enfants?...

Cette façon de faire n'est pas d'un honnête homme, Monsieur Cochinat. Louis Veuillot a dit, dans les *Odeurs de Paris*, ce livre débordant de méprisante ironie où vos pareils sont fouettés jusqu'au sang : « Le français, c'est la langue des honnêtes gens ; même si l'on est Français et si l'on a appris à fond cette langue, on ne la saurait écrire du moment que l'on devient un malhonnête homme. »

Je ne m'étonne plus, Monsieur le correspondant de la *Petite Presse*, je ne m'étonne plus que vous écriviez si incorrectement la langue de Victor Hugo, de Victor Schœlcher, de Lamartine, de Michelet et de Louis Blanc.

Il s'agit de l'armée haïtienne :

« Rien, en effet, est-il plus navrant que le spectacle d'hommes robustes qui, au lieu de travailler pour gagner honorablement leur vie et concourir à la prospérité de leur pays, s'amusent toute la journée à jouer au soldat comme des écoliers? » (*Petite Presse* du 29 Septembre 1881.)

Plus bas, vous dites que l'armée haïtienne ne s'élève qu'à un effectif de 5,000 hommes. J'accepte, pour un instant, ce chiffre, qui est au-dessous de la vérité, uniquement pour faire observer que

5,000 hommes enlevés à l'agriculture ce n'est guère, dans un pays qui compte plus d'un million d'habitants.

Mais s'il n'y avait pas d'armée, quelles garanties de sécurité y aurait-il pour les bourgeois et pour les étrangers qui font le négoce en Haïti? Dites-moi, Cochinat que vous êtes, comment pouvez-vous comprendre un Etat sans armée (1)? La République Etoilée, je le sais bien, ne possède pas une armée proportionnée à sa population, mais c'est parce qu'elle a pour voisin, au Nord, le Canada, colonie anglaise, et qu'elle sait qu'elle n'a rien à craindre de ce côté. Les Américains ne se pressent pas non plus de s'emparer du Mexique par les armes : ils en font la conquête économique petit à petit, par les chemins de fer que M. Gould et le général Grant y font construire, et par les intérêts industriels et commerciaux de foule d'autres citoyens de la République fédérale, qui ont été s'établir dans l'ancien empire de Montézuma. En Haïti, nous sommes forcés d'entretenir une armée dont l'effectif était de 8,000 hommes en 1878 (*Budget de la Guerre,* chiffre officiel), pour les raisons que j'ai plus haut déduites touchant l'état politique du peuple haïtien depuis qu'il a consenti à servir une indemnité pécuniaire aux petits-fils

---

(1) Les Haïtiens n'ont pas besoin d'armée, a écrit l'olibrius de la Martinique. (*Petite Presse* du 10 Novembre.)

des colons de Saint-Domingue. Depuis 1848, la République d'Haïti paie seule cette indemnité qui fut consentie, en 1825 comme en 1838, au nom de toute l'île d'Haïti ; il faudra bien qu'un jour le cabinet de Port-au-Prince puisse réclamer du cabinet de Santo-Domingo une indemnité territoriale (une vingtaine de lieues environ de Cabeza-Cachon vers Azua et de Ouanaminthe vers Saint-Yague) pour se dédommager des millions versés à la France depuis trente-quatre ans. En ce moment même le gouvernement américain s'apprête à demander au Congrès de forts crédits dans le but d'exercer une surveillance sur l'isthme de Panama et sur les pays voisins et, peut-être, en même temps, pour venir mettre la main sur la baie de Samana dont le gouvernement de Washington veut faire une station navale des Etats-Unis. Ne faut-il pas que les Haïtiens veillent et qu'ils se préparent à recevoir l'orage qui va fondre sur eux? Ne faut-il pas qu'ils puissent assister de façon convenable, de manière à se faire respecter, à la lutte commerciale ou politique qui va s'engager certainement avant vingt-cinq ans dans le triangle irrégulier formé par l'Atlantique, la mer des Antilles, les Lucayes et le golfe du Mexique?...

Que vous avez les vues courtes, Monsieur le chroniqueur léger, et que l'on voit bien que vous n'avez pour habitude de traiter que de mesquines questions de la vie courante ! Vous n'entendez absolument rien aux choses de la grande politique et vous me faites sourire, en vérité, toutes et quantes fois vous essayez de sortir du banal, du terre-à-terre et du convenu.

Pour moi, au lieu de vouloir que l'armée haïtienne soit licenciée, je la voudrais très forte, assez nombreuse, admirablement aguerrie, sous une discipline de fer et dans la main d'un seul homme. L'armée, en Haïti plus qu'ailleurs, est la vraie force de la nation. Je la voudrais puissante, pour que la sécurité, la paix et le travail soient assurés, garantis et pour que les conspirateurs éternels fussent enfin réduits au silence. J'aurais, de plus, souhaité pour mon pays une institution semblable à la landwehr de la Prusse et à l'armée territoriale de la France. Je voudrais que les régiments de ligne haïtiens, formés sur le modèle des régiments français, eussent dans les mêmes rangs, dans la même compagnie, des hommes appelés par une conscription régulière, inflexible, nés, les uns dans la presqu'île du Môle et dans les montagnes de Jérémie, les autres dans la ville de Jacmel et au Cap Haïtien. Il se toucheraient du coude à l'exercice ; il n'y aurait plus de ces régiments formés, tout entiers, d'hommes nés dans la même commune et gardant ainsi un esprit étroit de clocher. Dans la caserne et dans les garnisons, il se ferait une fusion semblable à celle qui s'opère dans l'armée française où le soldat né à Marseille est le camarade de chambrée du soldat né à Lille ou à Lyon, on apprendrait à se connaître un peu mieux qu'on ne se connaît actuellement et ce serait là une excellente chose, et très politique. Quant à la landwehr haïtienne, elle serait organisée sur le patron des troupes bourgeoises des cantons suisses ; et des concours régionaux de tir, des exercices d'ensemble leur donneraient une cohésion, un esprit de corps qui seraient efficaces à plus d'un titre et qui épargneraient à Haïti bien de nouveaux malheurs. Tout le monde soldat : voilà le mot d'ordre, jusqu'au jour où, dans l'île d'Haïti, il n'y aura qu'une seule République haïtienne, une *Confédération quisquéyenne*(1), qui serait grande et respectée parce qu'elle serait forte et parce qu'elle serait un vaste atelier et un immense jardin où la paix et le travail régneraient désormais en maîtres tout-puissants et civilisateurs.

Les Yankees disent volontiers : « L'Amérique aux Américains. » Que les Haïtiens n'oublient pas de crier bien haut : « Haïti aux Haïtiens !... » Nous devons dire cela pour cent mille raisons dont la moindre est celle-ci : Haïti, c'est la civilisation noire latine. Elle doit exister et se développer pour affirmer cette vérité, à savoir que : — la race noire est parfaitement sociable, contrairement à ce

---

(1) De Quiesqueya : un des noms d'Haïti.

que disent encore M. Dally (1) et M. de Feissal (2), et d'une façon autre que ne le pensait Schopenhauer (3) — et qu'elle peut parfaitement se gouverner et s'administrer elle-même.

Haïti est un argument... qui gêne et qui déplaît. Mais nous n'y pouvons rien changer. Nous sommes là 200,000 hommes, au moins, pour mourir, s'il le faut, afin qu'Haïti soit.

Croyez-moi, Monsieur Cochinat, la patrie haïtienne peut s'approprier et répéter le mot de l'Italie : *Haïti farà da se*. Elle peut le dire, en souriant de dédain à toutes les plaisanteries, à toutes les plates bêtises dont essaient de l'éclabousser quelques cuistres stipendiés et quelques grimauds échappés du Moyen-Age dont les doctrines surannées servent de repoussoir aux belles doctrines philosophiques et politiques écloses de ce splendide mouvement des idées qui s'appellera dans la suites des âges la Révolution française.

Ça ira, vous dis-je, ça ira....

Vous ajoutiez encore ceci :

« Ainsi ils savent qu'ils ont à peine, dans toute l'étendue

---

(1) Dally. *Revue positive*. Décembre 1881.
(2) De Feissal. *Des Justices seigneuriales parlementaires*. Paris, 1882.
(3) Schopenhauer. *Aphorismes sur la sagesse*, trad. Cantacuzène.

de la République, 5,000 hommes de troupes sur lesquels ils pourraient mettre en ligne à peine 2,000 à un moment donné (le 29 Septembre, vous écriviez qu'il y avait eu 3,500 hommes à la revue de Port-au-Prince — voir la *Petite Presse* du 29 Septembre), et ils nomment encore des généraux de brigade et de division qui ne commandent rien du tout, — dans ce pays qui en comptait déjà plus de 8,000 (Comment le savez-vous?), de telle sorte qu'on pourrait sans effort faire ici une armée de généraux qui *commanderaient* avec quelque supériorité *leurs propres soldats.* » (*Petite Presse* du 30 Septembre.)

D'après les états du Budget de la Guerre, que je tiens sous les yeux, en 1878, il n'y avait que 187 officiers généraux qui émargeassent au budget. Quant à ceux qui n'y émargent point, ils ne sont absolument rien dans l'État. Il sont généraux *par courtoisie*, de même qu'il y a en France foule de vilains qui se disent nobles et auxquelles on ne donne du *de* que par *pure courtoisie ;* de même aussi qu'aux États-Unis foule de gens portent le titre de colonel ou de général sans avoir l'emploi du grade. (D'Haussonville.)

Le titre de général, en Haïti, équivaut au *de* qui, dans certains pays d'Europe, se met devant un très grand nombre de noms très roturiers. Les Haïtiens sont même moins vaniteux que les Européens pour ce qui a trait aux décorations, aux distinctions militaires et autres. Je fais remarquer que dans ce nombre de 187 généraux sont compris les commandants des arrondissements, des communes, un commandant de département, lesquels relèvent à la fois du ministère de la Guerre, comme militaires, et du ministère de l'Intérieur, comme administrateurs. Sont aussi comptés les officiers de l'État-major, les aides-de-camp du président d'Haïti, les directeurs des arsenaux, les commandants des fortifications, des lignes frontières, etc. Je conviens que 187 généraux c'est encore trop pour Haïti ; mais de là à avancer qu'il y en a 8,000 il y a singulièrement de l'exagération. Mettons qu'il y en ait 500 en tout. De 500 à 8,000 il y a de la marge !.. Qu'en dites-vous, lecteur ?... Et dire que tous ils vous en content avec autant de désinvolture que celui-ci le fait sur tout pays situé à plus de quinze jours d'Europe. Le proverbe : « A beau mentir qui vient de loin », sera toujours vrai.

La plaisanterie que M. Cochinat réédite ici, je demeure persuadé qu'il la donne — avec variante — d'après l'*Annuaire des Deux Mondes*. Sous Faustin Ier je ne sais plus quel infime écrivain, à qui la Légation d'Haïti avait refusé une petite subvention longtemps promise, imagina de comparer l'armée haïtienne à l'armée portugaise d'alors, telle que celle-ci venait d'être organisée par le marquis de Saldanha. Il disait qu'en Haïti, comme en Portugal, il y avait bien plus de généraux que de soldats. C'était une erreur toute semblable, d'ailleurs, à celle que quelques journaux ont mise en circulation ces jours derniers en avançant que, dans la République de Vénézuela, il y a 33,000 généraux pour commander à 10,000 soldats. Le journaliste d'il y a quelque vingt-cinq ans mentait comme M. Cochinat ment aujourd'hui... par dépit et par aigreur. Ce qui est pour être remarqué, c'est que l'*Annuaire des Deux Mondes*, qui traitait de Turc à More le gouvernement de Faustin Ier, changea de gamme sitôt que Geffrard fut parvenu à la présidence, entonna pour celui-ci un splendide hosanna d'amour et trompeta par les cieux clairs une apologie de la République d'Haïti et de sa nouvelle politique. Les mauvaises langues prétendent que Geffrard donnait cinq cents francs par mois à chacun des anciens journalistes qui critiquaient Napoléon III sur le dos de Faustin Ier, et savait s'arranger, par l'intermédiaire de la Légation d'Haïti à Paris, avec le folliculaire qui, toutes les années précédentes, avait traité l'Empire haïtien du haut en bas dans l'*Annuaire des Deux Mondes*.

Si je me trompe, je veux ne me jamais trouver dans le même paradis (?) que vous, ombres généreuses et trop magnanimes des Bloncourt, des Bonneau... *et ejusdem farinæ.*

―――――

Le numéro de la *Petite Presse* du 1er Octobre contient les lignes suivantes :

« M. Charles Laforesterie, mulâtre haïtien, que ne distingue aucune de ces hautes capacités politiques, administratives ou financières qui désignent ceux qui les possèdent aux postes importants de leur pays, est un homme que, jusqu'ici, le bonheur avait toujours pris par la main pour le faire asseoir aux meilleures places de l'Etat. Jeune encore, et sans qu'il eût fait grand chose, si ce n'est d'avoir rendu un compte exact à son gouvernement des fonds du fameux emprunt haïtien dont il avait été le dépositaire comme Ministre-Résident d'Haïti à Paris, aux appointements de 32,000 francs par an, M. Charles Laforesterie fut un beau jour nommé d'emblée, grâce à M. Mollard, introducteur des ambassadeurs, dont il est l'ami, officier de la Légion d'honneur.

« On sait que ces faveurs sont assez fréquemment distribuées aux membres du corps diplomatique. Il n'est donc pas étonnant que M. Laforesterie ait obtenu si soudainement et si aisément une distinction après laquelle soupirent vainement toute leur vie parfois d'anciens et de vrais serviteurs de l'Etat. Il est vrai que ceux-là sont Français. »

J'ai déjà répondu plus haut à toute cette partie-ci des chroniques de M. Cochinat. Voir le chapitre intitulé : *Chroniqueur mal renseigné*. Je continue de citer le correspondant de la *Petite Presse*.

« M. Septimus Rameau, neveu du président Domingue, qui avait, dit-on, encaissé les fonds de cet emprunt sans en rendre compte à la Chambre des Communes et au Sénat d'Haïti, tomba avec son oncle.

« Au moment où il allait se réfugier au Consulat français pour s'échapper du pays, la population l'assassina et les coupons de l'*Emprunt d'Haïti*, qui avaient été émis légalement à 500 francs et négociés à ce taux à Paris avec prime, tombèrent dans un grand discrédit. Le gouvernement qui succéda à celui de Domingue ayant rendu un de ces décrets incroyables — et sur lesquels nous reviendrons — décret par lequel la présidence du général Domingue fut considérée comme n'ayant jamais existé, ces malheureux coupons tombèrent jusqu'à 60 francs. Mais ce n'était pas la faute de M. Ch. Laforesterie. . . . .

« M. Charles Laforesterie retourna dans son pays sous la présidence actuelle du général Salomon ; par son influence, qui était alors très grande, il obtint des Chambres un vote qui remit les actions au pair, c'est-à-dire à 500 francs, et pour le paiement de ces nouvelles actions il obtint la création d'une Banque sur laquelle nous reviendrons en temps opportun.

« Son arrivée fut considérée comme la venue d'un messie financier. Ce chef de légation, qui serait peut-être embarrassé de faire la plus simple opération de Bourse, fut mis au rang des Law, des Turgot, des Villèle, des Casimir Périer, et l'on crut qu'il apportait dans les plis de sa redingote des trésors pour les caisses du pays.

« Mais M. Ch. Laforesterie, qui n'a pour sa chère patrie qu'une affection fort modérée et qui a conscience de sa valeur financière, fut fort effrayé de ces manifestations. Dès qu'il eut obtenu le pair pour ses actions et une Banque nationale par des votes législatifs, par des votes réguliers qui le mettent par conséquent à l'abri de toute responsabilité personnelle, il ne songea plus qu'à quitter cette patrie dont l'affection lui pesait et l'inquiétait, et la nostalgie de Paris s'empara de lui. Il prit, dit-on, ses fonctions en dégoût, ne reparut plus devant les Chambres, et finalement donna sa démission. Cette mesure souleva d'autant plus la colère des ennemis de l'ex-ministre des finances d'Haïti, que le bruit se répandit qu'il allait partir pour la France par le présent paquebot, sans rendre ses comptes au Parlement.

« Une interpellation fut faite au ministère par un député de la Chambre, et le gouvernement répondit qu'au moment voulu M. Laforesterie serait présent. Le bruit a couru que M. Laforesterie s'était déjà réfugié au Consulat français pour quitter Port-au-Prince en fugitif. Mais la chose ne s'est pas vérifiée. On assure même que le Consul français, M. de

Vienne, étant intervenu pour l'officier de la Légion d'honneur près du président, celui-ci lui aurait fait savoir que tant que l'ancien ministre des finances *resterait où il est*, il ne serait point porté atteinte à sa liberté.

« Voilà donc où en sont les choses.

« M. Laforesterie va attendre le jugement des Chambres ; mais, en attendant, il a perdu ce poste de farniente diplomatique qui consiste à représenter Haïti auprès du gouvernment français, et il est une éloquente preuve du proverbe aimé de M. Prudhomme : « La roche Tarpéienne est près du « Capitole. »

Quel grand caractère que M. Cochinat et comme il sait bien ne pas épargner ses ennemis, surtout lorsque ceux-ci ne sont plus au pouvoir ! Comme il est radieux surtout de voir que M. Laforesterie ne sera plus ministre d'Haïti à Paris !... Il en est aux anges et il en rit... aux anges.

Je vais dire pourquoi M. Cochinat, qui fut autrefois le sigisbée de la table de M. Laforesterie, a pris en aversion l'Haïtien qui a tant contribué à doter son pays d'une Banque nationale et qui, par ainsi, a porté un coup décisif à l'usure qui le minait en lui suçant le sang et en empêchant une active circulation des capitaux.

M. Cochinat, étant encore en France, fit demander à M. Laforesterie, alors ministre des finances en Haïti, de bien vouloir le faire nommer correspondant du *Moniteur Haïtien* à Paris. M. Laforesterie, qui destinait la place à un de ses frères, lequel, par parenthèse, est un écrivain d'élite et un artiste de grand talent, fit la sourde oreille aux sollicitations de M. Cochinat. De là la grande colère de ce dernier qui jura de se venger et le jura en des termes que je ne veux point rapporter ici. Serment d'Annibal ! Et tenu. M. Cochinat partit pour Haïti dans l'espérance non seulement de conjurer les attaques de goutte — j'incline à croire que ce n'est pas de la vraie goutte (*arthritis*) qu'il souffre —, mais encore d'enlever sa nomination de correspondant du *Moniteur Haïtien* en s'adressant directement au président d'Haïti, chez lequel aussi le détracteur actuel des Haïtiens fut quelque peu pique-assiette, durant que le général Salomon était ou exilé à Paris ou plénipotentiaire d'Haïti près la cour des Tuileries. De plus — si on avait voulu là-bas — il aurait envoyé des chroniques élogieuses pour l'État d'Haïti à un journal parisien, chroniques qui lui seraient payées à la ligne ou au numéro par ce journal et que plus tard il publierait encore sous forme de volume. Voyage fructueux... en perspective. Tout cela s'en alla en eau de boudin absolument comme dans la fable de « *Perrette et le Pot au lait* » du divin La Fontaine.

Le président d'Haïti et M. Laforesterie que M. Cochinat fut visiter à Port-au-Prince oncques n'eurent l'air de comprendre les offres de services... peut-être voilées ou tacites de M. Cochinat. Ces anciens diplomates sont d'un froid quand ils le veulent !... Voyant brisé son pot au lait de

Perrette, l'illustre, l'unique correspondant de la *Petite Presse* enveloppa les gouvernants et les gouvernés dans une même haine.

Et si le lecteur croit que je veux l'induire en erreur, qu'il veuille se donner la peine — oui, la peine — de relire attentivement les chroniques intitulées *de Paris à Haïti*.

Si parva licet componere magno...

Michelet, cet historien physiologiste et psychologue, ce penseur sublime et ce maître styliste, Michelet divise le règne de Louis XIV en deux parties : avant la fistule, après la fistule. Avant la fistule, c'est le Louis XIV de Mlle de la Vallière, de Madame (Henriette d'Angleterre) et de la marquise de Montespan ; c'est le vainqueur dont Boileau ne peut célébrer les conquêtes tant elles sont rapides et nombreuses ; c'est le brillant cavalier du Carrousel, de la forêt de Fontainebleau ; c'est le roi conquérant, c'est le roi de Colbert. Après que Fagon eut opéré le roi de la fistule, Louis XIV ne fut plus le même homme : la Maintenon, le père La Chaise, Le Tellier régneront pour lui ; c'est le roi des dragonnades, le roi révocateur de l'édit de Nantes, le persécuteur des protestants ses sujets ; aussi Luxembourg n'est-il plus le *tapissier de Notre-Dame* et les armées du Roi-Soleil reculent-elles partout. Molière meurt, Colbert est mort, Duquesne meurt, tous ses fils et petits-fils s'en vont un à un ; on dirait que le Dieu des protestants fait sur lui s'appesantir son bras pour venger ces petites protestantes que Fénelon et Bossuet ne peuvent réussir à catéchiser (Michelet). Bref c'est le roi de Louvois et de Chamillart, celui-ci fait ministre parce qu'il était de première force au billard et que le roi n'affectionnait rien tant que ce jeu.

Si l'on pouvait aux grandes choses comparer les petites, je dirais que le voyage de M. Cochinat ressemble assez au règne du Louis XIV de Michelet. On peut le diviser en deux parties : avant l'entrevue, après l'entrevue. Avant l'entrevue, M. Cochinat ne sera ni frondeur... ni solliciteur... dit-il; après l'entrevue il est non seulement frondeur, mais insolent et calomniateur. Avant l'entrevue avec le président d'Haïti, il a le ton aigre-doux, mais plus doux qu'aigre, d'un homme qui se veut faire craindre juste assez pour qu'on puisse entrer en pourparlers avec lui ; après l'entrevue, perdant tout espoir, il ouvre ses sabords, et comme il ment et n'est plus honnête homme, suivant la théorie de Veuillot que j'ai plus haut exposée, il n'écrit plus le français, il accumule solécismes sur pléonasmes, il prodigue les termes d'argot et les comparaisons triviales, le tout entremêlé d'aperçus aussi saugrenus qu'incongrus. Avant l'entrevue, il était chat et chien : il caressait, faisait ronron, donnait la patte ; après l'entrevue, il est devenu tigre et serpent, il montre les dents, il griffe, il siffle, il hurle, il mord, il égratigne jusqu'au sang, il enlève le morceau, il distille le venin.

Je veux, pour finir ce paragraphe et pour l'édification du lecteur, je veux citer les lignes suivantes que j'extrais d'une lettre adressée en 1876 par le ministre d'Haïti à Paris à M. Septimus Rameau, ce « neveu du président Domingue » que M. Cochinat accuse d'avoir, « *dit-on, encaissé les fonds du dernier emprunt haïtien et de n'en avoir pas rendu compte au pays* ». Voici la teneur de ce fragment de lettre : « En présence de bruits injurieux pour notre pays sans cesse répandus ici, j'ai cru devoir organiser un service d'informations pour la presse parisienne. Je me suis entendu à cet effet avec M. V. Cochinat qui, dans d'autres temps, nous a rendu des services. Je lui ai alloué provisoirement et jusqu'à ce que vous ayez pris une décision à son égard, une somme de *trois cents francs*. Il jouissait autrefois d'une allocation de cinq cents francs par mois, et je crois qu'il serait bon qu'une décision de votre part lui accordât cette somme. (Signé) Ch. Laforesterie. » (Paris, 22 Mars 1876. Dépêche n° 46 adressée à M. le général Septimus Rameau, vice-président du Conseil des Secrétaires d'État, à Port-au-Prince. *Enquête parlementaire sur les Emprunts du gouvernement Domingue à l'Etranger*, 4ᵉ division, 2ᵉ série, 5ᵉ partie, I et II. Imprimé à Port-au-Prince, rue des Casernes, n° 60, en 1877.)

Remarquez, je vous prie, que c'est signé *Lafo-*

resterie. M'est avis, ô trop oublieux correspondant de la *Petite Presse*, m'est avis que la charge de Ministre-Résident d'Haïti à Paris ne fut pas toujours « une sinécure ». Qu'en dites-vous?... (1).

Voyez, maintenant, pesez, jugez, confiant abonné de la *Petite Presse :* voilà l'oiseau. — Et c'est cet homme qui a mangé l'argent d'Haïti sous deux gouvernements..., non, je vous laisse le soin de faire vous-même des commentaires et de tirer les conclusions. D'ailleurs... pouah!... Cochinat! rien que d'écrire ce nom ma plume crache. Est-ce de dégoût?... Peut-être !...

---

(1) D'aucuns croient aussi que la charge de Ministre-Résident d'Haïti à Londres est une sinécure. On peut se convaincre du contraire en étudiant les deux volumes de *Documents diplomatiques* réunis sous ce titre : *Affaire Maunder* et qui ont été publiés à Paris cette année même. A la lecture des dépêches signées Timagène Rameau, Septimus Rameau, et de celles échangées entre le gouvernement d'Haïti représenté par MM. Ethéart, F. Carrié, Ch. Laforesterie, Ch. Archin, J.-B. Damier, Ch. Villevaleix et le gouvernement anglais représenté par lord Derby, le marquis de Salisbury. lord Granville et le major Stuart, on est forcé d'admirer l'esprit à la fois fin, conciliant et ferme des hommes d'Etat haïtiens. — Sans conteste, la plus belle part du succès obtenu par le gouvernement haïtien dans l'épineuse question du règlement de l'affaire Maunder revient à notre Chargé d'Affaires à Londres : M. Charles Villevaleix, dont la haute culture intellectuelle et le chaud patriotisme sont au-dessus de tout éloge.

CHAPITRE IV

GLANURES

Sommaire. — Il me paraît indispensable. — Sans eau ni sucre. — Comme logicien, c'est un type unique. — Je m'en tiens à ces exemples. — Ce que Bouchardat appelle *le père de tous les maux*. — Quelques douzaines d'écervelés répètent à qui veut l'entendre. — Citons Becquerel, Lunier, Bouchardat, Magnus Huss; citons Rufz. — Soyez indulgents, Messieurs les moralistes transcendants. — Vous qui n'êtes devenu goutteux (si tant est que vous le soyez). — Deux mots des incendies à Port-au-Prince et à Paris. — Cette mirifique incurie sur laquelle tant de loustics ont tablé. — Budget de Paris : 256,212,263 francs en recettes et 255,972,263 francs en dépenses. — Soyons indulgents pour les édiles port-au-princiens. — Informez-vous des choses avant que d'en parler.

Il me paraît indispensable de revenir sur les chroniques publiées dans la *Petite Presse* durant le cours du mois de Septembre pour réfuter les assertions de M. Cochinat à propos de quelques points secondaires que j'avais été obligé de négliger autrefois ou de passer sous silence.

Je lis dans le numéro du 15 Septembre :

« Pour les indigènes, l'existence matérielle est peu coûteuse, car l'Haïtien en général est d'une sobriété forcée et nuisible autant au travail, qu'il ne pratique pas et dont il a honte, qu'à la prospérité de son pays. Il vit de fort peu de chose, de poisson salé, de morue, de riz et de pois, de quelques tranches d'avocat ou beurre végétal, et il se rabat sur le mangot et la canne à sucre pour *se remplir*. Ce n'est que sur le rhum ou le tafia qu'il n'économise pas.

« Ah! par exemple, pour ces boissons-là, ses besoins ne sont pas bornés : il y a de petits groupes d'Haïtiens, composés de cinq à six jeunes gens, spirituels et aimables, ma foi (l'un de ces groupes compte même un député), qui ont dans leur logis une dame-jeanne de rhum en permanence, laquelle dame-jeanne remplie chaque matin est épuisée chaque soir. Quand un ami, qui ne fait point partie de ce cercle intime, vient leur rendre visite et n'a, par exemple, qu'un quart d'heure à leur donner, il lui faut consommer au moins trois grogs (sans eau ni sucre ; on s'arrose le gosier d'eau après avoir avalé le liquide sec). Quand l'ami est parti et qu'on reste entre soi, la dame-jeanne n'est mise à contribution que de quinze minutes à quinze minutes. Du reste, on n'a d'autre but ici, en organisant les parties de plaisir, que de boire le plus possible. On ne pense aux vivres qu'après la boisson. »

Là : un instant, je m'arrête pour faire observer que M. Cochinat a oublié de dire : 1° de quelle contenance était la dame-jeanne ; 2° comment des hommes qui passent toute la journée à boire peuvent travailler et, dès l'instant qu'ils ne travaillent point (les rentiers étant rares en Haïti), où ils peuvent trouver assez d'argent pour acheter trente dames-jeannes de rhum ou de tafia par mois, puisqu'ils boivent une dame-jeanne par jour.

Franchement, comme logicien, c'est un type unique en son genre que le correspondant de la *Petite Presse*. Et je continue de le citer. Dans le numéro du 19 Septembre, en parlant de la jeunesse de Port-au-Prince — des élégants, de la jeunesse dorée, des muscadins, des gommeux — il dit ceci :

« Ces patriciens (?) déclassés s'ennuient mortellement ; pour se distraire, ils lisent énormément Alfred de Musset et boivent pour se consoler, à l'exemple de leur poète favori. »

Un peu plus loin — pour mieux nous prouver que les jeunes gens de Port-au-Prince « lisent énormément Musset » — l'inconséquent chroniqueur ajoute ceci :

« Les jeunes gens de Port-au-Prince ont une certaine élégance native qui les empêche de tomber dans le commun, *et ils ont beau ne jamais ouvrir un livre pour s'instruire*, ils n'ont pas l'air aussi abrupts que cette absence de toute culture intellectuelle pourrait le faire croire. »

J'aurais mauvaise grâce de prétendre que les Haïtiens ne boivent pas d'alcool, mais de là à laisser croire qu'ils sont des ivrognes, il y a une immense distance, et que je ne permettrai pas qu'on franchisse.

La meilleure preuve que l'alcoolisme n'est pas dans les mœurs du peuple haïtien, c'est que la folie alcoolique, si commune dans tous les pays où l'ivrognerie est un vice national, est excessivement rare en Haïti, pays chaud et où toutes les passions sont ardentes. La grande majorité des paysans et des artisans haïtiens sont des abstèmes. De plus, M. Cochinat lui-même vante la fécondité des Haïtiens: or l'alcool est le plus puissant ennemi de toutes les fonctions génitales, en d'autres termes l'alcoolique n'aime pas la femme et ne procrée que très peu d'enfants, encore ceux-ci naissent-ils rabougris et cacochymes, tandis que les petits Haïtiens en bas âge sont déjà splendides de vigueur et de santé (Rochard). Je m'en tiens à ces exemples. Que ceux qui en veulent savoir davantage veuillent bien lire les traités d'hygiène de Becquerel, de Lévy et de Bouchardat.

Dans mon livre sur la *Phtisie pulmonaire*, j'ai écrit ceci — et je demande au lecteur pardon de me citer: « Quant aux petits verres pris entre les repas, nous les proscrivons absolument. Ainsi, vermouth, absinthe, bitter, curaçao, kummel, etc., et tous les autres apéritifs doivent être également défendus. D'une façon générale, en dehors du vin, la prohibition de toute boisson fermentée sera la règle. Dès l'instant qu'on franchit le cercle tracé par cette règle de saine diététique on s'achemine à grands pas vers l'alcoolisme. De petits verres en petits verres on finit par laisser sa santé au fond du verre d'absinthe. C'est le cas ici où jamais de prêcher le plus pour obtenir le moins et de rappeler aux jeunes gens que l'alcool, cette substance pernicieuse, que Bouchardat appelle « *le père de tous les maux* » est le pire de leurs ennemis. Ennemi des fonctions génitales, ennemi des fonctions intellectuelles, ennemi de la force physique ! Ennemi d'autant plus dangereux et dont il faut d'autant plus se défier qu'il se présente à nous sous les plus brillantes couleurs, sous les formes les plus gracieuses et les plus sémillantes, sous les apparences les plus séductrices, les plus captieuses, les plus tentatrices (1). »

Je me conforme en tout point à ce que je dis ici et aurais donc le droit de morigéner mes compatriotes; mais vous, Monsieur Cochinat, vous qui passez pour être un courtisan de la dive bouteille, vous qui avez une poutre dans votre œil, je vous conseille de ne pas trop montrer la paille qui est dans l'œil du voisin.

Il y a si longtemps que quelques douzaines d'écervelés répètent à qui veut l'entendre que l'ivrognerie est une des plaies d'Haïti, ce qui n'est pas, que j'éprouve un certain plaisir à montrer que, dans le cas qu'ils seraient des ivrognes, les Haïtiens n'auraient fait en cela qu'imiter de grandes nations civilisatrices. On peut dire même qu'en dehors de la Chine et des pays mahométans, toute la terre habitée est, en majeure partie, peuplée

---

(1) Dr L.-J. Janvier. *Phthisie pulmonaire. Causes. Traitement préventif.* Paris, 1881.

d'ivrognes. Voyons : « Il est prouvé que, dans la Grande-Bretagne, 7,000 personnes périssent chaque année par suite d'accidents occasionnés par l'ivrognerie, et que 550 millions de dollars sont dissipés en boissons, dans le même espace de temps, par les classes ouvrières. En 1848, la somme colossale de 490 millions de dollars a été dépensée dans la Grande-Bretagne en boissons enivrantes, et on y a fabriqué 520 millions de gallons de bière. Dans les États-Unis, il y a 3,712 sociétés de tempérance, ayant 3,615,000 membres, parmi lesquels on distingue une secte particulière, appelée *les Fils de l'Abstinence*. En Russie, l'empereur a défendu la création de ces sociétés...

« Sans rappeler ici ce qui se passe en Amérique, où l'alcool est en train de faire disparaître la race des anciens habitants, il suffit de regarder autour de nous pour être effrayé des progrès du vice qu'il s'agit de combattre *herculeâ manu*. On ne saurait contester le rôle que l'alcool a joué dans notre dernière guerre civile, où les cerveaux exaltés par les boissons spiritueuses acceptaient avec enthousiasme les doctrines les plus perverses et les plus insensées. Que l'on examine, comme l'a fait M. Lunier, ce qui se passe dans certains départements, où le chiffre de la consommation des liqueurs fortes s'accroît continuellement, invariablement suivi par le chiffre ascendant des cas d'aliénation mentale, et l'on demeurera convaincu qu'il est grandement temps de porter remède au fléau qui menace notre civilisation.

« Dans quelques départements, en France, ceux de l'Ouest particulièrement, où la consommation des liqueurs fortes a beaucoup augmenté, les cas de folie alcoolique se sont élevés, de 1856 à 1869, dans les proportions suivantes : de 5 à 15 0/0 (Sarthe), de 8 à 18 0/0 (Morbihan), de 10 à 25 (Côtes-du-Nord), et enfin de 3,54 à 27 0/0 (Mayenne). Les résultats sont moins tranchés dans la région de l'Est ; ils démontrent cependant que la folie alcoolique croît avec la consommation de l'alcool. » (Becquerel. *Traité d'Hygiène*.)

Et Bouchardat : « Je viens de parler des races non encore atteintes par ce fléau de la civilisation (l'alcoolisme), mais ne croyez pas que les plus incultes en soient exemptes. Un médecin des plus distingués, M. Rufz, qui a exercé aux Antilles (à la Martinique) attribue les trois quarts de morts à l'abus du tafia. Plusieurs peuples de l'Amérique disparaissent au contact de notre civilisation, parce qu'elles n'ont pris d'elle que le goût des liqueurs fortes, et elles sont décimées par les alternatives de privation des choses nécessaires à la vie et d'abus de l'alcool.

« Il est certaines contrées d'Europe dans lesquelles les maux de l'alcoolisme ont pris de telles proportions, qu'il est urgent d'y porter un prompt et efficace remède, notamment la Russie, l'Allemagne et la Suède (Magnus Huss). Oui, j'ai besoin de le redire ici, de l'avis des philosophes, des médecins, de tous les observateurs, l'ivrognerie est devenue dans notre Europe la plus grande cause de notre misère. Or, la misère est la première cause de la mort prématurée, comme je l'établirai dans une autre partie de cet ouvrage. » (Bouchardat. *Hygiène.*)

Soyez indulgents, Messieurs les moralistes transcendants, soyez indulgents pour la jeune Haïti où les droits sur l'alcool n'existent point lorsqu'ils sont si élevés ailleurs ; où l'instruction primaire n'est pas encore assez répandue parmi les artisans et les paysans ; où il n'existe encore ni bibliothèques populaires, ni conférences gratuites pour les ouvriers, toutes choses qui ne font nullement défaut ni en Angleterre, ni en France, ni aux États-Unis.

Et vous, Monsieur Cochinat, vous qui n'êtes devenu goutteux — si tant est que vous le soyez — qu'à la suite d'excès de table, — car la goutte est exceptionnellement une affection héréditaire dans la race noire, — je vous conseille de ne souffler mot.

Disons maintenant deux mots des incendies à Port-au-Prince... et à Paris.

M. Cochinat nous apprend qu'à Port-au-Prince

il y a de l'eau pour éteindre les incendies, mais qu'il n'y a pas de pompe, cela grâce à l'incurie des Haïtiens — cette mirifique incurie sur laquelle tant de loustics ont tablé et qui, en somme, n'est pas plus grande en Haïti que dans nombre de pays latins. Je cite :

« Elle n'a qu'un seul défaut, cette eau, elle n'éteint pas assez les nombreux incendies qui sont le fléau de Port-au-Prince et qui sévissent en ce moment avec une fréquence inexplicable. Six de ces incendies ont éclaté dans la ville, rien que dans la première quinzaine de ce mois, et la continuité de ces sinistres, qui ne sont nullement l'œuvre du hasard, jette un certain trouble chez les habitants. Cependant les Haïtiens sont assez habitués à ces désastres.....

« Une telle insouciance règne à Port-au-Prince que ses habitants ne se sont pas même inquiétés de la disparition de l'unique pompe qui existait dans leur ville. Du reste, cette pompe s'était tellement rouillée dans la longue inaction où ses servants la tenaient, qu'elle n'était plus propre à rendre aucun service. »

Les incendies sont très nombreux et la pompe reste dans l'inaction... jusqu'à se rouiller !... Allez comprendre cela !... Continuons de citer :

« Ce sont les élèves du Petit-Séminaire, organisés maintenant en corps, sous l'œil de l'un de leurs professeurs, qui, à l'aide de plusieurs pompes, actives celles-là (il vient de nous dire qu'il n'y avait pas de pompe dans la ville, or le Petit-Séminaire est dans la ville), remplacent les pompiers honoraires dont nous venons de parler. Ces Haïtiens, qui vivent toujours dans le feu, comme des salamandres, sont néanmoins toujours prêts à se dévouer au sauvetage de leurs voisins et amis. Tant que le danger existe, ils se remuent avec vaillance. Le danger conjuré, ils rentrent dans leur flegme, en attendant une nouvelle occasion de se montrer. » (*Petite Presse* du 11 Sept.)

Eh bien, Monsieur Cochinat, à Paris les choses se passent à peu près de la même façon. Encore que cette ville si riche soit bâtie sur un grand fleuve, la Seine, les bouches d'incendie ne sont pas en nombre suffisant et le service des pompes laisse à désirer. Tous les journaux parisiens ont ergoté sur ces choses durant toute la semaine qui suivit l'incendie des grands magasins du Printemps, sinistre qui a eu lieu le 9 Avril 1881.

Sous le rapport des bouches à incendie aussi bien que sous ceux des pompes et des pompiers, on compara Paris à Londres, à Berlin, à Vienne et à New-York; le Conseil municipal s'émut des attaques de la Presse... on discuta et... je me suis laissé dire que les choses sont demeurées dans le même état qu'auparavant. Observez, je vous prie, que le Budget de la ville de Paris se monte à 256,212,263 francs en recettes et à 255,972,263 francs en dépenses; qu'il y a Paris des musées, des bibliothèques et des collections uniques au monde et où sont renfermés, accumulés, les trésors de plus de vingt siècles d'art, de science et de littérature.

Allons, allons, Monsieur Cochinat, soyez indulgent pour les édiles port-au-princiens.

D'ailleurs, vous vous trompez sur leur compte

et je vois que vous avez été, sans doute, mal renseigné.

Les pompes du Séminaire sont desservies par des Haïtiens ; elles sont subventionnées par la Ville ou par l'État ; de plus il existe plusieurs sociétés de pompiers libres dans la ville de Port-au-Prince (1). Informez-vous des choses avant que d'en parler. Cela ne nuit pas dans la considération des honnêtes gens, pas plus que dans l'estime des personnes sensées.

---

(1) Section II, ch. VIII du Budget de l'Intérieur et de l'Agriculture, Exercice 1878-79, on peut lire ceci : « Article 3. *Subvention aux pompiers de Port-au-Prince, trois mille piastres.* » Quand je vous disais...

LIVRE III

~~~~~~~~

L'ACTION S'ENGAGE

NOVEMBRE

Still.
L.-J. J.

CHAPITRE PREMIER

UN PEU DE POLITIQUE

~~~~~~

SOMMAIRE. — O Cochinat *Duplex*. — Le peuple haïtien de sa « nature naturante ».— L'Haïtien sourit devant les balles. — Buchner et Quesnel ou c'est purement idiot.— Au lieu d'écrire des traités à l'usage du parfait fumeur ! — C'est une tactique qui a été suivie depuis 1800. — Il faut en rabattre de ces sornettes. — M. Alexandre Bonneau, dans la *Revue contemporaine* du 15 Décembre 1856. — O Bonneau, nous sommes pénétrés de cette vérité. — Faites-nous crédit de deux siècles. — Ni côté jaune, ni côté noir, ni opposition mulâtre: Cela n'est pas. — Voilà le vrai ! voilà le vrai !—Mon Dieu, que les gens d'esprit sont bêtes !— Lisez Cassagnac, lisez Meignan. — Le parti national et le parti libéral en Haïti. — Veillons sur le drapeau rouge et bleu.

Le 22 Septembre 1881, le correspondant de la *Petite Presse* écrivait de Port-au-Prince :

« Ainsi, après la rixe qui a eu lieu ici, le 5 Septembre dernier, entre le corps de la police et la garde du président, on a fait arrêter M. le général Hérard Laforest, chef de ce premier corps. Je dis *on*, car, d'après un de *ces* (sic) discours officiels, M. le Président de la République lui-même a affirmé qu'il ne connaissait pas la mesure prise à l'égard de celui qui représente ici son préfet de police. C'est une de ces choses étonnantes partout ailleurs, mais qui semblent toutes naturelles dans cette île où rien ne se passe comme en Europe — ni ailleurs. »

Je suppose pourtant qu'en Haïti on ferme les yeux pour dormir ainsi que cela se fait en Europe... et ailleurs. Mais passons.

« Le général Hérard Laforest, le lendemain de son arrestation, a comparu avec douze de ses subordonnés devant un conseil de guerre, *toujours sensément*, sans que le Conseil des ministres se soit mêlé d'une aussi grave affaire (1) ; et, sans enquête préalable, sans information, sans la moindre instruction, que dis-je? sans le moindre procès-verbal du moindre commissaire de police, ce haut fonctionnaire a été accusé d'avoir conspiré *contre la sûreté de l'Etat*, contre l'ordre des choses établies, *et contre la vie du chef de l'État*. De telle sorte que, sans qu'on lui eût donné même le temps de conférer avec ses défenseurs, de faire assigner des témoins à décharge, et de contrôler les dépositions qui auraient été faites contre lui, on le mettait en devoir de s'entendre condamner à la peine capitale, ou d'être renvoyé indemne de l'accusation.

« Cette inculpation était absurde au dernier point, impossible à établir et si absurde moralement que l'honorable général, en faveur de qui le président s'était prononcé, du reste, lors d'une réception au palais, a été acquitté haut la main (2) »

---

(1) Qu'en sait-il ? Durant une de ses campagnes — je crois bien que ce fut entre Eylau et Friedland, mais avant Tilsitt — Napoléon Ier écrivait à son frère Joseph à peu près ceci :
« On devine mes projets à peu près comme les oisifs qui se promènent dans le Jardin des Tuileries peuvent deviner ce qui se passe dans le Conseil des Ministres. » In Thiers. *Consulat et Empire*.

(2) Le général haïtien, Hérard Laforest, fut certainement bien plus heureux que le fameux banquier français Mirès, celui-là même qui aida tant Napoléon III dans la création des ports de Marseille.
Le 17 Février 1861, Mirès fut arrêté. « Conduit à Mazas, Mirès y
« resta quatre mois ; il fut mis au secret pendant deux mois et demi,

O Cochinat *Duplex*, ta finesse surpasse celle du renard, à moins que tu ne sois — ce que j'aime mieux croire — d'une candeur vraiment enfantine!

« Mais tel est l'esprit docile et résigné de ce pays, que franchement, si le général Laforest avait été mal en cour, on aurait pu le condamner, et même l'exécuter, sans que personne ne soufflât mot. »

Le peuple haïtien, « de sa nature naturante » — pour employer un mot de Rabelais — est docile et résigné : c'est M. Cochinat qui nous le mande. Retenons cet aveu dépourvu d'artifice, tout à l'heure le chroniqueur martiniquais va se contredire. En attendant, rappelons quelques faits. Aux temps de la colonisation française, nous raconte Saint-Méry, au Cap, par deux fois, le bon peuple brisa la potence, assomma le bourreau et sauva des condamnés qu'on menait pendre. Pendant la Révolution, le 19 Décembre 1793 la guillotine fut élevée à Port-au-Prince. On devait guillotiner un blanc nommé Pélou. L'exécution se fit, mais quand

---

« privé de toute communication avec son avocat, même pour les
« affaires civiles et commerciales!
  « *Non seulement il ignora tout ce dont on l'accusait, mais il*
« *ne sut pas*, PENDANT QUATRE MOIS, *ce qui se faisait dans ce qui*
« *avait été autrefois sa maison.* » *(Mémoires de M. Claude.)*
  Ceci se passait en France, sous Napoléon III, en 1861 et après la Révolution française de 1789, après la Révolution de 1830, après la Révolution de 1848.
  Après cela qu'on vienne me parler des menus faits d'illégalité qui se passent en Haïti!...

la tête fut tombée dans le panier le bon peuple des noirs, écœuré de dégoût, se rua sur l'échafaud et brisa la machine : on n'osa plus jamais la relever.

En 1876, on conduisait à la mort un homme politique. J'étais là. Peu s'en fallut que la foule ne se jeta sur la troupe qui l'escortait au lieu du supplice pour la désarmer. C'est justement pour prévenir ces élans de sensibilité et de généreuse colère que tous les gouvernements qui se sont succédé en Haïti, depuis 1807, ont toujours ordonné un grand déploiement de troupes, même lorsqu'il s'agit de faire fusiller un voleur. En Haïti, l'assassin et l'incendiaire même jouissent des honneurs de la fusillade : l'Haïtien n'aime pas voir les morts viles. Jamais, non plus, on n'a vu un Haïtien avoir peur de mourir. Il sourit devant les balles. Aussi me vient-il toujours à la lèvre un sourire de pitié dédaigneuse quand je lis dans M. Léo Quesnel ou dans ce tissu de citations plates et d'affirmations lourdement doctorales baptisé par M. Louis Buchner : *Force et Matière*, quand je lis que les noirs sont lâches. C'est purement idiot. Mais ces Européens sont quelquefois excusables, car souvent ils se mêlent de philosopher d'après les racontars qui leur sont faits par des hommes qui se sont aplatis ou qui ont fui devant les noirs soit en Afrique soit en Amérique.

Mais revenons au chroniqueur de la *Petite Presse*.

Tenez, Monsieur, je vous veux accorder que *certaines choses* ne se passent pas en Haïti comme en Europe. Ainsi, on n'a jamais vu chez nous toutes les turpitudes et toutes les vilenies froides qu'on a vues en France du 2 Décembre 1851 jusqu'au jour où les Commissions mixtes du second Empire cessèrent de fonctionner (Eug. Ténot. Taxile Delord). Ah bien ! je vous conseille de parler des conseils de guerre en Haïti lorsque la Pologne râle encore sous le couteau de la Russie ; quand la Hongrie et l'Italie ont été noyées dans le sang par l'Autriche ; que de 1869 à 1872 les cris des victimes politiques qui mouraient à Cuba ou en Espagne empêchaient l'Europe de dormir ; que, en 1871, Versailles a rempli Paris vaincu du sang des communards, et que vous qui teniez une plume et qui deviez la faire parler à ce moment-là, vous vous amusiez à écrire des *Traités à l'usage du parfait fumeur !* C'était alors qu'il fallait élever la voix et protester au nom de l'humanité souffletée et égorgée !...

« Mais si une administration faible faisait arrêter illégalement ici un simple contrebandier, je suppose, le ban et l'arrière-ban de l'opposition mulâtre se mettrait aux trousses du chef de l'Etat. Les députés de couleur se déchaîneraient contre lui, l'encre des journalistes écumerait d'indignation dans les écritoires, et c'est à qui, dans le *côté jaune* (?) de la Chambre ou du Sénat, crierait haro sur le baudet.

« Il n'y a pas de peuple plus arrogant que le peuple haïtien devant le chef qu'il sait patient et bon, et plus soumis devant ceux dont il redoute la colère. Demandez plutôt aux ministres modérés de M. Boisrond Canal, prédécesseur de M. Salomon, et au débonnaire M. Boisrond Canal lui-même, si j'ai tort de parler ainsi. » (*Petite Presse* du 3 Novembre.)

C'est une tactique qui a été assez suivie depuis 1800 par toute une bande de pamphlétaires malveillants ou d'écrivains ignorants, depuis Dubroca jusqu'à M. de Feissal, depuis Elias Regnault et Moreau de Jonnès jusqu'à M. Dally, lesquels, piètres historiens ou savants, en vrais moutons de Panurge, se sont copiés les uns les autres, et ont sué pour faire croire que les Haïtiens, mulâtres et noirs, veulent toujours s'entr'égorger.

Certains auteurs — entre autres l'historien économiste Lepelletier de Saint-Remy (1), et le romancier (?) Gustave Aimard (2) — ont poussé les choses tellement à l'extrême, qu'ils en arrivent à divaguer absolument comme s'ils étaient insensés.

Il faut en rabattre, Monsieur Cochinat, de ces sornettes. Aujourd'hui M. Alexandre Bonneau ne pourrait plus écrire comme il l'a fait dans la *Revue contemporaine* (15 Décembre 1856), que « les noirs
« d'Haïti n'ont pas le sentiment du *patriotisme*,
« *impliquant solidarité d'individu à individu et de*
« *famille à famille ;* qu'ils n'ont écrit ni livres, ni
« brochures, ni articles de journaux ; qu'ils négli-

---

(1) Lepelletier de Saint-Remy. *La Question haïtienne*, 1846, 2 volumes. Paris.
(2) Gustave Aimard. *Les Vaudoux*, 1 vol. Paris, 1876.

« gent d'envoyer leurs enfants étudier en Europe
« et de lire les livres publiés en France ; que l'ins-
« truction et l'étude leur sont antipathiques, etc. »
Aujourd'hui, ô Bonneau, nous nous sommes pénétrés de cette vérité dont tu parlais, à savoir :
« Qu'une nation rebelle à la manifestation de l'i-
« dée, qui enfante l'idée, n'avancera jamais dans la
« civilisation, parce que le progrès et le bien-être
« des peuples résultent du mouvement de la pen-
« sée, comme la salubrité du climat dépend des cou-
« rants établis dans l'atmosphère, » et nous ne voulons plus que vous soyez induits à erreur, et que vous induisiez en erreur sur le compte des Haïtiens ; c'est pourquoi nous prendrons nous-même la plume pour vous parler de nous, et pour réfuter les Lasselves, inspirateurs des Quesnel, des Dally et des de Feissal et les Cochinats, inspirateurs des Quesnels, des de Feissals et des Dallys futurs.

Le préjugé de couleur, la plate vanité et l'ignorance aveugle, et les superstitions, tout cela nous a été légué par ces aventuriers européens qui colonisèrent Haïti. Nous nous débattons — depuis quatre-vingts ans seulement — au milieu de ce fouillis d'entraves intellectuelles, essayant de nous débarrasser de ces gangrènes morales. Laissez-nous donc le temps de souffler. Faites-nous crédit de deux siècles. Faites-nous surtout crédit d'indulgence au lieu d'attiser la haine et la défiance entre les citoyens haïtiens. Laissez-nous le temps de nous retourner; laissez-nous le temps de solder notre lourde dette, et, une fois libres de ce côté, d'organiser un vaste système d'éducation nationale, qui fasse fondre ces scories intellectuelles que de mauvais chrétiens, des Européens, ont laissé machiavéliquement se déposer dans l'esprit de ces fils d'esclaves qui sont devenus les libres Haïtiens.

Surtout ne dites pas, je vous prie, qu'il se trouve, dans le Parlement haïtien, un côté jaune et un côté noir; ne dites pas, non plus, qu'il y a une opposition mulâtre. Cela n'est pas.

Il y a, en Haïti, deux partis, tandis que, dans d'autres pays, il y en a plusieurs à la fois. D'un côté, je vois des hommes qui veulent prendre le pouvoir et, de l'autre, d'autres hommes politiques qui y sont et ne le veulent pas céder. Voilà le vrai. Les uns et les autres ont raison. C'est très doux le pouvoir et dans tous les pays de la terre. Noirs et mulâtres sont dans un parti; noirs et mulâtres sont dans l'autre parti. Voilà le vrai!...

Les questions d'épiderme sont pour être ridiculisées et répudiées absolument comme les questions de castes. Bientôt il n'y aura plus qu'un seul préjugé en Haïti : le préjugé de l'intelligence ; et même personne ne voudra plus tirer vanité de sa couleur, ni même de son savoir. Les hommes intelligents et instruits ne *préjugent* point : ils jugent après examen.

Quant au préjugé de caste, il a cessé d'être en Haïti, depuis 1804, et je connais nombre de jeunes gens très instruits — ils sont docteurs en médecine ou docteurs en droit des Facultés de Paris, ou ingénieurs — et qui pourtant ne se croient nullement faits d'une autre pâte que le paysan haïtien, et qui ont pour lui autant d'estime, de respect, de déférence ou de vénération que pour le Premier Magistrat de leur pays. D'ailleurs, fait digne de remarque, les aristocrates de l'intelligence, les nobles de la pensée, les seuls, les vrais nobles, ont toujours aimé les humbles, les faibles, les ignorants ; je ne veux citer, comme exemple, que les noms suivants qui demeureront les plus illustres du siècle : Victor Hugo, Louis Blanc, Victor Schœlcher, Lamartine, Michelet, Georges Clémenceau, Henri Rochefort.

M. Meignan a écrit dans son livre, qui est aussi grotesque qu'impertinnent, les lignes suivantes :

« De même que dans nos colonies françaises, la
« couleur de la peau influe beaucoup ici, en Haïti,
« sur les opinions politiques. Comme les blancs
« sont irrévocablement chassés d'Haïti, ce sont les
« hommes les moins foncés qui sont les plus con-
« servateurs. Quoi qu'il en soit, les présidents ont
« souvent changé de couleur, entraînant dans leur
« fortune ou dans leur chute, comme dans tous les
« pays à régime parlementaire, ceux qui parta-
« geaient leur manière de voir. Il s'ensuit qu'en

« Haïti, les fonctionnaires d'un gouvernement sont
« de la même couleur de peau que ledit gouver-
« nement.

« Ce serait un grand avantage là-bas pour les
« agents de police, si police existait. Ils pourraient
« reconnaître tout de suite les partisans et les ad-
« versaires de l'autorité constituée. Il résulte aussi
« de ce parallélisme entre la couleur de peau et les
« opinions politiques qu'un homme ayant servi tel
« ou tel gouvernement ne peut pas, comme cela se
« pratique dans d'autres pays du monde, modi-
« fier ses haines ou ses affections suivant le vent qui
« souffle. Ces opinions sont constamment affichées
« sur son visage. Ce serait certainement une grande
« force pour la défense de la moralité politique en
« Haïti si cette pauvre morte était encore défen-
« dable. Ce serait aussi une raison de faire là-bas
« de grandes économies sur le budget de la surveil-
« lance publique, économies qui peut-être relève-
« raient les finances haïtiennes, si ces malheureuses
« embourbées pouvaient encore être relevées.

« Lors de mon passage, la couleur claire de la
« peau de M. Boisrond Canal plaçait à droite les
« députés les moins foncés. Mais, à mesure que le
« regard s'avançait vers la gauche, il voyait peu à
« peu les visages s'assombrir, et enfin il pouvait
« constater que le bout extrême, le centre de l'irré-
« conciliable opposition, offrait l'apparence d'un
« gouffre noir, insondable, semblable au fond

« d'une gueule toujours ouverte, toujours béante
« de quelque monstre repoussant.

« Comme jusqu'à présent je n'ai pas fait beau-
« coup l'éloge d'Haïti, je veux saisir cette occasion
« au passage et déplorer que chez nous on ait
« laissé usurper la couleur rouge, cette couleur si
« brillante, si étincelante de joie, si resplendis-
« sante, par un parti dont les idées, lorsquelles
« sont appliquées, ne présentent que des perspec-
« tives si lugubres et des avenirs si noirs. Sous
« ce rapport, la Chambre d'Haïti me semble plus
« rationnelle, puisque les députés de la gauche
« ont tous ces mots affichés sur la figure : La ré-
« volution, c'est le deuil. »

J'ai lu, dans ma vie, bien des choses absurdes, stupides et insensées, ayant lu énormément de livres écrits sur la race noire, en général, et sur Haïti en particulier, mais sacrejeu ! je n'ai jamais encore rien rencontré d'aussi pharamineusement niais et d'aussi colossalement mensonger que les phrases de M. Meignan que je viens de citer.

Et dire que M. Cochinat qui est nègre et Martiniquais et qui, en cette double qualité, a été insulté par M. Meignan, dire que M. Cochinat se fait un plaisir de l'imiter, de répéter après lui toutes sortes de calembredaines et d'inepties sur Haïti et sur les Haïtiens.

« Mon Dieu, que les gens d'esprit sont bêtes ! » a dit un jour Emile Zola, en un paradoxe profond.

En voyant faire MM. Victor Cochinat et Victor Meignan la phrase de Zola chante dans ma mémoire.

On dit de ces deux-là que ce sont des hommes d'esprit ; ils le furent... peut-être, mais, à coup sûr, ils ne le sont plus, du moins si l'on doit les juger d'après leurs œuvres.

Je conseille à M. Cochinat, qui est si fier d'être né non loin du Lamentin, de relire Granier de Cassagnac et Victor Meignan ; après qu'il aura fait cela, je veux qu'on me pende s'il ne fait pas amende honorable de tout ce qu'il a écrit de faux sur et contre Haïti.

Quant aux deux partis politiques : *parti national* et *parti libéral* qui sont en ce moment en présence dans la République antiléenne, je souhaite virilement qu'ils restent toujours debout l'un vis-à-vis de l'autre. Je m'explique : en Angleterre, le parti whig existe vis-à-vis du parti tory ; aux Etats-Unis le parti démocrate fait opposition au parti républicain. Il est excellent que les choses soient ainsi. Ce sont ces deux grands partis qui se font face dans l'une et dans l'autre Angleterre, ce sont leurs alternats au pouvoir qui ont été les artisans de la force, du renom et de la gloire de ces deux grandes nations.

Dans tout pays parlementaire il faut une opposition qui puisse relever les fautes du ministère en charge et qui possède dans son sein des hommes de gouvernement, lesquels, à un moment donné, peuvent aussi saisir d'une main ferme et virile les rênes du pouvoir.

Si cette opposition est morcelée, si elle ne peut former un cabinet homogène, elle ne sera jamais que puérile, tracassière, fantasque, détestable.

Les *nationaux* haïtiens ne sont pas moins libéraux que les membres du parti libéral ; et les *libéraux* ne sont pas moins nationaux que les membres du parti national. Ces partis sont républicains progressistes tous deux ; les opinions, les visées, *le platform* — pour employer le mot technique américain — de l'un sont, à très peu près, au fond, les opinions, les visées, *le platform* politique de l'autre. Ils ne se divisent pas sur les questions fondamentales et c'est vouloir jeter de la poudre aux yeux que de prétendre le contraire.

Sans doute, au point de vue de la politique économique, sous le rapport de la politique financière, ils ne peuvent être qu'en dissidence d'opinions — il en est ainsi dans tous les pays parlementaires — mais leurs programmes de politique pure, de politique essentielle étant fort peu dissemblables, la lutte peut être toute intellectuelle, courtoise même, de leader à leader, de chef à chef, et engagée seulement en champ clos de parlement.

Le parti national est au pouvoir. Je souhaite qu'il y reste pour le plus grand bien de ma patrie, administrant, organisant, innovant sagement ainsi qu'il le fait, et contrôlé qu'il est par des parlementaires appartenant au parti libéral.

Il est pour qu'on désire ardemment que l'Opposition demeure circonscrite dans l'enceinte du Parlement ou qu'elle ne soit faite en dehors de cette enceinte que dans des journaux ou dans des conférences publiques et gratuites. Mais que les parlementaires de l'Opposition s'inclinent toujours devant l'avis de la majorité, car sans cela il n'y aurait ni sécurité, ni gouvernement ultérieur possible et l'anarchie régnerait toujours en souveraine.

Celui qui sème les vents récolte la tempête. Il se met de lui-même hors la loi, celui qui ne veut pas reconnaître la loi. Qui arrive par l'épée subit d'abord la dictature de l'épée, puis tombe par l'épée. Ce ne sont pas seulement là des paroles évangéliques. Ce sont aussi des lois de sociologie générale, de philosophie de la politique et de haute histoire.

Aux uns et aux autres, aux nationaux et aux libéraux, et fraternellement, je puis parler de très haut — comme autrefois Cassandre sur les murs de Troie — étant placé à distance et sur les hauteurs sereines, lumineuses et calmes d'où l'œil peut embrasser les horizons lointains et futurs, et je dis aux uns et aux autres — et fraternellement — :

Le moment est grave, solennel! On perce l'isthme de Panama!...

Veillons sur le drapeau rouge et bleu!...

CHAPITRE II

ANECDOTES ET RENGAINES

SOMMAIRE. — Dignes de Gribouille. — Que de contradictions ! Que d'erreurs ! Que de fautes d'histoire ! — Charmant, n'est-ce pas ? — Le drapeau marchait tout seul. — Si l'anecdote est vraie. — Il me rappelle le tant joli quatrain de Victor Hugo, intitulé : *Mahomet*. — Toujours cette vieille rengaine des distinctions de couleur qui n'ont jamais existé. — Après tout les troupes européennes leur ont tant de fois donné l'exemple. — Toujours la même antienne. — Vit-on jamais plus curieux personnage ? — Quand nous en serons à mille nous ferons une croix. — *Encasernement* au lieu de *casernement*. — Et sur ce, chantons une autre antienne. — Témoin le splendide panégyrique de Dessalines. — Si, Monsieur, il y avait à dire. — Et, à part cela, tout le reste est vrai. — Et pour clore ce chapitre.... — Les renieurs sont reniés.

L'armée haïtienne paraît avoir été l'objet des plus constantes préoccupations de M. Cochinat. Il semblerait qu'elle hantait le cerveau du voyageur né à Saint-Pierre (Martinique) et qu'elle revenait dans tous ses rêves, comme dans les délicieux songes d'amour de la prime jeunesse, chaque nuit revient l'image exquise et troublante de la toute-aimée.

Ainsi dans la *Petite Presse* du 10 Novembre, le chroniqueur noir se remet à nous parler de l'armée d'Haïti, en ces termes :

« Les officiers de ces fantaisistes (les soldats haïtiens) lors même qu'ils auraient la volonté et le pouvoir de les instruire, n'y parviendraient pas, tant ces hommes aiment à faire le contraire de ce qu'on leur commande, à s'arrêter quand on leur dit seulement de marquer le pas, et ont horreur de toute discipline. » (Déjà cité).

Bien. Mais alors pourquoi nous avoir dit plus haut que les Haïtiens étaient dociles et résignés. S'ils sont dociles et résignés on doit pouvoir facilement en faire des soldats. S'ils sont réfractaires à toute discipline, ils ne sont ni dociles ni résignés —Je vous enferme dans ce dilemme.

Toutes les assertions de M. Cochinat valent autant que ces deux-là... lorsqu'elles ne sont pas dignes de Gribouille.

Citons encore :

« Mais leurs officiers ne brillent généralement pas par une instruction militaire excessive, et leurs généraux, depuis la chute du président Boyer, en 1843, n'ayant utilisé leur bravoure que dans les guerres civiles — et encore — ne se montrent pas bien exigeants.

« Ces troupes non cadrées, mais rassemblées de partout (c'est tout le contraire) sont divisées en régiments d'un chiffre tellement dérisoire, que je n'ose les donner de peur d'être taxé de malveillance. Mais tout le monde en connaît le nombre ici, même ceux qui ont l'air de prendre le plus au sérieux ces prétendues légions. Ce qu'il y a de réellement innombrable dans les villes d'Haïti ce sont les généraux qui commandent ces troupes absentes. Car ici c'est la manie de se faire nommer général de brigade ou de division, à propos de n'importe quoi, et même sans avoir jamais manié un fusil. On touche 50 piastres par mois de l'Etat (250 francs), quand on les touche ; on a droit à dix guides, qu'on ne pourrait jamais ni rassembler ni habiller, et on a le privilège, enviable entre tous pour un Haïtien, de pouvoir s'habiller, tant qu'on le veut, en général, de se galonner outre mesure des pieds à la tête, de s'étoiler et de se mettre plus de plumes blanches sur la tête qu'un cygne, et de se promener ainsi à pied ou à cheval, dans son quartier, et de se montrer à l'admiration de ses voisins. »

Sont-ils riches ces généraux qui ne touchent que 250 fr. par mois... quand ils les touchent !..

« Quelques bonnes femmes éblouies vous disent: *Bonjour, géral* (car il y a tant de généraux ici qu'on est obligé d'abréger), et l'on rentre content chez soi.

« On laisse sans danger circuler dans les rues des villes ces guerriers inoffensifs — il n'y a pas de mal à cela — et même on commence à ne pas en vouloir aux honnêtes commerçants, aux notaires, aux avocats, aux médecins et aux maîtres d'école qui résistent aux séductions du généralat, car il faut beaucoup d'énergie ici aux gens de bon sens pour ne pas se laisser nommer général de brigade ou de division à un moment donné.

« Du reste, cette manie est toute simple, car elle est encouragée à ce point que dans son dernier discours à l'armée, prononcé le 11 Septembre courant, le président d'Haïti a dit textuellement ceci : « Le premier bourgeois venu, s'il est in-
« telligent, peut commander un régiment. »

Que de contradictions ! que d'erreurs et que de fautes d'histoire !...

Passons aux régiments.

« Il est vrai que ces régiments-là, comme l'étonnement nous le fait répéter encore, ne se composent pas d'un nombre d'hommes fort encombrant, ainsi que le prouve le fait suivant qui a eu lieu sous l'empereur Soulouque.

« Le général *Vil Lubin*, chef de la police, faisait les honneurs de l'armée à l'amiral français Duquesne en faisant défiler les différents corps devant l'illustre marin. »

Il y a une petite erreur dans cette phrase. Ce n'est pas au général de la police à faire les honneurs d'une armée à un officier général étranger, c'est au commandant des troupes de ligne que revient cet honneur. Je veux bien que l'Empereur eût donné commission au général Vil Lubin de tenir compagnie à l'amiral Duquesne sur le champ de manœuvres, mais ce n'était certes pas lui qui faisait défiler les troupes.

« Celui-ci (l'amiral Duquesne) avait l'air d'apprécier gravement un pareil honneur, et regardant passer un régiment qui ne se composait que de huit hommes :
« — Quel est ce corps ? dit-il au général haïtien.
« — C'est le 8ᵉ de ligne, amiral.
« — Et celui-ci ? continua le marin en voyant défiler devant lui un autre régiment composé de *trois* hommes, un porte-drapeau, un tambour et un fifre,
« — C'est le 3ᵉ léger, amiral.
« — Est-ce qu'il a été décimé ?
« — Non, amiral, mais il a beaucoup *soufflè dans la derniè guais* (il a beaucoup souffert dans la dernière guerre). »

Je fais remarquer que M. Cochinat oublie de noter la prononciation de l'amiral Duquesne, lequel était peut-être Provençal, Alsacien ou Auvergnat.

« Le général haïtien faisait allusion à la dernière campagne de l'Est contre les Espagnols, dans laquelle Soulouque reçut une si forte raclée.

« A ce propos un des soldats nègres du vieil empereur disait : « *Yo dit Pagnol pas connin courir, yo couri bien passé* « *nous.— Nou pran couri, yo lèvé dèyè nous. Nous te obligé tane* « *yo retounin, pou nou te continué.* » (On dit que l'Espagnol ne sait pas courir ; mais il court mieux que nous. Nous prîmes la fuite : ils se mirent à notre poursuite. Ils allaient si vite, qu'à tout instant ils nous dépassaient, et nous étions obligés d'attendre qu'ils revinssent sur leurs pas pour pouvoir continuer notre chemin ».)

Charmant! n'est-ce pas ?... Je vois là des gens qui jouent aux quatre coins ou à cache-cache, mais nullement des hommes qui se font la guerre et qui ont envie de se tuer.

Quant à l'épisode du 3° léger et du 8° de ligne, on me l'a conté cent fois et je veux renseigner là-dessus les lecteurs de M. Cochinat et M. Cochinat lui-même : chacun de ces régiments était représenté par le drapeau lequel marchait tout seul.

Ah! bons lecteurs de la *Petite Presse* que je vous plaindrais si vous ne lisiez que du Cochinat. Que de couleuvres il vous fait avaler et comme il se moque de vous!

Il est clair que les Haïtiens, si bêtes qu'on les puisse supposer, ce qu'ils sont loin d'être — et vous le verrez tout à l'heure — n'auraient jamais montré des régiments de huit et de trois hommes. Ils auraient versé ces régiments (?) dans d'autres pour en montrer de compactes. Je sais de plus qu'ils auraient trouvé mille prétextes pour renvoyer la revue plutôt que de la passer dans des conditions telles que celles rapportées par le chroniqueur de la *Petite Presse*.

Il nous cite un fait qui, selon lui, a eu lieu sous Faustin Ier comme un exemple de ce qui se passe actuellement en Haïti. Or, l'empire de Faustin Ier a cessé d'être depuis un quart de siècle, et Gustave d'Alaux, qui avait visité Haïti à cette époque, portait l'effectif de l'armée haïtienne à 25,000 hommes.

La vérité d'ailleurs, c'est que, durant la retraite de 1855, les Haïtiens se virent faire un pont d'or par les Dominicains. L'Empereur ne quitta la partie de l'Est que parce que les désertions se mirent dans les rangs et qu'il sentait la trahison faire son œuvre autour de lui, dans son état-major même. Voilà la vérité vraie !

Paul d'Hormoys, dans son livre : « *Une Visite chez Soulouque* », a transcrit l'anecdote suivante qui lui fut, dit-il, racontée par un enseigne de vaisseau, lequel était peut-être dans les vignes du Seigneur ou en veine de mystification ce soir-là. Le susdit enseigne se vantait d'avoir eu l'honneur d'approcher l'empereur d'Haïti et d'avoir eu celui plus grand de dîner à sa table : « Le duc de Trou-Bonbon est le maréchal ministre de la guerre. Il m'a, tout le temps du dîner, questionné sur l'armée française. Il y avait eu revue le matin. Le duc me demanda si j'y avais assisté.

« — Je n'ai eu garde d'y manquer, lui ai-je ré-
« pondu.

« — Et comment avez-vous trouvé nos troupes ?
« — Fort belles ! admirablement instruites ! mais,
« ajoutai-je avec le plus imperturbable sérieux,
« il me semble, Excellence, que je n'ai pas vu de
« régiment de *plongeurs à cheval*?

« Le duc me regarda un instant d'un air effaré ; mais se remettant tout aussitôt, il me dit sans hésiter :

« Nous n'en manquons pas, Dieu merci ! mais
« ils sont en ce moment sur la frontière. Je vous
« les ferai voir dans trois ou quatre jours, dès
« leur retour. »

Si l'anecdote est vraie — ce dont je doute — elle est admirable et peint bien non seulement l'orgueil de l'Haïtien, mais encore son esprit vif et primesautier. Après la réplique du duc de Trou-Bonbon — lequel était d'ailleurs non pas duc de Trou-Bonbon, mais duc de Tiburon — ce fut mon enseigne de vaisseau qui dut avoir le bec clos.

Mais je reviens à M. Cochinat pour faire observer à mon lecteur que le chroniqueur martiniquais n'a rien inventé : il copie, il imite, il singe

Gustave d'Alaux ou Paul d'Hormoys et les travestit tour à tour.

Il me rappelle le tant joli quatrain d'Hugo intitulé : *Mahomet* (1) :

> « Le divin Mahomet enfourchait tour à tour,
> « Son mulet Daïdol et son âne Yarfour ;
> « Car le sage lui-même a, selon l'occurence,
> « Son jour d'entêtement et son jour d'ignorance. »

« Le recrutement de l'armée haïtienne se fait avec une simplicité primitive.

« Des patrouilles passent dans les rues ; on saisit *tous* les hommes valides ; on les enferme dans la salle de police d'un corps de garde quelconque et on les y laisse jusqu'à ce que la *faim et la puanteur de ce trou, où l'on est quelquefois dix,* quand trois pourraient y tenir à peine, jusqu'à ce que la *vermine* et la bonne volonté du chef de poste les en fasse sortir. Après cela, on les inscrit sur le registre matricule d'un régiment — quand il y en a un ; — on leur donne, pour commencer, un shako et une giberne. Et les voilà soldats improvisés. N'allez pas croire que ces malheureux puissent manquer à un exercice. Combien de temps durera leur service ? *Personne ne le sait, surtout leurs chefs.* »

S'ils ne peuvent manquer à aucun exercice, d'où vient que vous dites que l'effectif des régiments est dérisoire ?...

A part ce que j'ai souligné, le reste est vrai. En Angleterre, et de nos jours encore, le recrutement s'opère de la même façon qu'en Haïti à cette différence près que les agents recruteurs anglais eni-

---

(1) Légende des Siècles, 1re série.

vrent la recrue, puis lui font signer son engagement pendant son ivresse. Une loi sur la conscription vient d'être votée en Haïti. Espérons que le gouvernement la saura virilement appliquer, et que, désormais, tous les Haïtiens, bourgeois et paysans, seront obligés de payer leur dette à la patrie sans qu'on ait besoin d'employer des patrouilles pour forcer les réfractaires à obéir à la loi.

> « Celles de ces recrues qui savent écrire ont généralement plus de chance que les autres de devenir sous-officiers ou officiers subalternes, c'est-à-dire chefs sans corps, surtout quand ils sont mulâtres. Ce n'est qu'aux noirs, en effet, que l'on confie un régiment. On fait des mulâtres des officiers d'état-major ou des aides-de-camp. Il faut dire aussi qu'il y a un motif à cette exclusion des hommes de couleur aux commandements effectifs, qui donnent de l'influence sur le soldat.
> « C'est que ces chefs démoralisent assez souvent leurs corps et les portent à l'insubordination quand ce n'est pas à la trahison.
> « Ainsi, sous Geffrard, le corps des tirailleurs de la garde, si choyé et si caressé par le chef de l'Etat, fut le premier qui abandonna le président au moment où il avait besoin de compter le plus sur l'armée, et qui tira sur le palais au lieu de tirer sur les ennemis du gouvernement. »

Toujours cette vieille rengaine des distinctions de couleur qui n'ont jamais existé... que dans l'imagination de M. Cochinat.

Les officiers des tirailleurs étaient noirs et mulâtres et leurs soldats aussi. Les uns et les autres eurent certainement tort de se laisser entraîner par des conspirateurs bourgeois à renverser le général Geffrard, président constitutionnellement élu. Après tout, les troupes européennes leur ont tant de fois donné l'exemple !... Mais tout le reste est d'un fantaisiste qui ne se peut concevoir et qui, vraiment, dépasse l'absurde.

« Il n'est donc pas étonnant que le gouvernement actuel nourrisse une suspicion qu'il peut croire légitime contre les officiers supérieurs mulâtres. »

Toujours la même antienne. Elle est aussi démodée que fausse. Nombre d'hommes de couleur, officiers supérieurs, servent le gouvernement actuel comme commandants d'arrondissement ou comme commandants de communes, cela avec le plus grand zèle et la plus parfaite fidélité. Le chroniqueur de la *Petite Presse* n'a vu que Port-au-Prince — si tant est qu'il l'ait vue, puisqu'il est goutteux (?) — et ne sait rien de ce qui se passe dans le reste de la République. Dans le Nord comme dans le Sud tous les grands commandements sont partagés sans distinction de couleur. Il en est de même dans l'Ouest, dans l'Artibonite et dans le Nord-Ouest.

« Les troupes haïtiennes ne sont pas nourries aux frais du gouvernement. »

Quelle erreur ! je lis dans le Budget de la Guerre pour 1878 — je n'ai que celui-là — : « L'effectif de l'armée étant de 6,830 hommes faisant le service par série, la ration est demandée pour 3,415 hommes à 50 centimes (2 fr. 60) par semaine : par an 88,790 dollars;» en plus il y a portée au Budget une somme de 5,000 piastres (27,000 francs) pour rations extraordinaires. Total, 93,000 piastres (environ 509,000 francs). Cela sans compter la solde de l'armée qui était de 121,346 piastres (environ 620,000 francs). Et voilà comment l'armée haïtienne, pour la nourriture de laquelle on dépensait plus d'un million de francs en 1878, n'est pas nourrie par le gouvernement haïtien. Il est mirifique, le Cochinat, et, ma parole ! vit-on jamais plus curieux personnage ?...

« Elles (les troupes) ne sont pas casernées non plus. Ce qui fait que les bandes que l'on voit dans tout le pays ne forment qu'une armée d'externes. Après les exercices, qui se font trois fois par semaine, chaque soldat retourne à son logis et revient le lendemain au lieu qui lui a été assigné la veille. »

Plus haut le correspondant de la *Petite Presse* nous mandait que les soldats haïtiens n'aimaient rien tant que faire le contraire de ce qui leur était ordonné. Voici, dans cette phrase immédiatement dessus citée, un bel exemple de leur indocilité et de leur indiscipline ! Que de contradictions ! grand Dieu ! que de contradictions on est forcé de relever dans les chroniques de l'olibrius martiniquais. Quand nous en serons à mille nous ferons une croix !

« Le service de la garde au palais se fait par bataillon. Quand un bataillon est de garde, les soldats se couchent à terre dans la rue, ou sous les galeries couvertes dont chaque maison est garnie. Alors chaque homme mange ou ne mange pas, selon qu'il a ou n'a pas d'argent.

« Il faut reconnaître que l'*encasernement* des Haïtiens est chose difficile, non seulement à *cause de la chaleur* (inouï !.. M. de la Palice n'aurait pas mieux trouvé !) mais à cause de ce besoin invincible de cohabiter avec une femme quelconque qui tient ici les hommes. »

C'est un peu pour cette dernière raison qu'un maréchal de France a dit : « Les Français aiment bien la guerre, mais ils n'aiment pas la caserne. »

Et maintenant, ô impeccable Cochinat, toi qui reproche aux Haïtiens de ne point parler un français irréprochable, dis-moi, pourquoi as-tu écrit *encasernement* en lieu et place de *casernement*. Sais-tu pas, *mio caro*, que *encasernement* n'est pas français. Vois Littré et tâche d'être indulgent.

Et sur ce, chantons une autre antienne. Il s'agit ici de la cavalerie haïtienne.

« En fait d'excentricités militaires, je ne crois pas qu'il soit possible à aucun pays d'égaler Haïti, et nos caricaturistes auront beau aiguiser leurs crayons et fatiguer leur imagination ils n'atteindront jamais au comique qui sort de la réalité des choses en ce pays fantasque.

« Ainsi on nous a souvent montré dans le *Charivari* et autres journaux des officiers de Soulouque ayant pour aiguillettes à leurs uniformes des harengs saurs et des carottes, des généraux ayant pour ornement à leurs chapeaux des boites de sardines en fer blanc.

« Tout cela était si impossible et si exagéré que ces dessins n'excitaient même pas le rire ; mais quel caricaturiste aurait jamais inventé pour une armée, comme élément de gaieté, *une cavalerie à pied,* faisant l'exercice du cheval sans cheval et ayant la bride sur le cou, non pas au figuré, mais au sens propre du mot ?

« Vous croyez que je plaisante, n'est-ce pas ? Rien n'est plus vrai, cependant. Lisez plutôt ces passages d'un discours que M. Salomon, Président de la République d'Haïti, a prononcé au premier dimanche du mois d'Août à la revue militaire, au Champ-de-Mars, devant ses troupes assemblées :

« Messieurs les officiers, a-t-il dit à ceux-ci, je vous réu-
« nis ici pour vous parler de vos corps respectifs. Je veux que
« l'armée haïtienne, sauf son cadre restreint, soit sur le pied
« des armées de tous les pays civilisés par la tenue, l'uni-
« forme, l'armement et l'instruction ; mais je ne vois pas
« que vous *m'aidez (sic)* beaucoup, malgré les peines que je
« me donne pour arriver à ce but.....

« Ainsi, il y a *dans la cavalerie* des soldats qui se font
« passer pour être montés. Ils font voir un *cheval em-*
« *prunté,* mais, une fois enrôlés, ils n'ont plus de chevaux pour
« la parade. . . . .

« Maintenant, Messieurs, je vais habiller l'armée bientôt.
« Je donne avis que ces dépenses sont faites pour les sol-
« dats ; tant pis pour le *transfèrement* qui se fera d'un cos-
« tume à quelqu'un *qui ne fait pas partie de l'armée !* Ce par-
« ticulier et celui qui distraira cet uniforme seront punis. Ces
« dépenses ne sont faites que pour les soldats, *eux seuls doi-*
« *vent porter l'uniforme !* »

« Vous voyez que je n'avance rien, que le Président ne confirme lui-même. Ainsi donc, on voit à Haïti cette chose sublunaire, qu'on n'a jamais vue dans aucun pays du monde et qui change toutes les données que l'on a sur les objets visibles, c'est-à-dire *des cavaliers à pied, des fantassins à cheval,* des soldats sans uniforme et des bourgeois curieux qui viennent les voir manœuvrer avec les uniformes destinés à ces mêmes soldats. »

De tout temps la cavalerie a été considérée comme

une arme plus noble que l'infanterie. Il faut savoir que, durant la guerre de l'Indépendance d'Haïti, entraient dans la cavalerie tous ceux qui, comme autrefois les chevaliers romains des premiers temps de la République ou comme les cavaliers volontaires de l'immortelle Révolution française, pouvaient faire la dépense d'un cheval et subvenir à son entretien.

Les mêmes errements ont continué jusqu'à ce jour et il n'y a rien là qui puisse étonner ceux qui ont lu l'histoire de France et qui savent que pendant fort longtemps les nobles qui servaient dans certains corps d'élite, même sous Henri IV, même sous Louis XIII, même sous Louis XIV, et notamment les mousquetaires, s'habillaient et s'équipaient eux-mêmes.

Quand le président d'Haïti parle de faire descendre dans l'infanterie les cavaliers qui ne sont pas montés, il faut entendre les cavaliers qui n'ont pas de chevaux à eux, leur appartenant en propre, et pas autre chose. Pour une raison contraire il ordonne d'enrôler dans la cavalerie les fantassins qui savent monter à cheval — tout le monde en Haïti naît cavalier — et qui peuvent équiper à leurs frais un cheval leur appartenant en toute propriété. Mais, dis-moi, ami lecteur, où vois-tu là que les cavaliers haïtiens fassent, même non montés, l'exercice du cheval *la bride sur le cou?* Il y a un nom pour ceux qui, après d'hypocrites circonlocutions destinées à capter la confiance du lecteur, abusent de cette confiance pour surprendre sa bonne foi et lui servir un mensonge tout chaud. Ce sont des empoisonneurs de l'esprit, engeance bien plus détestable que celle des empoisonneurs du corps.

Mais reprenons notre citation :

« Ce n'est pas tout. Le Président ajoute encore : « Un autre « point, Messieurs, demande à être relevé, c'est l'indifférence « des chefs de corps pour leurs régiments ; ils se soucient « fort peu de l'instruction de leurs soldats, quand on crie : « En avant, marche ! » l'officier est jusqu'à cent pas de son « peloton, sans s'occuper comment marche le soldat. »

« Si ce français est peu orthodoxe, il ne faut en accuser que le journal semi-officiel *l'Œil*, qui le rapporte ainsi dans ses colonnes et qui y applaudit avec enthousiasme. »

En effet, témoin le magnifique panégyrique de Dessalines qu'il prononça en 1841, dans l'église des Cayes, à une époque où les orateurs de son audace et de sa trempe étaient rares en Haïti ; témoin son stage au Sénat d'Haïti dont il fut l'un des deux secrétaires en 1846 ; témoin son passage aux ministères des Finances et de l'Instruction publique sous Faustin Ier ; témoin ses brochures sous Geffrard et datées l'une de Saint-Thomas, l'autre de Bruxelles ; témoin sa conduite comme ambassadeur d'Haïti près la cour de Napoléon III, l'on ne saurait prétendre que le président d'Haïti, qui a vécu plus de vingt ans en France et en Angleterre et qui possède dans leurs plus fines nuances le français et l'anglais, pût être l'auteur, ni dans la forme, ni dans le véritable fond, du discours cité par M. Cochinat.

———

La marine haïtienne n'échappe pas non plus aux critiques de l'omniscient correspondant de la *Petite Presse*. Il écrit ceci sur le numéro du 14 Novembre :

« Si j'avais besoin d'une nouvelle preuve pour établir combien Haïti est un pays dont les institutions et les forces n'existent que sur le papier, je n'aurais à citer pour exemple que sa marine.
« Effectivement, la marine haïtienne qui compte comme *dignitaires* un amiral en retraite, *l'amiral Déjoie*, un amiral en fonctions, *l'amiral Bruce*, et plusieurs capitaines de vaisseau et de frégate, cette marine ne se compose *absolument en réalité* que d'un seul bateau à vapeur, nommé *la Sentinelle*. Après cela, je n'ai plus rien à dire. »

Si, Monsieur, il y avait à dire que, quelques semaines avant l'avènement au pouvoir du général Salomon, un des navires de la flottille avait été incendié dans la rade de Port-au-Prince, à la suite de l'explosion de sa sainte-barbe ; il y avait à dire que, un an auparavant, un autre avait sombré sur les côtes de l'Arcahaie à la suite d'un abordage nocturne avec un navire anglais ; il y avait à ajouter que le gouvernement faisait construire des bâtiments aux Etats-Unis et que deux ou trois transports étaient sur chantier de radoub à Port-au-Prince ou à Nassau. De plus, le gouvernement peut réquisitionner tous les bâteaux à vapeur de la ligne dite du *Service Accéléré* appartenant à M. Rivière. Pour être complet, je n'oublie pas de rappeler qu'au Budget de la Marine il n'est pas porté de traitement pour un amiral en retraite ; que l'honorable M. Bruce porte *officiellement* le titre de *chef de la flottille* et non celui d'*amiral* qui lui est donné par *courtoisie* par les marins sous ses ordres.

Et à part cela tout le reste est vrai.

D'ailleurs, ô reporter trop crédule, j'aime à vous faire savoir, à vous et aux autres, que la défense des côtes d'Haïti ne saurait être confiée à des murailles de bois — pour me servir du mot de l'oracle. « Sparte n'a pas besoin de murs, disait un Lacédémonien, la poitrine de ses enfants lui en tient lieu. »

Le boulevard de l'Indépendance haïtienne, c'est les montagnes d'Haïti et c'est le cœur hautement belliqueux de ses intrépides enfants, lesquels ne sont point des androgynes comme ceux dont le métier est de colporter des anecdotes et autres menus propos qui font les délices des efféminés et des écervelés.

Et pour clore ce chapitre, il est pour qu'on sache que M. Cochinat qui critique l'orthodoxie de style du journal haïtien *l'Œil* et qui reproche aux députés haïtiens de parler incorrectement la langue française — laquelle d'ailleurs n'est pas toujours correctement parlée même par des députés français — il est pour qu'on sache qu'à Paris on reproche à M. Cochinat de parler une autre langue que la française. Voyez plutôt : Il s'agissait, à la septième chambre du tribunal de la Seine, du cas d'un jeune domestique noir, Brésilien d'origine, qui avait intenté un procès à son ancien maître pour forcer celui-ci à lui payer ses gages. Le chroniqueur judiciaire du *Figaro*, M. Albert Bataille, ajoutait ceci à la fin de son compte rendu : « Le tribunal statuera à huitaine sur cette petite cause qui, dans l'intérêt de la couleur locale, aurait dû être plaidée dans la langue de Cochinat.»(*Figaro* du 25 Mars 1882.)

Moralité : — Aucuns font les dégoûtés et renient les leurs pour entrer dans quelques cénacles où on ne les admet qu'après leur avoir fait supporter toutes sortes d'humiliations et de dédains. Ils sont punis de leur bassesse et de leurs platitudes par les mépris d'en haut et punis encore par l'indifférence ou par la haine d'en bas.

Personne ne veut d'eux ni en haut ni en bas, car — « juste retour, Monsieur, des choses d'ici-bas » — *les renieurs* seront reniés.

CHAPITRE III

JEUNES OFFICIERS, JEUNES POLITIQUES

Sommaire. — Incrédulité vraiment touchante. — Avant, pendant et après la Révolution française. — Ce qu'on a vu en Angleterre.— En somme, tous ces jeunes gens. — Une opinion de Louis Veuillot. — Je m'étonne à mon tour. — Ne voit-on pas coutumièrement?... — Il cracherait sur lui pour cracher sur quelque chose. — Dans le journal *la République française*. — Je conclus. — Renvoyé à qui de droit. — Que ceux qui se sentent morveux se mouchent.

Le 9 Octobre et sous ce titre : *Etonnements*, M. Cochinat, étant toujours à Port-au-Prince, notait ses impressions de voyage et les adressait à la *Petite Presse :*

« Dans cette ville de Port-au-Prince, où, si souvent, la tragédie côtoie le comique et le grotesque, il se passe des choses si peu compréhensibles pour l'étranger, que celui-ci reste à tous moments étonné devant elles, tandis que l'habitant d'Haïti, les trouvant toutes naturelles, ne fait même pas attention à ces mascarades morales.

« Mes amis s'amusent de mon ébahissement lorsque je les entends parler — et je ne veux pas les croire — de jeunes nègres de vingt ans qui cumulent plusieurs places, et qui déjà, à cet âge tendre, sont des généraux de division sans avoir jamais même lu le *Manuel de l'Ecole de peloton*. » (Numéro du 29 Novembre 1882.)

J'enrage de ne pouvoir répondre à cette seconde phrase de la manière dont je l'aurais pu faire si je n'étais retenu par des considérations particulières et qui me sont personnelles.

En tout cas, l'incrédulité de M. Cochinat est vraiment touchante. On peut sincèrement regretter qu'il soit si tardivement incrédule et qu'il ne le soit que sur ce sujet. Il serait si facile de lui répondre et de lui démontrer qu'Haïti n'est pas le seul pays où l'on a vu et où l'on voit de jeunes officiers, de jeunes politiques et de jeunes administrateurs.

Il en est encore ainsi dans plusieurs pays d'Europe, notamment en Russie, en Turquie, en Allemagne et en Autriche-Hongrie.

Dans la marine anglaise on est capitaine de vaisseau de fort bonne heure, si l'on est fils de lord. (*Nouvelle Revue*, 1880.)

En France, avant la Révolution, on naissait colonel et on avait la croix de Saint-Louis à dix ans. Michelet parle, dans son *Histoire de France*, d'un officier de treize ans qui, étant trop frêle, ne pouvait pas marcher et fut porté sur les épaules de ses grenadiers en allant à l'attaque de je ne sais plus quelle forteresse d'Allemagne.

Eugène Sue, dans ses romans de marine, ne nous montre-t-il pas tous ces jeunes nobles de douze à quinze ans qui étaient déjà enseignes de vaisseau ?

Tourville fut officier à seize ans ; un des oncles de Mirabeau, celui qui fut gouverneur de la Martinique, fut officier à quatorze ans; le marquis de Montcalm, le héros du Canada, le fut très tôt ; à l'armée des émigrés, en 1791, il y avait nombre d'officiers de seize à dix-sept ans. Le baron de Vitrolles en fut un. (*Nouvelle Revue*, 1882.)

Je ne parle pas des jeunes officiers de la Révolution ; à ceux-là le civisme tenait lieu de science stratégique et de tout, mais, après la Restauration, la marine française fut inondée d'officiers incapables.

Dans son roman *la Salamandre*, Eugène Sue nous raconte l'histoire d'un de ces officiers par politique ou par faveur qui avait passé sa vie dans un bureau de tabac et qui ne connaissait pas la manœuvre du bord ; le lieutenant de vaisseau, un rôturier, était obligé de prendre le porte-voix à sa place et de commander pour lui.

Le duc de Nemours, fils de Louis-Philippe, avait été nommé colonel à douze ans par Charles X. Sous Louis-Philippe, le prince de Joinville fut amiral à vingt-cinq ans et le duc d'Aumale, son frère, devint divisionnaire en trois ans. Général de division à vingt-deux ans il fut créé gouverneur général de l'Algérie à vingt-cinq ans (*Dict. des Contemporains*, Vapereau. *Evénement*, Aurélien Scholl), ce qui amena la retraite de Soult du ministère.(Elias Regnault, *Histoire de Huit ans.*)

En 1830, Montalivet n'avait que vingt-neuf ans. Le roi Louis-Philippe le mit à la tête du ministère de l'Intérieur. Le portefeuille de l'Intérieur était alors, après celui des Affaires Etrangères et des Finances, le plus lourd à tenir, Montalivet s'y conduisit fort bien et fit preuve d'autant de fermeté que son prédécesseur immédiat Guizot et de beaucoup plus d'intelligence et d'énergie que le dernier ministre de l'Intérieur de Charles X, M. de Peyronnet. Quand Casimir Périer prit, l'année suivante, le ministère de l'Intérieur et la présidence du Conseil, il ne fit que continuer, avec une affectation de raideur, la politique pleine de souplesse qu'avait inaugurée son jeune prédécesseur Montalivet. Montalivet, en prenant possession du ministère de l'Intérieur, n'y avait d'autre titre que l'affection que lui portait le roi Louis-Philippe.

En Angleterre, nous voyons Fox être élu membre de la Chambre des Communes à l'âge de vingt ans, Palmerston à vingt-trois ans, Robert Peel à vingt ans; Canning n'avait que vingt-deux ans et était encore étudiant lorsque Pitt, qui disposait de plusieurs *bourgs pourris*, le fit nommer membre de la Chambre des Communes. Pitt fut élu *Commoner* à l'âge de vingt et un ans et devint premier ministre à vingt-quatre ans. Robert Peel fut ministre secrétaire d'Etat pour l'Irlande à l'âge de vingt-quatre ans.

Certes, des individus d'un âge où l'homme n'a

pas encore atteint tout son développement physique en hauteur devaient être peu compétents dans les questions ardues de législation et d'économie politique, mais ils se formaient aux grandes affaires par la pratique des grandes affaires. Ils excellaient surtout dans les questions de politique extérieure et étaient possédés d'un immense amour de la patrie et avaient en elle une foi aveugle n'ayant pas encore eu le temps d'être rongés par cette lèpre morale : le scepticisme, ni par ce chancre intellectuel : le découragement.

Palmerston, qui avait été ministre en 1809, fut appelé encore au ministère de la Guerre en 1855, pour donner une impulsion vigoureuse à la campagne de Crimée.

En somme, tous ces jeunes gens furent une pépinière de grands ministres (1).

Et, revenant en France, je dirai que Montalembert, pair de France à vingt et un ans, prononça

---

(1) Ce qu'on est convenu d'appeler vulgairement *l'expérience en politique* ne s'acquiert nullement par l'âge, mais par l'étude.

De même qu'un savant médecin de trente ans a beaucoup plus d'expérience médicale qu'un charlatan de soixante ans, de même un homme de trente-deux ans qui a étudié pendant dix ans les finances, l'administration et l'histoire de son pays et des autres peuples, est plus mûr pour le pouvoir, plus expérimenté pour faire le bien et conjurer le mal qu'un empirique qui aurait vingt ans de plus que lui.

L'idée que l'on se fait que les vieillards seuls ont de l'expérience, parce qu'ils ont vécu, même s'ils ont vécu en ignorants, en intrigants ou en débauchés, est un préjugé du vulgaire.

à cet âge un des plus magnifiques et des plus admirables discours qu'on ait entendus.

En 1848, Louis Veuillot écrivait ceci dans son livre « *les Libres Penseurs* » : « Il y a des enfants politiques, fils de ceux qui nous gouvernent, destinés à nous gouverner un jour. A vingt-deux ans ils occupent des emplois, et on leur donne le ruban rouge (la Légion d'Honneur) lorsqu'ils se marient. »

La quatrième édition du livre, publiée en 1866, contient la même phrase, que l'auteur n'a pas cru devoir modifier ni faire suivre d'aucune note rectificative.

Je m'étonne à mon tour que, sachant ces faits— je lui fais l'honneur, peut-être gratuit, de supposer qu'il ne les ignorait mie — je m'étonne à mon tour que, sachant ces faits, M. Cochinat se soit étonné et n'ait pas voulu croire que de jeunes Haïtiens de vingt ans eussent des emplois dans l'administration de leur pays.

Mais non, j'ai tort de m'étonner. M. Cochinat suit la loi naturelle qui veut que ceux qui s'en vont soient les ennemis de ceux qui viennent et que l'homme soit un animal essentiellement méchant et jaloux.

Ne voit-on pas habituellement les vieillards, surtout les vieux beaux, édentés et caducs, dont les moelles ont été tôt vidées par l'orgie, ne les voit-on pas mesquinement jaloux de la fière prestance et de la vigueur juvénile des hommes de vingt-cinq ans, dont ils exècrent le rire sonore et frais autant qu'ils en fuient la compagnie? Ne voit-on pas les vieilles coquettes sur le retour dont la peau se parchemine et dont les chairs retombent flasques et molles, ne les voit-on pas calomnier rageusement les jolies filles d'Eve dont les formes luxuriantes font craquer l'indienne ou la soie, dont les lèvres sont humides toujours d'une rosée d'appétence cupidique et dans les yeux brillants desquelles on lit la jeunesse, cette *primavera della vita*?

M. Cochinat est vieux, ridé, cassé, podagre; il n'a jamais rien fait de sérieux pour les siens, rien fait pour l'humanité; on ne l'a pas récompensé des services qu'il n'a point rendus, aucun ruban — il en attendait — n'est venu orner sa boutonnière; il ne se sent aimé de personne et il n'aura personne pour lui pieusement clore la paupière, car il a toujours vécu de la vie égoïste du célibataire... donc il hait; il hait la jeunesse en fleur, l'orgueil ; il nie l'enthousiasme; il hait tout ce qui est grand, noble et beau; il ricane de ses bienfaiteurs, il compromet ses amis, il piétine sur ses amis tombés et il cracherait sur lui pour cracher sur quelque chose.

Je lisais ces jours derniers dans la *République française* (Novembre 1881) les lignes suivantes qui ont été écrites pour défendre le ministère Gambetta contre les attaques dont il fut assailli dès sa formation : « Peut-être a-t-on trop généralisé « en disant que c'était un ministère de jeunes. Il « s'y trouve des hommes d'âges divers ; mais la « jeunesse n'a pas été un motif d'exclusion, puis- « que le nouveau ministre de l'Intérieur n'a pas « trente-cinq ans. Là-dessus, bien des gens, s'ils « voulaient être sincères, avoueraient qu'ils sont « obligés de se retenir pour ne pas crier au scan- « dale. Il y a pourtant des hommes qui sont morts « plus jeunes et dont l'Histoire a gardé les noms » (on pourrait citer au hasard Alexandre, Jésus-Christ, Raphaël, Gaston de Foix, Camille Desmoulins, Saint-Just, Hoche, Marceau), « mais la dé- « fiance de la jeunesse est une maladie de notre « époque, léguée par l'étouffement du second « empire qui a retardé en quelque sorte la crue « des générations et stérilisé leur activité ? »

Je conclus en revenant à mon point de départ : Le gouvernement du président Boyer et celui de l'empereur Faustin Ier ne sont tombés que parce que, en 1843 comme en 1859, l'armée et l'administration haïtiennes étaient encombrées de vieillards. Le gouvernement actuel fait bien d'employer les jeunes hommes. C'est sur eux surtout qu'on peut compter. Ils ne sont point ergoteurs et seuls ils ont la foi, l'enthousiasme, le dévouement sans bornes, ces vertus qui soulèvent les montagnes, ces leviers des fortes actions et des mouvements en avant. Si la Convention a vaincu l'Europe coalisée contre la France, c'est que le Comité du Salut public était composé de jeunes hommes qui travaillaient trente-six heures sans se reposer; qu'à la tête des quatorze armées de la République, il n'y avait que des généraux imberbes; qu'on n'envoyait en mission à ces mêmes armées que de jeunes conventionnels qui avaient le feu sacré, et qu'enfin, dans les ministères, il n'y avait que de jeunes administrateurs, mais probes, pleins de bonne volonté et qui comprenaient la Révolution.

Je veux faire suivre ma réponse de cette phrase que j'extrais d'un récit de voyage écrit par M. Paul Verne l'année dernière, récit intitulé : *de Rotterdam à Copenhague* et publié à la fin du second volume de *la Jangada*, le dernier roman scientifique du fécond Jules Verne : « Que leurs ministres se trompent, qu'ils commettent erreurs sur erreurs, jamais un Anglais n'en conviendra devant un étranger. Voyez leur presse, lisez leurs grands journaux, même ceux qui sont le plus hostiles au gouvernement, vous n'y trouverez pas d'articles grossiers contre leurs hommes d'Etat. »

Renvoyé à qui de droit. Que ceux qui se sentent morveux se mouchent.

CHAPITRE IV

ITHOS ET PATHOS

~~~~~

SOMMAIRE. — C'est trahison pure. — Toute moelle m'est bonne. — Voilà votre paquet. — Quel style de Béotien. — Si tant est qu'on la puisse classer. — Bien des choses curieuses et pharamineuses. — Ce doit être charmant à voir un marché en Haïti. — Schœlcher a écrit ceci... — C'est impardonnable ! — Et je leur donne pleinement raison.

La question de l'armée haïtienne revient encore sur le tapis :

« Voir des sous-officiers souffleter leurs hommes quand ceux-ci dorment debout au port d'armes, — le nègre dormirait dans l'eau — leur donner des coups de pied à l'endroit où le rein perd son nom, rien n'est plus fréquent dans ce pays de l'égalité à outrance, et *sans formaliser, prouve qu'on est neuf dans la ville de Port-au-Prince* (sic). » (Numéro du 29 Novembre.)

M. Cochinat, qui est nègre, a pu écrire cette

phrase: *le nègre dormirait dans l'eau !* et cela pour faire rire de ses congénères, de ses frères. C'est trahison pure !.... Vrai, vous dormiriez dans l'eau ?..... Cela me passe et toutes mes données de Zoologie en sont renversées. Je suis obligé d'avouer — encore que je sois très fier de ma belle peau noire — je suis obligé d'avouer que je ne pourrais pas dormir dans l'eau. Mais dites-moi, étonnant zoologiste, dites-moi Monsieur Cochinat, seriez-vous un animal amphibie ? Êtes-vous quelque peu homme-poisson, et est-ce que vous n'entendez parler que de vous quand vous écrivez que *le nègre dormirait dans l'eau ?* Est-ce là une annonce que vous faites par la *Petite Presse* afin d'attirer sur vous l'attention de quelque barnum qui vous exhiberait dans les foires en qualité de phénomène, ou bien tenez-vous à servir *pro dinero* — moyennant finance — de sujet d'expériences physiologiques aux membres des académies de Médecine et des académies des Sciences ? Appartenez-vous à l'ordre des crocodiles ou à l'espèce maquereau, *scomber scombrus* (1) ?

Non, je ne puis résister au plaisir de citer tout au long l'éminent polémiste catholique, Louis Veuillot. Je suis un éclectique et vais à mes hommes là où je les trouve. J'aime autant Veuillot

---

(1) Linnée ; Lacépède à consulter ou Littré : *Dictionnaire de Médecine.*

que Rochefort; je prise autant Arsène Houssaye que Zola; je goûte fort H. de Pène et Léon Chapron; j'admire Guizot et Rouher autant que Gambetta. Toute moelle m'est bonne.

Louis Veuillot a écrit ceci : « C'est une belle et noble langue que le français. On ne sait pas le français, on ne le parle pas, on ne l'écrit pas sans savoir quantité d'autres choses qui font ce que l'on appelait jadis l'*honnête homme*. Le français porte mal le mensonge. Pour parler français, il faut avoir dans l'âme un fonds de noblesse et de sincérité. Vous objectez Voltaire. Voltaire, qui d'ailleurs n'était pas un sot, n'a parlé qu'une langue desséchée et déjà notablement avilie. Le beau français, le grand français n'est à la main que des honnêtes gens. Une âme vile, une âme menteuse, une âme jalouse et simplement turbulente ne parlera jamais bien cette langue des Bossuet, des Fénelon, des Sévigné, des Corneille, des Racine; elle possédera quelques notes, jamais tout le clavier. Il y aura du mélange, de l'obscurité, de l'emphase. Quant aux grimauds, je défie seulement qu'ils s'élèvent jusqu'à la plate correction. Comment parviendraient-ils à mentir et à déraisonner sans fausser, gonfler, crever une langue que le christianisme a faite pour la logique et la vérité. » (*Odeurs de Paris*.)

« Voilà votre paquet », Monsieur Cochinat, comme on dit dans le *Misanthrope*. C'est une volée de bois vert administrée de main de maître. Aussi je m'abstiens d'y rien ajouter, et je cueille, pour l'édification du lecteur, la phrase suivante du correspondant de la *Petite Presse*. J'en appelle aux puristes de France et de Navarre ; et je convie les puristes haïtiens Oswald Durand, Anténor Firmin, Solon Ménos, D. Delorme, Paul Lochard, D. Légitime, G. Manigat, Emmanuel Edouard, je les convie à venir rire un brin avec moi. Oyez, mes chers :

« Cette capitale d'Haïti, cette belle ville « aux larges rues », comme dit le poète, qui *encadre si bien la magnifique baie* dont elle est baignée dans une bordure *de palmiers, de verdure, de maisons et de gaies villas*, croiriez-vous qu'à cette heure elle n'est éclairée ni *au gaz*, ni *au moyen de reverbères*, pas même avec des falots, et que, dès huit heures du soir, *le passant* ou *le cavalier, inquiet*, tremble, en la traversant, de tomber dans quelque fondrière, dans quelque large flaque d'eau, formée par les pluies du jour ou de la veille, ou de se briser les côtes en s'étalant dans quelque rigole profonde, pleine d'immondices? *Car* le seul endroit où brillent le soir quelques lanternes, ou au moins le seul que je connaisse jusqu'à présent, est l'espace situé devant le domicile privé du premier ministre d'Haïti — à tout Seigneur, tout honneur! — Je demeure auprès de ce citadin privilégié, et je jouis des lumières qu'il répand sur son seuil ; mais tout le monde n'a pas la faveur d'être le voisin d'un des grands de la terre, et, si humble que l'on soit, on doit être éclairé aussi. » (*Petite Presse* du 19 Novembre.)

Quel style de Béotien et que ce diable de Veuillot a raison !

Après qu'on a lu cette tirade du filandreux reporter, il vient sur les lèvres le vers connu :

« Même quand l'oison vole, on sent qu'il a des pattes. »

Compère Cochinat, vraiment vous n'êtes ni Champenois ni petit-fils de Tectosage, car vous écrivez trop lourdement — et combien incorrectement ! — la langue fine et ailée de l'auteur de la *Princesse de Clèves*, Mme de la Fayette, de Diderot, d'Eugène Pelletan, d'Octave Uzanne et de Léon Cladel. Schopenhauer, l'illustre philosophe allemand, a dit, dans *Pensées et Fragments :* « Aucune prose ne se lit aussi aisément et aussi agréablement que la prose française. » Votre prose à vous ne se lit ni aisément ni agréablement. La prose française sent le café ou le vin de Bordeaux. La vôtre sent la bière. C'est une prose bavaroise.... si tant est qu'on la puisse classer.

Le vase d'érudition qui adresse des chroniques à la *Petite Presse* nous demandait, le 9 Octobre, la permission de revenir sur un sujet qu'il avait déjà effleuré. Devant qu'on ne lui eût accordé cette permission, il nous manda bien des choses curieuses et pharamineuses.

Ecoutez :

« Les négresses d'Haïti, que la nécessité oblige de servir dans les maisons bourgeoises, me font tellement marcher de surprise en surprise, que je ne puis m'empêcher de parler encore d'elles. D'abord, elles ont si peur de passer pour des domestiques qu'elles ne peuvent jamais se résoudre à dire « mademoiselle » en parlant aux filles de ceux qui louent leurs services, et il n'y a pas moyen de les empêcher de traiter d'égale à égale avec ces jeunes personnes. Ces servantes autoritaires ne servent à l'intérieur du logis et ne font la cuisine qu'en peignoir blanc et en bottines de satin blanc — ou bleu à hauts talons — »

Malepeste! que ces Haïtiennes adorent le luxe!

« et elles ne vont au marché que dans cet *accoutrement surprenant*. »

Trouvez-vous pas, ami lecteur, que ce doit être charmant à voir, un marché en Haïti?

« Si je mens, que le ciel me confonde!.... »

Et le ciel ne l'a pas confondu, car le ciel est trop haut et nous savons d'ailleurs que le temps en est passé où le ciel se mêlait de nos petites affaires. « Quand on veut affirmer quelque chose on appelle toujours Dieu à témoin, parce qu'il ne contredit jamais. » Cette pensée est de la reine de Roumanie, en littérature, Carmen Sylva.

Que nous voilà loin tout de même de cette assertion de M. Cochinat à savoir que : les Haïtiens sont des gens dociles et résignés. Si les domestiques appartenant au sexe beau, sont si peu maniables, je me demande ce que doivent être les hommes.

Il y a déjà belle lurette que M. Schœlcher avait

écrit ceci : « Plus on étudie ce peuple (le peuple haïtien) et plus on se sent porté pour lui. Il a les qualités de la jeunesse, une bonté naturelle et simple qui va jusqu'à la grâce, une gaieté un peu folâtre, une extrême bienveillance pour tout le monde ; les soldats eux-mêmes, si rudes dans tous les pays, sont doux dans celui-ci, et, avec la bonhomie qui leur est propre, ils portent les armes lorsqu'ils sont de faction au passant auquel ils veulent faire politesse. La naïveté du bon sens est encore une qualité remarquable chez les noirs. Ainsi, pour prendre un fait, il n'entre pas dans la tête d'un nègre de livrer ses jours et ses nuits à qui que ce soit pour un salaire quelconque.

« Chose singulière, ces gens que l'on dit créés pour l'esclavage, une fois libres, sont si réfractaires à toute soumission absolue, qu'il est impossible d'en faire ce qu'on appelle de bons serviteurs, c'est-à-dire des laquais bien humbles et bien respectueux.... Ils ne comprennent pas qu'ils doivent, pour un petit nombre de shillings, abandonner leur vie et leur libre arbitre à la volonté d'un autre. Cela tient aussi, il est vrai, à ce que, n'ayant pas de besoins acquis, ils n'éprouvent aucune privation lorsqu'ils passent des reliefs d'un maître à leur ordinaire particulier..... Ils ne peuvent se faire à nos misérables distinctions, et ceux même de la plus basse classe se mettent naturellement de niveau avec tout le monde....

« Sous prétexte de ne pas nuire à la liberté, les chefs abandonnent la nation entière à la licence pour qu'elle les laisse tyranniser les individus. Mais quoi qu'on ait pu faire, elle est restée inoffensive ; ses défauts tiennent à une mauvaise éducation, aucun de ses vices n'est originel, et tous par conséquent sont amendables. Au sein des éléments de la plus grande perversité, elle se conserve bonne, et les sentiments les plus exaltés, les instincts les plus délicats de l'honneur, y trouvent des héros et de nobles martyrs. Un enfant trouvé, un assassinat sont des phénomènes en Haïti. Dans ce pays sans ordre, sans police, sans patrouille, sans morale et sans religion (M. Schœlcher écrivait ces lignes en 1841 ; actuellement les Haïtiens sont devenus très religieux, très catholiques surtout), il y a plus de quinze ans que l'on n'a vu d'éxécution à mort pour d'autres crimes que pour affaires politiques. Ils vous dérobent des bananes, des fruits, du manioc, une poule ; mais un cheval, un bœuf, leur scrupule s'y arrête. Comme argent, il est rare qu'ils osent prendre plus que quelques gourdes. De jour et de nuit on traverse l'île entière d'un bout à l'autre, la main pleine de doublons sans courir aucun risque. Le brigandage de grande route à main armée est entièrement inconnu, quoiqu'on y puisse faire de belles prises, car, faute de banque et de crédit, le commerce, ainsi qu'on l'a vu plus haut, envoie quelquefois des courriers chargés de 10, 15 et 20,000 gourdes. On n'a pas non plus d'exemple qu'un de ces pauvres courriers ait jamais emporté sa charge, bien qu'il lui soit très facile de se soustraire à toute poursuite en se jetant dans les mornes. On se plaint beaucoup ici, et avec raison, de l'esprit de vol ; toutefois il y en a comparativement moins qu'en France, et surtout il y a beaucoup moins d'effronterie. Les Haïtiens ferment leurs portes, mais si mal, qu'il faut être bien peu avide pour ne pas les ouvrir. — Tout ce que j'ai vu dans les Antilles me corrobore dans cette opinion que la race noire est naturellement honnête, ou si les hommes chagrins aiment mieux, qu'elle n'est pas encore pervertie jusqu'à l'audace, comme la race blanche. » (Schœlcher. *Colonies étrangères et Haïti*. Chapitre XII.)

M. Cochinat qui reproche aux Haïtiens de n'aimer point assez à lire les livres sérieux me fait l'effet, lui, de n'avoir jamais lu Schœlcher. C'est impardonnable. Tout homme au monde dans les veines duquel coule une seule goutte de sang africain et qui se respecte doit méditer sur les sublimes enseignements des livres de Schœlcher, livres débordants de dédaigneuse ironie pour les ennemis des noirs, d'humanité vraie, de commisération chevaleresque, et d'un amour chaleureux et profond pour une race décriée et calomniée même par ses fils renégats.

On voit que le grand philanthrope français donne raison aux domestiques noirs de n'abandonner point leur dignité, la possession de leur être, leur libre-arbitre ni pour quelques misérables sous, ni pour beaucoup d'or.

Et moi aussi je leur donne pleinement raison.

Qu'est le domestique? C'est un homme qui loue ses services absolument comme le maçon loue son travail. De quel droit appeler le domestique par son nom sans le faire précéder du mot *Monsieur* si on fait précéder le nom du maçon du mot *Monsieur* quand on parle à celui-ci?

La coutume d'appeler un domestique par son petit nom est un reste de l'esclavage antique, du servage du Moyen-Age et de l'esclavage moderne. La Révolution française qui a fait de si belles choses supprima jusqu'au mot de *domestique*. On le remplaça par celui *d'officieux*. Celui qui avait un officieux à son service lui disait en parlant : *Citoyen officieux* et l'officieux répondait : *Citoyen*. Dans le domestique on voulait qu'on respectât le citoyen. Le contraire est certainement plus ridicule et plus absurde. C'est un spectacle écœurant que de voir des gamins de dix ans interpeller un vieux serviteur de soixante ans en ne lui donnant que son prénom, tandis que celui-ci se confond en courbettes et en disant : *Monsieur! Pardon, Monsieur! Plaît-il, Monsieur?...* Les domestiques en Haïti ont le sentiment inné de la *conscience morale*, sentiment qu'exaltent les philosophes ; ils ont le sentiment de leur dignité et veulent qu'on la respecte.

Ils protestent à leur manière en ne se décidant pas à donner du *Monsieur* ou du *Madame* à qui ne leur donne pas du *Monsieur* ou du *Madame*. Vous l'appelez : *Jean*, il vous répond : *Léon*, partant quitte ; dites en lui parlant : *Monsieur Jean* et il ne pourra se dispenser de répondre : *Monsieur Léon*. S'il n'y a pas égalité de conditions sociales entre lui et vous, il y a égalité de conditions civiques. Or, pour ceux qui ont l'âme haute, les conditions civiques priment les conditions sociales.

Les gens qui ont l'âme plate et habituée à toutes les génuflexions voudraient que tous les hommes leur ressemblassent.

Là où M. Cochinat voit un ridicule à critiquer, je trouve une prétention très bien fondée, très juste. Il y a là un trait de caractère national qui prouve que, quelle que soit son ignorance, un homme et une femme du peuple en Haïti ne prennent pas pour des vocables sans signification les mots *Liberté*, *Egalité*, pour lesquels nos aïeux ont versé leur sang et leur sueur.

C'est un honneur pour un peuple au milieu duquel fleurissent de pareilles susceptibilités et j'en loue fort mes compatriotes.

CHAPITRE V

SPECTACLES MORALISATEURS

Sommaire. — Tiens ! tiens ! il y a encore des nobles haïtiens ?... — Tircis, il faut songer à prendre la retraite. — En chiffres ronds, voici les preuves. — Le *Budget*, le Rapport du Conseil supérieur au Ministre de l'Instruction publique. — C'est un procédé commode... même en voyage. — Or, les candidats évincés seront aigris. — Pot-de-vin et *baschich*. — C'est ici le cas. — Enrichissez-vous ! — Les Haïtiens ont du champ devant eux. — Et puis... et puis, ça ira ! — Pasteurs des peuples, suivez votre chemin ! — L'équilibre antiléen. — Dont il fut « *aultrefois* » le pensionnaire.

C'est sous ce titre ironique « *Spectacles moralisateurs* » que, le 30 Novembre et par la plume de son correspondant, la *Petite Presse* nous en contait de belles sur le compte des fonctionnaires haïtiens.

« Sans payer sa place, ici, on voit des choses et des personnages bien étranges.

« On y voit, par exemple, une Exposition nationale où les seules choses *exposables* viennent des Etats-Unis...; »

Je m'arrête pour faire observer que le mot *exposable* n'est pas encore français. Je lui souhaite de le devenir, mais je constate que le Dictionnaire de Littré, si hospitalier pour les néologismes, ne lui a pas octroyé des lettres de naturalisation.

« une Banque nationale encore, qui n'escompte pas les valeurs des commerçants; des fonctionnaires supérieurs qui déclarent ne pas savoir écrire, — sans doute en leur qualité de nobles haïtiens...; »

Tiens! tiens! il y a encore des nobles haïtiens! Ah! vraiment je l'ignorais et suis ravi de l'apprendre. Mais ne serait-ce pas là une nouvelle découverte de M. Cochinat, semblable à celle qu'il fit — dans son imagination — d'une certaine baie entre la Gonâve et la côte Ouest du continent haïtien?...

« des généraux d'artillerie et du génie qui ne savent ni lire ni écrire non plus; »

Vous croyez, compère; m'est avis qu'on vous l'a donné à tenir.

« des archivistes-généraux doués d'une orthographe plus qu'insuffisante; »

Il voit toujours la paille dans l'œil du voisin et ne voit pas la poutre qui est dans son œil. Car enfin, Monsieur Cochinat, vous qui êtes le correspondant d'un journal parisien, vous qui avez longtemps vécu dans la ville du monde où l'on parle le mieux la langue française, vous qui avez été, dit-on, secrétaire d'Alexandre Dumas père (1), vous avez pourtant — je l'ai déjà montré et le montrerai encore — vous avez pourtant une orthographe plus qu'insuffisante. En somme, vous jouissiez d'une réputation surfaite ou bien vos qualités intellectuelles commencent à baisser. Croyez-moi :

« Tircis, il faut songer à prendre la retraite. »

« un Conseil supérieur de l'instruction publique (tout est supérieur ici), dans un pays qui compte à *peine* un lycée pour toute la jeunesse nationale, — et quel lycée, ô misère ! »

Plus haut, dans le chapitre intitulé « *les Insolences de M. Cochinat* », j'avais pris l'engagement de prouver qu'il était un imposteur lorsqu'il disait « qu'il y avait en Haïti des conseils supérieurs de l'Instruction publique sans lycée ». Cet engagement, je le vais tenir.

Il faut d'abord qu'on sache qu'en dehors de l'enseignement officiel il existe à Port-au-Prince un Séminaire-Collège et une École Polymathique où les jeunes Haïtiens peuvent faire leurs études secondaires. Ces études sont poussées très loin, en lettres surtout. J'aime mieux laisser parler les do-

---

(1) C'est bien à tort qu'on se targue d'avoir été le secrétaire d'un grand homme.
Le talent est absolument personnel.
Napoléon Ier n'a pas légué une parcelle de son génie à Bourienne et Alexandre Dumas n'a rien laissé de son génie à M. Cochinat.

cuments officiels. On peut lire ceci dans le Budget de 1878-1879, page 37 :

DES LYCÉES :

Port-au-Prince.

1 directeur à 110 piastres (600 francs environ par mois).............. Par an P.		1.320
5 professeurs étrangers à 100 piastres. — —		6.000
5 professeurs de 1er ordre à 75 — —		4.500
1 professeur de 2e ordre à 50 — —		600
1 professeur de dessin linéaire......... à 60 — —		720
5 maîtres d'études.... à 40 — —		2.400
4 répétiteurs.......... à 35 — —		1.680
4 salariés .... à 8 — —		348
Total............		17.604

C'est-à-dire près de 100,000 francs, en chiffres ronds, pour le lycée de Port-au-Prince qui comptait au plus 250 élèves au temps où j'y étais — il y a dix ans.

Lycée du Cap-Haïtien.

1 directeur à 100 dollars par mois.... Par an P.	1.200
1 professeur étranger à 100 dollars. —	1.200
2 professeurs de 1er ordre à 70 — —	1.680
3 professeurs de 2e ordre à 50 — —	1.800
3 — — à 40 — —	1.440
2 professeurs d'anglais et d'espagnol......... à 40 — —	960
2 maîtres d'études .... à 30 — —	720
2 répétiteurs.......... à 25 — —	600
2 salariés............. à 8 — —	192
Total............	10.752 (A)

(A) Observation. Le Sénat a jugé nécessaire d'ajouter un maître de musique pour le Cap à P. 30 par mois et un professeur de dessin linéaire à P. 50, ce qui, ajouté au chiffre voté par la Chambre, donne un résultat comme ci-contre (c'est-à-dire 10,752 dollars).

Lycée des Cayes................................ P. 10.392.

L'Etat dépensait donc 21,144 piastres par an

pour les deux lycées du Cap et des Cayes, soit : 120.000 francs environ.

Donc *deux cent vingt mille francs* environ étaient déboursés en 1878 rien que pour le personnel enseignant de ces trois lycées. A part ces trois lycées, le collège Pinchinat, à Jacmel, le collège des Gonaïves, l'Ecole de Jérémie, des écoles primaires supérieures dans toutes les grandes villes de la République, des écoles rurales primaires, des écoles primaires urbaines de filles et de garçons, des écoles primaires congréganistes, des pensionnats pour demoiselles, étaient entretenus par le ministère de l'Instruction publique dont le budget s'élevait à 557,707 piastres, c'est-à-dire à près de 3 millions de francs.

L'État entretenait encore quinze boursières au couvent des Sœurs de Saint-Joseph de Cluny, institution d'enseignement libre ; l'École de médecine lui coûtait 40,000 francs par an (pour le personnel) ; l'École de peinture 15,000 francs ; l'Ecole de musique 16,000 francs.

Ajoutez à cela 28,000 francs pour 30 internes au Lycée de Port-au-Prince ; 15,000 francs pour 16 boursiers à l'École de Médecine de Port-au-Prince ; puis 32,000 francs pour 6 boursiers à l'École de médecine de Paris, — celui qui écrit ces lignes est l'un des six ; — puis encore 28,000 francs pour les boursiers à l'Ecole Polymathique ; 20,000 francs pour ceux à l'Ecole Wesleyenne (école protestante); 20,000 francs pour ceux à l'Ecole de M. J.-B. Hyacinthe ; 27,000 francs pour ceux à l'Ecole de M. Ethéart ; 27,000 francs pour ceux à l'Ecole de M. Denis ; 15,000 francs pour ceux à l'Ecole de M. Cauvin. Et la liste n'est pas complète, car l'Etat accorde encore des subventions aux écoles libres d'enseignement primaire supérieur au Cap, aux Cayes et à Jérémie.

Ceux qui ne sont pas habitués à lire un Budget ignorent tous ces détails, et l'on peut affirmer sans crainte qu'un plaisantin de l'espèce de M. Cochinat ne peut pas suivre le détail d'un Budget. Son cerveau n'est habitué qu'aux choses légères et qui demandent peu de contention d'esprit pour être comprises.

Je suis au regret de n'avoir à ma disposition que le Budget de 1882 ; j'aurais montré, mieux encore, jusqu'où va la légèreté de M. Cochinat. Je suis heureux de pouvoir citer à l'appui des chiffres du Budget de 1878 les passages suivants extraits du *Rapport présenté au Ministre par le Conseil supérieur de l'Instruction publique*, le 2 Mars 1882 :

« Monsieur le Secrétaire d'Etat,

« Le Conseil supérieur vient vous remettre son *Rapport* de fin d'année, dans lequel il a essayé de réunir le plus de notes possibles sur l'état de l'instruction publique, afin de vous présenter un travail utile. . . . .

« Les deux écoles professionnelles, l'Ecole de Médecine et la Maison centrale marchent convenablement. La discipline de cette dernière surtout est convenable. L'Ecole de Médecine a eu un peu à souffrir sous ce rapport dans ces derniers temps. Les élèves se sont fait distinguer d'une manière particulière en Chimie, en Botanique et en Chirurgie................

« Le Lycée national dirigé par M. Smith Duplessis tient toujours un rang distingué parmi les écoles nationales ; et c'est certainement l'établissement où les études classiques sont poussées le plus loin en Haïti................

« Les élèves de première division voient toute l'arithmétique, toute la géométrie plane et presque toute la géométrie dans l'espace ; l'algèbre élémentaire jusqu'aux X progressions et au calcul logarithmique, une bonne partie de la trigonométrie plane et les premiers éléments de la géométrie descriptive.....................

« L'histoire naturelle occupe une part sérieuse dans les études générales.

« Les études littéraires ne sont pas négligées dans ce grand établissement.

« Le Conseil a félicité, à l'issue des examens, M. Duplessis.

« Nous ne terminerons pas nos appréciations sur cet établissement sans faire une mention honorable des chaires d'anglais et d'économie politique, occupées par MM. O'Meally et L. Prost, professeurs dignes à tous égards d'attirer l'attention du Gouvernement par leur ponctualité et les heureux résultats qui couronnent leurs efforts. Le personnel du Lycée, en général, a droit à la même attention pour son aptitude et son dévouement.

« Parmi les institutions particulières de garçons où les études sont poussées suffisamment loin pour faire des hommes du monde ayant de l'instruction, nous citerons en première ligne l'Ecole Polymathique, puis l'importante institution de M. Pierre Ethéart et enfin l'établissement de M. Hyacinthe Jacob, appelé d'ailleurs à se relever en quelques mois, maintenant que la subvention dont il jouissait lui a été réintégrée.

« Les deux premières institutions se distinguent par l'étendue des études réellement parcourues, études qui, au reste, les mettent presque au niveau du Lycée national. »

Ce rapport, qui tient dix colonnes du *Moniteur*, journal officiel de la République haïtienne, et que je regrette de ne pouvoir transcrire ici en son entier, est signé des noms de tous les membres du Conseil supérieur de l'Instruction publique : Dr Lamothe, F. Duplessis, Eug. Nau, M. Boom, Boco, Excellent.

On peut lire ceci dans le *Journal général de l'Instruction publique* en France (numéro du 17 Décembre 1881, page 846) :

« La statistique officielle de l'instruction publique dans l'Etat d'Haïti, en 1880, fournit les chiffres suivants :

« Les cinq départements de la République comptent un total de 385 écoles primaires publiques et gratuites, avec 18,200 élèves, dont 12,000 garçons et 6,200 filles. Ces écoles se divisent en écoles rurales, mixtes quant aux sexes, au nombre de 205, et en écoles urbaines de garçons ou de filles, au nombre de 180. Les écoles urbaines se subdivisent de la manière suivante : écoles laïques de garçons, 82 ; écoles congréganistes de garçons, 9 ; écoles laïques de filles, 82 ; écoles congréganistes de filles, 7.

« Dans le nombre des écoles urbaines laïques de garçons sont comprises les écoles primaires supérieures dites *secondaires*. Elles existent dans les principales villes et préparent spécialement les jeunes gens qui se destinent au commerce ou à l'industrie.

« Il y a dans toutes les villes de la République des écoles primaires libres, soit laïques, soit protestantes. Elles sont presque toutes subventionnées par l'Etat ; mais la statistique ci-dessus n'en a pas tenu compte. Il existe aussi une centaine d'écoles rurales libres, dirigées par des maîtres protestants et dépendant des chapelles rurales du culte réformé.

« L'enseignement secondaire est représenté par cinq lycées : ceux de Port-au-Prince, du Cap Haïtien, des Cayes, de Gonaïves et de Jacmel, et par six écoles supérieures de demoiselles.

« Il y a, en outre, un certain nombre d'institutions libres, entre autres le collège Saint-Martial et l'Ecole Polymathique à Port-au-Prince.

« L'enseignement supérieur comprend une Ecole de Médecine, une Ecole de Droit (en voie d'organisation), une Ecole de Pharmacie, une Ecole de Musique et deux Ecoles de Peinture.

« On peut évaluer à 40,000 élèves le chiffre de la population scolaire de la République d'Haïti.

« Les renseignements ci-dessus sont dus à l'obligeance de M. le Dr Janvier, boursier de la République de Haïti, à Paris. »

Cet article était reproduit en entier sur le numéro du *Journal Officiel* de la République française à la date du 20 Décembre, page 7,024, colonne 2, et quelques jours après je recevais une lettre de remerciements écrite au nom de M. Paul Bert, alors ministre de l'Instruction publique en France, pour les notes de statistique que j'avais rédigées d'après l'*Exposé Général* fait aux Chambres haïtiennes en 1881 par M. Archin, alors ministre de l'Instruction publique en Haïti et adressées au ministère de l'Instruction publique en France.

M. Cochinat, cloué dans un fauteuil par ses douleurs ostéocopes, n'a pu voir Haïti que de sa chambre. C'est là un procédé commode, même en voyage, pour étudier un pays.

J'espère avoir démontré jusqu'à l'évidence qu'il en a non seulement usé, ce qui n'est pas bien — mais mésusé — ce qui est mal — et même abusé — ce qui est pis. Tout ce qu'il dit des écoles en Haïti prouve surabondamment l'ignorance où il est de ce pays, ou la plus inique *mauvaise foi* de sa part.

Revenons à la *Petite Presse* du 30 Novembre :

« On y voit encore des maîtres d'école primaire, qui n'ont fait qu'un bond, de leur modeste chaire, pour occuper des sièges et le fauteuil de vice-président au tribunal de Cassation...; »

« Il y aura beaucoup d'appelés et peu d'élus, » dit l'Evangile.

Or, les prétendants évincés seront aigris ;

Et étant aigris ils iront vers les scribes et les pharisiens ;

Et les scribes et les pharisiens induiront en erreur les peuples d'Israël... de France et d'Haïti....

« un fabricant de bottines de peau cabrite (peau de chèvre) à 2 fr. 50 la paire et un rempailleur de chaises qui, ayant fait de mauvaises affaires dans leurs industries, ont été bombardés juges au tribunal de première instance ; »

« Or il y aura peu d'appelés et peu d'élus ;

Et les candidats évincés seront aigris ;

Et dans leur aigreur, etc... (comme plus haut).

« un instituteur de l'école primaire du soir du quartier du Bel-Air, — le Belleville du Port-au-Prince, — nommé soudainement sénateur...; »

Pauvre benet ! On voit bien qu'il ne sait pas un traître mot de l'histoire parlementaire des Etats-Unis ni de celle de la France, sans quoi il n'aurait pas signalé l'élection d'un instituteur primaire à la charge de sénateur comme un *spectacle moralisateur* en entendant la chose dans un sens ironique.

Aux Etats-Unis, il y a bien un bon tiers des membres de la Chambre basse et peut-être bien un quart des sénateurs qui sont d'anciens instituteurs, des agriculteurs, d'anciens militaires ayant pris part à la guerre du Sud contre le Nord.

En France, Monsieur Cochinat, si votre petite cervelle était capable de retenir les faits historiques, vous sauriez que parmi les membres de la grande Constituante, celle de 1789, parmi ceux qui donnèrent des droits électoraux aux noirs et hommes de couleur libres de Saint-Domingue, on comptait beaucoup de maîtres d'école, des artisans et voire même de simples paysans. Lisez Michelet.

Vous sauriez que, au nombre des membres de la Convention qui votèrent l'abolition de l'esclavage, se trouvaient encore des maîtres d'école, des paysans, des artisans et un ancien boucher, le fougueux Legendre.

Albert, ouvrier mécanicien, fut membre du Gouvernement provisoire en 1848, et comme tel il signa avec ses collègues le fameux décret qui abolissait pour la deuxième fois l'esclavage dans les colonies françaises.

Faut-il que je vous rappelle que dans le Parlement français, actuellement, il y a d'anciens maîtres d'école et d'anciens ouvriers qui n'ont abandonné leur chaire ou leur outil que pour aller prendre part à la confection des lois?...

A la Chambre basse, on peut citer les noms suivants : Greppo, ancien ouvrier en soieries de Lyon; Martin Nadaud, ancien maçon, député de la Creuse en 1849, préfet du même département en 1870, et en ce moment questeur de la Chambre des Députés; Barodet, ancien instituteur, ancien maire de Lyon, aujourd'hui député de Paris. C'est lui qui a présenté au Parlement les deux projets de loi les plus libéraux que je connaisse : la loi sur la gratuité absolue et celle sur l'obligation de l'enseignement primaire en France.

Au Sénat siègent à cette heure : M. Corbon, ancien député en 1848, après avoir été sculpteur sur bois et M. Tolain qui fut député du peuple après avoir été ciseleur sur métaux.

C'est pitié vraiment de voir ce petit-fils d'esclave qui fait le dégoûté devant la démocratie qui monte et qui essaie de la vouloir ridiculiser au lieu de l'acclamer !...

Le peuple est le maître et il nomme qui lui plaît pour gérer ses intérêts. N'en déplaise aux aristocrates de contrebande comme M. Cochinat, il faudra s'incliner devant ses votes et devant les *hommes en qui il a placé* sa confiance !...

Comme fin d'alinéa ce membre de phrase est d'une naïveté charmante.

« enfin, un Président de la République qui, comme Boisrond Canal, dénonce à un journaliste de l'opposition un de ses ministres prévaricateurs, n'ayant pas le courage de le congédier, « de peur de faire de la peine à ce concussionnaire ».

Puis il ajoute :

« Car ce qui fleurit avec le plus d'épanouissement sur le terrain administratif en Haïti, c'est le *job*, c'est-à-dire, comme je l'ai déjà expliqué, le pot-de-vin, le profit illicite, éhonté, que font sur les fournitures de l'Etat, et en majorant les chiffres, les fonctionnaires de toutes sortes et leurs créatures.

« Ce qu'il y a de plus triste en ceci, c'est que le *job*, qui jadis était, comme de juste, un crime financier et politique, est maintenant une pratique parfaitement usitée, acceptée de tous, et tolérée par le Parlement qui ferme les yeux sur ces manigances, en s'adjugeant, comme consolation, 500 piastres d'indemnité par tête de député, en dehors des appointements ordinaires, sous le fallacieux prétexte que cette session était plus longue que d'habitude. Il est vrai qu'elle a été plus stérile qu'à l'ordinaire. »

Chaque pays reproche à son voisin d'être gouverné par des hommes politiques corrompus et amoureux du gain. Si nous voulions être sages, philosophes et déclarer tous une bonne fois pour toutes que le *job*, le pot-de-vin, les épices, le *baschich*, la concussion existent dans tous les pays de la terre, qu'ils soient parlementaires ou non, je crois que ce serait moins irritant et moins hypocrite.

Les épices — à tout seigneur tout honneur — les épices étaient fort à la mode dans l'ancienne magistrature française. Qui n'a lu Saint-Simon ; qui n'a lu les *Plaideurs* de Racine ; qui n'a lu les *Mémoires* de Beaumarchais et qui ne connaît l'histoire de ses cadeaux à Mme Goezman ?..

La magistrature française actuelle est d'une probité inattaquable.

Le pot-de-vin ? il est aussi vieux que le genre humain. Sans sortir de France — il n'en faut citer que deux ou trois exemples, et fameux — je vois Samblancey pendu à Montfaucon parce qu'il avait osé dire à François 1er que l'argent destiné à l'armée d'Italie commandée par Lautrec avait été pris par la mère du roi, Louise de Savoie. Je vois Calonne faire des emprunts sous Louis XVI, à un moment où le pain manquait, et tout cet argent passer dans les poches des courtisans et des parents du roi au lieu d'entrer au Trésor.

Tu connais, lecteur, ton histoire contemporaine, et tu sais comment on fit les choses aux Etats-Unis depuis la mort de Lincoln jusqu'à l'avènement de Garfield au pouvoir. Tu sais surtout ce qui s'est fait durant la seconde présidence de Grant... à son insu?.. Il n'y a pas dix ans qu'un journal américain publia les noms des ministres et, à côté de chaque nom, mit la somme qu'on disait que le porteur du nom avait gagnée au ministère. Enfin les journaux de ce mois racontaient que la conscience d'un juge avait été surprise moyennant la somme rondelette de 100,000 dollars. Puis encore, dans ces six dernières années, on a entendu parler de la guerre turco-russe et de l'armée russe d'Asie, de celle qui prit Kars et Ardahan.

La guerre de Tunisie a été provoquée par une histoire ou plutôt par plusieurs histoires de baschich. Baschich et pot-de-vin mêlés ! soyons justes ! Et la guerre d'Egypte, celle que l'Angleterre fait en ce moment à Arabi-Pacha ? Baschich immense ! Elle est née parce que l'Egypte empruntait trop d'argent à l'Europe et que pachas égyptiens et financiers européens s'entendaient pour le baschich et pour le pot-de-vin. Hélas ! c'est le pauvre fellah, le malheureux paysan égyptien qui paiera les pots cassés. Et voilà pourquoi il est excellent que ce soit le peuple lui-même ou des hommes tout à fait à lui, sortis de lui, nés de lui, l'aimant jusqu'à l'abnégation, qui fassent ses affaires sur les bords du Nil, sur les bords du Mississipi, sur les bords de la Néva comme sur les bords de l'Artibonite.

« Les Haïtiens trouvant ces procédés tout naturels, et les aspirants au pouvoir y voyant même pour eux des espérances de fortune quand ils auront la clef de la caisse, je ne veux pas, en m'indignant contre ces *trucs* coupables, paraître plus royaliste que le roi; mais j'ai beau me dire que cela ne me regarde pas; que, puisque les administrés ne *se regimbent pas* (sic) contre ces vols, et, qu'au contraire, ils s'inclinent devant ceux qui s'enrichissent en les pratiquant; j'ai beau me dire qu'un peuple n'a en définitive que le gouvernement qu'il mérite, je ne puis me taire et m'empêcher de voir dans ce dédain de toute probité politique, dans cette espèce de légitimation de tous les attentats contre la richesse publique, dans cette aspiration aux places qui permettent de les commettre, des germes mortels, non seulement pour l'avenir d'Haïti, mais contre son existence même comme Etat indépendant. Une nation ainsi gangrénée au moral a perdu tout le ressort qu'il faut pour résister à ses adversaires, et elle est condamnée à la défaite au premier choc qu'elle subira. Qu'êtes-vous devenus, ô fils déshérités de ces fiers soldats de l'indépendance qui, en combattant ceux qui leur apportaient de nouveau l'esclavage, considéraient comme le plus précieux des métaux le plomb et le fer ! » (*Petite Presse* du 30 Novembre.)

Ce qu'ils sont devenus ?.. Ils sont en nous.

Aussi ne crains point pour les tombeaux des aïeux dont nous sommes les gardiens. Comme dit le chant spartiate : « Nous sommes ce qu'ils furent et nous serons ce qu'ils ont été. » Nous serons virils comme ils l'ont été ; et, où les pères ont dormi, dormiront les enfants !...

L'histoire d'Haïti est une suite de merveilleuses résurrections !

Tant que les Haïtiennes mettront au monde des filles vigoureuses, saines, vaillantes et fières ; tant que les robustes montagnards grandiront dans nos forêts et que, par les enivrantes matinées du mois de Mai les hardis jeunes gens feront l'amour aux filles, tant vivra sous le ciel clair l'héroïque nation haïtienne !..

On sait que, de même que les partis vaincus, les journalistes qui voient leurs offres de services repoussées par un gouvernement, ne se gênent jamais pour montrer des défauts qui n'existent point dans tout ce que font ceux dont ils ont à se plaindre. C'est peut-être ici le cas.

Il est d'ailleurs aisé de démontrer le non-fondé des assertions de M. Cochinat, de réduire à néant les conclusions pessimistes qu'il tire de ces fausses données à l'appui desquelles il ne cite aucun fait probant. Des preuves matérielles, et palpables, et tangibles de ces *trucs* et de ces concussions dont il parle auraient mieux valu que les phrases dithyrambiques qu'il a cru devoir écrire sur ces *spectacles moralisateurs* dont, j'aime à le croire, il n'a jamais été le témoin ni de près ni de loin et dont peut-être il n'a jamais ouï dire le moindre mot.

La France qui est actuellement si bien administrée le fut mal entre 1715 et 1789. Le règne de Louis XV fut un long gaspillage de la fortune de l'Etat.

La Révolution française vint et les choses furent changées. Après la chute de Robespierre et des Jacobins au 9 Thermidor il y eut une éclipse de la probité politique et administrative jusqu'à l'an VIII. Le Directoire fut un gouvernement dont plusieurs membres, Barras surtout, adoraient les pots-de-vin. La Convention avait eu Cambon à la tête du Comité des Finances. Le Premier Consul mit Gaudin au ministère des Finances. Gaudin reprit l'œuvre de Cambon, paracheva l'organisation de la France et ramena la probité, du haut en bas, dans toute l'échelle de l'administration des finances.

Le mot d'ordre du Gouvernement de Juillet fut : « Enrichissez-vous. » Les députés ministériels se ruèrent à la curée et la chasse au million recommença. La Révolution de 1848 y mit un terme. Vint l'Empire deuxième de nom. Qui n'a lu les *Comptes fantastiques d'Hoffmann* de M. Jules Ferry, la *Babylone moderne* de M. Eugène Pelletan, les *Signes du temps* de M. Henri Rochefort, la *Curée*, de M. Emile Zola ; qui n'a ouvert le livre de Taxile Delord et qui ne connaît les beaux vers d'Hugo datés de Bruxelles le 31 Août 1870 :

« Quand l'empire en Gomorrhe avait changé Lutèce,
　　« Morne, amer,
« Je me suis envolé dans la grande tristesse
　　« De la mer.
« Là, tragique, écoutant ta chanson, ton délire,
　　« Bruits confus,
« J'opposais à ton luxe, à ton rêve, à ton rire,
　　« Un refus.
« Mais aujourd'hui qu'arrive avec sa sombre foule
　　« Attila,
« Aujourd'hui que le monde autour de toi s'écroule,
　　« Me voilà. »

. . . .

Qui ne les connait?

Sedan! La France perd deux provinces et dix milliards, on la croyait à terre, perdue, écrasée, morte, anéantie. Ne s'est-elle pas relevée? N'a-t-elle pas reconstitué son armée, reconstitué son capital? Ne s'est-elle pas relevée? N'est-elle pas plus forte, plus puissante, plus unie que jamais? L'Allemagne est redevenue sa tributaire, et le jour où le pays des nobles cœurs voudra reprendre l'Alsace et la Lorraine, il n'aura qu'à étendre la main.

Les mêmes intermittences de probité et d'improbité dans la politique et dans l'administration se sont vues ailleurs — aux États-Unis, par exemple.

En Haïti, sous Toussaint-Louverture, l'administration fut très correcte et les ministres du roi Christophe furent d'une haute moralité. Pétion fut probe et désintéressé, mais son entourage ne le fut pas, s'il en faut croire Bonnet. Boyer fut probe, mais il immobilisa les privilèges et les faveurs dans quelques familles entièrement dévouées à son gouvernement. Les finances furent très bien administrées sous Faustin 1er. Il n'en fut plus ainsi sous Geffrard et sous Salnave. Les Chambres se montrèrent fort sévères et fort méticuleuses pour les ministres de Nissage Saget. Si elles se sont relâchées de cette sévérité de 1875 à 1879, on ne peut soutenir que le Gouvernement actuel, en établissant une Banque nationale, n'a pas remis l'ordre dans les finances et n'a pas tout fait pour qu'elles refleurissent. Les fruits vont venir. D'ici deux à trois ans et grâce à la paix, on commencera à les recueillir. Les Haïtiens n'ont en ce moment qu'une dette générale d'une trentaine de millions. Qu'est-ce que c'est que trente millions pour un pays qui compte un million et plus d'habitants ? La dette d'Haïti est microscopique en comparaison de celles des pays européens. Les Haïtiens ont du champ devant eux. Quoi qu'il en soit, qu'ils imitent les États-Unis et qu'ils n'engagent pas l'avenir, escomptant sur le travail et sur la richesse de leurs enfants.

S'inspirant des principes d'une sévère économie, le Cabinet aux affaires applique tous ses soins à ne pas dépasser les prévisions du Budget des recettes.

Dans l'Haïti qui grandit, je vois des jeunes gens ayant au cœur les mâles vertus de ces Conventionnels qui envoyaient à l'échafaud les fermiers généraux et qui feraient rendre gorge aux Jeckers haïtiens. Ils font déjà leur trouée. Ils se mangeront peut-être les uns les autres. C'est indiqué. Et puis... et puis... ça ira.

Déjà je vois organiser, réorganiser, amender, innover. Eux viendront et auront aussi l'œil fixé à la fois sur les finances, sur l'agriculture et sur l'éducation virile du peuple. Geffrard a laissé une œuvre qui durera : la Fonderie nationale de Port-au-Prince. L'idée qu'avait eue Faustin Ier en fondant la Maison Centrale sera reprise, corrigée, revisée et généralisée. A côté de ces deux écoles professionnelles seront créées des congénères, au Cap, à Gonaïves, aux Cayes, à Jacmel.

Des institutions d'enseignement agricole pratique seront établies dans la plaine du Nord, sur les bords de l'Artibonite, dans la plaine du Cul-de-Sac, dans la Plaine-à-Jacob, dans les montagnes de Jacmel et dans les délicieuses vallées du Mirebalais et de l'Asile de l'Anse-à-Veau.

Et s'il faut que l'Etat décrète un enseignement agricole gratuit, il sera decrété. Et s'il faut que pour créer les écoles professionnelles on en arrive aux mesures d'exception qu'avait prises Colbert pour faire fleurir l'industrie française, on les emploiera pour que le recrutement des élèves qui devront suivre les cours de ces écoles professionnelles se fasse dans les meilleures conditions d'hygiène, de stabilité et de sécurité possibles.

Et par ainsi sera fondée une bourgeoisie nouvelle, une classe d'artisans et de paysans nouveaux. Et tous formeront une nation non pas nouvelle, mais transformée. Programme vaste que les étroits, les timorés, les hommes de peu de foi traiteront de chimérique ! mais il est écrit que qui a la foi peut seul être sauvé. Et d'ailleurs, que font aux hommes de foi et de principes les critiques et les lamentations enfantines des pharisiens et des plaisantins !

« En une génération ou deux la nation présente

une physionomie tout à fait différente ; les caractères typiques qui s'élèvent au-dessus des autres sont différents ; le résultat de l'imitation est différent. Une nation peut devenir d'indolente industrieuse, de riche pauvre, de religieuse irréligieuse, comme par enchantement, le tout si une seule cause, bien que légère, ou une combinaison de causes, bien qu'à peine saisissable, est assez forte pour changer les types favoris et les types détestés. » (W. Bagehot. *Lois scientifiques du développement des nations*, p. 224.)

Les pasteurs des peuples qui ont conscience de leur mission et qui se sentent soutenus ne s'occupent point des criailleries de quelques-uns. Ils n'ont de juge que leur conscience : forts d'elle, ils vont leur chemin sans détourner la tête, sans dévier d'une ligne de la route à parcourir.

Ces ministres patriotes, savants, probes et que je vois monter, je les souhaite quelque peu autoritaires, mais sachant surtout exercer la dictature de la persuasion.

Mais en tout état de cause et quel que soit le moment et l'heure, nous aurons toujours le ressort nécessaire pour défendre Haïti contre quiconque ; quant à croire que nous serons vaincus au premier choc... nous avons en nous notre orgueilleux amour de la patrie, la bravoure de nos aïeux ; nous avons encore pour nous notre climat et nos montagnes. Toutes ces choses réunies nous feront toujours invincibles, en dehors de celle-ci qui a sa valeur : l'équilibre antiléen !

Et voici ce que disait M. Schœlcher en 1843, à une époque où l'avenir d'Haïti était bien plus compromis et son état bien plus précaire qu'aujourd'hui : « Le jour d'Haïti n'est point encore venu, mais les nations ne meurent plus, Haïti ne périra pas. » (*Colonies Etrangères et Haïti*, 1843.)

Retombons des hauteurs.

Ces jours derniers, en parcourant l'*Evénement*, les lignes que je transcris ici frappèrent ma vue : « Une chose certaine, c'est que nous périrons par « l'incapacité. Sauf les croque-morts, il n'y a pas « un seul fonctionnaire en France qui ne soit au- « dessous de sa tâche... Il faudra user plusieurs « couches d'hommes politiques pour arriver à la « couche des désintéressés...

« Les parvenus de la politique sont autrement « grotesques que les parvenus de la finance. Ceux- « ci sont déjà dégrossis par le frottement ; les « autres ont triomphé à l'improviste. Leurs *dames* « sont de la force de la maréchale Lefèbvre ; quant « à eux, fussent-ils ministres, ils ont toujours l'air « de marchands de contre-marques qui auraient « gagné un gros lot. » (*Evénement* du Vendredi 16 Juin 1882, article de M. Aurélien Scholl.)

Il va sans dire que c'est ici tout ce qu'il y a de plus erroné et que ces phrases ont été écrites, sans doute, dans un moment de colère.

Je ne les ai citées que pour mieux faire voir jusqu'où peut aller l'injustice d'un journaliste frondeur et combien cette injustice peut être préjudiciable à une nation. Si les étrangers prenaient à la lettre les dires du chroniqueur de l'*Evénement*, ils se feraient une très fausse idée des gouvernants de la France et les tiendraient en fort maigre estime. Dans les peintures qu'il fait d'Haïti et des hommes d'Etat haïtiens, M. Cochinat est encore plus exagéré que ne l'est M. Scholl dans les peintures que celui-ci fait des fonctionnaires français.

On peut tolérer de pareilles critiques dans un pays comme la France qui est connu et dont le grand rôle philosophique et civilisateur n'est plus à être élogié et admiré, mais un citoyen haïtien, qui sait combien son pays a été calomnié et combien il en a souffert, a pour devoir impérieux de relever tous les nouveaux mensonges qui pourraient être articulés contre la jeune Haïti. Ce devoir, il le doit remplir d'une main d'autant plus ferme et vigoureuse que celui qui articule ces faits mensongers est un étranger qui non seulement ne jouit pas des qualités et des facultés intellectuelles et morales voulues pour faire de la critique sociale, mais à qui la reconnaissance... et sa couleur auraient dû dicter un langage sinon tout opposé à celui qu'il a tenu, mais à tout le moins plus retenu et moins impertinent que celui dont il a cru pouvoir se servir pour qualifier les habitants d'un pays dont il était l'hôte et dont il fut autrefois le pensionnaire.

On doit admettre qu'un citoyen peut critiquer les mœurs politiques de ses compatriotes — cela dans une certaine mesure. Il est dans son rôle de *souverain* et il donne une preuve de civisme lorsque, en tant que molécule sociale, il use de son droit et fait acte de surveillant ou de contrôleur de ses gouvernants et de la chose publique pour empêcher la désagrégation ou une crise du corps social auquel il appartient. Les mêmes raisons ne sauraient être invoquées ici par M. Cochinat. Elles ne sauraient être alléguées non plus en sa faveur, car je tiens de personnes d'une honorabilité irréprochable et dont la parole est d'un grand poids, que mon congénère, en partant pour Haïti, avait déjà l'intention d'être le dénigreur de ses hôtes.

A l'occasion, ces personnes viendront l'attester — sous la foi du serment.

LIVRE IV

HALTE EN MARCHANT

SEPTEMBRE-OCTOBRE-NOVEMBRE & DÉCEMBRE

« La vérité, l'âpre vérité. »
  Danton.

C'est chose propre et coustumière à l'homme, qui est d'aymer à changer de place et se pourmener ès royaumes incogneus, pour ce que la vue et la comparaison des mœurs estrangières lui eslargit l'entendement et le rend plus apte à la saine jugeance des choses en son païs personnel.
  Montaigne. (*Essais.*)

Mesme icy.
  L.-J. J.

CHAPITRE PREMIER

DES CHOSES AUX HOMMES

Sommaire. — Martissant, Bizoton, Mariani, la Gonâve. — Rupture d'armistice. — On en pourrait dire autant du peuple haïtien. — L'exception confirme la règle. — Cela pourrait entraîner les plus effroyables calamités. — Si Salnave... non! C'est trop près de nous... — Vous ne voyez pas plus loin que le bout de votre nez. — Où avez-vous appris l'histoire d'Haïti?... — Un peu d'histoire, s'il vous plaît. — Pour conserver des droits *qu'il tenait de la nation.* — (Je parle toujours en général.) — Je ne veux nullement faire l'apologie des crimes politiques accomplis en Haïti. — Dissipons les malentendus ; rien n'est meilleur. — Haïti n'a pas d'histoire ! Grosse erreur ! — Elle est étonnante, admirable. — Lisez-les tous, ou bien... « *Imitez de Conrart le silence prudent.* » — Citons encore ceci et soulignons les erreurs. — Complétons ces renseignements. — Jeunes généraux, jeunes politiques : Alfred Delva, Brice.

Les études de M. Cochinat sur la société haïtienne publiées par la *Petite Presse* dans le courant du mois de Décembre 1881 sont précédées d'une description quelque peu pittoresque de la rade de Port-au-Prince et des lieux qui avoisinent cette rade.

Je la donne, cette description, sans la critiquer

trop, encore qu'on y puisse relever plus d'une faute de géographie. J'ai eu tant de plaisir à revoir ces noms aimés de mon enfance : *Martissant, Bizoton, Dickini, la Rivière-Froide, Carrefour, Truitier, Mariani, l'Arcahaie et la Gonâve* ; à évoquer tous les exquis souvenirs qui vivront éternels en ma mémoire de ces bocages frais, odorants, délicieux, où coulèrent les plus beaux jours de mon adolescence ; à visiter par la pensée toutes ces anses où l'on respire les vivifiantes senteurs des herbes marines, algues, fucus, lichens, varechs ou goëmons, où croissent les rizophoras blancs et les mangles rouges et où le flot qui vient mourir meurt en de si caressants murmures qu'on croirait entendre un bruit de baisers ; à retourner sous l'ombre auguste de tous ces bois emplis de gazouillis d'oiseaux et de bruits d'ailes, sous ces feuillées étincelantes et vertes où les capricieuses rivières et les blanches cascatelles content fleurette aux bosquets touffus et disent la chanson des eaux à une Faune originale, laquelle est plus qu'enivrée, pâmée de désirs quand Floréal met tout en rut sous le ciel clair ; à me retrouver sur ces grèves dont le sable d'or ou les galets blancs et verts ont si souvent gardé l'empreinte de mes pas ; j'ai éprouvé un bonheur tant intime et si vif à sentir remuer le passé charmant enclos dans le coffret de mon cœur et à me ramentevoir mes rêves, mes extases, mes enchantements premiers, à me rappeler mes chansonnettes, mon rire, autrefois si fidèle et maintenant envolé, mes escapades pour courir à la chasse ou à la pêche, mes fredaines et mes juvéniles ardeurs, que je veux me montrer indulgent pour celui qui m'a remis sous les yeux toutes ces choses avec un pinceau que ma franchise et ma loyauté me forcent de déclarer plus heureux et plus exact cette fois-ci que coutumièrement.

Laissons à M. Cochinat le soin et l'honneur de nous présenter la rade de Port-au-Prince.

« Ces jours derniers, dit-il, fatigué du séjour de la capitale, où la chaleur sévit avec une cruauté torride, j'ai obtenu de M. Bienaimé Rivière, chef d'un important service de bateaux à vapeur pour l'île, la permission de passer quelques jours dans l'usine qu'il a établie au Fort-Islet, poste de guerre abandonné depuis longtemps, et qui est placé au beau milieu de la rade de Port-au-Prince. Son gérant, M. Lassalle, jeune ingénieur de science et de talent, ex-élève de l'Ecole des arts et métiers d'Angers, ayant bien voulu mettre à ma disposition une des chambres de l'appartement qu'il occupe dans cet établissement, j'y ai passé des heures fort agréables. M. *Mémé* Rivière, que l'on appelle ainsi par une sorte de familiarité amicale qu'autorise sa bonté et son caractère obligeant et généreux, est un des citoyens les plus considérables d'Haïti, et c'est lui peut-être qui emploie le plus grand nombre de bras dans sa patrie.

« M. Lasalle est son plus intelligent collaborateur. Qu'ils reçoivent mes remerciements les plus sincères pour toutes leurs attentions et leur courtoisie envers moi.

« Le Fort-Islet est l'endroit le plus propice *pour voir*, dans toute sa splendeur, la rade de Port-au-Prince et ses superbes environs. Aussi, que d'heures ai-je passées, longue-vue en main, à admirer ce beau paysage maritime, à percer ces lointains bleuâtres *pour voir* entrer les steamers français, anglais, allemands et américains qui viennent alimenter le commerce du pays!

« Les jours où ces rapides bâtiments, surtout ceux de France et d'Angleterre, sont annoncés et entrent *du côté de l'île de la Gonâve,* une nuée d'embarcations, chargées d'une foule de dames et de messieurs du Port-au-Prince s'en vont à leur rencontre pour recevoir les amis ou les parents qui arrivent de l'Europe et qu'ils attendaient avec impatience.

« La mer, couverte de cette flottille de canots, ressssemble alors à un champ de courses nautiques, et c'est à qui luttera de vitesse pour arriver les premiers à bord du navire où doivent se donner les premiers embrassements du retour. Aux mois d'octobre et de novembre ces *effusions maritimes* sont encore plus nombreuses et plus animées que dans les autres mois, car alors tous les voyageurs regagnent le gîte et reprennent leurs travaux.

« De légères barges ou canots à une ou à deux voiles, chargées de bananes, *de bouts* de canne à sucre, de cocos, de légumes, de paquets d'herbes de *guinée* (sic) pour chevaux, naviguent toute la journée dans les eaux couleur d'indigo de cette mer qui scintille sous le soleil, et poussées par le vent d'ouest vont porter de l'Arcahaie, ce grenier d'abondance d'Haïti, et d'autres points de l'île, des vivres aux habitants de Port-au-Prince.

« Ces innombrables petites barques, aux toiles gonflées par la brise et ressemblant à des papillons blancs qui piquent les flots, forment le spectacle le plus animé qu'on puisse voir, tandis que les routes qui conduisent aux *communes* de Martissant, de Bizoton, *de Thor* (sic), de Carrefour et d'autres villages placés sur les mornes qui bordent le rivage, se rafraîchissent à l'écume de la lame atlantique.

« En face du Fort-Islet, l'île de la Gonâve, dans son isolement taciturne, *dépare* les points que nous venons d'indiquer (c'est tout le contraire) de l'Arcahaie et des collines de Saint-Marc, et toute cette vue présente aux regards des *curieux* (quels curieux !) *un des plus beaux panoramas qu'on puisse voir* pour se consoler des misères qui affligent le beau pays que nous traversons » (1ᵉʳ Décembre.)

Avec ça que les autres pays n'ont pas leurs misères !...

A tous les points de vue et dans l'état présent des choses, Haïti n'est nullement un pays misérable. Ce n'est pas non plus un pays malheureux. Au contraire, pourrait-on dire, si l'on comparait son état social actuel, à l'état social de bien des pays d'Europe, la Russie, la Turquie, l'Allemagne du Nord et l'Irlande, entre autres.

Rupture d'armistice ! Voici que cela change. En effet, des choses nous allons passer aux hommes.

Je cite :

« Dimanche dernier — il y a huit jours — M. le Président d'Haïti a eu la fantaisie d'aller faire un tour de promenade à la fête patronale de la Croix-des-Bouquets, village situé à trois lieues et demi au nord de Port-au-Prince, et il y a amené toute sa garde, naturellement, car il n'y a pas de souverain qui tienne plus à être gardé de l'amour et de l'approche de son peuple que celui qui gouverne Haïti en ce moment. »

Il y a là une grosse erreur et une petite méchanceté de la part de sire Cochinat.

A la façon dont la phrase est construite, le lecteur de la *Petite Presse* croira deux choses : 1° que le Président d'Haïti a des raisons pour se défier de l'amour du peuple haïtien, ce qui n'est pas ;

2° que c'est le *souverain* (mot impropre pour désigner le président d'une République, Monsieur Cochinat), que c'est le souverain du monde qui tient le plus à être gardé de l'approche de son peuple par étiquette ou par morgue, ce qui n'est pas non plus.

1° La preuve la meilleure que le Président d'Haïti ne se défie nullement du peuple haïtien qui l'a librement et unanimement porté au pouvoir, c'est qu'il va tous les jours de Port-au-Prince à sa villa de Turgeau seul, dans une voiture conduite par un adolescent ; ce ne sont pas là les façons d'un chef d'Etat qui craint d'être assassiné, et notez que, contrairement à l'empereur Napoléon III, qui se faisait toujours suivre d'une escouade d'agents déguisés en bourgeois (*Mémoires de M. Claude*), le Président d'Haïti n'est nullement suivi à distance par des policiers.

Il donne audience très facilement et, à certains jours, le dernier des paysans peut presque aussi aisément l'approcher que son secrétaire intime.

2° Le Président d'Haïti est loin d'être le « *souverain* qui tienne le plus à être gardé de l'amour et de l'approche de son peuple ».

Il me semble que sur ce point, comme sur beaucoup d'autres d'ailleurs, il le cède à l'empereur de Russie, qui se sait tellement aimé de son peuple qu'il s'est enfermé dans son palais de Gatchina, et que là, entouré de toute une armée, il oublie de montrer sa face auguste à son peuple de quatre-vingt-dix-neuf millions d'âmes.

Le Sultan va à la mosquée tous les vendredis ; s'il en faut croire les voyageurs — gens de qui je suis tenté d'exiger caution bourgeoise, selon le mot du marquis de Mascarille, des *Précieuses Ridicules*, depuis que M. Cochinat déshonore la corporation — s'il en faut croire les récits des voyageurs, le Sultan est toujours entouré d'un nombreux cortège quand il va exercer ses fonctions de khalife.

Il en est de même de l'empereur du Maroc — qui n'est pas khalife, ô Cochinat.

Mais je reviens en Haïti et je fais observer au chroniqueur noir qu'il est de coutume dans ce pays, comme dans beaucoup d'autres, que le chef de l'Etat soit grandement escorté toutes et quantes fois il fait acte de présence officielle quelque part.

L'empereur Faustin Ier n'allait jamais assister aux fêtes de la *Sainte-Rose* à Léogane, à sept lieues de la capitale, sans avoir avec lui toute sa cour et toute sa garde.

Le roi Henry Ier ne faisait pas autrement quand il allait du Cap, sa capitale, à sa résidence de Sans-Souci.

Le président Geffrard déplaçait assez souvent l'armée quand il faisait ses chevauchées. Lorsqu'il était en villégiature sur l'une de ses habitations, à *Drouillard* ou à *Frère*, il avait accoutumé d'amener avec lui au moins un bataillon de sa garde. Cela aux temps où il était le plus aimé et le plus estimé.

Et puis, un chef d'Etat se doit toujours faire accompagner. Il est le délégué du peuple ; le pouvoir qu'il tient de lui, il doit le lui montrer entouré d'un certain prestige, d'un certaine grandeur.

Bagehot (*Constitution anglaise*) prétend que le peuple anglais est né respectueux. On en pourrait dire autant du peuple haïtien. Mais pour que le gouvernement soit respecté, il faut qu'il soit respectable, autant dans son essence, dans sa naissance, dans ses origines que dans ses manifestations extérieures et visibles.

Les gouvernements nés de révolte heureuse n'ont jamais été heureux. Celui de Geffrard était sorti d'une révolution. Geffrard sut s'entourer d'un prestige et chez beaucoup de peuples rien n'est de meilleur effet que la mise en scène. La religion catholique ne tiendrait pas debout sans les pompes qu'elle sait déployer au milieu de populations qui se laissent influencer par les sens, par l'objectif.

Un président d'Haïti sans gardes, sans aides-de-camp, pourra être aimé, vénéré même, mais il le sera toujours moins qu'un autre qui saura faire montre d'une belle représentation.

Lorsque le Directoire remplaça le régime précédent, on voulut rétablir quelque peu le respect des autorités exécutives et administratives singulièrement diminué sous la Convention ; aussi les Directeurs eurent leur garde, leur costume ; on leur alloua des frais de représentation et ils ne pouvaient quitter leur uniforme officiel même lorsqu'ils étaient dans leur privé.

Ce qu'on respecte dans le président d'Haïti ce n'est pas tant l'homme que le principe qui est incarné en lui : La souveraineté nationale.

Je délègue mes droits au président. Tous les citoyens en font autant. Plus il apparaît entouré d'une auréole prestigieuse, plus le respect se dégage de sa personne, plus je me sens glorieux de lui.

Je veux que mon individualité civique soit honorée dans la sienne avec laquelle elle se confond, et plus un chef d'Etat est vénéré et vénérable ou craint, plus les citoyens ou les sujets de cet Etat obtiennent la considération des régnicoles de leur pays même et celle des régnicoles des pays qu'ils visitent.

De plus, chez les peuples latins ou musulmans, un gouvernement sans grandeur, sans pompe apparente plutôt, est à moitié par terre.

Les peuples saxons qui ont eu des gouvernements aristocratiques obéissent à la même loi, et, si la République Etoilée fait exception à la règle, c'est tout simplement parce qu'aux Etats-Unis la forme du gouvernement est éminemment démocratique, que le principe de la souveraineté nationale est inscrit mieux qu'ailleurs dans le cœur de tous les citoyens et que ceux-ci, peu amoureux du faste, parce que protestants, savent vouloir pourtant unanimement et d'une façon très haute, très fière, très impérieuse, chez eux et à l'étranger, que leur délégué, le président, une fois élu, soit honoré, vénéré autant que monarque au monde, et que de plus... il faut une exception pour que la règle soit confirmée : *Exceptio firmat regulam*.

Passant à un autre ordre d'idées, et parlant en général, je rappellerai à M. Cochinat que c'est une vie précieuse que celle d'un chef d'Etat. Je lui ferai observer encore que, particulièrement pour Haïti, il est bon qu'un président ne puisse pas perdre la vie par le fait d'un fanatique dont on aurait armé le bras : cela pourrait entraîner les plus effroyables calamités.

Laissons-là Henri III et Jacques Clément, Henri IV et Ravaillac..., restons en Haïti. Tout despotique qu'il était, l'empire de Dessalines aurait moins causé de maux que la royauté de Christophe et la dictature de Pétion, celles-ci existant simultanément.

Voici pourquoi : Si Dessalines n'était pas tombé au Pont-Rouge sous les balles des soldats de Gérin, il n'y aurait pas eu cette distinction profonde qui a existé pendant longtemps entre les aspirations, les idées et les opinions politiques et sociales des deux côtés de l'Artibonite.

Le *Trans-Artibonite* ayant été royaume pendant treize ans et le *Cis-Artibonite* ayant été république et république dédoublée, s'il vous plaît, de 1810 à 1812, cela a été un très grand mal, que vingt-trois ans et toute la politique de Boyer n'avaient pas su réparer complètement, puisque, en 1844, il fallut l'élection de Guerrier pour prévenir une nouvelle scission entre le *Nord-Artibonite* et l'*Ouest-Sud*, entre l'ancien royaume de Christophe et l'ancienne république de Pétion.

D'où il suit que l'assassinat de Dessalines a eu les plus désastreuses conséquences politiques. Je m'en tiens à ce seul exemple, ne voulant pas davantage creuser ce sujet qui, d'ailleurs, est trop fertile en réflexions et en comparaisons de philosophie de l'Histoire.

Si Salnave.... non ! c'est trop près de nous.... sortons d'Haïti....

Si Lincoln et Garfield sont morts assassinés, c'est parce qu'aux Etats-Unis, pays où les hommes sont encore violents et passionnés, ainsi que je le disais plus haut, les présidents ont la mauvaise habitude de n'être pas assez souvent entourés d'une escorte militaire.

Or, superficiel Cochinat, savez-vous que, n'eût

été que le Sud était aux abois, la guerre recommençait plus vive entre *Sudistes* et *Nordistes* parce que le poignard de Booth avait tranché la plus belle vie des Etats-Unis?

En effet, Lincoln mort, la grande idée mère de la guerre de Sécession devint secondaire et vous savez, sans doute, que Johnson dit hautainement aux noirs qui venaient de verser leur sang pour être citoyens américains — ce que vous n'avez point fait pour devenir citoyen français — que la terre des Etats-Unis n'était pas faite pour eux et qu'ils eussent à aller vivre ailleurs.

Garfield vient de mourir assassiné — ce dont je suis profondément marri, absolument autant que si j'étais citoyen américain et né dans l'Ohio comme lui — eh bien! la politique extérieure des Etats-Unis a changé.

Il est même fort heureux pour plusieurs petites nations américaines que le président actuel des Etats-Unis, M. Arthur, ait mis M. Frelinghausen au ministère des Affaires Étrangères en lieu et place de M. Blaine, qui voulait absolument reprendre la politique de Grant, c'est-à-dire continuer celle de Monroë : l'Amérique aux Américains, *lisez l'Amérique aux Etats-Unis.*

Vraiment, Monsieur Cochinat, vous ne voyez pas plus loin que le bout de votre nez. Que vous avez peu l'habitude des synthèses historiques et philosophiques et que vous me faites sourire de pitié et de dédain !

Le dénigreur des Haïtiens continue ainsi :

« Sous le premier de ces chefs (Soulouque), alors que le futur César noir était encore président de la République, le mulâtre Céligny-Ardouin, *sénateur et orateur véhément*, avait eu la funeste pensée de pousser à l'élection du vieux général Soulouque, pensant comme son frère, M. Beaubrun-Ardouin, et comme beaucoup d'autres hommes de couleur, qu'ils pourraient faire tout ce qu'ils voulaient à l'ombre de ce soliveau. Céligny-Ardouin, homme politique aussi hardi que brave, était aussi un parleur intempestif et imprudent. *Il se fit le premier ministre de Soulouque;* mais celui-ci ne tarda pas à s'apercevoir du rôle ridicule que voulaient lui faire jouer Céligny et ses amis, et, pour ne pas s'y prêter, il résolut de se faire nommer empereur lorsqu'il se serait débarrassé de ces familiers gênants. »

Franchement, Monsieur le reporter, est-ce que vous vous relisez après que vous avez écrit ?... ou bien croyiez-vous que jamais vos chroniques ne passeraient sous les yeux d'un Haïtien instruit ? Dites-moi, où avez-vous appris l'histoire d'Haïti ? Quel est le perroquet qui vous a jacassé aux oreilles quelques faits détachés de cette histoire ?

Voyons, qu'est-ce que tout cela veut dire ?

Un peu d'histoire, s'il vous plait. Relisons et disséquons vos phrases.

« *Sous le premier de ces chefs* (Soulouque), *alors que le futur César noir était encore président* de la République, le mulâtre Céligny-Ardouin, *sénateur....* »

Première erreur ! C'est Beaubrun-Ardouin qui

était sénateur et non Céligny-Ardouin, je vous le ferai voir tout à l'heure.

« .... et orateur véhément, avait eu la funeste pensée de pousser à l'élection du vieux général Soulouque, etc.... »

Comment! Soulouque était déjà président et Céligny-Ardouin a poussé à son élection ! Mais vous radotez, vous divaguez ! Faut-il qu'on vous retienne un cabanon à Bicêtre, à Charenton ou à Sainte-Anne ?

Voyons, voyons, Monsieur le savant politique, comment peut-on pousser à l'élection d'un président qui est déjà élu ?...

Tenez, j'ai là la Constitution de 1846, elle fut signée au Sénat le 14 Novembre 1846. Parmi les noms des signataires, je vois celui de *Beaubrun-Ardouin*. Le 15 Novembre, le président d'Haïti, Riché, ordonna que l'Acte Constitutionnel fût revêtu du sceau de la République, imprimé, publié et mis à exécution. L'acte du président d'Haïti fut contresigné par les cinq ministres. Je lis parmi leurs noms celui de *Céligny-Ardouin* qui signa en qualité de secrétaire d'Etat de l'Intérieur et de l'Agriculture.

Le président Riché mourut le 17 Février 1847. Le 1er Mars le général Faustin Soulouque fut élu à la présidence d'Haïti.

Voulez-vous savoir comment se fit l'élection ?

Voici :

Le Sénat, à qui appartenait l'élection du chef de l'Etat, et que présidait à cette époque M. *Beaubrun-Ardouin*, se partagea également, et durant huit scrutins, entre deux candidats noirs : les généraux Souffrant et Paul. Le premier avait pour lui l'armée, mais il avait servi et trahi tous les partis. Le second était digne de continuer l'œuvre politique de Riché ; mais, général improvisé et de fraîche date, l'armée ne le connaissait pas.

« De la parité même de leurs chances naissait d'ailleurs ou un danger de scission nationale, ou une cause de faiblesse pour celui des deux qui l'emporterait. M. *Beaubrun-Ardouin* coupa court à la difficulté en proposant tout à coup un troisième candidat qui ne divisait personne, par cela même que personne n'y songeait, et, à la grande surprise du nouveau président et de ses présidés, le Sénat nomma le général Faustin Soulouque (1ᵉʳ Mars 1847). »

Qui parle ainsi ? — Gustave d'Alaux.

Soulouque ne fut pas ingrat. En Juin de la même année, il récompensa Beaubrun-Ardouin en le nommant Ministre-Résident d'Haïti à Paris (Robin). Soulouque avait conservé le ministère qui était en charge lorsque mourut le président Riché. Ce ministère tomba en Juillet 1847 parce que le Sénat, dont il n'avait pas la confiance, refusa de voter le Budget qu'il avait présenté.

Ce fut alors que fut constitué le cabinet David-Troy.

« Aussi ne tarda-t-il point (Soulouque) à faire arrêter son premier ministre (Céligny-Ardouin) et à faire massacrer dans la journée du 16 *Avril* 1848, les mulâtres influents qui embarrassaient sa route. C'était ainsi, comme il le disait ce jour-là, aux consuls étrangers qui résidaient à Port-au-Prince, c'était ainsi *qu'il réglait ses affaires de famille.* »

En 1848, le général Céligny-Ardouin n'était nullement le premier ministre du président Soulouque, attendu qu'il n'était pas ministre du tout, ayant quitté le ministère en 1847, en même temps que ses autres collègues qui avaient fait partie du dernier cabinet ministériel sous le président Riché.

« L'homme que les Ardouin avaient pris pour un vieux bouc noir était devenu un tigre. »

La vérité vraie, c'est que, en 1848, le président Soulouque ne pensait pas encore à devenir empereur et qu'il ne pensa jamais à édifier son trône dans le sang de ses concitoyens.

Ce ne fut qu'en 1849, au retour de la campagne de l'Est, que l'armée et le peuple signèrent des pétitions pour lui donner l'empire. C'est pour ce trait peu connu que, dans les *Châtiments*, Victor Hugo a appelé Napoléon III « singe d'un nègre ». Soulouque, empereur dès 1849, ne se fit couronner qu'en 1852.

Le président Soulouque, porté au pouvoir sans l'avoir brigué, ne demandait qu'à l'exercer le plus paternellement possible. On a noirci son caractère et fort injustement. Au fond, il était très débonnaire ; il avait, en 1847 et 1848, une grande crainte de l'opinion de la bourgeoisie haïtienne ; il se préoccupait de plaire à tout le monde, aux politiques comme aux bourgeois et à l'armée, et, toujours, il eut peur d'être mal jugé en Europe.

Il ne fut exaspéré de colère que quand il vit que des politiciens sans vergogne voulaient lui enlever la présidence où il n'était que depuis un an et sans qu'il eût démérité de la confiance de personne.

L'armée le soutenait, il s'appuya sur l'armée pour conserver des droits qu'il tenait de la nation.

Le grand tort des hommes d'Etat en Haïti, comme partout ailleurs, c'est de ne jamais assez tenir compte des circonstances et des hommes ; c'est de prétendre affubler les simples des apparences du commandement et de l'exercer en sousmain. De nos jours un chef d'Etat doit être doublé d'un savant et il doit savoir vouloir en toute connaissance de cause ; les ministres et les législateurs (je parle toujours en général) doivent être à la fois des hommes instruits et des honnêtes gens ; ils ne doivent trafiquer ni de l'argent du peuple ni confier ses destinées à ceux qui n'ont pas toute la science, toute la capacité, toute l'adresse voulues pour y présider.

A l'étranger on a beaucoup médit du gouvernement de Faustin Ier ; on l'a traité de barbare, de sauvage et on a toujours oublié de faire remarquer que, en France, pays très civilisé, pays froid comparativement à Haïti, pays où l'on sait ce que coûte la guerre civile, pays instruit, intelligent, il y a eu pourtant, en dehors des Grandes Journées de la Révolution où le sang fut versé, telles que la prise de la Bastille et le 10 Août, il y a eu pourtant combat dans les rues au 13 Vendémiaire, quand Napoléon Bonaparte mitrailla les sections sur les marches de l'église Saint-Roch ; qu'il y a eu le 18 Brumaire où il garrotta la loi et la liberté et préluda à l'empire ; que, sous Louis-Philippe, il y eut les émeutes de Lyon et de Paris et que, dans cette dernière ville, celles du cloître Saint-Merry et de la rue Transnonain, étouffées dans le sang, sont restées célèbres ; qu'il y a eu les Journées de Juin 1848 et celle de Décembre 1851.

Je ne veux nullement faire l'apologie des crimes politiques accomplis en Haïti. Je les réprouve et sais tout le mal qu'ils ont causé à mon pays, mais je voudrais que les écrivains européens, toutes les fois qu'ils parlent de crimes politiques perpétrés en Haïti, pays chaud, pays à passions violentes, ne manquassent point, sinon de se montrer indulgents, tout au moins de faire observer qu'Haïti imite toujours l'Europe.

D'ailleurs, il est bon de répéter souvent qu'au

16 Avril 1848, à Port-au-Prince, il y eut « lutte sanglante entre la bourgeoisie et les autorités militaires » (Robin, *Histoire d'Haïti*), et que quelquefois, en Europe, l'armée fit feu sur le peuple sans armes.

Répétons aussi que la bourgeoisie qui fit opposition à Soulouque était composée de noirs et de mulâtres et que parmi les victimes du 16 Avril il y eut aussi des noirs.

Dissipons les malentendus ; rien n'est meilleur. La journée du 16 Avril 1848 fut une journée toute de politique pure et nullement une affaire survenue à la suite d'une question de préjugés de couleur.

Rien n'est plus exaspérant que de voir les superficiels mêler à toutes sortes d'actes politiques passés en Haïti, et auxquels elle a été le plus souvent étrangère, cette irritante question de *préjugés de couleur*.

Je reviendrai ailleurs — dans un livre où sera étudiée la Sociologie haïtienne — sur cette question et la traiterai à fond, impartialement et aux points de vue historique, physiologique, psychologique, économique et politique.

Pour aujourd'hui, je me contente de m'élever contre la coutume où l'on est de ne pas fouiller l'histoire d'Haïti et de ne pas la montrer toute et au grand jour. Quelques-uns, qui ne se veulent pas donner la peine d'étudier le passé de leur pays, disent en pirouettant sur les talons et d'un petit air qui voudrait être impertinent et vainqueur : Haïti n'a pas d'histoire. Grosse erreur. Et qui fait pouffer de rire les gens sensés. L'histoire d'Haïti est une des plus fécondes en enseignements précieux que je connaisse.

De 1492 à nos jours, trois races et quatre civilisations ont vécu et se sont développées dans ce pays dont on s'obstine à ne lire l'histoire que dans de courts résumés, dans des récits écœurants de partialité ou d'une nullité complète, ou dans de gros livres indigestes et d'une platitude tellement parfaite que l'on ne sait si l'on doit en rire ou en pleurer.

L'histoire d'Haïti est telle : difficultueuse, ardue, épineuse, charmante par cela même, pleine de faits connexes, simultanés et qui s'enchevêtrent les uns dans les autres, subtile, délicate.

C'est une vierge qu'il faut violer, après l'avoir longtemps courtisée ; mais combien exquise quand on la possède !..

Elle a été faite par des diplomates qui portaient le sabre ; par des esclaves qui devinrent dictateur comme Toussaint-Louverture, empereur, comme Dessalines, roi, comme Christophe ; par des soldats de fortune qui se révélèrent fins et patients comme des théologiens : Pétion ; qui surent s'improviser orateurs, écrivains, jurisconsultes, législateurs, administrateurs et qui purent se mettre immédiatement en état de jouer dignement tous ces rôles si divers et si différents les uns des autres.

Elle est étonnante et admirable.

Je suis tenté, Monsieur Cochinat, de vous pardonner de ne la savoir pas, mais puisque vous en ignorez le premier mot, quelle rage avez-vous de ne pas garder là-dessus un silence absolu ?

Chaque fois que vous essayez un aperçu sur l'histoire politique ou sur l'histoire philosophique de ce pays, je vous prends en flagrant délit d'erreur.

Lisez d'abord Herrera, Charlevoix, Dutertre, Hilliard d'Auberteuil, Moreau de Saint-Méry, Garan-Coulon, Edwards-Bryan, Boisrond-Tonnerre, Malenfant, Vastey, Hérard-Dumesle, Pamphile de Lacroix, Placide Justin, Métral, Malo, Wallez, Schœlcher, Moreau de Jonnès, Dessales, Lepelletier de Saint-Remy, Madiou, Saint-Remy (des Cayes), Ardouin, Bonneau, Lasselve, Gragnon-Lacoste, lisez les tous ou sans quoi :

« *Imitez* de Conrart le silence prudent ! »

Citons encore ceci. Je souligne les erreurs.

« Soulouque enfin chassé, Geffrard lui succède, et après ce général *à la tête et aux idées étroites*, Salnave, l'*homme des contrastes*, le *chef étrange et inexplicable* qui a passé sur Haïti comme une trombe, se fait nommer protecteur de la République par le Parlement docile et soumis qui siège à Port-au-Prince, puis, après dix-huit mois d'un règne qui fut une tempête perpétuelle, le *farouche* dictateur tombe à son tour et s'enfuit vers la partie espagnole de l'ile dont, longtemps proscrit sous Geffrard, il connaît les bois sans fin et les mystérieux asiles. Il est arrêté par les Dominicains, ainsi qu'Alfred Delva, fils de l'ancien favori de Soulouque, Alfred Delva, le fidèle ami de ses prospérités... »

Delva n'avait été nommé ministre des Finances que depuis le 25 Novembre, c'est-à-dire vingt-trois jours avant la chute du gouvernement de Salnave.

« et qui sort d'un consulat où il était à l'abri de tout péril, pour le suivre dans ses malheurs.

« Tous deux, livrés bassement par les Dominicains, reprennent le funèbre chemin de Port-au-Prince. »

Complétons ces renseignements. Le général Salnave fut constitutionnellement élu à la présidence d'Haïti le 14 Juin 1867, après avoir refusé trois fois de prendre le pouvoir.

Le 18 Décembre 1869, de trois heures du matin à midi, la ville de Port-au-Prince fut surprise, attaquée et à moitié conquise par les troupes insurgées du Nord et du Sud, placées sous le commandement des généraux Brice, Boisrond Canal et Saint-Elia-Cauvin.

Les assaillants avaient capturé dans la rade le navire *la Terreur*. Le 19, vers midi, ils ordonnent à ce bâtiment de canonner le Palais-National où Salnave avait concentré la défense et où se trouvaient des dépôts de poudre. Un boulet conique lancé par la *Terreur* mit le feu au Palais-National. — Cet édifice fit explosion.

Le président Salnave évacua la ville et gagna par le chemin de Pétionville la frontière dominicaine.

On envoya des troupes à sa poursuite. Un combat désespéré s'engagea entre ces troupes et les compagnons de Salnave sur la plage des Anses-à-Pitres, le 1er Janvier 1870.

Ce chef et ses fidèles furent repoussés du territoire de la République de l'Est par les partisans du général dominicain Cabral, lequel tenait alors la campagne contre le président de Santo-Domingo, Buenaventura Baëz, allié secret du président Salnave et auquel celui-ci allait demander l'hospitalité.

Trahi par le sort des armes, l'héroïque vaincu tomba vivant entre les mains de ses adversaires avec plusieurs de ses officiers qui, déjà, avaient été mis hors la loi par un décret rendu contre eux à Port-au-Prince, le 22 Décembre 1879.

Ceux-ci furent fusillés à la Croix-des-Bouquets le 25 Janvier 1870, *à sept heures du matin*. C'étaient : *Saint-Lucien Emmanuel, Alfred Delva, Erié, Ulysse Obas, Pierre-Paul Saint-Jean.*

« *Le même jour* le président Salnave fut con-
« duit à Port-au-Prince au milieu d'une forte
« escorte. Il est immédiatement livré au tribunal
« révolutionnaire de l'arrondissement de Port-au-
« Prince qui prend siège à trois heures de l'après-
« midi.

« Condamné à mort, il est conduit sur le péri-
« style du palais incendié, lié à un poteau et fu-
« sillé *à* 6 *heures* 20 *minutes.* » (Robin, *Histoire
d'Haïti.*)

A l'aide de ces quelques notes il sera facile au lecteur de se convaincre par lui-même de l'inexactitude romanesque avec laquelle M. Cochinat raconte les faits.

« Alfred Delva, dit-il, avait cette bravoure spirituelle et goguenarde que les officiers français ont importée à Saint-Domingue, sous l'ancien régime, et que les Haïtiens ont conservée jusqu'à ce jour. On voulut plusieurs fois le tuer sur la route de la Plaine à Port-au-Prince, mais le brave jeune homme — il avait trente-trois ans, — résista tant qu'il put *à ses bourreaux*, non point par peur, — allons-donc! — mais parce qu'ayant été *traîné brutalement à pied*, pendant une trentaine de lieues par *des soldats féroces*, il avait ses vêtements souillés, en lambeaux et n'était pas présentable pour mourir.

« L'escorte qui le conduisait dans la capitale étant arrivée à la Croix-des-Bouquets, ne voulut plus entendre raison. Il fallait en finir avec ce prisonnier fantaisiste! Mais Alexandre Delva, son frère, qui était venu à sa rencontre à cheval, sachant le désir de son frère, piqua des deux, arriva à Port-au-Prince, prit du linge et les plus beaux vêtements d'Alfred et, dans un galop furieux, les lui apporta. Il était temps. Il arriva au moment où les soldats ne voulaient plus entendre rien. Mais à la vue d'Alexandre, ils donnèrent le temps à Alfred de faire sa toilette et de s'habiller. Alors, frais et dispos, Alfred Delva va se livrer au peloton d'exécution en disant à ses exécuteurs : « A la bonne heure, je me sens
« moi-même maintenant ; je vais mourir dans mes meu-
« bles. »

« Puis il se plaça en face de ses exécuteurs. Deux minutes après il tombait le corps troué de balles, et, *quelques jours après*, Salnave était fusillé à Port-au-Prince. »

Ajoutons à l'honneur de l'officier commandant du corps expéditionnaire qui ramena Salnave et ses féaux amis après les avoir faits prisonniers, que ceux-ci furent traités avec tous les égards que méritaient leur rang et leur infortune. Cet officier, le général Brice, mort tragiquement depuis, n'avait alors que vingt-huit ans. — Jeunes généraux, jeunes politiques !...

Un pays qui a une telle vitalité de sang et où les hommes, pour être valeureux, n'attendent point le nombre des années, un pareil pays peut exiger que tous ses enfants soient glorieux de lui.

CHAPITRE II

LES DEUX CHAMBRES DU PARLEMENT HAÏTIEN

SOMMAIRE. — Tout l'homme est là. — Séances de trente heures d'une seule tenue. — Je ne comprends plus. — Mal installée, bien présidée. — Voilà, certes, une phrase à encadrer ! — Je n'y reviens pas. — Le luxe est affaire de peuples vieux. — J'aime mieux la rudesse de Caton le Censeur et le stoïcisme de Caton d'Utique. — Je connais un beau serment dans l'histoire. — *In medio verum.* — Quel étourdi que ce grand flandrin de badaud ! — En voilà assez ! — Que l'on s'incline devant les décisions des mandataires du peuple. — Ni solliciteur, ni frondeur. — Relisez-le.

Dans sa chronique du 23 Octobre, après nous avoir conté force bourdes sur le compte des députés haïtiens, M. Cochinat nous disait encore :

« Je parle au passé de ces honorables et vais en faire autant de MM. les Sénateurs, car leur législature étant expirée depuis le 20 de ce mois, ils sont tous rentrés dans leurs foyers.

« Avant cette séparation qui, je dois l'avouer, n'a eu rien de pénible pour les contribuables, ayant entendu dire que le Parlement haïtien était en train de se livrer à une petite bombance budgétaire assez surprenante chez des gens chargés de veiller sur la fortune publique, j'ai voulu assister en personne à une ou deux séances de ces Chambres que l'on me disait si faciles à la détente, et je me suis rendu au Sénat.

« Le Sénat est établi rue du Centre, dans une maison à étage, de fort modeste apparence, et dont le rez-de-chaussée est occupé par l'imprimerie du *Moniteur officiel* d'Haïti, journal du Gouvernement. C'est au-dessus de cette imprimerie que siègent les membres de ce corps politique. On dirait absolument en les voyant assis devant des tables de bois recouvertes de drap bleu, d'où ils opinent, une réunion de rédacteurs d'un des grands journaux de Paris, en train de faire de la copie un jour d'émotion parlementaire. Mais nos confrères sont plus confortablement logés que ces sénateurs, dont la buvette plus qu'étroite, ouverte aux regards du public, auquel elle fait face, ne contient que deux petits tonnelets peints et vernis en couleur pleins d'eau glacée. »

La buvette! les deux petits tonnelets! Il ne voit que ça.

C'est charmant. Et c'est un trait de caractère. Tout l'homme est là!

« Quelques sénateurs fument avant la séance dans la même salle où ils vont discuter tout à l'heure — ils n'en ont pas deux —, de telle sorte que cette espèce de salle de rédaction parlementaire ressemble à une petite tabagie quand le président Montas n'est pas encore monté au fauteuil. Quand il y est monté, ses collègues, qu'ils parlent ou ne parlent pas, boivent force verres d'eau glacée, que le garçon de la buvette leur apporte sans trop se déranger, car il est si près de ceux qu'il sert qu'on dirait qu'il délibère avec eux.

« Aucune tribune n'existe dans ce Sénat. Je ne sais si cela a lieu par insuffisance de local ou si cela a été fait exprès. »

Dans tout ce qui précède il n'y a rien qui puisse

étonner ceux qui savent comment les choses se passent aux États-Unis, en Angleterre et en France. Aux États-Unis, les sénateurs qui, de concert avec le président, nomment aux hauts emplois et aux ambassades, qui sont eux-mêmes de vrais ambassadeurs de leurs Etats respectifs plutôt que des sénateurs, aux Etats-Unis, les sénateurs ne se gênent pas pour fumer quelquefois dans la salle même des délibérations avant l'ouverture de la séance ou quand elle est suspendue.

En Angleterre, à la Chambre des lords, « sans que ce soit par insuffisance de local », il n'y a pas de tribune et les honorables lords parlent de leur place. « Ils discutent en causant plutôt qu'ils ne font de discours. » (Boutmy.)

En France, j'ai plusieurs fois vu, de mes yeux vu, les sénateurs se faire apporter à boire à leur place plutôt que de se lever pour aller à la buvette, laquelle est assez éloignée de la salle des séances.

Puis, il est bon qu'on sache que comme le Sénat d'Haïti ne se compose que de 30 membres dont 24 en moyenne sont toujours présents, si 9 d'entre eux sortaient pour aller boire ou causer, les adversaires d'un projet de loi ou d'une mesure politique quelconque en discussion ne manqueraient pas de dire que le Sénat est en minorité et de faire lever ou suspendre la séance.

« Si vous ajoutez à cette mesquinerie d'installation le peu d'habitude de la parole qu'ont ces pères conscrits de la République haïtienne, vous n'aurez point de peine à concevoir qu'ils manquent complètement de prestige. »

A la Convention, la terrible et prestigieuse Convention, les députés buvaient et même mangeaient souvent sans quitter leurs bancs.

Séances de trente heures d'une seule tenue !

Il n'y a pas deux ans depuis que la clôture des débats peut être demandée dans le Parlement anglais et prononcée par le *Speaker*, quand, sur l'urgence *déclarée par le Gouvernement* et par une majorité des *trois quarts des membres présents*, la Chambre a décidé qu'elle peut être prononcée. Cette mesure n'a pu passer qu'avec une extrême difficulté et après les plus vifs incidents de séance. Eh bien! en Angleterre, à la Chambre basse, avant qu'on ne l'eût prise, les séances de plus de trente heures n'étaient pas très rares surtout quand les *home-rulers*, les *députés obstructionnistes* irlandais ne voulaient pas laisser voter des bills coërcitifs contre l'Irlande ; souvent alors les *Commoners* étaient forcés de dormir sur leurs fauteuils.

« Et cependant la plus grande partie des noirs et des mulâtres qui composent cet illustre aréopage, sont individuellement des hommes comme il faut, ayant de belles têtes, des têtes sénatoriales vraiment, qui, bien placées, bien encadrées auraient un vrai chic parlementaire. »

Je ne comprends plus.

Mettez dix hommes du monde dans une chambre d'auberge et faites-y entrer qui vous voudrez celui-là s'inclinera pour saluer.

Mettez dix coquins à figure crapuleuse et avinée dans le plus beau palais et faites-y entrer quelqu'un, celui-là saluera — la politesse le veut — mais ne s'inclinera pas pour saluer.

Lorsque Cinéas, l'ambassadeur de Pyrrhus, roi de l'Epire, entra dans le sénat romain, il crut voir, dit-il, « une assemblée de rois ». Le Sénat à cette époque siégeait dans un édifice simple et de massive construction.

Plus tard, sous Tibère, quand le sénat fut devenu un palais de marbre, de pourpre et d'or, si un Cinéas y était entré et avait regardé toutes ces faces patibulaires, toutes ces créatures de Séjan, lesquelles venaient de festiner toute la nuit sur les tricliniums des lupanars de Rome, certes il n'aurait point dit avoir vu une assemblée de rois.

« Cette assemblée, hélas! si mal installée, est bien présidée par un de ses plus jeunes membres, M. Montas, que nous avons déjà nommé. »

Je me contente de cela. *Mal installée bien présidée*. Cela vaut mieux, ce me semble, que *Bien installée mal présidée*.

La *Petite Presse* du 7 Décembre :

« J'ai visité aussi, rue des Casernes, la Chambre des députés, et si le Sénat a à se plaindre de son local, la Chambre n'a pas trop à se louer du sien. Si les Sénateurs sont casés dans un bureau de rédaction d'un journal, les députés sont placés dans une ancienne école primaire, aussi dépourvue de grandeur que de tribune, ce qui fait que ces législateurs, qui ne sont pas retenus par la peur de gravir les marches de la redoutable plate-forme, et par l'obligation de donner une forme oratoire quelconque à leurs idées, parlent, parlent comme des pies-borgnes sur toutes les questions en délibération jusqu'à quatre, cinq et six fois sans que le président contienne ce flux de paroles. »

Ceci est purement mensonger. Il existe un article des règlements de la Chambre qui ne permet pas au président d'accorder la parole à un membre plus de *trois* fois sur la même question. D'ailleurs lorsqu'une question menace de s'éterniser en discussion, sur demande de quelques députés, le président peut mettre la clôture aux voix et la faire voter.

« Il faudrait de la bonne volonté pour se figurer que ces parleurs intarissables sont des orateurs ; mais si leur verbiage ne fait pas avancer la discussion, en revanche, il retarde la fin des séances et cela est *nuisible pour les spectateurs*. »

Hein !... Voilà, certes, une phrase à encadrer !
Ces bons spectateurs ! s'ils n'étaient inventés on les croirait ceux de la Convention !

« Aussi ceux-ci, qui sont placés sur des bancs situés au niveau des sièges législatifs.... »

Oui, mais séparés de ces sièges par une balustrade qui règne tout autour de la salle.

« ..... et qui, par ce moyen, semblent faire partie de la Chambre, se mêlent parfois, pour se distraire, aux débats des représentants, ou se permettent de gourmander irrévérencieusement ceux qui ne parlent pas dans leur sens à eux spectateurs. »

Quelles fables ! Et dire que, depuis trente ans, c'est ainsi qu'ils abusent tous de la confiance du public bon enfant !

J'ai déjà traité de tout ceci dans le chapitre intitulé « *Les insolences de M. Cochinat* ». Je n'y reviens pas.

« Les députés haïtiens, dit-il, siègent dans un hangar. »

Je lis dans Littré : « *Hangar* : remise ouverte de différents côtés, et destinée à abriter les chariots, les ustensiles de labourage, les outils, etc. »

D'où je conclus que les députés haïtiens ne peuvent pas siéger dans un hangar. En effet il n'en est point ainsi.

Certes le bâtiment de la Chambre des députés en Haïti n'est pas aussi beau que le palais du Luxembourg à Paris.

C'est une salle rectangulaire, bâtie en bois et décorée avec simplicité.

Notre congénère croit nous avoir mortifiés et humiliés en nous disant que nos députés légifèrent dans un hangar.

Toutefois, faisons observer que le Sénat et la Chambre des Communes étaient autrefois logés dans des édifices en pierres. Le feu les a détruits.

Lorsque les Athéniens discutaient en plein vent dans l'Agora et lorsque, aux temps de la République, les Romains votaient dans le Forum, Athènes et Rome étaient des villes viriles.

Les Haïtiens en sont encore aux temps primitifs où les peuples n'estiment point que le temple de la loi doit ressembler à un boudoir de coquette. Ils n'en sont pas encore au luxe de leurs palais législatifs. Le luxe est affaire de peuples vieux.

Quand le luxe eut envahi Rome, les empereurs vinrent et avec eux la plus effrayante dissolution des mœurs qui fut jamais.

Le siècle d'Auguste mène au Caprée de Tibère, au cloaque de Néron, au consulat du cheval de Caligula et à la sentine de Vitellius. J'aime mieux la rudesse de Caton le Censeur et le stoïcisme de Caton d'Utique.

C'est un peu parce que Louis XIV avait bâti Versailles que, le 21 Janvier 1793, le couperet de la guillotine trancha la tête de Louis XVI sur la place de la Révolution.

Je connais un beau serment dans l'Histoire.

Il fut prononcé en 1789 dans une salle de jeu de Paume.

C'est le plus fier et le plus noblement tenu que Clio ait jamais enregistré.

A Philadelphie, nous apprend M. d'Haussonville, les Américains ont conservé à Independance-Hall telle qu'elle était en 1776, avec ses fauteuils en bois et son aspect rigide, la salle où fut rédigée la fameuse déclaration d'indépendance.

Je finis par cette pensée imitée de Champfort.

Il y a deux classes de voyageurs : Ceux qui n'ont vu le pays qu'ils visitent que du côté odieux ou ridicule, c'est le plus grand nombre ; ceux qui voient les mêmes pays sous un jour favorable et peignent tout sous les plus charmantes couleurs.

« Les premiers ne connaissent pas les palais dont ils n'ont vu que les latrines ; les seconds ne voient pas les latrines et ne remarquent que les palais. *In medio verum* ».

La Curée! Sous ce titre, M. le correspondant de la *Petite Presse* met, d'abord ironiquement, puis insolemment les phrases que je transcris ici :

« Les députés haïtiens ont voté la loi suivante, qui, en son unique article, est aussi éloquente qu'instructive, et dont le préambule épique est tout un monde.

« *LOI*

« *Portant récompense nationale en faveur du général de division Salomon, président d'Haïti.*

« Le Corps législatif,

« Attendu que c'est un devoir pour toute nation soucieuse du développement de la morale publique, non seulement de frapper sévèrement le vice, mais aussi de relever la vertu autant que possible par des marques éclatantes ;

« Considérant qu'une nation n'entretient la vertu chez elle qu'en glorifiant et en honorant, selon leur mérite, les hommes vertueux et dévoués à son bonheur, à sa grandeur et à sa conservation ;

« Considérant que le général Salomon est un frappant exemple de civisme intelligent, de patriotisme élevé et de noble désintéressement à offrir à nos administrateurs futurs ;

« Considérant que cet illustre citoyen, dans sa longue carrière administrative, ne s'est jamais départi des belles qualités qui le distinguent et expliquent sa présence aujourd'hui à la tête des affaires publiques ;

« Usant de l'initiative que lui accorde l'article 79 de la Constitution,

« Vu l'urgence,

« A rendu la loi suivante :

« Art. 1er. — La nation décerne au général de division Salomon, président de la République d'Haïti, une médaille d'honneur portant l'inscription suivante :

16mo législature
A l'illustre patriote SALOMON,
Président d'Haïti,
La patrie reconnaissante.

« Art. 2. — La nation décerne à titre de récompense nationale, au président Salomon, une propriété urbaine ou rurale, à son choix.

« Il lui est en outre alloué la somme de cinquante mille piastres fortes.

« Art. 3. — Les secrétaires d'Etat des Finances et de l'Intérieur sont chargés de l'exécution de la présente loi, qui sera publiée solennellement dans toute l'étendue de la République.

« Donné à la Chambre des Communes, au Port-au-Prince, ce 12 octobre 1881, an 78me de l'Indépendance.

« *Les secrétaires,* « *Le président de la Chambre,*
« N. Léger, D. Théodore. « François Manigat.

« Donné à la Maison Nationale, au Port-au-Prince, le 12 octobre, an 78me de l'Indépendance.

« *Les secrétaires,* « *Le président du Sénat,*
« F. Dupuy; J.-P. Lafontant. « M. Montasse. »

« Au nom de la République,

« Le Président d'Haïti ordonne que la loi ci-dessus du Corps législatif soit revêtue du sceau de la République, imprimée, publiée et exécutée.

« Donné au Palais-National, au Port-au-Prince, le 13 octobre 1881, an 78me de l'Indépendance.

« Salomon.

« Par le Président,

« *Le Secrétaire d'Etat de l'Intérieur et de l'Agriculture,*
« F. D. Légitime.

« *Le secrétaire d'Etat provisoire des Finances et du Commerce,*
« B. Saint-Victor. »

M. Cochinat a la rage de se tromper ou de se contredire.

Il nous disait que la loi était en un seul article ; je remarque qu'il n'en est point ainsi.

Quel étourdi que ce grand flandrin de badaud !...

Comment veut-il qu'on ajoute foi à ses assertions s'il se trompe grossièrement à chaque instant ? Il trouve épique le préambule de la loi. Moi pas. Je lui conseille de le comparer aux préambules des lois votées par la Constituante de 89 ou par la Convention française. Il sont de la même famille,

Quant à la loi elle-même, je la trouve fort juste, excellente.

Elle vient comme réparation d'une partie des torts et des dommages causés autrefois à la famille du Chef de l'État en même temps qu'elle est un hommage rendu à ses qualités personnelles, lesquelles sont énumérées dans les considérants.

Tous les peuples ont senti le besoin d'honorer leurs grands hommes et chacun d'eux l'a fait à sa façon.

Les Romains, au temps de la République, accordèrent à Horatius Coclès toute l'étendue de terrain que pouvait circonscrire une charrue en un jour ; ils donnèrent un joueur de flûte au consul Duilius, le premier qui vainquit sur mer les Carthaginois. L'Angleterre couvrit John Churchill de gros traitements, de grasses pensions ; on le fit duc de Marlborough, on lui donna la terre et lui construisit le palais de Blenheim parce qu'il avait vaincu les troupes de Louis XIV sur le continent et par ainsi sauvé la fortune de sa patrie. Le soir du jour où il avait dit : *L'Angleterre attend que tout homme fasse son devoir*, Nelson mourut devant Trafalgar. L'Angleterre pensionna toute sa famille et le fit enterrer à Westminster.

Quand le duc de Richelieu, ministre de Louis XVIII, quitta le ministère, les Chambres lui votèrent une pension pour les services qu'il avait rendus à la France. Je lis ceci dans Hilliard d'Auberteuil (*Considérations sur la colonie de Saint-Domingue*, tome I, page 92) : « On avait concédé au célèbre André Minguet les quartiers du Doudon et de la Marmelade en considération des services qu'il avait rendus à la colonie. » En voilà assez !

Dans un autre ordre d'idées, rappelons ceci : Sous la Restauration, sous Charles X, M. de Villèle proposa au Parlement la loi par laquelle il serait payé un milliard aux émigrés qui avaient perdu leurs biens pendant la Révolution. La loi passa en 1825 et on inscrivit au Grand Livre de la Dette publique 30 millions de rentes 3 0/0 ; or, beaucoup de ces émigrés avaient porté les armes contre leur patrie. On sait de plus qu'au lendemain de la guerre franco-prussienne, la France, épuisée d'argent, trouva pourtant 42 millions pour les remettre aux princes d'Orléans dont les biens avaient été confisqués par Napoléon III.

Il y a peu de jours encore que les Chambres

françaises votaient une somme destinée à indemniser les victimes du coup d'Etat du 2 Décembre 1851.

Le général Salomon, ancien ministre de Faustin Ier, dont le président Geffrard craignait l'influence, se vit par cela même interdire l'usage du sol de sa patrie ; vingt ans, il dut rester à l'étranger comme exilé d'abord, ensuite comme ambassadeur, puis encore comme exilé, les présidents qui se succédèrent au pouvoir de 1859 à 1879 ayant jugé qu'il était meilleur pour eux de tenir toujours à distance un concurrent qui pourrait les gêner en Haïti.

Une émeute l'avait chassé de Port-au-Prince en 1859, sa bibliothèque avait été dévastée.

Pendant son exil, tous ses frères furent fusillés sous le prétexte qu'ils conspiraient pour lui donner le pouvoir.

Ses neveux vécurent dans les larmes et dans les transes de 1862 à 1870, et c'est à peine s'ils eurent les moyens de faire leur éducation qu'ils auraient reçue brillante n'eussent été les circonstances que j'ai plus haut relatées.

La nation haïtienne, seule juge de ses actes et seule dispensatrice de ses faveurs, a voulu remédier à tant d'infortunes noblement supportées, sans plaintes puériles et sans récriminations vaines.

Que l'on s'incline devant les décisions des mandataires du peuple !

On n'a pas même le droit de s'étonner que les Chambres aient voté une récompense nationale, consistant en terre et en argent, en faveur du général Salomon. Les précédents existent et nombreux.

Ce fut par don national que l'habitation *Vollant-Letort* (et non *Thor*) fut attribuée au président Pétion.

Des récompenses nationales, en numéraire et en terres, ont été aussi accordées à plusieurs généraux restaurateurs de cette Constitution de 1867, qu'ils devaient violer plus tard.

Entre les restaurateurs d'une constitution que personne n'a jamais songé et ne songe réellement à faire respecter et le restaurateur de l'ordre, de la paix, de la sécurité, le créateur de la Banque nationale et du mouvement de travail qui se manifeste actuellement en Haïti, entre Nissage qui fut toujours mené et Pétion et Salomon qui ont toujours mené les affaires de leur pays avec le plus entier désintéressement et la science profonde de ses vrais intérêts, on me permettra de trouver que les largesses de la nation, si elles sont méritées par ceux semblables au premier, le sont encore bien plus par les derniers.

O Cochinat mon ami, tu es d'une badauderie à nulle autre pareille et qui m'enchante. Un Anglais dirait que tu es un cockney réussi !... Tu ne connais donc pas le proverbe : Rien n'est nouveau sous le soleil?

Au cours de sa visite au général Salomon, M. Cochinat disait au Président d'Haïti : « Ni solliciteur, ni frondeur, voilà ma devise. »

J'ai laissé à entendre qu'il avait été solliciteur et de l'espèce des solliciteurs honteux, grincheux et envieux, la pire espèce des solliciteurs.

Il me semble de plus qu'il est frondeur et insolent lorsqu'il décoche au Sénat haïtien l'épigramme suivante qui est une véritable insulte faite à ce grand corps.

« Au Sénat qui se compose de trente membres, quatre ont voté contre cette loi mémorable. Ce sont MM. Falaiseau-Cadet, Louis Guignard, Loyer-Barau et Florvil Hippolyte.
« Le reste....
« Le reste ne vaut pas l'honneur d'être nommé. »

Après avoir lu ceci, qu'eussiez-vous fait, ami lecteur, si vous étiez le fils d'un de ces vingt-six sénateurs qui ont fait passer la loi ?

Pour moi, qui suis un fils adoptif de le nation tout entière, il m'a semblé sentir sur l'idéale figure de la patrie un violent soufflet dans celui qui était appliqué sur la joue des sénateurs haïtiens avec ce vers du *Cinna* de Corneille cité plus haut par M. Cochinat.

C'est alors que pris d'une fièvre de colère j'ai composé le chapitre intitulé : *Les Insolences de M. Cochinat.*

Relisez-le...

CHAPITRE III

COSAS DE ANTILLAS

XIXᵉ SIÈCLE

SOMMAIRE. — M. Munier et M. Mérion. — Un mot spirituel. — « On voit qu'il se travaille à dire de bons mots. » — Elle est de M. Cochinat. — Depuis lors le roi n'est pas son cousin. — C'est burlesque et c'est exquis? — M. le marquis de Cochonat... ça ferait très bien. — Cette coquine de métempsycose n'en fait jamais d'autres. — Le mal ne vient pas des vérités que l'on montre, mais de celles que l'on cache. — Le préjugé de couleur. — Préjugé et vérité. — Définissons d'abord Monseigneur *le Préjugé!* — Et maintenant sus! en avant! à l'abordage! — Louis XIV est le véritable auteur du préjugé de couleur. — Le commandant Sylla. — Je cite M. Meignan. Ce sera long. — Pauvre Amérique, c'est bien fait pour toi! — Le tour est à M. de Feissal. — Soyons justes, soyons impartiaux! — Soyez indulgents, ô fils de l'Europe occidentale. — Dans deux ou trois siècles encore. — Les Romains d'autrefois et les Bretons de nos jours.

Pour donner une idée « du cas que l'on fait de la liberté individuelle et de celle de la défense dans cette délicieuse république d'Haïti », qu'il appelle encore « une satrapie », M. Cochinat nous raconte l'histoire suivante, dont les héros sont Mᵉ Munier, avocat à Port-au-Prince, et M. Mérion, premier substitut du commissaire du Gouvernement au tribunal de ce ressort.

Voici :

« Mᵉ Munier est un mulâtre de la Guadeloupe qui, pour pouvoir plaider en Haïti, a été obligé de se faire naturaliser haïtien.

« A cet ex-Français, cela n'a pas porté bonheur.

« Ce dernier défendait, il y a trois jours, à la cour d'assises de cette ville, un nommé *Petit-Rouge*, accusé de vol et d'incendie volontaire.

« Le siège du ministère public était occupé par un sieur Mérion, 1ᵉʳ substitut du commissaire du gouvernement, lequel, dit-on, aurait été quelque peu menuisier à Léogane, avant son intromission dans la magistrature haïtienne. Mᵉ Munier, qui a du talent et de l'esprit, sous les dehors d'un *pince-sans-rire*, avait parfaitement défendu son client sur le premier chef de l'accusation et victorieusement établi son *alibi* sur le second, celui d'incendie volontaire sur l'habitation *Drouillard*.

« Le ministère public, M. Mérion, contrarié sans doute de voir que *Petit-Rouge* allait lui échapper — car le jury l'a acquitté, — s'adressant au défenseur, lui dit :

« Comment pouvez-vous défendre un brigand de cette espèce, un bandit, un assassin en vous servant encore du *langage des halles*?

« Mᵉ Munier lui répondit :

« — Je me sers du langage des halles, c'est possible, quoique vous ne puissiez pas en juger; mais vous qui apprenez à *faire le parquet*, vous auriez dû tout d'abord ne pas venir vous *frotter* à moi qui ne vous offense pas, et surtout vous mettre aussi à apprendre la loi. »

« Si la profession prêtée à M. Mérion est réelle, il faut avouer qu'on ne pouvait pas répondre plus plaisamment à ses impertinences. Mais ce qui excuse ce magistrat, c'est qu'on prétend qu'il n'avait pas conscience des paroles qu'il venait d'adresser à l'avocat.

« En France, ce petit *attrapage* entre ministère public et défenseur n'aurait pas eu de suite. Le parquet aurait ri, et aurait été désarmé. Mais, à Port-au-Prince, les magistrats sont rageurs, et ils ne pardonnent pas un ou deux calembours, si inoffensifs qu'ils soient. Aussi quelle ne fut pas la surprise de Me Munier — surprise désagréable — lorsqu'en sortant de la cour d'assises, trois fantassins, baïonnette au bout du fusil, lui barrèrent le passage et l'invitèrent à les suivre en prison.

« C'était le substitut Mérion qui, prenant sa revanche, mais démuni de tout jugement ou arrêt, assumait sur lui la grave responsabilité de faire arrêter un membre du barreau de Port-au-Prince. Celui-ci fut obligé de se rendre en prison, car contre la force brutale il n'y a point de résistance.

« Le lendemain de cet acte de brutalité qui illustrera à jamais la carrière de M. Mérion, tous les confrères de Me Munier se rendirent en robe à l'audience criminelle et protestèrent devant le doyen ou président du tribunal contre la violence qui avait été faite à leur ami. Ils annoncèrent à ce doyen qu'ils ne plaideraient aucune affaire avant que Me Munier ne fût mis en liberté et que des excuses ne lui fussent adressées. » (*Petite Presse* du 9 Décembre.)

M. Cochinat ressemble assez à ce personnage du *Misanthrope*, dont cette grande coquette de Célimène disait :

« On voit qu'il se travaille à dire de bons mots. »

Cette sorte de gens en imposent aux badauds, mais ils font bâiller d'ennui ceux qui relisent souvent Molière, Beaumarchais, Chamfort, Camille Desmoulins, Veuillot, et qui lisent tous les jours Aurélien Scholl, Henri Rochefort, Auguste Vacquerie, Camille Pelletan, Jules Vallès, Jean Richepin et Léon Chapron.

M. Cochinat nous apprend que Me Munier est un homme spirituel. J'infère de là que la répartie qu'on lui prête n'est pas de lui. En effet, la phrase que M. Cochinat met dans la bouche de Me Munier est tellement lourde, embarrassée, longue, mal construite, qu'elle ne saurait être d'un homme d'esprit. Elle est de M. Cochinat.

Le natif de la Martinique est devenu très aristocrate depuis que d'Haïti il adresse des chroniques au journal *la Petite Presse*.

Il tient à nous faire voir qu'il a serré la main à M. de Crény et à M. de Choiseul, et qu'il a été reçu par M. de Vienne. Depuis lors, le roi n'est pas son cousin. C'est peut-être pour cela qu'il appelle l'amiral Duquesne — rien de celui de Louis XIV — un *illustre* marin, tandis qu'il veut faire rire du général haïtien Vil Lubin.

On n'est pas plus talon rouge que lui, quand il sue à vouloir se moquer de M. Mérion qui de menuisier est devenu juge.

Il le désigne dédaigneusement ainsi : *Un certain sieur Mérion.*

Ma petite paole d'honneu panachée! comme eût dit un incroyable au temps du Directoire, est-ce assez régence ! ce « un certain sieur Mérion ! »

C'est aussi burlesque que le fameux : *Quoi qu'on die* des *Femmes savantes* de Molière. C'est exquis!

A le lire, on croirait vraiment avoir affaire à un marquis... un de ces marquis du *Misanthrope*... M. le marquis de Cochinat... ou de Cochonat... ça ferait très bien !

Sans remonter bien haut, je veux rappeler à M. le marquis que les injustices du sort ont forcé d'habiter dans une peau noire — cette coquine de métempsycose n'en fait jamais d'autres ! — je lui veux rappeler l'exemple d'Abraham Lincoln qui, avant que de devenir président des Etats-Unis, et l'une des plus grandes âmes du siècle, avait successivement exercé les professions de bûcheron, de facteur rural et d'avocat.

Je sais, moi, quelle solidarité étroite il devrait exister — en dehors de la fraternité universelle — entre tous les hommes de sang africain qui vivent en ce moment non seulement dans la mer des Antilles, mais dans l'univers entier. Aussi, sans y ajouter aucun commentaire, je vais citer un chapitre entier du dernier livre de M. Schœlcher, intitulé : *Polémique coloniale*, et qui a paru cette année même à Paris.

JUSTICE COLONIALE

AFFAIRES DUQUESNAY ET MUCRET

(*Le Rappel*, 10 Juillet 1878).

« M. le Dr Osman Duquesnay et son frère M. Yanest Duquesnay (Martinique), faisant assez longue route à pied, la nuit, étaient accompagnés d'un domestique portant une torche allumée. Arrivés à un bourg qu'ils allaient traverser, le gendarme Colombani leur enjoignit d'éteindre la torche, conformément aux ordonnances de police locale, qui interdisent d'en porter une allumée dans les rues d'un village. Une altercation s'engagea à la suite de laquelle le gendarme dressa procès-verbal. Il imputait au Dr Duquesnay de lui avoir résisté, de lui avoir porté un coup de bâton lorsqu'il l'arrêtait pour l'empêcher de passer, enfin d'avoir été alors en état d'ivresse. Il accusait, en outre, M. Yanest Duquesnay de l'avoir poussé violemment.

« Cités en police correctionnelle, les deux frères furent acquittés, le gendarme ne pouvant produire aucune preuve de ce qu'il avançait. Les faits incriminés n'offraient aucune vraisemblance ; « tous « les témoins à décharge, et même une partie des « témoins à charge, affirmèrent que le docteur ne « portait ni canne, ni parapluie » et, par conséquent, n'avait pu en frapper personne. On pouvait d'autant moins croire à la bonne foi du gendarme, qu'après avoir déclaré dans son rapport que M. le Dr Duquesnay était ivre, il fut obligé d'avouer à l'audience que cela n'était pas vrai.

« Comme à la Martinique la question de *couleur* joue malheureusement un rôle en beaucoup de circonstances, il est bon de faire remarquer que

MM. Duquesnay sont des créoles de couleur, et que le tribunal qui les avait renvoyés de la plainte était composé de trois magistrats créoles blancs, lesquels ne sauraient être soupçonnés d'une certaine partialité à leur égard.

« Le procureur général, M. Larougery, qui mettait naguère en liberté sous caution deux voleurs blancs, d'une manière si malheureuse qu'ils en profitaient le lendemain pour s'évader à Sainte-Lucie, ne trouva pas de son goût le jugement favorable à MM. Duquesnay ; il le déféra à la Cour d'appel, et là ls furent condamnés, le premier à six jours de prison, et le second à 25 francs d'amende. De deux choses l'une : ou ils étaient coupables, non seulement d'avoir résisté à un agent de la force publique dans l'exercice de ses fonctions, mais encore de l'avoir bâtonné ; dans ce cas, six jours de prison et 25 francs d'amende semblent plutôt un encouragement à la rébellion qu'un châtiment ; où ils n'étaient pas coupables, et dans ce cas, leur condamnation, si minime qu'elle soit, est bien difficile à expliquer. Ils se sont pourvus en cassation devant la Cour suprême, où leur pourvoi sera soutenu par M. Duboy. Leur cause est en bonnes mains. Espérons.

« Quelques traits serviront à montrer comment M. le conseiller Bourgouin, président par intérim de la Cour d'appel, dirigea les débats. Nous les empruntons au compte rendu qu'en ont publié les

Antilles (n° du 13 Octobre 1877), journal peu suspect aux réactionnaires.

« *Le président* au témoin Jean Lucien : Vous af-
« firmez n'avoir pas vu le gendarme Colombani
« saisir Osman Duquesnay, ni celui-ci frapper le
« gendarme. R. Je l'affirme.

« *Le président* : Je vois bien que vous ne voulez
« pas parler, je ne puis vous y forcer ; allez vous
« asseoir.

« *Le président* à M. Mélin, autre témoin : Vos
« déclarations sont bien vagues. Comment peut-il
« se faire que vous n'ayez pas porté plus d'atten-
« tion à cette scène ? R. Je n'y attachais aucune
« importance.

« *Le président* : Je ne puis vous forcer à dire ce
« que vous ne voulez pas dire, il est évident pour
« moi que vous ne voulez pas parler.

« *Le président* à M. Osman Duquesnay : Avez-
« vous quelque chose à ajouter ? R. Ce qui m'a le
« plus blessé dans cette affaire, c'est qu'on m'a ac-
« cusé d'être ivre. Cette allégation avait été aban-
« donnée en première instance, et d'une façon for-
« melle. J'ai été vivement peiné de vous la voir re-
« mettre sur le tapis à cette audience. D. Que vou-
« lez-vous dire ? R. Mais oui, vous avez de-
« mandé au gendarme de déclarer si je n'étais
« pas ivre. D. Je n'ai fait que mon devoir, rien de
« plus. »

« Une allégation déshonorante pour l'inculpé

est formellement rétractée en première instance ; elle n'appartient donc plus à la cause ; M. Bourgoin juge néanmoins « de son devoir » de la reproduire ! Il ne s'est pas fait, il est vrai, une idée bien rigide des lois de la tempérance ; il a cru s'excuser en disant au docteur :

« Il n'y aurait, d'ailleurs, pas eu de mal à ce que
« vous fussiez un peu surexcité ; vous aviez voyagé
« dans des conditions pénibles ; on comprendrait
« parfaitement que vous fussiez sorti de vos habi-
« tudes !

« ... *M. Yanest Duquesnay* : Le gendarme qui,
« à ce moment, s'était adjoint un collègue, m'a
« parfaitement reconnu. Or, loin de songer à m'ar-
« rêter, ce qui aurait été son premier soin, si je
« l'avais réellement frappé, il s'est dirigé avec son
« collègue du côté opposé de celui où j'allais ; je les
« entendais traîner leurs sabres.

« *Le président* : Ils avaient bien fait de s'en mu-
« nir. Sans doute même Colombani doit regretter
« de n'avoir pas eu son sabre au moment de la
« scène, car il aurait pu s'en servir, et il aurait bien
« fait ! »

« *Si le gendarme avait eu son sabre, il aurait bien fait de s'en servir ;* voilà ce que disait M. Bourgoin, le 10 Octobre 1877, en dirigeant les débats d'une affaire où la Cour a vu un délit qu'elle a cru suffisamment punir de six jours de prison ! Le général Geslin a été mis en retrait d'emploi pour avoir exprimé, dans des circonstances infiniment plus graves, un sentiment guère plus barbare, et M. Bourgoin qui, en sa qualité de magistrat, est certes moins excusable qu'un général habitué au tranchant du sabre, est encore sur son siège en Juin 1878 !

« Il faut le dire net : ce magistrat n'est pas dans des conditions d'impartialité vis-à-vis de ses justiciables de couleur, il n'a jamais caché l'aversion qu'ils lui inspiraient.

« Un autre jeune homme de cette classe vient d'en éprouver les effets. M. Mucret est accusé par un curé d'avoir tenu des propos tendant à exciter les nègres contre les blancs ; il proteste qu'il est calomnié, il demande une enquête pour le prouver, on la lui refuse, on le mène en police correctionnelle où il est condamné à *quinze jours de prison.* Protestant plus que jamais, il en appelle et, devant la cour d'appel, il est condamné à *six mois de prison et* 500 *francs d'amende.* Il se pourvoit en cassation, il s'expose malgré sa pauvreté à tous les frais d'un pareil recours ; mais sans attendre le résultat de son pourvoi, avant jugement définitif, on le destitue impitoyablement d'une petite place qui le faisait vivre, lui, sa femme, et trois enfants !

« Qui présidait le tribunal dont l'arrêt sert à le ruiner ?

« Encore M. Bourgoin. Eh bien ! il y a deux ans,

en face de M. l'amiral Cloué, gouverneur de la Martinique, qui disait, en ouvrant la session du conseil général : « Le calme est dans tous les esprits, l'ordre règne partout, le travail des champs est régulier », M. Bourgoin disait au sujet de la loi du jury dont M. l'amiral Pothuau et M. Dufaure, ministres, proposaient ensemble de doter les colonies :

« Les lois d'exception qui régissent la Martini-
« que sont encore nécessaires, sous peine de voir
« *l'écrasement de la race blanche.* Y donner les ins-
« titutions publiques dont jouit la métropole, ce
« serait y créer la *substitution que quelques-uns*
« *n'ont cessé de rêver.* Le vagabondage est l'état
« normal des bourgs et des campagnes. » Un tel langage, nous le demandons, ne renferme-t-il pas une flagrante « provocation à la haine et au
« mépris entre les différentes classes de la popula-
« tion ? », la faute même pour laquelle M. Mucret est condamné et révoqué ! A la Martinique, un petit fonctionnaire mulâtre, accusé d'un délit, n'est pas présumé innocent jusqu'à jugement définitif ; mais le magistrat blanc, qu'on pourrait accuser du même délit, continue, bien qu'amovible, à jouir de sa haute position ! Justice et administration coloniales !

« Nous ne nous lasserons pas de le répéter : c'est précisément cette manière d'administrer qui, en enflant d'orgueil le cœur de ceux qu'elle favorise, perpétue l'absurde préjuge de couleur et le mal qu'il fait à nos Antilles.

« Quoi de plus imprudent, dans un pays où la classe de couleur forme la plus large part de la population, d'y laisser dispenser la justice par un magistrat capable de s'être persuadé que cette classe vit à l'état de vagabondage et que ces vagabonds « rêvent la substitution », autrement dit « l'écrasement de la race blanche ».

« Comment celui qui croit cela pourrait-il rester équitable lorsqu'il a à juger des hommes appartenant à une classe qu'il accuse de nourrir les plus exécrables desseins !

« Avant même que les débats du procès si fatal à M. Mucret fussent entamés, le président laissait déjà éclater ses préventions contre lui, il ne put s'empêcher de lui adresser une injure toute gratuite. Comme ce jeune homme demandait simplement la remise de son affaire à une autre session à cause d'une maladie de son défenseur, il l'interrompit pour lui dire : « Vous n'avez pas « besoin d'un avocat, vous êtes assez intelligent « pour vous défendre ; mais malheureusement « votre intelligence ne vous sert qu'à mal faire ! » Nul doute sur l'authenticité de cette apostrophe si incroyable qu'elle soit dans la bouche d'un magistrat. M. Mucret, au sortir de l'audience, en porta plainte au gouverneur, lui fournissant les noms de plusieurs témoins auriculaires, y compris l'avocat général. Le fait, ainsi constaté en quelque sorte officiellement, est donc avéré, et devient une preuve de plus que M. Bourgoin ne sait pas contrôler ses passions et n'apporte pas dans ses fonctions le calme d'esprit qu'elles exigent.

« Il était nécessaire que quelqu'un dit cela, nous le disons. »

*
* *

Et puisque cette idiote question du préjugé de couleur revient encore se placer sur mon chemin, je ne veux point avoir l'air de la côtoyer à chaque instant et de l'esquiver toujours.

Je la vais virilement aborder.

Aussi bien le meilleur moyen de guérir une plaie c'est de la découvrir, de la déterger, de la cautériser.

Leibnitz a dit : « Le mal ne vient pas des vérités que l'on montre, mais de celles que l'on cache. »

Mais comme je sais que le monde est composé d'un dixième de gens instruits, de deux dixièmes de gens qui lisent ou comprennent, et en tout de quatre dixièmes de gens bienveillants sur six dixièmes de crédules et d'ignorants, ceux-ci toujours exploités, toujours trompés par ceux qui ont un intérêt à cela, je commence par faire une profession de foi que je crois nécessaire.

La voici, en deux mots : j'avoue avoir vécu en

Haïti jusqu'à l'âge de vingt-deux ans et que jusqu'à cet âge je n'ai eu que de très vagues notions sur ce qu'on est convenu d'appeler le *préjugé de couleur*. Je n'en avais jamais entendu parler avant ma vingtième année. Je n'en ai jamais souffert. J'ai toujours été l'enfant gâté de mes professeurs, lesquels ainsi que mes amis de classes et mes amies d'enfance furent, en plus grand nombre, des mulâtres.

En France, j'ai toujours été reçu, fêté, caressé et choyé par tous et partout absolument comme si j'étais un Européen.

Ce n'est que depuis mon séjour à Paris, *et dans les livres*, et dans les journaux haïtiens, notamment dans *l'Œil* et dans *l'Avant-Garde*, que j'ai pris connaissance des tenants et des aboutissants de la question d'épiderme.

J'en comprends toute l'importance. J'en saisis toute l'étendue, toute l'horreur et toute l'ineptie. Je la crois mauvaise et funeste. Je l'ai vue exposée et minutieusement étudiée par tant d'auteurs divers, entres autres par Moreau de Saint-Méry, Granier de Cassagnac, Lepelletier de Saint-Remy, Linstant, Alexandre Bonneau, Gustave Aimard, qu'il m'a paru qu'il était du devoir de tout savant, de tout honnête homme d'employer toutes ses facultés et toutes ses forces à combattre cette déplorable erreur et à la détruire.

Mais avant d'entrer en campagne contre elle *j'ai tenu à déclarer bien haut que je ne pouvais avoir, que je n'avais jamais eu et que je n'avais point de préjugé de couleur — ni d'autres d'aucune sorte.*

A mon avis, d'ailleurs, un noir ne peut avoir de préjugé d'épiderme, attendu qu'il est le premier à en souffrir. Il se croit égal au mulâtre et au blanc et il a *absolument* raison. Ce n'est donc pas là un *préjugé* qu'il a, c'est une *vérité* qu'il exprime. Certes il peut haïr qui le méprise, qui le dédaigne mais alors il est entièrement dans la logique de la *loi naturelle*, cette loi naturelle qui existe chez tous les peuples, dans toutes les races, qui est pratiquée par tous les hommes et qui peut se formuler ainsi : La sympathie naît de la sympathie, l'amitié naît de l'amitié, l'amour engendre l'amour ; si vous voulez que l'on vous aime, aimez.

La preuve la meilleure que le noir n'eut jamais de préjugé ni de haine préconçue et invétérée contre une caste ou contre une classe, c'est qu'il aime jusqu'à l'adoration les enfants qui naissent de ses amours avec une blanche ou une mulâtresse ; c'est qu'il aime jusqu'au fanatisme, jusqu'à la mort le mulâtre ou le blanc qui lui ont montré de l'affection, ou qui ne repoussent pas son alliance.

Définissons d'abord *le préjugé*. Je lis dans le *Dictionnaire de la langue française* de Littré, t. III, page 1278, colonne 2 : « PRÉJUGÉ : *Opinion, croyance qu'on s'est faite sans examen.* »

Et je relève les phrases suivantes que Littré cite

et sur lesquelles on peut méditer, car elles sont tirées des œuvres de plusieurs illustres philosophes français. « Le défaut de nos examens, c'est que nous ne nous examinons jamais que d'après nos propres préjugés. » Massillon. *Carême. Confessions.* — « Le préjugé est une opinion sans jugement. » Voltaire. *Dictionnaire philosophique.* Article. *Préjugés.* — « Les préjugés, de quelque espèce qu'ils puissent être, ne se détruisent pas en les heurtant de front.» D'Alembert. *Mélanges*, etc., tome V. *Réflexions sur l'ode.* — « Les préjugés même doivent être discutés et traités avec circonspection. » Duclos. *Considérations. Mœurs.* — « Les préjugés ne se retirent que comme des ombres, successivement et par degrés. » Bailly. *Histoire astronomique moderne*, tome II, page 423. — « On ne saurait trop le redire, préjugé est synonyme de jugement précipité ; et l'on perd bien du temps à vouloir aller trop vite.» Destut de Tracy. *Institut. Mémoires de l'Académie des sciences morales et politiques*, tome I, page 563.

Et maintenant sus ! en avant ! à l'abordage !...

Louis XIV est le véritable auteur du préjugé de couleur.

Dans un livre intitulé « *Colonisation chez les peuples modernes* et que vient de publier M. Paul Leroy-Beaulieu, membre de l'Institut et professeur au Collège de France, je trouve ceci : « A l'origine de la colonisation française dans les îles de la mer des Antilles, le tabac, le roucou, le cacao et l'indigo se partageaient les champs. Quoique les cultures vivrières fussent, par un déplorable aveuglement, abandonnées, les denrées d'exportation, qui obtenaient alors la préférence des colons, s'adaptaient à la moyenne et à la petite propriété. La terre était alors très divisée, et l'aisance aussi générale que les grandes fortunes étaient rares; la culture de la canne changea toute l'économie de la société. Les grands capitaux, les nombreuses bandes d'esclaves devinrent nécessaires pour une production à bon marché. Cette modification, qui servit à quelques-uns, qui développa considérablement les valeurs d'exportation et d'importation, fut cependant, au point de vue social, une calamité.

« La traite s'étendit avec l'approbation royale, on vit la propriété se concentrer dans quelques mains, les ouvriers européens ou *petits blancs* refluer vers les villes, et dans les campagnes se dresser de distance en distance ces vastes ateliers connus sous le nom *d'habitations*, « ces prisons sans murailles, dit M. Augustin Cochin, manufactures odieuses produisant pendant des siècles du tabac, du café, du sucre et consommant des esclaves. » Alors l'agriculture recula aux procédés les plus grossiers. « La charrue, que les émigrants français avaient introduite à l'origine, dit M. Jules Duval, disparut dès que Colbert eut autorisé la traite des nègres et procuré aux planteurs une main-d'œuvre à vil prix. Du jour où le rang social se mesura au nombre des nègres que l'on possédait, le dédain de tout autre instrument que la houe de l'esclave devint à la mode pendant deux cents ans, et ce ne fut que vers la fin du dernier siècle, lorsque le régime de la servitude avait été ébranlé, que reparurent quelques charrues. »(*Les colonies de la France*, 154). « Les colons français, dit Adam Smith, étaient d'une humanité toute spéciale envers leurs esclaves, et cela même fut une des causes de la prospérité des îles françaises, car selon les termes de l'auteur de la *Richesse des nations* : « De même que le profit et le succès d'une culture qui se fait au moyen des bestiaux dépend extrêmement de l'attention qu'on a de les bien traiter et de les bien soigner, de même le produit et le succès d'une culture qui se fait au moyen d'esclaves doit dépendre également de l'attention qu'on apporte à les bien traiter et à les bien soigner ; et, du côté des bons traitements envers leurs esclaves, c'est une chose, je crois, généralement reconnue, que les planteurs français l'emportèrent sur les anglais ».

« Ce n'est pas que la métropole fût toujours d'une grande clémence envers la classe asservie ; en dépit du fameux *Code Noir*, qui contient d'ailleurs divers articles effroyables de cruauté, il nous reste plusieurs édits, qui prouvent combien le gouvernement de la mère-patrie était rigoureux envers la classe inférieure aux colonies.

« Craignant toujours de la part des colons des velléités d'indépendance, il était porté à toutes les mesures qui semblaient propres à entretenir la division entre les divers éléments coloniaux et à affaiblir par conséquent la Société coloniale. Cette jalousie métropolitaine se manifesta par de criantes injustices envers les hommes de couleur. A l'origine, les enfants de couleur suivaient le sort de leurs pères et étaient libres, en principe, dès leur naissance, en réalité à l'âge de vingt-quatre ans. Mais, vers 1684, Louis XIV, qui eut pourtant tant de faiblesse pour ses enfants illégitimes, précipita dans l'esclavage les enfants nés du commerce des blancs avec les négresses. Il en devint des Antilles françaises comme des colonies espagnoles : la moindre tache de sang noir fut un titre d'exclusion de tout emploi : « Dans un pays, disait-on, où il y a quinze esclaves contre un blanc, on ne saurait trop tenir de distance entre les deux espèces. » Louis XIV en vint à défendre tout mariage entre un blanc et une femme de couleur d'une nuance quelconque par ce motif que, « cessant d'être ennemis, le mulâtre et le blanc auraient pu s'entendre contre l'autorité métropolitaine. Si, par le moyen de ces alliances, les blancs finissaient par s'entendre avec les libres, la colonie pourrait se soustraire facilement à l'autorité du roi. » — « Il me paraît de grande conséquence, lit-on dans un édit de 1731, qu'on pût parvenir à empêcher l'union des blancs avec les négresses et les mulâtresses, parce que, outre que c'est une tache pour les blancs, cela pourrait les attacher aux intérêts de leurs alliés. » Par des motifs analogues ou multiplia les difficultés qui entouraient les affranchissements au point de les rendre très rares.

« Cette altération dans la composition de la société et dans l'agriculture modifia l'esprit général des colonies. L'absentéisme avec toutes ses conséquences funestes devint de mode ; la culture des produits d'exportation fut poussée à outrance ; les îles ne furent plus que de grandes fabriques, exploitées sans merci en vue du plus grand profit présent, sans pensée de l'avenir. » — Leroy-Beaulieu, page 169, 170 et 171.

Page 225 du même ouvrage le même auteur s'exprime ainsi :

« Comme toutes les nations, la France, bientôt après la fondation de ses colonies, y introduisit l'esclavage ; comme toutes les nations encore, non seulement elle toléra la traite des noirs, mais elle l'encouragea, la favorisa, la consacra par des traités. Depuis l'année 1701, où le roi *très chrétien* (le roi de France) reçut du roi *très catholique* (le roi d'Espagne) le monopole de la traite pour dix ans et où les deux rois prirent dans l'affaire un intérêt personnel d'un quart, le trafic des nègres devint un commerce privilégié que l'on cherchait à étendre par des primes et autres faveurs usitées dans le système mercantile. La grande prospérité de nos possessions à sucre et surtout de Saint-Domingue justifiait aux yeux des hommes d'Etat la protection dont jouissait la traite des noirs. Quand la révolution de 1789 vint changer les principes politiques et sociaux qui gouvernaient la métropole, on put se demander si les noirs des colonies auraient le bénéfice des droits de l'homme, dont la proclamation fastueuse avait été une révélation pour le vieux monde. On put croire, à l'origine, qu'il en serait de cet acte fameux comme de la déclaration des droits par laquelle les colons des Etats-Unis avaient préludé à leur indépendance, et que les personnes de race blanche seules seraient admises à ce bienfait.

« La question de l'esclavage ne fut pas posée dans les deux premières assemblées de la Révolution ; l'une et l'autre semblèrent craindre l'application logique aux colonies des principes que l'on acclamait en France avec un enthousiasme qui n'était honnête qu'à la condition d'être désintéressé ; elles détournèrent les yeux de nos possessions d'Amérique de peur d'y découvrir une plaie, qu'elles n'avaient pas, au fond de l'âme, le courage de panser et de guérir. La seule question que la Constituante osa aborder, et il était impossible qu'elle l'évitât, c'était celle de savoir si les hommes de couleur libres auraient aux colonies les mêmes droits politiques que les blancs. Tranchée avec timidité, appliquée avec irrésolution et résistance dans nos établissements, cette question fut l'origine des luttes sanglantes qui nous firent perdre Saint-Domingue. Ce ne sont pas les nègres, ce sont les mulâtres libres et repoussés des droits politiques, qui mirent en feu cette colonie si productive et l'arrachèrent de nos mains. »

Il y a là une petite erreur historique que M. Leroy-Beaulieu me permettra de relever.

Ce fut dans la nuit du 25 au 26 Août 1791 que les mulâtres et noirs libres de la partie de l'Ouest se réunirent au campement de Diègue, dans les hauteurs de Port-au-Prince, et qu'ils prirent les armes, d'une façon sérieuse et définitive. Par une étrange et inexplicable coïncidence, ce fut dans la nuit du 22 au 23 Août 1791 que, d'eux-mêmes, les noirs esclaves se soulevèrent dans la plaine du Nord à la voix de Jeannot, de Boukmann, de Biassou et de Jean François.

En 1802, l'île d'Haïti était tout entière reconquise, pacifiée et sous la domination du général Leclerc. Un seul homme ne posa jamais les armes « encore qu'il en eût reçu l'ordre formel de son chef Toussaint-Louverture » (maréchal Clausel). Cet homme était un chef de bataillon, un noir. Il se nommait Sylla. Il se retira dans les montagnes de Plaisance; il organisa la guerre de partisans. De là, l'insurrection rayonna dans toute la partie

Nord-Ouest de l'île et les chefs dont les noms sont très connus dans l'histoire ne firent cause commune avec ces premiers insurgeants que quand ils virent que ceux-ci gagnaient du terrain. Pétion, le premier, quitta l'armée blanche entraînant avec lui Clervaux, puis Christophe dans les rangs des indigènes et tous, d'un commun accord, ils donnèrent le commandement en chef à Dessalines, le plus brillant et le plus ancien des divisionnaires de l'ancienne armée de Toussaint-Louverture, lequel s'était de plus couvert de gloire en défendant à la tête des troupes noires la position de la Crête-à-Pierrot et qui, depuis lors, avait spécialement attiré sur lui les regards de tous ceux qui ne voulaient plus perdre cette liberté qu'ils avaient achetée au prix de dix ans de combats.

Ajoutons que les natifs de Saint-Domingue ne se révoltèrent contre la France que parce qu'ils voyaient clairement que l'intention manifeste du Premier Consul Napoléon Bonaparte était de les remettre tous, sans distinction de rang et de couleur, dans l'esclavage que la Convention avait solennellement aboli sept ans auparavant.

«Tout ce que fit l'Assemblée législative, continue le professeur au Collège de France, ce fut de supprimer en 1792 la prime accordée en 1784 à la traite des noirs; mais l'esclavage continua d'exister et la traite aussi. On chercherait même en vain chez les agents supérieurs du gouvernement de cette époque aux colonies des principes ou des actes philanthropiques empreints de bienveillance pour la classe esclave. Tout au contraire, il existe, en date du 19 Brumaire an II, une instruction du capitaine-général de la Martinique et de Sainte-Lucie dans lequel il est ordonné « de faire fermer toutes les écoles publiques où sont admis les nègres et les gens de couleur », et « ce fut le 10 Pluviose de la même année que, dans la Convention, l'abolition de l'esclavage fut décrétée, dit M. Augustin Cochin, par acclamation, mais par surprise. » Cette émancipation sans aucune des mesures préparatoires qu'exigeait la prudence la plus élémentaire fut bien, selon la juste expression de l'auteur que nous venons de citer, « un arrêt de la justice exécutée par la violence. »

Une dernière citation du même auteur :

« Au point de vue politique, nous avons introduit dans nos colonies la liberté de la France, nous leur donnons des gouverneurs civils, nous admettons dans notre Parlement leurs représentants. On dirait que la France est pleine de regrets d'avoir manqué dans le passé sa vocation coloniale et de ferme propos de réparer ses fautes dans cette voie. On ne saurait trop applaudir à ces desseins virils, quoique tardifs.

« Toutes ces réformes, en elles-mêmes, sont excellentes. Il est malheureusement à craindre qu'elles ne soient corrompues dans la pratique, et que, si la métropole n'y prend garde, les instruments de liberté dont elle dote nos colonies ne soient transformés en instruments d'oppression. Le suffrage universel, la mise à l'élection de tous les principaux postes, l'absence de toutes conditions de cens et de propriété, ont pour effet de faire tomber aux Antilles françaises tous les pouvoirs aux mains des nègres, cinq ou six fois plus nombreux que les blancs. Les députés que la Martinique et la Guadeloupe envoient à notre Parlement sont des avocats fanatiques des rancunes, des préjugés et de l'ignorance des noirs. Le pouvoir exécutif débile, qui existe en France, se laisse intimider par ces députés et envoie dans les colonies des gouverneurs hésitants, pusillanimes, dont la faiblesse accroît les aspirations plus ou moins barbares de la majorité nègre. Il est question de faire aux Antilles une loi sur le jury qui pourrait mettre la vie des blancs dans la main de leurs ennemis. On parle aussi de remplacer les troupes françaises par des milices locales qui, au bout de peu de temps, par la force des choses, se composeraient principalement de noirs. La haine du noir pour l'homme blanc se complique, dans ces îles, de la haine du pauvre pour le riche. De prétendus philanthropes français soufflent aux noirs des idées de vengeance et de domination oppressive.

« Qu'on y prenne garde, de ce train il se pourrait que l'histoire de Saint-Domingue recommençât, que les blancs fussent éliminés de ces îles qu'ils ont colonisées et que les noirs, restés seuls, fissent retomber la Martinique et la Guadeloupe dans la barbarie... Cette situation est certainement délicate. Elle exige beaucoup de précautions de la part de l'administration métropolitaine : le maintien de troupes provenant de la mère-patrie, la désignation de magistrats qui soient étrangers aux luttes et aux passions coloniales et qui rendent avec indépendance une justice impartiale, le choix de gouverneurs sérieux qui ne prennent ni le parti des noirs contre les blancs, ni celui des blancs contre les noirs, certaines garanties en outre, comme le concours des plus imposés venant s'adjoindre aux élus du suffrage universel dans les assemblées locales.

« Sous ce régime intermédiaire et avec le temps, peut-être les préjugés de couleur disparaîtront-ils; les deux races se mêleront sans doute davantage. La race nègre, du moins, gagnera en instruction et en intelligence. Ce serait une grande et irréparable faute que de laisser actuellement la race nègre dominer sans contrôle, sans contre-poids, dans nos îles des Antilles.» (Leroy-Beaulieu, 2ᵉ édition, pages 253 et 254.)

Aussi bien ; je ne puis m'arrêter à chaque alinéa pour faire des réfutations à ces citations. J'opposerai les citations aux citations.

Granier de Cassagnac, à la fin de son livre intitulé « *Voyage aux Antilles* », dans lequel il ne marchande pas ses dédains à tout homme qui a une goutte de sang africain dans les veines, consacre un chapitre à l'étude de ces questions : *Idées du Christianisme sur l'esclavage* ; *Conduite de l'Eglise dans les temps modernes.*

Pour lui, la religion catholique fut toujours douce aux esclaves et n'a point favorisé les préjugés de couleur. Les faits démentent cette manière de voir. On pourra s'en convaincre dans la suite de ce livre.

En 1878, M. Victor Meignan, voyageur français qui revenait de visiter la Martinique, faisait paraître un volume où, d'un bout à l'autre, il maltraitait fort tous les habitants des Antilles qui ne sont pas de race caucasique pure.

Je cite M. Meignan. La citation sera longue.

« Nous donnons, en France, dit M. Meignan, le nom de mulâtre à toutes les personnes qui ne sont ni blanches, ni noires. Aux colonies, on se sert de la périphrase : gens de couleur, pour dénommer en général, cette catégorie d'hommes et de femmes. Là-bas, le mot mulâtre s'applique seulement à ceux qui sont nés d'un blanc et d'une négresse.

« Après ce premier produit, suivant que la mulâtresse s'allie à la race noire ou à la race blanche, les produits peuvent se classer sur une échelle dont les degrés sont très nombreux. Quatre premiers sont particulièrement dénommés : deux se dirigent vers le blanc, deux autres vers le noir.

« Si la mulâtresse s'allie au noir, elle produit le capre ; si la capresse s'allie encore au nègre, elle produit le griffe.

« Au contraire s'allie-t-elle encore au blanc, elle produit le mestif ; si la mestive s'allie encore au blanc, elle produit le quarteron.

« Pour prévoir autant que possible quel produit pourra résulter de l'alliance de deux personnes de couleur, on peut s'en rapporter à ces trois règles générales : Si la femme est d'une teinte plus foncée que l'homme, la couleur de l'enfant se rapproche de celle de la mère ; quand le mari est au contraire plus noir que son épouse, la couleur de l'enfant se rapproche de celle du père. Quand deux personnes de même couleur s'allient entre elles, leurs enfants sont plus noirs qu'elles, et chose curieuse, le second enfant est généralement plus noir que le premier, le troisième plus noir que le second, et ainsi de suite. En un mot, on peut dire qu'une population colorée, livrée à elle-même, est fatalement destinée à redevenir noire au bout d'un petit nombre de générations.

« La preuve la plus curieuse que l'on en puisse donner est fournie par l'expérience suivante, qui expliquera en outre au lecteur ce qui a parachevé la séparation entre les blancs et les noirs, séparation plus enracinée que jamais chez les créoles qui veulent rester de véritables créoles, c'est-à-dire des blancs.

« J'ai prononcé à dessein le mot expérience ; on s'occupait surtout du temps de l'esclavage, mais maintenant encore, dans certaines habitations où se trouvent un grand nombre de serviteurs colorés, on s'occupe avec intérêt des résultats que peuvent produire une alliance ou plusieurs alliances successives entre personnes de telle ou telle couleur, de telle ou telle nation. A ce point de vue on peut dire que le sud des Etats-Unis et plus encore les Antilles sont un véritable haras humain. Pour en arriver au fait, on a produit, dans une sucrerie des Petites Antilles, une mestive, en alliant une mulâtresse à un blanc ; puis en alliant cette mestive aussi à un blanc, on a produit une quarteronne. Pendant six générations, tous les produits féminins de ces alliances successives ont toujours été alliés à des blancs. La septième alliance ne produisit que des garçons.

« Une expérience identique avait été faite en même temps dans une sucrerie voisine ; mais, dans cette dernière sucrerie, la septième alliance avait encore produit des sujets féminins. »

Un philosophe a écrit : On ne naît pas sot, mais apte à le devenir ; m'est avis que dans ces deux familles-là la sottise était héréditaire. Quelle patience dans la niaiserie !... Si ces gens-là s'étaient appliqués, pendant sept générations, à des études sérieuses dans les lettres et dans les sciences avec la même ardeur qu'ils se sont appliqués à procréer des *sujets*, nous aurions peut-être eu un grand poète ou un grand savant de plus.

Mais voilà, elles aimaient mieux employer tous leurs soins à faire ce qui suit :

« On maria ensemble les deux derniers produits de ces sept expériences simultanées d'alliance avec les blancs. Ces jeunes gens étaient d'une beauté remarquable ; leurs cheveux étaient du blond le plus ardent ; leurs types n'avaient rien conservé de la race africaine, et leurs peaux étaient tellement blanches qu'on les aurait pris pour des albinos, sans la grâce et la vigueur de leurs membres, sans la lucidité, je dirai même le brillant de leur intelligence. Eh bien ! leurs enfants furent de couleur très accusée, et les enfants de leurs enfants des sortes de mulâtres extrêmement foncés. »

Je me tords de rire. M. Meignan n'a oublié qu'une chose : c'est de nous dire si ces « *sortes de mulâtres extrêmement foncés* » avaient les « membres gracieux et vigoureux, l'intelligence lucide *et même brillante* ». J'aurais été ravi d'aise de le savoir car, pour moi, toute la question est là.

« Après cette expérience, continue imperturbablement mon dit Meignan, on peut se demander combien il faudrait d'alliances successives avec les blancs pour faire disparaître dans une famille toute trace de sang noir ; on se demande même si ce résultat pourrait être jamais obtenu.

« Il est aisé de comprendre à présent, par ce

qui précède, pourquoi les familles créoles blanches pur sang tiennent à ne jamais s'allier avec des personnes dont les veines contiennent la moindre molécule de sang noir. Ce premier mariage accompli, il suffirait d'une seconde faute (sic) de ce genre pour transformer cette famille blanche, c'est-à-dire européenne, pouvant d'un moment à l'autre prendre en Europe, en France, la position qu'elle occupait avant son émigration, pour transformer, dis-je, cette famille en une famille de mulâtres. Or, de là au noir le plus absolu, le chemin est court, il n'y a plus à commettre qu'une ou deux fautes du même genre. »

Sommes-nous au XIXme siècle ou au Moyen-Age? Vivons-nous après que Darwin a vécu et que la Révolution française a fait trembler le monde en l'éclairant de sa lumière immense, ou sommes-nous retournés au bon vieux temps de Duns Scot, de Thomas d'Aquin et de *l'immortelle Inquisition*?...

« Comme les hommes et les femmes de couleur, avoue M. Meignan, comme les hommes et les femmes de couleur mitigée sont en général, qu'on me pardonne ce mot, de fort beaux produits, au point de vue physique, parce que leurs formes représentent à la fois la force, à cause de la partie africaine de leur sang, et la délicatesse à cause de la portion européenne ; de plus, comme leur esprit aiguisé par la position fausse qu'ils occupent entre les tout à fait blancs et les tout à fait noirs, position d'autant plus fausse, comme je le dirai plus bas, que leur naissance est presque toujours inavouable ; comme leur amour-propre les engage à parvenir à un niveau intellectuel supérieur, à cause de la lutte permanente dans laquelle ils sont engagés aux colonies, il en résulte que ces hommes et ces femmes de couleur mitigée sont en somme des personnes très séduisantes. Leur réception au sein des familles blanches pourrait amener des mariages et par conséquent les résultats *désastreux* dont je parlais tout à l'heure.

« Aussi les chefs de famille créoles disent-ils toujours, quand il est question de tel homme ou de telle femme de sang mêlé : Leur parler dans la rue, leur donner la main, leur rendre même les plus éclatants services, toujours si je le peux, parce que *je les estime ;* mais les traiter en égaux et les recevoir chez moi, jamais, parce qu'un membre de la famille pourrait s'en éprendre. »

C'est bizarre ! *Je les estime, mais les traiter en égaux et les recevoir chez moi, jamais...* N'est-ce pas insensé ?....

« J'ai dit tout à l'heure que les naissances des mulâtres étaient généralement inavouables : cela est incontestable et c'est la dernière raison qui conserve ainsi enracinée là-bas la séparation des races.

« Nous n'accorderons pas notre fille, dit Granier

de Cassagnac, à un monsieur qui aurait constamment affichés ces mots sur le dos ou sur la poitrine : Je suis enfant naturel, ou : Je suis fils d'enfant naturel. Telle est en réalité la situation des gens de couleur aux colonies. »

« Je n'ai pas besoin de rappeler d'où provenaient les gens de couleur : du temps de l'esclavage, aucun mariage n'était jamais célébré entre un blanc et une négresse ; les règlements s'y opposaient. Chaque habitant absolument blanc avait pour femme légitime une habitante absolument blanche, et pourtant chaque sucrerie possédait un troupeau assez compacte de gens de couleur. Nous avons vu comment ce troupeau a pris naissance. D'ailleurs, les Africaines s'émouvaient peu de ces mœurs bizarres ; elles continuaient ainsi en Amérique leurs mœurs africaines ; elles trouvaient dans ces rapports une sorte d'évocation de la patrie absente, et les Européens, moins excusables, puisaient dans ces mœurs une satisfaction dégradante, mais facile.

« On comprend, par ce que je viens de dire, que tous les gens de couleur, s'ils remontaient à leur origine, finiraient par découvrir un ancêtre d'une naissance incertaine ; mais il semble, et voilà où je veux en venir, que maintenant deux personnes de couleur étant de même origine, de même pays, de même situation sociale, et dont les familles ont, hélas ! les mêmes destinées, pourraient s'allier entre elles, suivant les lois civiles et religieuses, et constituer, malgré leurs origines bâtardes, une souche honorable et légitime.

« Ces mariages ont lieu quelquefois ; mais ces unions, outre qu'elles sont très rares (à la Martinique, c'est à peine si l'on compte un enfant légitime sur 400), ont peu de chance de durée, et ont encore moins de chance d'être indéfiniment renouvelées.

« Chose curieuse, le préjugé, ou pour parler ici plus correctement, la jalousie de la couleur est encore bien plus vivace chez les personnes de sang mêlé que chez les blancs ; il est donc très difficile à l'homme qui n'appartient pas à l'une de ces races primitives de trouver, dans la collection d'humains bigarrés qui foulent la terre de la Martinique, une personne qui soit absolument de sa couleur. Dans un mariage entre deux personnes de couleurs différentes, naissent immédiatement la jalousie chez l'une et le dédain chez l'autre. De plus, l'enfant arrivant dans la famille avec une troisième teinte amène avec lui une nouvelle jalousie, généralement pour son père qui est plus blanc que lui, et un dédain; je dirai presque une haine invétérée, pour sa mère qui est plus noire que lui. »

Ceci est une monstrueuse calomnie contre laquelle tout cœur honnête et généreux ne saurait assez protester.

« On m'a montré, à la Martinique, un mulâtre issu légitimement d'une famille pauvre, et qui, par son intelligence, était parvenu à une situation presque brillante. Dans la suite, il s'était servi de cette position pour nuire à son père, par la seule raison que c'était un blanc, et il avait laissé mourir sa mère de misère dans la rue, par la seule raison que c'était une négresse. »

Des dénaturés de ce genre, on en rencontre dans tous les pays de la terre, aussi bien chez les noirs que chez les blancs...

« Si encore j'étais noir, s'écriait avec douleur un mulâtre charmant qui m'avait accordé, chose rare, un peu d'amitié, je me serais créé une certaine position, avec l'espérance d'épouser une femme de ma race ; je serais peut-être quelque chose dans le monde, ne fût-ce que le mari de mon épouse et le père de mes enfants. De qui voulez-vous que je me rapproche? Le petit nombre de personnes de ma couleur sont tout à fait inférieures à moi par leur situation sociale et leur éducation. »

Quel vaniteux et quel imbécile réussi ! « Jeune homme, a dit Michelet, fais ta femme à ton image ; instruis-la, élève-la comme si elle était ton enfant. Du jour où tu l'épouses tu deviens son père. »

« On comprend aisément par là combien il est rare de voir se constituer, parmi les personnes de couleur une famille solidement établie, avec quelque chance de prospérité et de durée. On comprend aussi par là, et voilà ce qui est plus triste, quelle doit être la valeur morale d'une population dont les enfants naissent avec des sentiments hostiles pour leurs parents, leur reprochant constamment, au fond du cœur, leur union mal assortie, surtout si l'un des deux est tout à fait blanc ou tout à fait noir.

« Si ces petits êtres sentent le besoin, dès qu'ils réfléchissent, de s'éloigner de leurs parents pour lesquels ils n'ont aucune estime, quelle haine, profonde et ineffaçable ne doivent-ils pas concevoir peu après contre la société tout entière, contre cette Amérique elle-même qui est cependant leur patrie, mais qui a servi de rendez-vous aux deux races primitives qui ont constitué leur bâtardise ! »

Pauvre Amérique ! tu ne t'attendais pas à te voir en cette affaire. Comme tu dois être vexée et humiliée !... C'est bien fait. Au fait, pourquoi t'es-tu laissé découvrir, dis-le moi, *America mia*?...

« De tout cela, que résulte-t-il ? Une situation fort grave, sur laquelle je veux attirer l'attention du lecteur.

« Si tous ces hommes, dont l'ensemble forme un tableau bigarré, se méprisent ou s'envient les uns les autres, ils sont cependant unis dans un même sentiment : la haine du blanc ; franchement nous le méritons bien ; et voilà le point délicat : ils savent aussi se réunir et s'entendre pour un même but, s'affranchir du blanc et le renvoyer en Europe.

« Je le dis avec peine, parce que je me suis lié pendant mon voyage avec des mulâtres fort agréables et fort séduisants, mais il ne faut pas se le dissimuler : notre véritable ennemi aux Colonies c'est l'homme de couleur.

« En amenant les nègres en Amérique, en élevant leur intelligence au contact du blanc, nous avions en somme rendu un immense service à cette race, et, en nous plaçant au point de vue de la stricte justice, nous ne leur devions plus rien. Mais, en mettant au monde les mulâtres, c'est-à-dire une race née esclave, quoique issue au moins en partie de sang civilisé et libre, nous avons pris une responsabilité et nous nous sommes créé au moins un devoir : l'affranchissement.

« Quels sont les hommes qui, par leur seule existence, nous ont tout d'abord demandé la liberté ? Les mulâtres. Quels sont ceux qui ensuite ont réellement réclamé leurs droits civiques ? Les mulâtres. Quels sont les hommes qui, en Haïti, ont fomenté la révolte contre la domination française ? Les mulâtres. Quels sont ceux qui, au moyen de leur liberté, de leur habileté, de leurs insinuations et de leurs efforts, sont parvenus, en haine des blancs, à obtenir par deux fois l'abolition de l'esclavage et la reconnaissance des droits civils et politiques pour la race nègre ? Encore les mulâtres. Qui, maintenant, à la Martinique, dirige le suffrage universel, s'empare de toutes les positions politiques, et cela, il ne faut pas se le dissimuler, dans le but de suivre l'exemple de la République haïtienne? La race de couleur. Quel peut être le moyen de remédier à un pareil état de choses? Il est fort difficile à découvrir; du moins pourrait-on essayer quelques réformes; elles sont, à mon avis, urgentes, si nous voulons conserver nos colonies des Petites-Antilles.

« Un moyen, le plus sûr de tous, consisterait à laisser la race de couleur se détruire par elle-même. Les blancs, renonçant à tout commerce avec les femmes teintées, verraient peu à peu toute cette population se rapprocher de la couleur noire et par conséquent retourner à une existence quasi-sauvage. »

Quel brave cœur! Et quel logicien surtout!

« Mais ce moyen est inapplicable, et qui s'oppose à son application?

« Naturellement la mulâtresse. »

« On peut deviner, « fait encore M. Victor Meignan », « on peut deviner, après ce que j'ai dit tout à l'heure de la constitution ou plutôt de l'absence de la famille chez la race mulâtresse, que parmi les gens de couleur il se trouve deux catégories de personnes, deux sociétés distinctes, si je peux parler ainsi, dont le mode d'existence est absolument différent : les hommes et les femmes.

« Les hommes, presque tous fort intelligents, en tous cas laborieux et animés du même désir d'acquérir l'indépendance nationale, formant un noyau actif, s'entr'aident mutuellement dans les différents travaux utiles qu'ils entreprennent.

« Ils s'occupent le plus souvent de commerce, d'industrie et aussi, comme on le verra bientôt, de politique. Dans toute la Martinique, et principalement à Fort-de-France, tout ce qui est marchand et élu du peuple est mulâtre.

« Tous ceux qui gagnent de l'argent et qui occupent des places publiques, beaucoup même, hélas! de ceux qui obtiennent des fonctions publiques, font partie de la race de couleur. Ce sont des hommes avec lesquels les blancs ne sont guère en rapport que pour les besoins matériels ou les exigences administratives.

« Les femmes de couleur, au contraire, sont beaucoup plus mêlées à la vie de la race blanche. On ne peut pas dire, à la vérité, qu'à la Martinique, les mulâtresses forment réellement une société pouvant être comparée à ce qu'était autrefois la société des femmes européennes ; mais, comme ces dernières n'ont plus été en assez grand nombre depuis quelque temps pour former, à proprement parler, ce qu'on appelle un monde ; comme les blancs, s'ils n'avaient pas fréquenté les mulâtresses, auraient été obligés de vivre dans un cercle exclusivement restreint et presque exclusivement composé d'hommes ; comme ces mulâtresses, d'ailleurs, de commerce fort agréable, ont été flattées de ce rapprochement de la race blanche, il est arrivé que les blancs ont peu à peu fréquenté les femmes de couleur, d'où il résulte un mélange nouveau formant maintenant, n'en déplaise aux quelques rares femmes blanches qui habitent encore Fort-de-France, la véritable société de la ville.

« Cette société et en réalité bâtarde, puisqu'elle est composée de gens d'origine et de positions sociales absolument différentes, puisque le mariage n'intervient jamais ; mais elle n'en existe pas moins au grand jour, aucune autre société ne pouvant lui porter ombrage.

« La mulâtresse, d'ailleurs, possédait toutes les qualités nécessaires pour parvenir à ce rapprochement ; elle est douce, bonne, tendre, surtout joviale, et cela indéfiniment jusqu'à l'âge mûr et la sénilité.

« Comme les mulâtresses n'appartiennent, pour ainsi dire, jamais à une famille légitimement constituée, elles n'ont pas les sentiments des classes et des rangs. Les servantes sont celles qui ont le moins d'argent, mais elles traitent leurs maîtresses d'égales à égales, non seulement dans la maison, mais aussi dans la rue et dans les divertissements publics.

« La mulâtresse est incontestablement un être fort séduisant. Si la pudeur lui manque, ce n'est certes pas à nous à lui en faire un reproche, puisque l'existence même de sa race vient témoigner contre la continence des blancs.... On peut voir par cette description que j'aurais désiré écourter davantage, que la population mulâtresse est loin de disparaître dans nos colonies des Antilles. Faut-il le reprocher aux Européens ou aux femmes de couleur? Ni aux uns ni aux autres, car ils peuvent tous dire, comme le héros de Rabelais : « Dieu me le pardoint ; pourtant que je « n'y pensois point en mal, le mal que j'y pense « me puisse soubdain advenir. »

« Quant aux hommes de couleur, ils ne boivent ni ne jouent ; ils ne perdent pas de vue surtout le but vers lequel ils tendent et travaillent, sans discontinuer, pour parvenir à l'atteindre un jour. Pour améliorer leur situation matérielle, ils prennent tous un état ; ils sont forgerons, restaurateurs, charpentiers ; ils établissent des bazars où vont tous les jours s'approvisionner des blancs plus ou moins oisifs.

« En politique, ils font passer tous les blancs pour d'anciens seigneurs ne rêvant que l'esclavage, et, sans s'occuper un seul moment de l'opinion politique de l'Européen qu'ils dénigrent, ils font des élections une question de couleur cutanée : peu importe le reste. Cachant leurs aspirations véritables sous des noms avoués, ils prétendent voter pour un républicain quand ils votent en réalité pour un homme de couleur. Qu'un ardent légitimiste, presque nègre, se présente aux élections de la Martinique, on l'élira certainement, en chantant peut-être la *Marseillaise*, cela importe peu, mais on l'élira toujours de préférence à un républicain dont la peau serait blanche.

« D'ailleurs, il faut ajouter que si les hommes de couleur sont unis pour atteindre un même but, rien ne s'oppose à l'accomplissement de leurs désirs.

« Les députés, presque tous les conseillers généraux des Antilles, sont des hommes de couleur, et à la Martinique, lors de mon passage, quelques mulâtres faisaient aussi partie de la réunion privilégiée qui s'appelle le conseil privé du gouverneur. Peu à peu toutes les places du gouvernement passent entre leurs mains.

« Quand le conseil général n'obtient pas la démission d'un fonctionnaire blanc arrivant d'Europe, il supprime la fonction, sous prétexte d'économie, puis peu de temps après, rétablit cette même fonction sous une autre dénomination, et la fait remplir par un homme de couleur.

« Encore quelques années, si la politique actuelle se continue, le gouverneur lui-même sera un créole de sang mêlé : de là à la perte de la colonie il n'y a qu'un pas, puisqu'elle sera entre les mains de gens qui, depuis de longues années, auront agi et beaucoup sacrifié en vue de l'émancipation.

Puis M. Meignan, se posant en réformateur radical de l'organisation actuelle des colonies françaises de la mer des Antilles, écrit ceci :

« Je supprimerais les députations de la Martinique et de la Guadeloupe et cela pour deux causes : d'abord, parce que les députés sont nommés par les hommes de couleur, c'est-à-dire par les ennemis des intérêts français ; ces députés ne peuvent qu'induire la Chambre en erreur sur les véritables besoins des colonies et être de véritables instruments agissant au sein même de la métropole en vue de l'indépendance coloniale.

« Je favoriserais de tout mon pouvoir l'émigration des blancs à la Martinique et à la Guadeloupe. Ces blancs arriveraient peut-être en plus grand nombre qu'on ne le pense. Sans doute l'abolition du droit d'aînesse a enrayé l'émigration de nombreux cadets de famille actifs, intelligents et instruits ; sans doute, l'apathie des petits rentiers français qui se contentent de leurs minimes revenus et qui, au lieu de tenter fortune aux colonies, vont toucher chaque mois une somme insuffisante pour leur subsistance, êtres absolument inutiles pour leurs concitoyens, cette apathie paresseuse pourrait sembler faire obstacle à l'accroissement de la population blanche dans nos colonies.

« Mais la preuve qu'on pourrait donner du contraire est le fait de l'émigration au Vénézuela...

« Mais des noirs et de la population mulâtresse, me dira-t-on certainement, qu'en ferez-vous au milieu de toutes ces réformes ? J'établirai ailleurs qu'il est de toute nécessité de faire peu à peu disparaître les noirs, et qu'un péril plus grand encore que la perte de nos colonies doit nous faire regarder cette mesure comme absolument nécessaire.

« Pour arriver à ce but, j'emploierais toutes les ressources et j'userais de toute influence pour pousser au Sénégal ou en Haïti, république nègre indépendante, au moins les noirs non travailleurs, les habitants des cases dont j'ai parlé précédemment. Outre que cette mesure est nécessaire, serait-elle injuste ?... En rendant les nègres soit au Sénégal, terre française où ils seront sûrs de conserver la liberté, soit à la République d'Haïti, où leurs frères se sont affranchis même de la protection européenne, nous n'agirions pas, ce me semble, contre la justice ni contre la charité.

« Une fois les nègres disparus, la population mulâtresse s'accroîtrait beaucoup moins, et qui sait même si elle ne s'évanouirait pas à la longue en se confondant avec les blancs ? »

Et le cas de ces deux familles qui, durant huit générations, se dirigèrent du mulâtre vers le blanc et qui brusquement se mirent à dégringoler du blanc vers le noir, vous l'avez donc oublié, Monsieur le réformateur.

« Et puis, après l'application des réformes dont j'ai parlé, au milieu de la nombreuse population blanche qui habiterait la Martinique et la Guadeloupe, les mulâtres sentiraient leur impuissance et renonceraient à tous efforts en vue de l'indépendance. Peut-être même, en ne voyant plus à leurs côtés les noirs qui leur rappellent sans cesse leur origine, peut-être leur haine contre les blancs parviendrait à s'éteindre, et il ne resterait plus rien de ces deux cauchemars du passé qui se sont appelés la traite des nègres et l'esclavage : misères à la vérité mal connues, mal jugées en Europe, abrogées d'une façon bien légère, mais misères qui ont été cependant la cause d'abus tels et trop nombreux, bien que rares, pour qu'ils ne soient pas à jamais flétris par les générations à venir. » (Victor Meignan. *Aux Antilles*, pages 50 et suivantes.)

C'est le même auteur qui, en 1882, faisait encore insérer les lignes qui suivent dans le journal parisien *Le Français* (n° du 5 Janvier) :

« Nous avons aboli l'esclavage, c'est bien, nous dirons même que ce n'est que juste, mais il n'y a pas là motif à nous enorgueillir ; mais de là à faire de nos anciens esclaves des privilégiés, à leur accorder tous les avantages attachés au titre de citoyen français, en les dispensant de tous les devoirs que ce titre impose, c'est, à notre avis, user de bienveillance jusqu'à la prodigalité. Et cette prodigalité n'est pas exempte de graves inconvénients. »

Là-dessus, il concluait en conseillant de refuser à la colonie de la Martinique l'assimilation administrative à la métropole, assimilation qu'elle réclamait par un vœu de son conseil général.

Passons à un autre mépriseur de la population de couleur aux Antilles. C'est M. de Feissal, l'auteur d'un petit volume qui a paru cette année même à Paris, et sous ce titre : *Des Justices Seigneuriales Parlementaires.*

M. de Feissal s'exprime sur les mulâtres et sur les noirs de la Martinique et de la Guadeloupe, à peu près dans les mêmes termes que M. Meignan. Pas plus que celui-ci, il n'est tendre pour les habitants d'Haïti. Pour appuyer ses dires concernant la République noire, il cite adroitement une phrase détachée du livre de M. Schœlcher sur *Haïti*, publié en 1843. Je transcrirai tout à l'heure le chapitre entier du livre du persévérant abolitionniste.

Voici la phrase que M. de Feissal a habilement citée à l'appui de son argumentation : « A Haïti, l'honorable M. Schœlcher le sait mieux que personne, car il a raconté en partie l'histoire de notre ancienne colonie, la population blanche a été massacrée tout entière : après son extermination, la guerre des races s'est rallumée entre les nègres et les mulâtres. Ces derniers affirment que Toussaint-Louverture a tué 22,000 des leurs, Christophe 15,000, Dessalines 15,000 ; j'emprunte ces chiffres à l'honorable M. Schœlcher qui les considère comme exagérés, mais je consens qu'on en rabatte. J'ignore combien de mulâtres a exterminés Soulouque, combien d'autres ont été massacrés après chacune des luttes qui continuent actuellement encore dans cette île. »

M. de Feissal me paraît peu au courant de l'histoire contemporaine des Antilles.

Tout Haïtien instruit esquissera un sourire moqueur en lisant le passage : « Combien d'autres ont été massacrés après chacune des luttes qui continuent actuellement dans cette île; » car depuis 1848 on n'a jamais eu à déplorer de luttes politiques ayant déterminé des morts d'hommes du genre de celles dont parle le créole blanc de la Martinique.

En passant, je lave la mémoire de Toussaint-Louverture, celle de Dessalines et celle de Christophe. Il était absolument impossible que les deux premiers eussent pu faire massacrer 37,000 personnes de couleur de 1793 à 1807, attendu que, d'après Moreau de Saint-Méry et Mozard, les deux statisticiens les plus dignes de foi de cette époque, il n'y avait alors que 40,000 individus de couleur dans toute l'île.

Les chiffres officiels n'en accusaient même que 28,000 de *tout âge et de tout sexe, et pour toute la partie française de Saint-Domingue.*

Dans le nord d'Haïti où régna Christophe, la population de couleur fut toujours en très minime proportion, comparativement à la population entièrement noire. Christophe n'a jamais commis les crimes que des historiens, payés par ses ennemis après sa mort, lui ont gratuitement prêtés ou que d'absurdes légendes ont fait subsister dans le cerveau des générations.

En Haïti, il n'y a jamais eu qu'une seule guerre à laquelle on puisse décemment donner le nom de guerre de couleur : ce fut celle entre Toussaint et Rigaud en 1800. A vrai dire, les motifs en furent absolument politiques, mais les idées de l'époque et la simplesse ou la malveillance de quelques historiens ont laissé là les motifs politiques pour ne s'attacher qu'à ceux si puérils de la couleur de Rigaud et de la couleur de Toussaint-Louverture.

Dans cette guerre entre le gouverneur de l'île de Saint-Domingue et le général Rigaud, c'est à peine si, des deux côtés, il est mort mille hommes. On sait combien, dans les pays chauds, les imaginations sont toujours portées à tout exagérer.

C'est ainsi que dans la répression de cette émeute du 16 Avril 1848, qui eut lieu à Port-au-Prince, et que les écrivains européens nous jettent à chaque instant à la face, il n'y a jamais eu plus de 100 victimes en morts et en blessés.

On peut affirmer aussi que ni Toussaint-Louverture, ni Christophe, ni Faustin 1er n'ont jamais ordonné aucun meurtre d'un homme de couleur, uniquement parce que celui-ci était mulâtre.

Quant à Dessalines, il se montra toujours l'ami des hommes de couleur, tant au siège de Jacmel, en 1800, que lorsqu'il commandait en chef l'armée de Toussaint-Louverture opérant contre le Sud.

Quand il devint empereur, il fut tellement convaincu de la nécessité de l'union étroite, de la solidarité entre les noirs et les mulâtres, qu'il voulut unir sa fille Célimène à Pétion qui était un homme de couleur.

Soyons justes, soyons impartiaux, disons, pour que s'éteignent les discordes, même historiques, que les chefs mulâtres se sont aussi quelquefois laissé débarrasser des conspirateurs noirs qui les gênaient. Sous Pétion on eut à déplorer la mort tragique de Yayou, celles de Magloire Ambroise, de Delva ; sous Boyer, celles de Darfour et d'Isidor et plusieurs autres encore, et la sanglante répression de l'insurrection de Goman.

Et puis, on dira ce qu'on voudra, n'en est-il pas toujours de même, non pas seulement en Haïti, mais en Europe et dans tous les pays de la terre ?

A nous autres Haïtiens, on nous reproche nos fautes politiques avec une âpreté sans seconde. On voudrait que nous fussions des saints ; on nous reproche de n'être point parfaits, nous qui avons dans les veines du sang trois fois bouillant, sang français, sang africain, sang surchauffé par le soleil des tropiques, sang violent, dont l'étude et la viellesse de la race n'ont point encore endormi les ardeurs. On nous rendra cette justice que jamais nos chefs d'Etat ne furent des empoisonneurs.

Soyez indulgents, ô fils de l'Europe occidentale!

Rappelez-vous — je cite au hasard et sans souci de la chronologie — rappelez-vous les Vêpres siciliennes, la *sainte* Inquisition, les dragonnades des Cévennes, le massacre des Albigeois, la guerre des Deux Roses, le massacre des Strelitz, les sacs des ghettos, les guerres de religion en Angleterre, c'est-à-dire les papistes pendus par les anti-papistes, et les anti-papistes brûlés par les papistes, la Saint-Barthélemy, les journées de Septembre 1792, le 10 Août, la Terreur rouge, le 13 Vendémiaire, le 18 Brumaire, la Terreur blanche, les journées de Juin 1848, le 2 Décembre 1851, le mois de Mai 1871 ; rappelez-vous Simon de Montfort, Jean de Procida, Torquemada, Catherine de Médicis, Marie la Sanglante, Trestaillon, Saint-Arnaud, et... soyez indulgents.

Les guerres civiles, en Europe, furent toujours plus sanglantes que les guerres civiles en Haïti et, toutes proportions gardées, et toutes choses égales d'ailleurs, les acteurs principaux de ces guerres civiles européennes ont toujours été plus sanguinaires, et l'ont été avec une volonté plus froide, plus résolue, plus tenace que Toussaint-Louverture ou Christophe ou Soulouque.

Les Européens se voilent la face et crient à la barbarie quand, au cours ou à la suite d'une guerre civile, qui a eu Haïti pour théâtre, cent à deux cents hommes sont sacrifiés par le parti vainqueur.

A eux qui sont civilisés depuis plusieurs siècles, et qui ne peuvent pas alléguer l'excuse de la chaleur du climat et du sang, la nervosité du tempérament surexcitée jusqu'au paroxysme par la constitution météorologique d'Haïti et par l'état social ambiant, si on leur reprochait les massacres qui ont été commis ces temps derniers encore en Hongrie, en Pologne, en Espagne, en Bulgarie et en Russie ? Si nous, Américains, nous leur reprochions surtout l'Afrique égorgée, pillée, saccagée, ou mise aux carcans pour être transportée en Amérique ; si quelques Haïtiens, qui ont encore du sang indien dans les veines, leur reprochaient l'Amérique entière baignée, inondée du sang de ses autochtones, et Haïti veuve en quarante ans de sa population d'aborigènes ?...

Mais nous n'en faisons rien : les Européens sont chrétiens, catholiques même ; ils ont une morale, et M. Meignan a déclaré qu'on n'en avait point aux Antilles; ils sont de race supérieure, M. Dally le dit et peut-être le croit ; les journaux et les livres, ce sont eux qui les écrivent encore. Donc tout ce qu'ils font est bien fait. On n'a rien à leur reprocher, et même, on ne peut rien leur reprocher.

Nous nous inclinons très bas et très humblement devant votre suprême jugement, Messieurs les écrivains de haute morale et de haute moralité. Vous avez la parole... pour deux siècles encore. Mais après?

Après, il est fort probable que nous fassions comme font en ce moment les Allemands, lesquels reprochent à Charlemagne d'avoir battu Witikind, et comme les Français qui élèvent des statues à Vercingétorix vaincu par César.

On sait que Cicéron tenait les Bretons pour les cerveaux les plus rétifs de son temps ; or, en ce moment, un Breton dont le cerveau est une encyclopédie, et l'esprit d'une finesse à nulle autre pareille, M. Renan, reproche moult choses aux empereurs romains. M. le vicomte de Chateaubriand était aussi quelque peu Breton : il dort à Saint-Malo. Aucuns disent qu'il a écrit un livre intitulé : *Le Génie du Christianisme,* qu'il fut ambassadeur de France à Rome, et qu'il a dirigé des fouilles dans la campagne romaine.

Puis donc, M. de Lamennais ! — Encore un Breton. J'en passe et des plus déliés... pour revenir à mon principal adversaire, à M. Cochinat, et je dis en finissant ce long chapitre : Ce qui est particulièrement écœurant, c'est de voir qu'il se trouve des nègres de peu de foi et de peu d'entendement, comme l'est M. Cochinat, pour faire le jeu de quelques Européens du Moyen-Age, tout à fait déplacés au xixe siècle, comme l'est M. Meignan, ou simplement dévoyés, comme l'est un peu M. de Feissal.

CHAPITRE IV

COSAS DE LAS ANTILLAS

AVANT 1843 ET AU XXIIᵉ SIÈCLE

~~~~~~~~~~

Sommaire. — Donc, citons Schœlcher. — C'est un livre de bonne foi. — Je m'en tiens à la transcription de quelques pages. — Patience et attention sont sœurs. — Deux fractions d'un même tout. — En vérité, je vous le dis, ne falsifiez plus les textes! — Parallèle entre Boyer et Charles X. — D'Inginac à François Manigat.— Ce que j'écrivais en Janvier et en Février 1882.— Et maintenant, sortons d'Haïti. — Voici ce que rapporte M. Othenin d'Haussonville. — Défense d'épouser les négresses et mulâtresses... en légitimes nœuds. — Autres règlements *de justice et d'amour*. — Gardons des preuves authentiques, cela pourra servir!... — Ceci est à l'adresse de M. Meignan. — « Revenons aux hommes de la classe libre. » (Schœlcher.)— Le chapitre XV du volume : *Des Colonies Françaises*. — Il prédit l'assimilation des races. — J'aurais transcrit mille pages, s'il le fallait.

Le passé éclaire l'avenir, répète souvent Monseigneur Tout le Monde (*Herr Omnes*). Pour Vico et pour Michelet, deux historiens, deux voyants qui avaient prédit la résurrection de l'Italie, « l'histoire est une résurrection ». M. Renan est l'auteur de cette pensée : « Pour un esprit philosophique tout est digne d'être connu. »

Donc, citons Schœlcher.

C'est un livre puissant, profond, lumineux, original, riche en renseignements, injuste quelquefois, comme toute œuvre humaine, d'ailleurs, mais malheureusement trop peu connu en Haïti (parce qu'il est épuisé en France et rarissime là-bas), que celui qui a été publié en 1843 par M. Schœlcher et sous ce titre : *Colonies étrangères et Haïti*. C'est un livre de bonne foi, comme eût dit Montaigne.

Au cours du précédent chapitre, j'ai rapporté une phrase empruntée au chapitre V de ce livre et qui a été reproduite par M. de Feissal en son volume : *Justices Seigneuriales Parlementaires*, et dont il a voulu faire un argument contre la prétendue insociabilité des noirs et des mulâtres, livrés à eux-mêmes. M. Schœlcher a si souvent et si victorieusement réfuté cette thèse que je ne puis mieux faire que de l'appeler le plus souvent possible à ma rescousse, lui dont le nom est connu, dont la plume est si éloquente et dont la compétence en ces matières est incontestable, lui qui a consacré toute sa vie à l'étude et à la solution de ces hautes et épineuses questions, de ces grands problèmes de sociologie et d'ethnologie.

Encore que j'en aie grand désir, je regrette vivement de ne pouvoir mettre, à cette place, sous les yeux de mon lecteur tout le chapitre V — il a 26 pages in-octavo — de l'ouvrage du célèbre négrophile particulièrement consacré à mon pays.

Je m'en tiens à la transcription de quelques pages. Je serai obligé d'entrecouper mes citations pour faire quelques réflexions personnelles et donner des renseignements nouveaux sur l'état actuel des choses en Haïti.

Patience et attention sont sœurs.

« Nous avons fait nos preuves, disait M. Schœlcher, en 1843 ; on sait notre vieille et profonde sympathie pour la race africaine, parce qu'elle est opprimée ; on sait nos ardents désirs de la voir offrir au monde un exemple de société régulière. Nous ne saurions donc être accusé de vouloir allumer de mauvaises passions, réveiller de vieilles haines, et nous pouvons parler sans crainte d'être mal jugé. Le vice fondamental, celui qui empêche la jeune République (d'Haïti) de prendre son essor, c'est qu'on y connaît encore deux classes d'hommes... Les colons, en expirant, ont légué à cette terre infortunée le préjugé de couleur. Les insurgés de Saint-Domingue, si fiers au combat, ont rougi après la victoire de la honte que les anciens maîtres attachaient à leurs noms. Au lieu de forcer le monde à respecter ces noms, comme les gueux firent honorer le leur, ils ont voulu les cacher ; et aujourd'hui c'est offenser ce peuple de nègres et de mulâtres que de les appeler *nègres* et *mulâtres!* Ils se nomment noirs et jaunes, parce qu'ils ont gardé pour les vieux titres de l'esclavage le mépris qu'avaient les blancs. L'aristocratie de la peau jaune s'est ensuite élevée sur les débris de celle de la peau blanche. Oui, il n'est que trop vrai, les mulâtres, grâce aux avantages qu'ils avaient sous l'ancien régime d'une petite éducation première, ont prétendu à une certaine supériorité intellectuelle sur les noirs, et ceux-ci leur rendent mépris pour mépris.

« On a beau s'en défendre, il faut le dire tout haut, afin que chacun connaisse bien la pente du précipice, il y a ici deux castes ; et le gouvernement (celui du président Boyer), tel qu'il est, loin de les fondre l'une dans l'autre avec habileté, les a mises en hostilité.

« A la moindre opposition de la classe jaune, le pouvoir, pour se défendre, lui fait entendre ces coupables paroles : « Prenez garde, restons unis, ou les nègres vont nous dévorer. »

« En vain se rapprochent les deux classes dans la vie officielle, elles restent séparées de fait. Je ne dis pas que leur éloignement l'une de l'autre est chose avouée, je dis qu'il existe. Extérieurement, les relations entre noirs et jaunes sont sur un pied d'égalité parfaite ; hors du *forum* ils vivent à part. J'ai assisté à des bals, à des dîners, et nulle part je n'ai vu de mélange. J'ai été reçu dans quelques familles, et dans aucune je n'ai vu de mariages de fusion, du moins sont-ils tout à fait exceptionnels. »

Aujourd'hui ces mariages de fusion ne sont ni

exceptionnels, ni même rares. Dans les bals, dans les dîners, dans les cercles, dans les fêtes officielles, dans les réunions artistiques et littéraires, elle existe cette égalité parfaite entre noirs et jaunes qui n'existait avant 1843 « *que dans le forum* ».

Ce mouvement, commencé avec le gouvernement de Faustin 1er, a continué sous Geffrard et se continue depuis lors.

« L'ignorance générale, on le conçoit sans peine, disait encore M. Schœlcher, contribue à entretenir ce funeste préjugé. Des jeunes gens de couleur, bons et sincères, nous ont avoué qu'en conscience ils se croyaient foncièrement et organiquement supérieurs aux nègres, quoique, par une inconséquence que l'orgueil explique très bien, ils ne se croient pas inférieurs aux blancs. Et chez ces jeunes gens, nous le pouvons attester, il y avait bien moins de sotte vanité qu'une absence complète de principes philosophiques, par suite d'un défaut total d'instruction. En effet, ceux qui ont été élevés en Europe ne partagent point de telles erreurs. »

Le nombre de ceux qui ont été élevés en Europe s'est énormément accru depuis lors, et ils n'ont pas peu contribué à s'inscrire tous pour faire la guerre à l'inepte coutume qui consistait à séparer deux fractions d'un même tout.

« D'autres nous ont dit qu'ils n'épousaient pas

de négresses parce qu'elles étaient trop peu éclairées ; mais nous ne les avons pas crus, car l'éducation des femmes étant ici absolument nulle, il n'y a pas une seule demoiselle de couleur qui ait un esprit plus cultivé qu'une demoiselle négresse. Jaunes ou noires, les Haïtiennes qui savent lire couramment sont des exceptions. »

« Tout cela est aujourd'hui changé ou en voie de changement. Les progrès accomplis dans l'instruction publique en Haïti depuis tantôt vingt-cinq ans sont vraiment merveilleux. « Les enfants des autres villes de la République, ai-je dit, se rendent en foule à la capitale pour y achever leurs études ; les écoles rurales couvrent l'île, et des jeunes filles même traversent le large Atlantique pour venir compléter leur éducation en France (1). »

Actuellement, et dans les villes, les enfants du peuple qui n'ont pas passé par l'école primaire sont peu nombreux. Malheureusement on ne les force pas à y rester assez longtemps. Le ministre actuel de l'Instruction publique va bientôt appliquer en Haïti la loi sur l'enseignement primaire obligatoire qui vient d'être votée par le Parlement français. Le certificat d'études primaires sera bientôt exigible avant que l'enfant puisse quitter les bancs de l'école.

---

(1) *Les Détracteurs de la Race noire.* Paris, 1882, pages 19 et 22.

« Qui faut-il accuser de cette scission ? continuait M. Schœlcher. Ne sont-ce pas les sang-mêlés qui en sont les vrais coupables ? N'était-ce pas à eux à dissiper les ténèbres, puisqu'ils étaient les plus éclairés, puisqu'ils avaient le pouvoir en main ? Pourquoi existe-il deux couleurs aujourd'hui qu'ils commandent quand, aux jours des batailles, la nation ne faisait qu'une armée de frères ? Lorsque la Constitution de 1804, celle qui accompagna l'acte d'indépendance, déclare « que tout Haïtien sera connu sous la dénomination générique de noir » (1), lorsque, sous Dessalines, tous les mulâtres se vantaient d'être nègres, pourquoi ont-ils fait qu'un ennemi puisse encore trouver des éléments de troubles dans ces tristes et fatales distinctions ?... C'est dans le fait du gouvernement de couleur qu'il faut chercher l'origine de l'établissement de ces divisions. Il a dû, pour se soutenir, devenir une faction, créer à son profit des intérêts différents de ceux du peuple, et c'est là aussi l'origine et l'explication de son affreuse politique. Redoutant les masses noires, il éloigne d'elles avec soin l'éducation qui leur donnerait le sentiment de leur dignité ; il les abandonne à un clergé corrompu auquel elles

---

(1) « Toute acception de couleur parmi les enfants d'une seule et même famille dont le Chef de l'Etat est le père, devant nécessairement cesser, les Haïtiens ne seront désormais connus que sous la dénomination générique de noirs. » Article 14 de la Constitution de 1804.

ont foi et qui les démoralise ; il les maintient dans la paresse, qui affaiblit le corps ; dans l'ignorance, qui appauvrit la tête, afin de les dominer toujours sans qu'elles aient la pensée ni la faculté de songer à reprendre la puissance. La nation, caressée dans les goûts d'indolence communs à tous les peuples sans lumière, aime un pouvoir qui flatte ses vices ; et plus elle dégénère, plus son abrutissement sert à la rendre maniable. La pauvreté, la paresse et l'ignorance sont devenus des moyens de gouvernement dans les mains de cette administration sacrilège. Les esprits plus nobles qui tentent de sauver le pays ne trouvent nul ressort dans les âmes, ou sont bien vite écrasés par une armée nombreuse dont la stupidité assure l'aveugle obéissance.

« Avilir et dégrader un peuple pour le dominer, c'est la conception la plus hideuse qui se puisse imaginer. Eh bien ! c'est ce qu'on voit en Haïti. Christophe assassinait comme un barbare, Boyer infiltre lentement le poison comme un bourreau raffiné.

« Si l'on en croit ce que disent encore aujourd'hui les jaunes, Toussaint a tué 22,000 mulâtres, Christophe 15,000 et Dessalines 15,000 ; à eux trois 52,000 ; personne n'ignore cependant que la population jaune de Saint-Domingue, y compris les femmes et les enfants, ne s'élevait pas à plus de 40,000 âmes en 1789, et qu'il en périt un grand nombre dans leurs démêlés avec les blancs ! »

Que mon lecteur veuille relire la citation faite en l'autre chapitre de cette précédente phrase par M. de Feissal. Il pourra se convaincre par lui-même de l'excessive bonne foi avec laquelle il l'a tronquée. — Il commence à faire mauvais de falsifier les textes quand il s'agit de l'Histoire d'Haïti. Les Haïtiens commencent à avoir l'outrecuidante prétention de ne plus vouloir qu'on défigure la vie de ces grands cœurs qui, de leur sang, leur ont fait une patrie.

« Rigaud, d'après Schœlcher, Rigaud souleva malheureusement une guerre de caste entre les émancipés. Il y eut beaucoup de sang répandu de part et d'autre, et les mulâtres, qui n'épargnèrent pas les nègres quand ils le purent, accusent aujourd'hui les chefs noirs d'avoir voulu les exterminer. Une preuve sûre que les nègres ne le voulaient pas, c'est qu'ils ne l'ont pas fait, car ils étaient dix contre un, et si les mulâtres comptaient chez eux les intrépides par centaines, les nègres trouvaient au milieu d'eux des téméraires par milliers. Rien n'est donc moins démontré que la prétendue volonté qu'auraient eue Christophe, Toussaint et Dessalines d'anéantir la race jaune; mais il est constant que Boyer, à l'imitation de Pétion, assassine intellectuellement la race noire.

« Le gouvernement de Boyer est quelque chose de bien plus infâme qu'un gouvernement de violence et de compression. Il n'est pas arrivé au despotisme en brisant les membres du corps populaire, mais en l'affaiblissant ; il ne tue pas, il énerve. »

A l'excuse du gouvernement de Boyer, on peut alléguer que le roi Charles X, son contemporain, ne pensait pas autrement que le président haïtien sur le chapitre de l'éducation du peuple.

Que si Boyer, dans un but de politique étroite, fit fermer l'Université de Santo-Domingo, ainsi que les Académies et les écoles que Christophe avait fondées dans le Nord, Charles X fit fermer l'École normale à Paris : cela, parce qu'il craignait l'esprit libéral de cette école.

La loi en vertu de laquelle fut établie une école primaire dans chaque commune de France est de 1833 ; auparavant ces écoles étaient très peu nombreuses et surtout très inégalement réparties sur tout le territoire du royaume français. Certes, Haïti, dont l'indépendance était reconnue depuis 1825 seulement, et dont beaucoup de ceux qui l'administraient alors avaient été élevés au temps monstrueux de l'esclavage, pouvait, jusque dans une certaine mesure, ne pas être plus avancée, sur ce point, que son ancienne métropole, et moins qu'elle comprendre les bienfaits d'une éducation nationale généralisée. N'oublions pas qu'Haïti était écrasée de 1825 à 1838 sous le poids d'une dette de 150 millions, et de 1838 à 1843 de 60 millions ; n'oublions pas que son Budget général, à cette époque, oscillait entre 13 à 20 millions en moyenne. Qui ne sait d'ailleurs que le mouvement de la culture intellectuelle des masses part des Etats-Unis et que l'Europe ne l'a adoptée que depuis cinquante ans?

Je ne veux nullement faire l'apologie du gouvernement de Boyer, mais la philosophie historique et l'histoire comparée veulent qu'on tienne compte des tendances philosophiques durant le règne desquelles un homme d'Etat est né, a grandi, a vécu et a fourni sa carrière politique.

On a prêté aux divers chefs qui ont gouverné Haïti foule de mots absurdes ou puérils, mots faits après coup et auxquels, certainement, on ne peut accorder aucune créance tant ils sont invraisemblables d'ineptie, de lâcheté ou de méchanceté.

Je n'hésite pas à dire, pour ma part, que Boyer fut plus ignorant des véritables intérêts d'une démocratie naissante ou entraîné par les circonstances et les préjugés de son époque que dominé par les siens propres et sciemment pervers.

En tout cas, aujourd'hui, en 1882, voici ce qu'on peut lire dans l'*Exposé général de la situation* fait au Parlement haïtien, le 6 Juillet dernier, par le général Salomon, président d'Haïti :

« Du jour où l'Assemblée Nationale, dans la li-
« bre manifestation de sa volonté, m'appela à la
« présidence de la République, je n'ai jamais perdu
« de vue qu'il incombait à mon gouvernement

« d'ouvrir à la jeunesse haïtienne les portes des
« écoles nationales... Il comprend avec vous, Mes-
« sieurs, que seule l'instruction publique est la
« gardienne de l'autonomie des jeunes Républi-
« ques... Répandre l'instruction dans les couches
« les plus profondes du peuple, faire suivre aux
« masses le mouvement ascensionnel du progrès,
« c'est non seulement défendre les principes éter-
« nels de l'humanité, mais c'est encore illuminer
« d'un rayon de bonheur la nuit ténébreuse de
« l'ignorance et de l'erreur... Le pays s'impose de
« lourds sacrifices pour faire triompher l'œuvre
« de moralisation qu'il a entreprise... Répandons
« à pleines mains les bienfaits de l'enseignement
« sur les populations des campagnes, si dignes à
« tous égards de la sollicitude du gouvernement.
« Excitons leurs sympathies en faveur de l'instruc-
« tion publique, en leur faisant comprendre qu'elles
« doivent largement en bénéficier. Voilà la sainte
« croisade à laquelle je convie tous ceux qui portent
« à la Patrie un intérêt sincère. Plusieurs écoles
« rurales nouvellement créées sont venues aug-
« menter le nombre déjà existant. Si jusqu'à ce jour,
« nous sommes encore loin d'atteindre le chiffre
« de cinq cent deux (502) voté par les Chambres,
« cela tient à la grande difficulté qu'entraîne la
« construction des locaux destinés à recevoir les
« directeurs. »

D'après ce document officiel et tout récent, le tableau des douze circonscriptions scolaires de la République offrait 105 écoles urbaines de garçons, 97 écoles urbaines de filles et 226 écoles rurales, toutes ensemble donnant une instruction *absolument gratuite* à 17,197 enfants dans les villes et à 6,548 enfants dans les campagnes; soit en tout à 23,745 élèves.

Le document officiel ne donne pas le chiffre des élèves qui fréquentent les écoles supérieures de demoiselles, les écoles particulières de garçons et de filles, les lycées de la République, le Séminaire-Collège de Port-au-Prince, l'École de Musique, les Écoles de Peinture, de Pharmacie et de Médecine établies à la Capitale.

Et l'exposé ajoute : « A côté de tout ce qui a été « fait il reste au gouvernement beaucoup à faire ! « A mi-chemin il découvre toute l'étendue qu'il lui « reste à parcourir : des horizons nouveaux s'ou- « vrent devant ses regards. »

Ces horizons seront franchis, car le ministre actuel de l'Instruction publique, M. François Manigat, avec « *l'activité dévorante et la volonté inébranlable qu'il met au service de sa patrie, relèvera l'instruction publique en Haïti* ». On peut l'en croire, car il comprend toute la grandeur de sa tâche, toute la beauté, toute l'immensité et toute la sainteté de sa mission.

M. Schœlcher reprenait encore — en 1843 — :
« Dans les querelles entre noirs et jaunes portées

devant le président de la République, Pétion donnait toujours raison au noir presque sans examen, disant ensuite à l'homme de sa caste : « Vous savez bien qu'il faut ménager ces gens-là. » Et pour première preuve qu'il avait tort d'accepter le pouvoir, lui, homme jaune, au milieu d'un peuple nègre, il répondait à ceux qui lui reprochaient sa conduite : « Eh ! ne voyez-vous pas que le colosse noir est prêt à nous écraser, et que nous ne pouvons le dompter qu'en le flattant. » Les gouvernements de Pétion et de Christophe usèrent beaucoup de papier à s'accuser l'un l'autre. Les écrivains de la République appelaient Christophe un monstre et ceux du royaume appelaient Pétion un lâche. Le général Prévost, un des ministres de Christophe, écrivit entre autres, le 18 Février 1815 : « Pour combattre le roi, qui voulait faire avec raison de cette guerre une guerre de couleur, et pour miner en même temps sa puissance, qui développait une grande sévérité d'organisation, Pétion laissait faire aux noirs tout ce qui leur plaisait ; et plus l'autre sévissait pour obtenir l'ordre, plus Pétion relâchait. Il put ainsi tenir contre un ennemi plus actif, plus entreprenant, mais, ce fut au prix de la moralité de son peuple qu'il corrompit en ne lui imposant aucun frein, en ne lui donnant aucune bonne habitude à l'époque même où, jeune encore, il était plus opportun et plus facile de les lui inculquer. »

Et M. Schœlcher ajoute :

« S'il est quelque chose de plus haïssable qu'un civilisateur tyran et sanguinaire, n'est-ce pas un chef de peuple qui déshonore la liberté et avilit l'espèce humaine en donnant carrière aux vices de la licence ?

« Et, il faut le dire, cette politique de laisser passer, qui fut celle de Pétion, qui est celle de Boyer, devra rester celle de tous ceux de leur caste qui les remplaceraient. C'est le châtiment infligé à l'ambition de la classe de couleur de ne pouvoir régner que par la misère sur l'ignorance, au milieu des ruines. Il ne faut pas s'y tromper, en effet, si la République est tombée au degré où on la voit sous l'administration des hommes jaunes, ce n'est ni à leur *incapacité*, ni à leur *méchanceté natives*, comme disent les ennemis du sang africain, qu'il faut s'en prendre, mais à leur position. Tant qu'ils conserveront le pouvoir, ils seront invinciblement condamnés par la peur à perpétuer la licence. Ce que nous disons est si vrai que bien des gens de cette classe, qui sentent le mal et déplorent la honte de leur état, n'osent remuer et s'arrêtent dans tout projet de réforme, parce que, disent-ils, « si nous renversions la puissance qui étouffe la République et nous perd dans l'opinion du monde civilisé, la révolte tournerait au profit des noirs ».

« Ayez donc, vous, hommes jaunes, le courage d'abandonner les rênes, puisqu'il vous est impossible de conduire le char. Songez que vous ne pourrez jamais rien faire de bien, et que *toute action énergique que vous voudriez exercer, pour relever le peuple noir avili, serait considérée par lui comme un acte d'oppression de l'aristocratie mulâtre, et le mènerait à la révolte* (1). Tant que le gouvernement normal d'Haïti, un gouvernement de la majorité, c'est-à-dire un gouvernement noir, ne sera pas établi, la République vivra d'une vie précaire, fausse, misérable et sourdement inquiète. Laissez venir un nègre et tout change de face. Il peut attaquer les vices de front sans rien craindre, il peut agir avec vigueur, car *les masses ne sauraient avoir contre lui les défiances toujours éveillées qu'il vous faut redouter, les susceptibilités qu'il vous faut ménager* (2).

« *Quant aux violences meurtrières, dont, sincèrement ou non* vous vous alarmez, elles ne semblent plus possibles, d'abord parce que les mœurs adoucies y répugnent naturellement, et ensuite parce que les noirs, formant les sept huitièmes de la population, n'auront rien à craindre d'une minorité devenue paisible et bienveillante.

« La société haïtienne secouerait alors rapidement la dégradante torpeur où elle végète, et les

---

(1) Ces mots sont soulignés dans Schœlcher.
(2) Ceux-là aussi sont soulignés dans l'ouvrage de M. Schœlcher.

hommes de bonne volonté oseraient attaquer les abus, sans avoir peur des révolutions dont un peuple inculte pourrait mal user.

« Qu'avez-vous fait pour la jeune nation que vous vous êtes chargés de conduire ? Plus d'écoles : celles que Toussaint et Christophe avaient ouvertes, vous les avez fermées volontairement ; plus de routes, plus de commerce, plus d'industrie, plus d'agriculture, plus de relations avec l'Europe, plus d'organisation, plus de société, plus rien, il ne reste rien. Saint-Domingue a disparu, mais Haïti n'est pas encore. La République s'est arrêtée au milieu des décombres laissés par la guerre de l'Indépendance. N'est-ce pas vous, vous seuls, ses chefs actuels, qui l'avez frustrée des progrès dont elle devait réjouir l'humanité, de la couronne de civilisation dont son front noir est encore tristement privé ?.....

« Les intérêts et la gloire de la nation, comme votre propre salut, exigent le sacrifice que nous vous demandons ; il sera beau, car vous êtes les plus forts aujourd'hui ; on vous louera d'abdiquer pour la République. Si vous ne renoncez pas de vous-mêmes, vous ne sortirez pas de la fange d'une semi-barbarie et vous tomberez tôt ou tard avec l'anathème du monde civilisé. Ne le savez-vous pas : l'obscurantisme n'a qu'un temps et il n'est plus de boisseau que la lumière ne puisse incendier ? Les noirs éclairés gardent un morne silence ; ils n'expriment pas une plainte, mais ils observent et rien ne leur échappe. « On prend, disent ceux qui consentent à livrer leur pensée, on prend, il est vrai, de temps à autre, quelques-uns d'entre nous pour les placer, afin de ne nous point trop blesser ; ceux de nos vieux généraux de l'indépendance que l'on n'a pas fusillés n'ont pas perdu leurs grades. Mais pourquoi la classe jaune remplit-elle les principales fonctions, les ministères, les sièges des tribunaux, toutes les avenues du pouvoir ? Pourquoi, elle seule tient-elle les clefs du pays ? Pourquoi, dans le Sénat composé de vingt-quatre membres, compte-t-on seulement quatre ou cinq nègres ? Nous sommes en immense majorité dans la nation, en très petite minorité dans les charges publiques, la proportion ne se rétablit que dans les geôles et dans les bas rangs de l'armée. En vérité la balance n'est pas égale, et elle restera longtemps inégale, car loin de préparer un meilleur avenir pour nos enfants, par un bon système d'instruction générale, on éloigne de nous la lumière..... »

« Les jeunes gens de la classe privilégiée, fait en terminant le négrophile français, valent mieux que les vieillards. Ils ont une intelligence plus large des besoins de la patrie ; ils pourront peut-être la sauver quand les affaires tomberont naturellement entre leurs mains. Nous en avons connu plus d'un qui regardent comme un devoir de réparer le mal de leur gouvernement, et qui veulent mettre des talents réels au service des idées les plus généreuses. Puissent-ils réussir bientôt ! Il suffit d'un jour, d'une heure, d'une volonté heureuse pour acheminer d'un seul coup vers la civilisation ce peuple, le meilleur et le plus docile de la terre (1). »

Cette volonté heureuse que M. Schœlcher demandait en 1843, nous l'avons eue dans le président Geffrard. Nous l'avons à nouveau, incarnée dans la personne du président actuel, le général Salomon.

Saladin Lamour (*Vie d'Alexandre Pétion*) et Alexandre Bonneau (*Haïti. Ses progrès. Son avenir*) ont déjà effleuré ces questions et n'ont point conclu sur elles de la même façon que M. Schœlcher.

Voici ce que j'écrivais en Janvier 1882 : « Haïti est actuellement gouvernée par des hommes d'Etat probes, éminents, et qui ont déjà fait leurs preuves comme patriotes et comme administrateurs. Ils ont lancé leur pays pour toujours, espérons-le, dans la voie de la civilisation ininterrompue, de la paix et du travail.

« Depuis quelque temps, Haïti fait partie de l'Union internationale des postes, de l'Union mo-

---

(1) V. Schœlcher. *Colonies étrangères et Haïti*. Paris, 1843. Chapitre V, pages 219 à 245.

nétaire latine, de l'Union du Mètre Français. La République possède aussi une Banque nationale en plein fonctionnement. »

Et, en Février dernier, je signale la page suivante que je détache du volume intitulé *les Détracteurs de la race noire et de la République d'Haïti* : « D'un autre côté, en Haïti, les subtiles distinctions de castes et de couleur qui avaient été soigneusement établies dans un but politique par les colons français et machiavéliquement maintenues par les agents de la métropole dans l'ancienne Saint-Domingue — par l'agent Hédouville, entre autres — ces puériles, mesquines et absurdes distinctions de castes ou de couleur ont presque complètement disparu.

« Elles ont disparu devant la lumière qui s'est faite dans les cerveaux — résultat dû à la propagation de l'instruction publique — et devant l'unification du type haïtien, unification qui est l'œuvre du croisement qui s'est opéré et s'opère chaque jour davantage entre les enfants de Quisqueya, entre les membres qui composaient la majorité et la minorité de la famille haïtienne au moment de la formation politique de l'Etat d'Haïti.

« Aujourd'hui, dans la grande République noire de la mer des Antilles, c'est à peine si le sociologue, ce physiologiste de la société, peut, d'une oreille exercée et attentive, arriver à percevoir en auscultant le poumon du peuple, les râles affaiblis — râles de convalescence, *crepitans redux* — de cette maladie qui s'est nommée *préjugé de caste*. C'est à peine si l'œil sagace de l'homme d'Etat, ce psychiâtre d'une nation, peut rencontrer et observer dans les moments de crises politiques aiguës (élections législatives, élections présidentielles) des cas sporadiques de cette curieuse et singulière maladie de l'intelligence qu'on appelle *préjugé de couleur*. Cela ne se peut observer que chez quelques rares esprits bornés, superficiels, ignorants ou monstrueusement pervers quoique éclairés, ou bien encore dans quelques âmes faibles, emplies de visions ou de chimères et affolées par la peur de dangers imaginaires.

« Aujourd'hui — si les Haïtiens instruits pouvaient avoir des préjugés — on pourrait dire qu'il n'y a plus à Quisqueya qu'un seul préjugé : celui du savoir (1). »

Et maintenant sortons d'Haïti.

Il y a un autre livre de M. Schœlcher dont je recommande vivement la lecture à mes compatriotes et à mes congénères, à quelque nationalité que ceux-ci appartiennent : c'est le volume qui

---

(1) *Les Détracteurs de la Race noire*, etc., chez Marpon et Flammarion, éditeurs. Paris.

a été publié en 1842 et qui a pour titre : *Colonies françaises.*

La question des préjugés de couleur y est traitée avec une vigueur de touche et une science dont on chercherait vainement les traces chez tous ces virtuoses du lieu commun et de la banalité qui se donnent trop souvent la mission de découvrir les Antilles et de les présenter à l'Europe... après Christophe Colomb, Herrera, Dutertre, Charlevoix, Moreau de Saint-Méry et Dessales.

Au chapitre XIII de ce volume, celui qui, en 1848, devait abolir l'esclavage dans les colonies françaises, s'exprimait ainsi sur le compte du préjugé de couleur qui règne dans ces colonies depuis Louis XIV :

« Avant de passer outre, nous croyons utile d'envisager ce préjugé entièrement spécial aux colonies.... Le préjugé de couleur était indispensable pour une société où l'on introduisait des esclaves d'une autre espèce d'hommes que celle des maîtres. Le salut des maîtres blancs, disséminés au milieu d'un nombre tricentuple d'esclaves noirs, résidait dans la fiction de leur supériorité sur ces derniers, et par suite dans la seconde fiction de l'inhabileté des noirs à jamais acquérir cette supériorité. Il dérivait de là forcément que tout individu qui aurait du sang inférieur dans les veines ne devait plus pouvoir aspirer à l'égalité avec ceux de la classe à sang noble : la dégradation du mulâtre n'était qu'un écho de l'asservissement du noir; une nécessité de logique.

« Afin d'échapper à l'ignominie, les gens de couleur, qui ne se piquèrent jamais de réagir contre le mal tout d'imagination dont ils étaient frappés comme leurs mères, firent individuellement de grands efforts, dès le principe, pour se déclarer de race indienne (les Indiens n'étant point en esclavage on n'avait pas eu besoin d'avilir leur sang, et ils ne cessèrent jamais de jouir de tous les privilèges attribués à la race blanche); mais les mulâtres, à moins d'employer d'actifs moyens de corruption dans les bureaux de la métropole, ne parvenaient point à obtenir l'honneur d'avoir été portés dans les flancs d'une caraïbesse plutôt que dans ceux d'une négresse.........

« Par rapport au préjugé, comme sur tout autre point, nous ne sommes ni plus ni moins avancés que les autres nations. Nous sommes même d'une mansuétude admirable, comparativement aux Américains, que l'on peut considérer, il est vrai, comme les maîtres les plus farouches de la terre. Dans l'Etat du Mississipi il y a encore cinquante prétendus crimes pour lesquels un esclave peut être mis à mort, il n'y en a que douze pour les blancs ! En Virginie, environ soixante-dix pour les noirs, pas un n'expose les blancs.... En vertu d'un acte de 1830, passé à la législature de la Louisiane : « Tout blanc convaincu d'avoir écrit ou imprimé des pièces, ou tenu des propos tendant à affaiblir le respect prescrit aux gens de couleur envers les blancs, ou à effacer la ligne de démarcation que la loi a établie entre les diverses classes de la société, est condamné à l'amende, à l'emprisonnement, et, l'emprisonnement expiré, à l'exil. »

On peut croire que le préjugé de couleur disparaîtra de toute la terre, quand on aura suivi partout où il a existé l'exemple que trace en ce moment la République des Etats-Unis : « Quand on pénètre dans une salle d'école à Boston, une chose frappe d'abord la vue : c'est la grande quantité d'enfants nègres mêlés aux enfants blancs. Ces petites têtes crépues, avec leurs dents blanches et leurs yeux brillants, donnent un aspect très pittoresque à l'école. Ce ne sont pas les élèves les moins intelligents et les moins précoces, ni ceux dont les maîtresses se louent le moins. » (Othenin d'Haussonville. *A travers les Etats-Unis*. — *Revue des Deux Mondes*, Septembre 1882.)

Autre fait qui marque le chemin accompli dans ces dernières années :

« Il commence à se former dans le Sud des Etats-Unis des écoles mixtes, où les enfants blancs et les enfants noirs s'asseyent sur les mêmes bancs. *L'Atlantic* croit que ce mélange, qui est encore à l'état d'exception, ira en se généralisant. On cite l'exemple d'une école blanche, où quelques enfants de couleur furent admis peu de temps après la guerre de Sécession. La moitié des élèves blancs quittèrent le jour même ; mais peu à peu ils revinrent, et, depuis lors, les deux races ont vécu côte à côte, en classe, au réfectoire, à la chapelle. Il y a eu quelques difficultés au début; aujourd'hui les relations sont parfaitement cordiales.

« Les écoles mixtes permettent de comparer les facultés intellectuelles des deux populations. Les nègres apprennent le commencement de toute chose avec une rapidité surprenante ; mais, jusqu'à présent, ils semblent peu propres aux études qui exigent une tension de l'esprit forte et prolongée. Cela viendra peut-être, quand ils auront derrière eux plusieurs générations cultivées. Ils sont doués pour l'éloquence d'une façon merveilleuse. On rencontre parmi eux un grand nombre d'orateurs du premier ordre qui, sans savoir un mot du sujet dont ils parlent, ont le don de persuader et d'entraîner la foule. » (*L'Instruction publique aux Etats-Unis. — Revue Politique et Littéraire* du 23 Septembre 1882.)

Plongeons plus avant dans cet océan de fange morale.

Autrefois, dans les colonies françaises, il était défendu aux blancs d'épouser les négresses... en légitimes nœuds. — Ordonnance du 20 Avril 1711, renouvelée en 1778 et décret du Premier Consul du 30 Pluviôse an XI. — Un règlement en date du 30 Avril 1764, en son article 16, fait défense expresse « aux nègres et à tous gens de couleur, libres ou esclaves, d'exercer la médecine ou la chirurgie, ni de faire aucun traitement de malade, sous quelque prétexte que ce soit, à peine de 500 livres d'amende pour chaque contravention et de punition corporelle selon l'exigence des cas ». Un arrêt du 9 Mai 1765 défend d'employer les gens de couleur dans les offices de notaires, greffiers, procureurs et huissiers. Un arrêt du 14 Octobre 1726 empêche à un mulâtre d'avoir la tutelle d'une blanche « vu sa condition ».

Il fut défendu aux hommes de couleur, même libres, de s'habiller comme les blancs (règlement d'administration du 9 Février 1779). L'article 6 du règlement du 6 Novembre 1782 fait défense expresse aux curés et officiers publics de qualifier aucunes gens de couleur, libres, du titre de *sieur* et *dame*. « En 1762, les arrivages de farine ayant manqué, il y eut au Cap une espèce de disette à propos de laquelle le juge de police de la ville prit, le 17 Avril, un arrêté qui défendait aux boulangers de vendre du pain aux gens de couleur, même libres, à peine de 500 livres d'amende... « La religion catholique, elle-même, dit Schœlcher, malgré ses prétentions à la fraternité, s'est humblement mise au service de l'œuvre diabolique. Dans les cimetières qu'elle consacre, dans ce dernier asile des hommes, dans ces domaines du néant où la véritable égalité commence, elle a permis qu'il y eût le côté des libres et le côté des esclaves : elle a ouvert deux portes, celle des libres et celle des esclaves ! La destruction seule, en réduisant tout en poudre au sein de son mystérieux empire, parvient à rapprocher maîtres et serviteurs pour l'éternité !... » (Page 183. *Des Colonies françaises.)*

Au chapitre XIV, on lit encore : « Le préjugé de couleur est aussi vivace que jamais et porté à un point dont il faudra garder des preuves authentiques, si l'on veut que l'avenir y croie. On voit aux colonies des gens froids, calmes, éclairés, sans aucune bizarrerie d'esprit, en un mot dans tout leur bon sens, qui ne consentiraient pour rien au monde à dîner avec un nègre ou un sang-mêlé quel qu'il fût.

« Lorsqu'au théâtre de la Guadeloupe nous vîmes toute la salle battre des mains à l'*Antony* de M. Alexandre Dumas, nous ne pûmes réprimer un mouvement de pitié, en pensant que ceux-là mêmes qui applaudissaient à l'œuvre se croiraient déshonorés s'ils rencontraient l'auteur dans un salon, et que toutes ces femmes, si émues à l'entendre peindre les passions qui les agitent, rougiraient de honte, seulement à l'idée de figurer avec lui dans une fête. Des créoles se sont engagés, avec quelques capitaines de navire, à passer sur leurs bords, à la condition que ces capitaines n'y prendraient jamais des gens de couleur. Un homme de cette classe ne saurait entrer dans un café, sans que ce soit matière à scandale. Pendant notre séjour à la Guadeloupe, il y en eut un qui vint dîner à l'hôtel de la Pointe-à-Pitre ; il était si blanc de peau que le restaurateur le tint pour un honnête homme, mais quelques habitués l'ayant reconnu, ils exigèrent qu'on l'engageât à ne plus revenir si l'on voulait les conserver eux-mêmes. »

Le passage suivant est pour qu'on le mette sous les yeux de M. Meignan et de ceux qui pensent comme lui.

En 1842, les hommes de couleur et noirs libres étaient, à la Martinique et à la Guadeloupe, dans un état de misère que M. Schœlcher attribuait à deux causes : « d'abord leur naissance, leur déchéance sociale, ensuite la politique de l'ancien système, qui, voulant leur abjection et craignant qu'ils n'acquissent trop de force par l'argent, leur ferma les portes de l'éducation et des richesses, en les déclarant inhabiles à hériter des blancs et à recevoir des donations ». (Lettres patentes du roi, 5 Février 1726.)

L'auteur que je cite raconte encore que, vers 1842, le conseil de la Guadeloupe laissa fermer une institution d'enseignement supérieur qu'avait fondée dans cette île M. l'abbé Angelin, en lui refusant une subvention, car : « Ou l'institution deviendrait publique, et alors elle périrait sous l'influence de répugnances sociales que le temps n'a point encore effacées (ainsi parlait le procureur-général), ou elle conserverait le caractère d'une institution particulière; mais alors comment justifier une avance faite dans l'intérêt d'une partie de la population sur un fond auquel tous contribuent?... »

« Mais le même conseil qui vient de refuser l'allocation, parce que les jeunes gens de couleur pourraient s'instruire, ose voter tous les ans des fonds pris sur les contribuables de toutes couleurs (10,000 francs, je crois), pour une espèce de couvent des dames de Saint-Joseph où ne sont élevées que des filles blanches, et dont il nous est assuré que les portes sont fermées aux filles sang mêlé! Bien mieux, quoique ces couvents relèvent comme nos collèges de l'administration, qui peut y disposer de dix bourses, l'action des blancs sur elle est si puissante, le vieux système colonial est encore si respecté, qu'à la Guadeloupe comme à la Martinique, l'autorité circonvenue, incertaine, pusillanime, n'a jamais eu le courage ni l'équité d'en donner une à quelque pauvre fille négresse. On ne sait vraiment de quoi s'étonner davantage, ou de voir les gouverneurs et directeurs des colonies se faire ainsi les complices des gothiques prétentions d'une caste peu généreuse, ou de voir la métropole ne leur pas imposer la justice au moins en cela.

« Ces indignes faiblesses du pouvoir colonial vont jusqu'à l'inhumanité. A Saint-Pierre, l'hospice d'orphelins et d'enfants trouvés ne reçoit que des blancs, et repousse impitoyablement tout petit malheureux de couleur.

« Ceux-là ont toujours, à quelque âge que ce soit, la ressource de se faire domestiques. » C'est ce que nous répondit *la sœur* de Saint-Joseph qui nous accompagnait dans notre visite à l'hôpital. Bonne sœur !...

« Revenons aux hommes de la classe libre : il faut qu'un abolitionniste le leur dise, il est urgent de l'avouer, dans la lutte sourde qui a lieu sur la terre des Antilles, ils nuisent eux-mêmes à leur propre cause ; ils ne se dirigent ni avec adresse, ni avec courage moral, ni avec la dignité qui serait nécessaire dans leur position. Ce que les commissaires de la Convention écrivaient en Juillet 93, aux hommes de couleur de Saint-Domingue, est encore vrai aujourd'hui pour ceux de la Martinique et de la Guadeloupe. « Vous avez parmi vous des aristocrates de la peau, comme il y en a parmi les blancs, aristocrates plus inconséquents et plus barbares que les autres ; car ceux-ci ne gardent pas éternellement leurs fils dans les fers ; mais vous, ce sont vos frères et vos mères que vous voulez retenir à jamais dans la servitude. » Il n'est que trop vrai, les mulâtres se sont courbés eux-mêmes sous les fourches du préjugé, ils n'ont pas moins de dédains pour les noirs, les insensés ! que les blancs n'en ont pour eux ; et un mulâtre se ferait autant scrupule d'épouser une négresse, qu'un blanc d'épouser une mulâtresse !...

« Triste conséquence des erreurs humaines, elles se commandent, elles s'enchaînent; on a sous les yeux aux colonies une série graduée de dédains d'une classe envers l'autre, qui serait ridicule si elle n'était déplorable. Quiconque a des cheveux laineux, signe essentiel de la prédominance noire dans le sang, ne saurait aspirer à une alliance avec des cheveux plats. Les femmes de couleur, qui ont la chevelure crépue, s'imposent des tortures horribles en se coiffant pour la tirer de façon à laisser croire qu'elle est soyeuse.

« Au point de vue que nous venons d'envisager, la position des hommes de couleur ne doit naturellement inspirer aucun intérêt. Nous savons bien qu'il y a une excuse pour eux, qu'ils sont aveuglés eux-mêmes par la maudite influence du préjugé; mais n'importe, on doit leur reprocher de n'avoir pas mieux senti les leçons de la mauvaise fortune, de ne point aimer leurs frères en souffrance. Ils se chargent de justifier la répulsion des blancs pour eux, par ce qu'ils éprouvent à l'égard des nègres. Pour mériter la sympathie des hommes de bon sens et de bon cœur, leur premier devoir serait de se mettre de niveau avec la civilisation, et d'accorder aux autres ce qu'ils réclament pour eux-mêmes.

« Cet éloignement qu'ils montrent vis-à-vis du

nègre est un scandale aux yeux de la raison, une joie profonde pour leurs ennemis ; et ce qui maintient la force des colons, ce qui perpétue leur supériorité, c'est précisément la haine que les sang-mêlés ont créée par leur orgueil, entre eux et les noirs.

« Ceux-ci les détestent, et leurs proverbes toujours si admirablement expressifs ne manquent pas contre leurs fils insolents : « Quand milate « tini un chouval, li dit négresse pas maman li. » — Les gens de couleur voudraient s'élever jusqu'aux blancs, mais sans faire monter les noirs avec eux, ils ne réussiront pas. L'histoire de Saint-Domingue devrait leur être d'un meilleur enseignement qu'on ne le voit. Les sang-mêlés d'Haïti prêtèrent en vain leurs coupables services à la classe blanche contre les esclaves, la classe blanche ne fit que les mépriser davantage ; ils ne se relevèrent qu'après s'être associés aux esclaves, et tous les malheurs qu'éprouve la jeune République haïtienne tiennent, on peut dire, à de vieux restants de l'aristocratie épidermique.

« Au lieu de faire effort pour se rapprocher piteusement de la race blanche, les hommes de couleur doivent se rapprocher fraternellement des noirs. C'est dans une telle alliance qu'est leur émancipation réelle. Une des raisons de la force des blancs est leur parfaite union dans une pensée commune ; les sang-mêlés et les noirs sont au contraire divisés et se haïssent; il faut que les sang-mêlés se joignent étroitement avec les noirs libres, il faut qu'ils ne forment ensemble qu'un tout homogène.

« Il ne sera pas seulement généreux, il sera utile d'unir les deux fortunes, et, comme firent en 1817 les gens de couleur libres de Philadelphie avec le vénérable James Forten à leur tête, de signer le serment que nous allons transcrire. « Nous
« jurons de ne jamais nous séparer volontaire-
« ment de la population esclave de ce pays. Les
« nègres sont nos frères par les attaches du sang
« et de la souffrance, et nous comprenons qu'il
« est plus vertueux d'endurer des privations avec
« eux que de jouir pour un temps de quelques
« avantages imaginaires. »

« M. Mondésir Richard, un des esprits les plus distingués que possède la classe de couleur, l'a fort bien dit : « Nous ne devons attacher aucune
« importance à entrer chez les blancs, à les fré-
« quenter. Notre rôle est de viser à une fusion
« politique avec eux, pour obtenir notre part
« d'autorité locale. Quant à la fusion sociale, je ne
« la comprends à cette heure qu'avec la population
« noire. Pour mon compte je ne veux d'alliance
« qu'avec les nègres, parce que là et rien que là
« est notre force. » Ces idées sont très sages et très saines; elles peuvent seules amener une solution pacifique des difficultés.

« Les mulâtres, dans toutes leurs entreprises, ont toujours été battus, nous ne le regrettons pas, parce qu'ils ont toujours abandonné et oublié les esclaves, leurs alliés naturels. Ce qu'ils ont à faire avant tout maintenant, c'est de prendre part à la croisade contre l'esclavage, en s'interdisant de posséder des esclaves. Ils ont toujours mis d'ailleurs une insigne maladresse dans leurs efforts pour dompter l'orgueil des blancs ; ils n'ont pris la voie ni la plus sûre, ni la plus digne, celle d'avoir pour leurs antagonistes les mêmes rigueurs que ceux-ci leur témoignaient, de former une société qui aurait vaincu l'autre en charité et en noblesse de sentiments, qui se serait montrée au monde plus douce et plus morale que l'autre, comme firent autrefois les chrétiens contre les païens ; ce sera toujours la meilleure ressource des persécutés pour tuer la persécution.

« Les mulâtres acceptent encore aujourd'hui comme une sorte d'injure qu'on les appelle mulâtres, il faut qu'ils s'en fassent un titre et s'en glorifient jusqu'à ce qu'on ne connaisse plus de différence entre eux et les blancs. M. Bissette a constamment prêché cette excellente doctrine dans sa *Revue des Colonies;* il est fâcheux qu'on ne le veuille pas écouter.

« Les hommes de couleur d'Europe qui ont gagné un nom sont restés parmi nous au lieu d'aller l'offrir en exemple aux amis, en admiration aux ennemis. La postérité leur fera l'éternel reproche de ne l'avoir point mêlé aux luttes fraternelles, ce nom qu'il leur fut donné de rendre éclatant. Les autres, bien élevés au sein des collèges de France, capables de tenir un rang distingué dans le monde et de communiquer à leur classe l'éclat de leur mérite, sitôt qu'ils retournent aux colonies, se dégoûtent vaniteusement de l'infime condition où ils se trouvent, ne savent point se suffire avec l'élite de leurs semblables; ils aspirent à ce qu'ils devraient mépriser, s'irritent de leur solitude, et peu à peu quittent le pays pour n'y plus reparaître. Ils veulent oublier qu'en abandonnant la patrie, ils abandonnent aussi la noble tâche qu'ils avaient à remplir pour la réhabilitation de leur race; ils désertent une cause sacrée. . . . . »

Le chapitre XV est consacré à l'étude de cette thèse consolante: *Le préjugé de couleur se perdra dans la liberté; les deux races s'assimileront.*

On y lit: « Un demi-siècle suffira peut-être à détruire les dernières traces de ces distinctions, qui, après avoir été un crime politique, ne sont plus qu'une sottise. Si la classe de couleur était assez riche pour envoyer élever en Europe beaucoup de ses enfants, la classe blanche perdrait plus vite encore la seule véritable supériorité qu'elle ait et qu'elle gardera longtemps avant que les émancipés enrichis puissent faire comme elle. Les richesses aussi aplaniront bien des difficultés. Le commerce a presque fait disparaître la guerre du monde, il fera disparaître également le préjugé des colonies par l'argent qu'il mettra aux mains des marchands nègres et mulâtres ; l'argent viendra porter là encore son niveau et diminuer les distances : des aristocrates blancs épouseront des héritières noires, comme autrefois les marquis ont épousé des financières.

« En écrivant ces mots, nous voyons d'avance les créoles qui les liront hausser les épaules. — En vérité, nous avons grand'peine à nous rendre compte des prétendues répugnances que montrent les colons pour les unions noires, eux que l'on voit tous les jours déserter leurs femmes pour des négresses. Cet *impossible*, qu'ils prononcent au mot de mariage de fusion, fait, il nous semble, peu d'honneur à leur sincérité ou à leur jugement. La classe de couleur avec toutes ses variétés est-elle donc autre chose que le fruit d'unions entre blancs et noires, unions illégitimes plus ou moins, prolongées ; mais enfin unions indéniables ? Si la femme noire a des attraits bons pour une concubine, n'est-il pas clair qu'en l'élevant bien on lui communiquera les qualités bonnes pour une épouse ? Quoi ! me disait-on, vous épouseriez une négresse? et l'on paraissait incrédule lorsque je répondais affirmativement.

« L'Histoire des Antilles nous affirme pourtant que les ancêtres de ces incrédules, presque tous pères de petits mulâtres, que leurs ancêtres, disons-nous, n'auraient point eu de ces étonnements.

« Labat a vu à la Martinique des marquises, de vraies marquises, qui étaient de bonnes et franches négresses, comme il dit, et probablement nous en aurions encore si l'on n'avait plus tard expressément défendu ces mariages nuisibles au !mépris que l'on voulait maintenir contre la race des esclaves. Hilliard d'Auberteuil rapporte qu'en 1773 il existait, à Saint-Domingue seulement, plus de *trois cent mariages légitimes*, entre blancs et femmes libres. Les Européens même alors « s'adres-« saient de préférence aux mulâtresses, parce « qu'elles étaient plus riches que les Européennes ».

« Valverde, créole espagnol de Saint-Domingue, dit que, parmi les Français, les comtes et les marquis se marient avec des mulâtresses et que le luxe de ces femmes, joint à leur considérable multiplication, témoigne du cas que les Français font d'elles, et *prouve que la répugnance dont parlent leurs auteurs n'est qu'un mensonge.* » A vrai dire, Valverde, qui a toute la morgue espagnole, a l'air de prendre en grande pitié ces comtes et ces marquis français qui épousent des mulâtresses.

« Quant à l'indignation et au dégoût que manifestent les femmes blanches des colonies lorsqu'il est question de mariage d'elles au noirs, nous ne croyons pas du tout qu'ils soient invincibles. D'abord il existe plusieurs de ces mariages en Europe; ensuite le général Pamphile Lacroix, dans son Histoire de la Révolution de Saint-Domingue, raconte l'épisode suivant :

« Lorsque nous parcourions, dit-il, avec le géné-
« ral Boudet, les documents secrets de Tous-
« saint-Louverture, notre curiosité venait de s'ac-
« croître en découvrant un double fond dans une
« caisse qui les contenait. Qu'on juge de notre
« surprise lorsqu'en forçant ce double fond, nous
« n'y trouvâmes que des tresses de cheveux *de*
« *toute couleur*, des bagues, des cœurs en or tra-
« versés d'une flèche, de petites clefs, des souve-
« nirs et une foule de billets doux qui ne laissaient
« aucun doute sur les succès obtenus en amour
« par le vieux Toussaint-Louverture. »

« Toussaint ne fut pas le seul nègre qui fut aimé des blanches, en cessant d'être esclave : cela était à la connaissance générale en France, et Bonaparte, qui jouait l'homme moral, comme on sait, dit niaisement à ce sujet dans les instructions pour la criminelle expédition de Saint-Domingue : « Les femmes blanches qui se sont prostituées aux nègres, quel que soit leur rang, seront renvoyées en France. » Au reste, sans aller à Saint-

Domingue, nos colonies, au sein même de l'esclavage, nous pourraient présentement fournir d'autres exemples. On y connaît des mulâtres dont les mères sont des demoiselles blanches...

« On en reviendra un jour aux mariages fusionnaires que nous attestent unanimement tous les écrivains des premiers établissements coloniaux, et qui serviront à réprimer la débauche des femmes de la classe mixte. Déjà quelques petits blancs (on les pourrait compter, il est vrai), ont eu le courage de se marier légitimement avec des femmes de couleur. Laissons au temps à achever l'œuvre de ces hardis novateurs. Quoi qu'en disent les vieux créoles qui voient la chose publique mise en péril par de telles témérités, c'est par là qu'elle sera préservée du mal ; c'est dans ce nouveau mélange des genres que se perdent les derniers vestiges du préjugé. Nous y voyons l'avenir des colonies.

« Un économiste renommé a jeté une parole de malédiction qui ne se réalisera pas : il n'est pas vrai que les deux races n'aient qu'un compte de sang à régler ensemble, et que l'une doive infailliblement exterminer l'autre, ou plutôt cela n'est vrai qu'autant que l'une resterait esclave de l'autre. La liberté les sauvera. « L'amalgame des races « blanche et noire est contre nature ; leur fusion « est impossible, Dieu n'a point voulu qu'elles « s'assimilassent », a dit l'Américain M. Clay, à la grande approbation de M. Lepelletier Duclary.

Que répondre à ces aveugles qui n'ont point apparemment rencontré un seul mulâtre dans leur vie ? Rien. Il n'y a pas à discuter avec eux.

« Malgré les antipathies actuelles que l'esclavage a créées entre les deux races, on peut compter sur leur alliance future, elle est ineffaçablement écrite dans la similitude de leur espèce ! C'est encore du temps qu'il faut ici.

« Et cette alliance produira peut-être de grandes choses. En examinant la position des Antilles au milieu de l'Océan, groupées toutes entre l'Europe et l'Amérique, en regardant sur la carte où on les voit presque se toucher, on est pris de la pensée qu'elles pourraient bien un jour constituer ensemble un corps social à part dans le monde moderne, comme les îles Ioniennes en formèrent un autrefois dans le monde ancien. Petites républiques indépendantes, elles seraient unies confédérativement par un intérêt commun et auraient une marine, une industrie, des arts, une littérature qui leur seraient propres.

« Cela ne se fera peut-être pas dans un, dans deux, dans trois siècles, il faudra auparavant que les haines de rivalité s'effacent pour qu'elles s'unissent et s'affranchissent toutes ensemble de leurs métropoles respectives ; mais cela se fera, parce que cela est naturel. Alors aussi, on n'en peut guère douter, les îles confédérées des Indes occidentales auront une population spéciale et particulière, une population mixte ; car, la traite ayant cessé pour toujours, la race qui subsiste aujourd'hui devra se fondre à travers les âges dans la race de sang mêlé par ses continuelles alliances avec elle, de même que la race blanche qui sera, malgré ses émigrations, toujours trop peu nombreuse pour faire une espèce à part.

« Si l'homme blanc et l'homme noir formaient une dualité, si, comme on l'a dit bizarrement, l'homme noir et l'homme blanc étaient les mâle et femelle de l'humanité qui doivent par leur union et l'accord de leurs qualités propres créer un genre participant des mérites de ses deux générateurs, on pourrait s'attendre à voir sortir des Indes occidentales des prodiges nouveaux qui étonneraient l'univers. Dualité mâle et femelle à part, que l'on ne soit pas trop incrédule à ces destinées lointaines et cachées de la mer des Antilles, que l'on songe à tout ce que ce petit îlot de Syracuse a fourni de lumière, de science et d'art, au profit du monde.

« Haïti n'est guère moins grande à elle seule que l'Angleterre (1) ! »

Au cours de son *Introduction* aux *Études sur l'Histoire d'Haïti*, B. Ardouin, mû par un sentiment très louable, a cité près de quarante pages du livre d'Hilliard d'Auberteuil intitulé : *Consi-*

---

(1) Schœlcher. *Des Colonies françaises.*

dérations sur la colonie de Saint-Domingue, 1776-1777.

C'est dans un but semblable à celui que poursuivait Ardouin : retracer le passé pour montrer l'avenir, que j'emprunte tant de pages aux ouvrages du négrophile Schœlcher.

D'ailleurs, rien que pour rappeler cette vérité géographique : « *Haïti n'est guère moins grande que l'Angleterre,* » j'eusse transcrit mille pages, s'il le fallait.

Ce que Schœlcher disait en 1841, Pierre Lafitte le dit encore en 1882. Voici :

« En ce qui concerne cette portion de la race noire, qui, à Saint-Domingue, est parvenue, après douze ans de lutte, à reconquérir sa liberté, celle-là saura bien, espérons-le, se protéger dans l'avenir, puisqu'elle a su le faire dans le passé. Elle y a employé autrefois des moyens terribles, et nos historiens gémissent encore sur ce qu'ils appellent les forfaits de Dessalines. Nous ne saurions dire combien nous sommes peu émus de ces vertueuses indignations. Dessalines n'a fait qu'appliquer la loi du talion et encore, s'il eût demandé vie pour vie, les blancs seraient restés ses débiteurs. On lui a également fait un crime d'avoir interdit à tout Européen de posséder dans Haïti : mais ne serait-ce point là une décision de haute sagesse plutôt qu'un acte de barbarie? A voir ce qu'a coûté à de petits Etats l'imprudence qu'ils avaient commise en tolérant que les sujets de puissants empires vinssent s'établir sur leur sol, on est presque saisi d'admiration devant la perspicacité politique du dictateur noir. »

J'avoue partager pleinement la manière de voir de l'éminent philosophe positiviste. Les Haïtiens ont sous les yeux foule d'exemples tels que ceux du Texas, de la Tunisie, de l'Egypte, qui doivent les mettre en garde contre les prétentions de quelques gloutons, lesquels, « Esaüs de la liberté », vendraient leur part d'héritage pour un morceau de pain, quitte à mourir d'humiliation et à voir leurs frères mourir de faim plus tard. Jusqu'au jour où nous serons devenus riches par notre propre travail, je demande que l'article 7 figure toujours dans les pages de la Constitution haïtienne.

Et cette grande illustration de la philosophie française contemporaine, le savant élève d'Auguste Comte, continue en ces termes :

« Peu importe, d'ailleurs, puisque les haines sont éteintes. »

En effet, nous ne haïssons personne et nous avons cent fois prouvé que nous n'avions aucune rancune contre la France, et que de plus nous l'aimions et la vénérions comme notre mère intellectuelle. Nous prenons nos précautions parce que nous avons la modestie de nous croire faibles et que nous nourrissons l'outrecuidante prétention de rester un peuple autonome, indépendant. Cela ne peut gêner personne. Au contraire.

« Peu importe, d'ailleurs, puisque les haines sont éteintes. Haïti est indépendante et ses relations avec la France et le continent sont entièrement libres. L'île noire peut donc se développer en paix : qu'elle multiplie ses richesses, qu'elle étende son commerce, qu'elle affermisse son gouvernement ! Un jour peut venir où les autres Antilles, Cuba, la Jamaïque, recouvreront à leur tour leur indépendance ; Haïti, alors, sera le noyau autour duquel se fera la fédération, fédération d'autant plus solide qu'Haïti sera elle-même mieux organisée et plus puissante. Dans son état actuel, elle présente une intéressante expérimentation sociologique : on y voit ce que peut le génie noir livré à lui-même, mais depuis longtemps en contact avec le génie occidental. Tout n'y est point parfait à coup sûr et ses hommes d'Etat n'ont point tous la valeur du grand Toussaint ; mais tout est-il donc parfait de ce côté-ci de l'Océan et n'avons-nous pour ministres que des Colbert et des Richelieu ? » TOUSSAINT-LOUVERTURE, *leçon de M. Pierre Laffite rédigée par le Dr P. Dubuisson.* Paris, 1882.

On ne saurait rien ajouter à la suite de ces phrases magistrales et consolantes qui révèlent les véritables penseurs.

CHAPITRE V

CHOSETTES ANTILÉENNES

(EN 1882)

SOMMAIRE. — Exaltation et démence. — La parole est à M. Schœlcher. — Le *Rappel* du 12 Mai et du 9 Août 1882. — Le Petit-Séminaire-Collège et le couvent des Sœurs de Saint-Joseph-de-Cluny à Port-au-Prince. — La religion catholique et la religion protestante en Haïti. — Pensons à l'avenir — Objectivité et subjectivité des croyances religieuses. — Crime de lèse-patrie ! — Libres penseurs et catholiques. — *L'haïtianisme.* — « Je ne suis qu'un sonneur de clairon. » — Cette périphrase est voulue. — M. Réache, M. C. Denis : exemples qu'ils tracent. — Haïtiens ! cela suffit !... — Quand donc ?!... — Ce terme, il l'atteindra. — Bons naïfs ! — Je le revendique pour Haïti. — *Le Premier des Noirs,* surnom sans pareil. — Car j'ai ma mission : guérir ! — Tous dans un, un dans tous. — Que tous me lisent et me comprennent. — J'ose dire pour toute l'humanité.

On ne saurait trop étudier cette question des préjugés de couleur pour voir jusqu'à quel point d'exaltation et même de démence le préjugé peut porter ceux qui en sont possédés.

Sous ce titre : *M. Allègre, gouverneur de la Martinique* le numéro du *Rappel* du 12 Mai 1882, publiait un article de l'infatigable adversaire du préjugé d'épiderme : j'ai nommé M. Schœlcher.

On voit par cet article que, sur ce point, à la Martinique, les choses ont peu changé depuis 1843.

Je laisse la parole à M. Schœlcher :

« Le 25 Février dernier un journal de la Martinique : *La Défense coloniale*, parlait ainsi aux 120,000 nègres et mulâtres martiniquais, formant les sept huitièmes de la population de la colonie : « Vous êtes nés pour l'esclavage et vos instincts sont ceux de l'esclavage... »

Le même journal attaquait avec la dernière violence le gouverneur actuel de cette colonie, M. Allègre, ancien député de Toulon, dont le seul crime est « de n'avoir pas voulu servir les mauvaises passions des fanatiques du préjugé de couleur » et reprochait injustement et niaisement aux Martiniquais de couleur et à M. Schœlcher lui-même de ne viser à rien moins qu'à déclarer la guerre à la France pour lui enlever la Martinique « et en faire un puissant état indépendant ! »

Dans son numéro du 8 Mars 1882 il disait encore : « Il n'y a de véritables Français ici que nous (les blancs), entendez-le bien, vaniteux Africains, car nous le sommes de naissance ; quant à vous, vous ne l'êtes que par décret, souvenez-vous-en ; faites donc taire votre sot orgueil, cachez cette bassesse qui est le stigmate ineffaçable de votre race. »

Les mêmes insultes accompagnées de nouvelles

calomnies étaient répétées plus tard, car elles ont été relevées et détruites encore par le sénateur Schœlcher dans un article qu'a publié le *Rappel* du 9 Août 1882.

« Un excellent journal, *les Colonies*, fondé depuis peu *à la Martinique*, contient un article où nous lisons : « En l'an de grâce 1878, on peut voir au couvent des dames de Saint-Joseph de Cluny, à Saint-Pierre, des catégories établies parmi les élèves qui sont conduites au bain par groupe selon qu'elles sont de la nuance lait d'iris ou de l'autre. Celles de la nuance lait d'iris sont appelées demoiselles ; quant aux autres, ce ne sont que des petites filles. Les demoiselles iront au bain d'abord, les petites filles ensuite. Ainsi se donne l'ordre pour le bain. Le silence qu'a gardé « sœur » Onésime, supérieure des dames de Saint-Joseph, devant cette accusation convaincra tout le monde que l'accusation est fondée...»

« Nous connaissons, dit encore M. Schœlcher, — car c'est toujours lui que je cite et le paragraphe précédent ainsi que celui-ci sont extraits du dernier volume qu'il vient de publier cette année même sous ce titre : *Polémique Coloniale*, 1871-1881 — nous connaissons de très longue date Mme Onésime pour une femme habile. Si elle est forcée un jour ou l'autre de se justifier, nous prévoyons sa réponse. Elle va dire que les groupements de ses élèves signalés par le journal *les Colonies* sont dus à des affinités personnelles, issues d'une première éducation de famille, et non point à sa direction. Cela ne peut se soutenir. Il n'y a pas d'affinités personnelles qui puissent réunir pour aller au bain toutes les jeunes filles blanches d'un côté et toutes celles de couleur de l'autre. D'ailleurs ces affinités personnelles dussent-elles avoir cet effet, la sagesse, l'esprit de conciliation, « l'amour du prochain », commanderaient à la supérieure du couvent de les rompre et d'apprendre à ces enfants qu'elles doivent se traiter sur le pied de la plus parfaite égalité. Leur laisser croire le contraire, c'est mettre sur leur chemin « la pierre d'achoppement », c'est préparer des obstacles à la paix future de la société où elles sont destinées à vivre côte à côte.

« On voit là une nouvelle preuve du danger qu'il y a à mettre les gens d'église dans l'instruction publique, ils sont hostiles par état à l'émancipation de l'esprit humain. »

Question Coloniale, tel est le titre d'un article que M. Camille Pelletan publiait sur un journal de Paris, *la Justice*, numéro du 8 Mai 1882, et où il disait entre autres choses : « Le préjugé de couleur, encouragé par l'église, renforcé aux Antilles par la répartition de la propriété, se confond avec les autres préjugés réactionnaires. »

Je trouve ceci dans l'*Exposé général de la situation de la République d'Haïti* fait en 1882 au Parlement haïtien : « Vous savez, messieurs, dit le message présidentiel, vous savez que le pays entretient au Petit-Séminaire-Collège Saint-Martial trente boursiers sur lesquels le ministère n'exerce aucun contrôle... Il est urgent que le titulaire du département de l'Instruction publique puisse, par un contrôle incessant et direct, se rendre un compte exact des études que l'on y fait et des progrès réalisés par ces boursiers. Veuillez, messieurs, ne pas vous étonner de me voir placer désormais cet établissement sous la haute surveillance de mon Secrétaire d'État au département de l'Instruction publique. » (Page 54 de l'*Exposé*.)

On ne pourrait trop applaudir à cet acte du gouvernement haïtien. Il serait à désirer que la même mesure fût appliquée au couvent des sœurs de Saint-Joseph de Cluny à Port-au-Prince. On ne saurait trop uniformiser le programme des études en Haïti et tenir l'enseignement privé sous la tutelle et sous l'inspection du gouvernement. On ne saurait trop surveiller les tendances de l'enseignement congréganiste pour les régenter et les réprimer en temps opportun.

La religion d'État établie seulement depuis vingt ans en Haïti voudrait déjà méconnaître l'autorité du gouvernement temporel de ce pays, car l'église catholique haïtienne, dit l'*Exposé général de la Situation*, « ne croit pas devoir se conformer en tout aux lois civiles ». Page 66 de l'*Exposé*.)

Gouverner, c'est prévoir, répétons-nous. Pensons à l'avenir. L'extension de la puissance cléricale en Haïti est grosse de menaces, d'ennuis, de dangers et de périls. On sait combien est tenace l'esprit clérical et combien il est difficile de le déraciner une fois qu'il s'est implanté quelque part : il faut pour cela des siècles d'efforts suivis et vigoureux. Dans une société si naturellement affective, portée à l'enthousiasme, si facile à fanatiser comme l'est la société haïtienne, un clergé indocile, insubordonné, peut devenir un terrible instrument de discordes. Il est bon de rappeler ici encore que c'est la mère qui fait le citoyen, que l'enfant, en tant qu'être moral, épouse les croyances de celle qui l'a allaité. « Les femmes font les mœurs. Les mœurs font un peuple, » écrivait encore M. Jules Simon sur le *Gaulois* du 20 Mai 1882.

Plus Haïti se rapprochera du protestantisme et de la libre-pensée, mieux cela vaudra.

Le protestantisme n'ayant pas un monarque spirituel et prétendu infaillible, et étant une religion divisée en multiples sectes, n'offre nullement une organisation autocratique. Le protestantisme ne serait jamais un danger pour Haïti et lui vaudrait l'affection des nations protestantes.

J'entends dire par des gens soi-disant sérieux que l'on ne peut implanter la religion protestante en Haïti parce que le noir haïtien ne peut encore s'élever jusqu'à la subjectivité des croyances religieuses : c'est là une grande erreur, une hérésie psychologique. Les noirs de toutes les colonies anglaises, danoises, hollandaises, et ceux des États-Unis sont tous protestants et ils ne sont pas plus intelligents et ils n'ont pas l'esprit plus abstrait que les habitants d'Haïti. La religion catholique parle aux yeux : elle est toute objective.

L'intelligence du protestant est, généralement, plus subjective, plus intuitive, plus audacieuse en même temps que plus scientifique, plus pleine d'initiative, plus hautement politique que celle du catholique. De tous les hommes, le protestant est le plus absolument patriote et dans le sens le plus beau, le plus large du mot : on n'a qu'à regarder l'Angleterre, l'Allemagne, la Hollande et les États-Unis pour s'en convaincre.

Le catholicisme, qui n'est d'ailleurs qu'une forme plus épurée, plus fine, plus artistique du paganisme de l'antiquité et du fétichisme primitif, est opposé à l'idée du patriotisme vrai, profond, sincère, absolu. On sait si les Anglais sont patriotes. L'Anglais ne connaît rien d'égal à l'Angleterre. Pour tout Anglais, un Anglais est un être supérieur aux autres hommes. Eh bien ! « en Décembre 1867, à Londres, dans un meeting tenu à Exeter-Hall, un pair d'Angleterre, lord Denbigh, fit la déclaration suivante : Je ne suis qu'un catholique — un Anglais, si vous voulez, mais *d'abord* un catholique. » (Louis Blanc. *Questions d'aujourd'hui et de demain*. Paris 1880.)

Dans la bouche d'un Haïtien, un pareil mot serait un crime de lèse-patrie.

D'un autre côté, des hommes de la Révolution française, ceux de la Constituante étaient gallicans, jansénistes ou libres-penseurs; ceux de la Convention étaient athées. Les premiers donnèrent des droits politiques aux mulâtres et noirs libres ; ce furent les derniers qui, pour la première fois, osèrent abolir l'odieux esclavage des noirs, reconnu saint, sacré et consacré par le catholicisme et élevé à l'état d'institution, parce que les papes et les conciles l'avaient permis en déclarant que le noir *n'avait pas d'âme*. Les nations protestantes n'ont fait que suivre les peuples catholiques, Espagne et Portugal, qui établirent la traite des noirs et réduisirent ceux-ci à l'état de bêtes de labour. Rien que pour cela, tout homme qui a du sang africain sous sa peau devrait être libre-penseur ou protestant.

Le premier gouvernement qui a aboli l'esclavage était composé de philosophes : la Convention française. Bonaparte, qui était un catholique étroit et superstitieux sous des dehors de sceptique, le rétablit. C'est un ancien protestant devenu libre-penseur, Schœlcher, qui l'a fait disparaître de nouveau dans les colonies françaises.

Le second peuple qui libéra ses esclaves noirs

fut l'Angleterre, pays de protestants. Par deux fois la nation anglaise a payé de grosses sommes à l'Espagne pour que celle-ci donnât la liberté aux noirs de ses colonies. Deux fois l'Espagne empocha l'argent et ne libéra point mes frères. (Voir J. Cooper : *Un Continent perdu*, Paris.)

La confédération des États-Unis, république protestante, a enfin mis un terme à l'ignoble exploitation de l'homme par l'homme sur tout son territoire, mais aujourd'hui encore l'Amérique offre une tache aux regards de la chrétienté : c'est Cuba où, au grand scandale de l'humanité, l'Espagne catholique tient encore des hommes dans la chaîne et sous le fouet.

Revenons au point de départ. Il nous faut, en Haïti, vis-à-vis du catholicisme ultramontain qui monte et envahit tout, il nous faut un large courant de protestantisme qui puisse battre en brèche cette religion caduque ailleurs et qui croule définitivement en Belgique et en Italie à mesure que la lumière se répand dans ces pays européens. Il nous faut, au lieu d'un catholicisme qui tend au bigotisme, au papisme, à l'ultramontanisme, un catholicisme épuré que j'appellerai l'*haïtianisme*, une espèce de religion où, à l'imitation de l'ancien gallicanisme, le clergé soit entièrement dans la main du gouvernement temporel, même au point de vue des doctrines ; il faut que les dogmes enseignés et pratiqués ne soient pas en désaccord avec cette donnée, à savoir que : l'*Etat haïtien est tout, l'Eglise n'est rien que par l'Etat auquel elle doit obéissance absolue*. Sans quoi, virilement et dès à présent, on pourrait s'arrêter à l'idée de séparer l'Église de l'Etat, d'empêcher aux enfants des écoles d'aller au catéchisme, d'interdire les processions, de défendre toute réunion de congrégations, quelles qu'elles soient, de supprimer le Budget des cultes ; et, sans s'arrêter à si peu, pour ne pas laisser les choses retourner à l'état où elles étaient avant la signature du Concordat, on pourrait demander des pasteurs protestants à l'Angleterre, à la France et aux Etats-Unis, tenter la Réformation en grand de la République haïtienne, ensemencer les cerveaux de croyances saines, vigoureuses, viriles, abolir toutes les fêtes ecclésiastiques et faire en sorte qu'Haïti soit sinon un pays absolument protestant, mais, à tout le moins, un pays où l'antagonisme des chapelles et des églises soit tel que, dans vingt ans, le rôle du temporel soit prépondérant en tout, partout et sur tout.

S'il n'en était point ainsi, avant un demi-siècle et malgré la libre-pensée qui subsiste encore en Haïti grâce aux sociétés maçonniques, les gouvernants haïtiens seront complètement à la merci des prêtres étrangers et il n'y aura aucun gouvernement haïtien, aucun gouvernement national possible.

Quant à moi « je ne suis qu'un sonneur de clairon ; » je suis dans mon rôle de veilleur : je préviens (1). — *Caveant consules !...*

*
* *

Le 1ᵉʳ Février 1880, M. Schœlcher, en recevant une offrande par souscription faite aux colonies d'une œuvre d'art, prononçait un discours dont je suis aux regrets de ne pouvoir rapporter ici que quelques passages :

« Sur ce bronze, œuvre de M. Carrier-Belleuze, sur ce groupe symbolique que vous m'apportez, chers concitoyens, je vois saillante la date de 1848. 1848 ! Quel admirable changement s'est opéré aux colonies depuis cette révolution si pleine d'humanité qui nous a rendu la République et dont trente années à peine nous séparent ! Quels pas de géant

---

(1) Je prends la liberté d'attirer toute l'attention de M. le Ministre de l'Instruction publique en Haïti sur le passage suivant dû à la plume de Michelet et extrait de ce chef-d'œuvre exquis du sublime inspiré : *La Femme* : « Mille vœux pour la France noire ! J'appelle ainsi Haïti, puisque ce bon peuple aime tant celui qui fit souffrir ses pères. Reçois tous mes vœux, jeune Etat ! Et puissions-nous te protéger en expiation du passé ! Puisses-tu développer ton libre génie, celui de cette grande race, si cruellement calomniée, et dont tu es l'unique représentant civilisé sur la terre ! — Tu n'es pas à moindre titre celui du génie de la femme. C'est par tes charmantes femmes, si bonnes et si intelligentes, que tu dois te cultiver, organiser tes écoles. Elles sont de si tendres mères qu'elles deviendront, j'en suis sûr, d'admirables éducatrices. Une forte école normale pour former des institutrices et des maîtresses d'école (par les méthodes surtout si aimables de Frœbel) est la première institution que je voudrais en Haïti. » (*La Femme*, page 141. Paris, 1860.)

Nous suivrons ton conseil, apôtre ; nous la créerons cette école normale de demoiselles et nous la créerons laïque.

a fait la classe émancipée dans ce court espace de temps! Quel immense progrès moral et matériel elle a accompli! Dès le premier moment qu'elle a eu en main le livre de la liberté, elle a su y bien lire. Aucune profession libérale où elle ne compte déjà de dignes représentants...

« Que l'on fasse le dénombrement des avocats, des médecins, des ingénieurs, des bacheliers, des étudiants de nos grandes écoles, des lauréats de nos lycées, nés dans les colonies, et l'on n'y trouvera pas moins d'origine africaine que d'origine européenne. Les Antilles comptent maintenant cinq créoles ayant atteint le grade de docteur en droit, trois sont mulâtres, deux sont blancs. Quelle éclatante négation de la prétendue infériorité intellectuelle de la race noire! Quelle irréfutable protestation contre le stupide préjugé de couleur défendu par certains conservateurs qui n'ont pas su conserver leur raison, ni mettre leur horloge à l'heure du temps présent!...

« Jusqu'ici les hommes de couleur s'étaient humblement bornés à repousser l'injure, à se tenir sur la défensive. Ils viennent à leur tour de prendre l'offensive. Les républicains des Antilles veulent trop sincèrement la fusion pour attaquer jamais leurs ennemis sans cause;... mais il est bon qu'on sache que quand on osera les calomnier ils sont désormais résolus à rendre coup pour coup. Je suis sûr en parlant ainsi, mes chers concitoyens et amis, d'exprimer votre pensée : Paix aux adversaires loyaux, guerre énergique aux calomniateurs. Il n'y a pas dans ce langage l'ombre d'une pensée de menace...

« Un autre point où les administrateurs des colonies se mettent au service des mauvaises passions locales est la permission qu'ils accordent aux sœurs de la Congrégation de Saint-Joseph d'enseigner chrétiennement le préjugé de couleur à leurs élèves par la distinction qu'elles établissent entre elles. Si la liberté d'enseignement était absolue nous n'aurions rien à dire, ces dames seraient parfaitement maîtresses de ne pas tenir toutes les élèves pour aussi égales devant elles qu'elles le sont devant « Dieu ». Mais aux colonies, encore placées malheureusement sous un régime d'exception, on ne peut ouvrir une école sans l'octroi du gouverneur. Nous nous demandons pourquoi il donne l'exéquatur aux sœurs de Saint-Joseph sans exiger l'engagement formel qu'elles traiteront sur le même pied tous les enfants qui leur seront confiés ?... Autoriser les écoles des sœurs où elles pratiquent le préjugé de couleur qui est le plus actif agent de haine, n'est-ce pas les autoriser à empoisonner les âmes de leurs petites élèves de sentiments de malveillance les unes envers les autres, avant même qu'elles ne puissent comprendre le danger pour la société dans laquelle elles le porteront ? Personne n'ignore que cette plaie des colonies est encore plus difficile à guérir chez les femmes que chez les hommes. » (Page 88.)

Du même chapitre : *Préjugé de couleur*, j'extrais encore ceci :

« Décidément M. l'amiral Kergrist n'est pas l'homme du vieux monde colonial, il va droit son chemin sans flatter ni les uns ni les autres et travaille à la conciliation des partis.

« Notre correspondance nous apprend qu'il vient d'en donner une nouvelle preuve. Après avoir ouvert la session du Conseil général, il a offert un banquet à tous les membres du Conseil, et, à la suite, il a donné une soirée où il a invité des personnes de toutes races et de toutes nuances de la peau.

« Les réunir sur le terrain neutre de l'hôtel du gouverneur était un moyen excellent de combattre pacifiquement le stupide préjugé de couleur. Mais on y a remarqué l'absence de *toutes les dames* blanches, à l'exception des filles de deux familles.

« L'obstination que les dames blanches mettent à l'entretenir n'est pas à la louange de la Congrégation des sœurs de Saint-Joseph, chez lesquelles elles sont toutes élevées. Douées naturellement de beaucoup d'intelligence, elles seraient plus libérales si leur esprit n'était faussé dès l'enfance par la détestable éducation qu'elles reçoivent dans ces écoles religieuses, où l'on enseigne la distinction des races.

« Hommes et femmes, conservateurs du préjugé qui fait tant de mal aux Antilles, devraient réfléchir et se demander où il peut les mener. Ils n'aspirent certainement pas à l'expulsion des nègres et des sang-mêlés ; ils ne peuvent se dissimuler qu'ils sont destinés à vivre bon gré mal gré avec eux aussi longtemps que les colonies seront habitées.

« Quel avantage espèrent-ils donc tirer de la passion qu'ils mettent à faire bande à part, à provoquer dédain pour dédain ?... Nous en appelons à leur bon sens pour abattre enfin des barrières qui n'ont aucune raison d'être, et qui, si ridicules qu'elles soient au fond, seront néanmoins toujours un obstacle à la paix publique et au bien-être de la communauté. » Pages 69, 70 et 71.)

Je veux encore citer un passage du discours prononcé par le sénateur Schœlcher, le 1er Février 1881. C'est celui où il s'exprime ainsi : « Tout en exposant nos griefs chers concitoyens et amis, nous devons travailler à nous réformer nous-mêmes. Il faut avoir le courage de le dire : les deux classes, noire et jaune, ne se tiennent pas assez la main dans la main, ne marchent pas assez de conserve, ne font pas assez cause commune ensemble ; elles admettent trop encore une sorte de délimitation entre mulâtres et nègres. Que nous nous en rendions bien compte ou non, il y a aussi parmi nous du préjugé de couleur, et il affaiblit considérablement nos forces. Le citoyen Gerville-Réache, dans son adresse aux électeurs de la Guadeloupe, s'appelle *nègre* et conseille à ses congénères de prendre le même titre. Il y a là une idée profondément sage et politique; je voudrais la voir adopter par tous. »

M. Gerville-Réache a la couleur d'un mulâtre, il se qualifie nègre. J'applaudis à cette manière de voir. Lorsque le volume *les Détracteurs de la race noire et de la République d'Haïti* fut sur le point de paraître, nous, les cinq Haïtiens, auteurs de ce livre, nous demandâmes à M. Schœlcher, par l'intermédiaire de l'un de nous, une lettre qui servirait d'introduction à l'ouvrage.

L'illustre négrophile ne se fit pas prier et nous la donna avec sa bonté ordinaire. M. Schœlcher nous y dictait les conseils suivants : « L'expérience des malheurs du passé vous le dit à tous : il n'y a de bonheur pour la République noire que dans l'union, dans la paix et dans l'oubli des distinctions de classes qui n'ont pas la moindre raison d'être. Trêve à ces révolutions périodiques, à ces discussions intestines qui ont décimé la *Reine des Antilles*.

« Vous, jeunes gens, reprenez l'œuvre de vos intrépides ancêtres, reportez chez vous la lumière que la sagesse de vos pères vous envoie puiser en Europe, prêchez la fraternité, ne songez qu'aux grands intérêts de la civilisation; ne faites la guerre qu'aux criminels qui veulent exploiter l'ignorance du peuple et à quiconque cherche à entretenir la passion de caste, et attachez-vous particulièrement à répandre jusqu'au fond de vos luxuriantes campagnes et de vos mornes l'instruction primaire, laïque et obligatoire. »

M. Clément Denis, l'un de nous cinq, Haïtien qui a la *couleur du mulâtre* — cette périphrase est voulue — avait écrit dès le premier alinéa de son article : « Il est temps que nous autres, *nègres d'Haïti*, nous nous justifiions et rectifiions cette erreur que nous vivons dans une demi-barbarie. » (Deuxième édition, page 2.)

Aussitôt après l'apparition de la première édition nous envoyâmes un exemplaire à notre illustre préfacier. Quelques jours après, ayant lu le volume tout entier, il nous adressa une lettre autographe que je détiens et où il nous disait entre autres belles choses : « J'ai été heureux de voir M. C. Denis commencer le feu en disant : « Il est temps que nous autres *nègres d'Haïti*, » etc., vous comprenant ainsi tous sous le nom générique de votre race. « J'ai toujours pensé et dit que le jour
« où tous les Haïtiens et toutes les Haïtiennes
« s'appelleront *nègres* et *négresses*, abolissant de la
« sorte toute distinction de couleur entre eux, ils
« auront étouffé dans son germe la cause des di-
« visions qui seules arrêtent le développement de
« votre pays dont les habitants sont, par nature,

« si bons et si riches en sentiments généreux. »
(*Lettre datée de Londres*, 20 Avril 1882.)

Il paraît que M. Cochinat ne partage pas la façon de voir, si louable, si vraiment politique et intelligente, si excellente de MM. Schœlcher, Gerville-Réache et Clément Denis, car tout le long de ses chroniques, il s'amuse à distinguer les Haïtiens en *noirs* et en *mulâtres*. Il écrit à chaque instant « M. Laforesterie, *mulâtre* de la Croix-des-Bossales », « M. Edouard Pinckombe, *mulâtre* et sénateur », « M. Munier, *mulâtre* de la Guadeloupe », absolument comme si le mot *mulâtre* pouvait ajouter quelque chose au mérite de ces personnes.

Si le mot n'ajoute rien au mérite intrinsèque de l'individu, à quoi bon l'employer ? Si vous l'employez si souvent, c'est que vous croyez qu'il peut servir de base, de critérium pour le jugement à porter sur les personnages dont vous parlez, et alors, indirectement, vous donnez dans le préjugé. Je fus exaspéré de rencontrer ce mot comme une espèce de substantif faisant fonction d'adjectif qualificatif. Je le fus d'autant plus que M. Laforesterie, s'adressant à moi personnellement, m'avait plusieurs fois dit quel fut son étonnement d'abord et sa colère ensuite quand, à son retour dans sa patrie, quelques personnes, croyant lui faire plaisir, lui répétaient qu'il était mulâtre. « Monsieur, répondait-il invariablement à son interlocuteur, je suis un homme et un Haïtien, le mot *mulâtre* n'a pour moi aucune signification, aucune portée, aucun sens que je saisisse : veuillez ne pas m'appliquer cette qualification. »

Que l'on s'habitue à savoir qu'il n'y a en Haïti ni « griffes », ni « quarterons », ni « sacatras », ni « mulâtres » et qu'il n'y existe que des « Haïtiens. » Cela suffit !...

Je me remets à citer Schœlcher, *Polémique coloniale* : « Tout homme ayant le sang africain dans les veines ne saurait jamais trop faire dans le but de réhabiliter le nom de nègre, auquel l'esclavage a imprimé un caractère de déchéance ; c'est, peut-on dire, pour lui, un devoir filial. Le jour où mulâtres et surtout *mulâtresses* se diront nègres et négresses, on verra bientôt disparaître une distinction contraire aux lois de la fraternité et grosse de futurs malheurs. »

Quand donc pourra-t-on faire entrer ces choses si simples dans la boîte osseuse qui sert de tête à deux ou trois beaux fils, mirliflors, muscadins et poisseux, lesquels s'aplatissent pourtant devant le premier perruquier, le premier pion, n'importe quel décrotteur ou sous-vétérinaire européen frais arrivé aux Antilles ? Quand donc ces androgynes ne croiront-ils plus niaisement qu'il est de bon genre de renier ses origines ou les siens pour lécher les bottes de ces rebuts d'Europe qui jouent là-bas à l'aristocrate, lorsque, dans leurs villages, ils traînaient la savate et mouraient de faim, n'ayant pas même des noix et des marrons pour se nourrir ?!... Quand donc ?...

« Ne nous le dissimulons pas, continuait l'orateur, en son discours du 1er Février 1880, et ne l'oublions pas, chers concitoyens et amis, là est le virus qui décime à cette heure la population d'Haïti, et qui est en train de la conduire à la ruine.

« Lorsque les créoles d'origine africaine, *quelque soit la couleur de leur épiderme*, naîtront avec la pensée, apprendront, en suçant le lait de leur mère, qu'ils ne font qu'une seule et même famille, l'unique cause de l'anarchie qui dévaste la République haïtienne et l'arrête sur le chemin de la civilisation où l'avaient mise ses intrépides fondateurs aura disparu. »

J'ai montré que les choses, dans la République antiléenne, étaient dans une meilleure situation qu'on ne le croyait en Europe. Quant à l'anarchie qui a existé en Haïti de 1867 à 1870, en 1875 et en 1879, son retour est possible, mais je ne le crois pas probable, si le gouvernement actuel reste en charge jusqu'au terme de son mandat ; or, tout fait prévoir que ce terme, il l'atteindra.

« C'est en songeant à cela, reprend Schœlcher, c'est en songeant à cela que j'ai dernièrement fait une conférence sur Toussaint-Louverture. J'ai voulu rappeler que ce *nègre* fut un *grand homme*.

Ses belles facultés ont éclaté dès que les hasards de la fortune l'ont mis à même de jouer un rôle; par son génie, par ses exploits, par l'habileté de son administration, par sa puissance de conception, il a prouvé que l'homme noir ne le cédait à l'homme blanc en rien de ce qui fait la gloire de l'espèce humaine. Et, cependant, il était si peu connu, même parmi nous, que plusieurs de nos jeunes amis refusèrent de prendre part à la souscription ouverte par l'honorable M. Gragnon-Lacoste pour lui élever un tombeau, disant qu'il avait combattu la France ! Leur patriotisme s'est égaré faute de savoir. La vérité est que Toussaint-Louverture a servi glorieusement la France ; il a chassé les Anglais et les Espagnols, a fait flotter notre drapeau national sur l'île entière ; ce qu'il a combattu, c'est l'armée envoyée par le traître du 18 Brumaire pour rétablir l'esclavage. »

On a fait croire à quelques naïfs que Toussaint-Louverture n'était pas Haïtien, car « il avait été général français et déporté de Saint-Domingue avant que l'île fût devenue indépendante ». Mais le piquant, c'est que personne n'a jamais songé à dire que Chavannes et Ogé, qu'on appelle toujours les martyrs de la liberté haïtienne, avaient été roués dès 1791, c'est-à-dire onze ans avant la déportation en France de Toussaint-Louverture. Bons naïfs ! pourquoi ne voulez-vous point étudier à fond l'histoire de votre glorieuse nationalité ?...

Toussaint-Louverture fut un Haïtien « avant la lettre », — qu'on me passe l'expression.

Les Allemands ne renient point le Saxon Witikind. Les Anglais vénèrent la mémoire de Harold, qui défendit le sol de l'Angleterre contre Guillaume le Conquérant, et fut vaincu et tué à la bataille d'Hastings : pourtant les Anglais ont beaucoup de sang normand dans les veines. Les Français du Nord ont beaucoup de sang romain en eux ; les Français du Midi sont beaucoup plus latins que Gaulois ; tous, ceux du Nord et ceux du Midi, revendiquent pourtant le Gaulois Vercingétorix qui fut défait par César comme un héros national français. Quel Haïtien, après avoir lu ces lignes, osera renier Toussaint-Louverture !... Je le revendique pour Haïti.

Que ceux qui ne sont point entièrement de mon avis lisent encore ceci : « Je sors de la conférence que vient de donner tout à l'heure à la salle Gerson, le savant continuateur d'Auguste Comte, M. Pierre Lafitte. L'éminent penseur a fait l'éloge, *sans restriction*, d'un homme de génie qui demeurera l'orgueil d'Haïti et de la race noire : Toussaint-Louverture. » J'écrivais ces lignes le 12 Mars 1882. Elles ont été insérées dans le volume : *Les Détracteurs de la race noire*.

La conférence de M. Pierre Lafitte a été publiée dans le numéro de la *Revue occidentale* du mois de Juillet 1882. Elle est consolante à lire, quand on y voit que notre guerre de l'Indépendance est déclarée sainte par des philosophes français qui ne marchandent pas leur admiration à notre immortel Dessalines, Dessalines que quelques drôles auxquels il a donné une patrie, traitent comme s'il eût été un bandit au lieu d'avoir été un grand homme.

Qu'on lise encore les biographies de Toussaint-Louverture, faites par Antoine Métral, Saint-Remy (des Cayes), Gragnon-Lacoste, Schœlcher, Wendell Phillips et Bétancès ; qu'on relise les opinions du général Lavaud et du général Pamphile de Lacroix sur Toussaint-Louverture, et l'on verra que ce *nègre* fut réellement un *grand homme*, et qu'il méritera à jamais, dans les fastes de l'histoire, de porter ce surnom qui n'a pas son pareil : *le Premier des noirs.*

Haïti s'est enfin reconnue dans le plus célèbre de ses fils et de ses grands hommes. Elle a adopté celui qui fut si longtemps renié. Le Parlement haïtien a voté une somme de 20,000 francs pour aider à la souscription faite dans le but de lui élever un monument à Bordeaux. De plus, un buste du martyr du fort de Joux sera transporté en Haïti pour être placé au Palais-National. Ces deux bustes sont dus au ciseau d'un sculpteur haïtien, M. Edmond Laforesterie, artiste de grand talent. Celui qui écrit ces lignes a l'honneur de faire partie du comité de souscription pour le monument de Toussaint-Louverture, en qualité de vice-président...

Une dernière citation de Schœlcher, et je finis.

« Laissez-moi toucher », disait-il encore à ceux qui étaient venus lui présenter l'œuvre d'art, dont nous avons parlé, « à un sujet qui m'est personnel. Des gens de mauvaise foi m'ont accusé d'avoir déserté nos principes, lorsqu'à la dernière élection d'un député pour la Guadeloupe, j'ai proposé un candidat nègre, *parce que nègre*. Ils ont prétendu que c'était jeter parmi nous un élément de division. Rien de moins vrai. Vous le savez comme moi, je ne vous l'apprends pas, ce caractère de déchéance dont je parlais tout à l'heure, et dont l'esclavage a frappé l'homme noir, n'est pas encore entièrement effacé en Europe. La présence d'un nègre dans l'enceinte législative contribuerait, je crois, à corriger cette cruelle erreur ; elle y aurait une influence morale considérable, en donnant à réfléchir aux ignorants, et elle les conduirait à penser que la race dans laquelle le suffrage universel d'une colonie choisit son député ne peut être une race inférieure. Les hommes de mon âge se rappellent l'excellent effet que produisait, dans ce sens, la vue de M. Louisy Mathieu, siégeant à l'Assemblée nationale de 1850. Voilà précisément pourquoi j'engageais les électeurs à prendre pour député « un nègre parce que nègre ». Je m'en étais expliqué souvent dans ma correspondance, personne n'en ignorait là-bas, aussi personne n'en fut-il choqué, chacun comprenant que, par là, j'entendais soutenir la cause de l'égalité, attaquer encore le mortel préjugé de couleur, en cherchant à lui créer au sein du Parlement une protestation vivante et permanente.

« Ce que je veux comme vous et avec vous, c'est, en même temps que l'assimilation du régime des colonies à celui de la métropole, l'apaisement des vaines passions de castes qui troublent la société coloniale, et l'empêchent de prospérer. Pressons donc tous les hommes sages des Antilles de se joindre à nous pour travailler à la paix, à la concorde qui sont la fusion. Plus les différentes classes de la population abaisseront les barrières factices qui les séparent, se rapprocheront et s'uniront, plus elles assureront leur bien-être réciproque, plus aussi elles mettront en commun leurs lumières, plus elles accroîtront leur capital intellectuel. » (*Polémique coloniale*, p. 91.)

J'avais dit que j'opposerais les citations aux citations. Je crois avoir tenu parole. Je suis médecin. Comme tel j'ai pour mission de guérir toute plaie, qu'elle soit morale ou physique.

Le préjugé de couleur est, actuellement surtout, une aberration de l'intelligence, un sacrilège contre la personne de l'homme, un ulcère moral ; c'est une des formes de l'aliénation mentale; c'est une folie héréditaire.

Mens agitat molem. L'esprit conduit la matière.

La Révolution française est la fille de la France philosophique du XVIIIe siècle, de la France resplendissante des Rousseau, des Voltaire, des d'Alembert et des Diderot, écrivains qui firent une guerre acharnée et sans trêve à tous les préjugés.

Je répète ici la phrase de Bailly que je rappelais au commencement de cette étude : « Les préjugés ne se retirent que comme des ombres, successivement et par degré. »

Haïti a si bien évolué au point de vue moral et intellectuel que, depuis quelque quarante ans, le préjugé de couleur a reculé et est prêt de s'évanouir dans ce pays. Je voudrais lui avoir donné le coup de grâce. Veuillent les hommes de bonne foi et de bonne volonté, veuillent surtout *les circonstances politiques* qu'il en soit ainsi.

En rédigeant ces trois chapitres : *Choses des Antilles*, j'ai obéi à un sentiment très haut. Il me semblait que je remplissais une fonction sacerdotale. Je croyais sentir près de moi le génie de la patrie qui murmurait à mes oreilles : « Ecris : soixante-
« dix-huit ans d'indépendance n'ont pu entière-
« ment effacer toutes les erreurs que deux siècles

« de servitude, de tortures, de douleurs, d'ignomi-
« nies et de noire ignorance avaient accumulées,
« entassées ; écris : s'il en reste encore un peu de
« ces turpitudes d'un autre âge, tu le détruiras.
« Fais ton devoir de citoyen, dusses-tu en souffrir
« plus tard. La Bible le dit, l'histoire le prouve :
« toute nation divisée en elle-même peut périr.
« La patrie haïtienne doit être unie. Un dans tous;
« tous dans un. Concorde absolue. Paix à tout
« prix. Allez tous la main dans la main. Prêchez
« tous la fusion vraie, la seule complète : la fusion
« de sang. Que tous se rallient autour de celui que
« vous avez élu ou que vous élirez désormais à la
« présidence, qu'il soit nègre ou mulâtre. N'ou-
« bliez pas que les Etats-Unis convoitent votre île,
« car en ce moment on creuse le canal de Panama. »

Et j'ai écrit. Que tous me lisent et me comprennent.

*
* *

On pourrait croire que la question est complètement épuisée. Nullement. J'ai annoncé plus haut l'intention où j'étais de la reprendre, dans un livre spécialement consacré à la *Sociologie haïtienne*, de l'analyser à nouveau d'une façon plus abstraite, plus entièrement scientifique, plus encyclopédique, l'envisageant aux points de vue si multiples, si divers, si compliqués et pourtant si connexes de la médecine moderne, de la physiologie, de la psychologie sociale, de l'économie politique, au point de vue de la *biologie* sociale en un mot, dans le sens que les savants anglais contemporains donnent à ce mot de *biologie*. Je m'aiderai pour ce travail des données ethnographiques, anthropologiques et de celles de la statistique si précise de nos jours ; je m'appuierai sur les théories enseignées par la philosophie anglaise régnante, l'école évolutionniste des Darwin, des Lubbock, des Bain et des Herbert Spencer, sur les idées reçues et préconisées par les différentes fractions des écoles positivistes et matérialistes qui fleurissent en ce moment en France, c'est-à-dire sur Auguste Comte, Pierre Lafitte, Littré, Letourneau, Coudereau et André Lefèvre.

En attendant, on peut relire fructueusement ces trois chapitres qui n'en sont qu'un : *Choses des Antilles*. Je souhaiterais qu'ils fussent souvent médités, commentés, discutés, et qu'ils restassent à jamais gravés dans la mémoire de chaque lecteur, fût-il blanc, noir ou mulâtre.

Chacun y trouverait son profit, et ce serait tout bénéfice pour le plus grand nombre, j'ose dire pour toute l'humanité.

LIVRE V

~~~~

D'ESTOC ET DE TAILLE

> ....
> Divin pays, ô ma patrie,
> Haïti, mère chérie,
> Je garderai ton souvenir ;
> Toujours,
> Je garderai ton souvenir.
> ....
> L.-J. J.
> (*Cantilène à Mademoiselle Eléonore
> Fédorovna S...*
> Décembre 1881.)

> *Y Siempre.*
> L.-J. J.

CHAPITRE PREMIER

FINANCES ET PARLEMENTARISME COMPARÉS

SOMMAIRE. — J'y reviens.—Tropes parlementaires.—Le vol de l'occasion! — On rit... et on digère. — « *Modestement* » est une perle! — Sujet de pendule. — Aux choses sérieuses! — Budget en déficit. — Un peu de lyrisme. — Etourdi ou triste sire. — Les ignorés seront connus. — « *Souvenirs de Guy-Joseph Bonnet* » et un mot de Napoléon Ier. — Voyageur trop lyrique, écoute.... — Qui parle ainsi ? — Quoi d'anormal, d'excessif, d'inédit?... — Une note qui a son prix. — Qu'ils en soient détrompés. — On sème pour récolter... — Législation budgétaire. — Renvoyé à qui de droit.

J'ai été quelque peu entraîné en dehors de mon sujet principal : l'analyse pure des chroniques de M. Cochinat. J'y reviens.

Je cite la *Petite Presse* du 9 Décembre 1881 :

« Voici l'acte par lequel la Chambre des députés a couronné sa carrière parlementaire — carrière qui ne fut qu'un long poème.

« Vous avez vu avec quelle facilité elle a fait tomber sur ses amis et connaissances et sur M. le Président de la République la pluie de piastres qui ne s'écoulera pas sur le sol brûlant d'Haïti, mais qui ne rafraîchira que quelques particuliers. Or, après cette averse budgétaire, elle croyait n'avoir plus qu'à aller recueillir les remerciements de ses électeurs. Mais son président l'a convoquée à *l'extraordinaire* le 21 octobre courant, pour entendre une communication du gouvernement.

« Réunie dans la salle de ses séances, elle apprit de la bouche du ministre des finances, M. Brutus Saint-Victor, que l'exécutif désirait qu'elle donnât une solution à une question fort importante, suspendue entre elle et le Sénat. Il s'agissait d'autoriser le gouvernement à contracter un emprunt dans le commerce.

« Le chiffre n'avait point été fixé, mais on parlait d'une somme de deux cent cinquante mille piastres (1,250,000 fr.).

« Un député, jadis *libéral* à outrance, c'est-à-dire partisan *quand même* de M. Boyer Bazelais, prétendant à la présidence d'Haïti, trouvant que ce n'était pas assez, proposa, avant même que le ministre ne l'eût fait connaître, d'élever la somme de l'emprunt à cinq cent mille piastres (2,500,000 fr.)

« — Mais attendez, lui cria le député G. Manigat, frère du président de la Chambre, attendez que l'*organe de l'exécutif* (M. le ministre serait trop simple) ait fixé le chiffre de la somme qu'il demande. »

Un instant ! Le trope « *Organe de l'exécutif* » pour désigner le ministre est d'un usage plus que fréquent dans le Parlement français.

Si quelqu'un en doute, qu'il veuille jeter les yeux sur n'importe quel numéro du *Journal Officiel* de la République française dans lequel se trouverait imprimé un compte rendu in extenso d'une des séances du Palais Bourbon ou du Luxembourg.

Il y a peu de mois, un rédacteur du *Gil Blas*, Théodore de Banville, le maître styliste et le poète aux rimes impeccables, critiquait l'usage des tropes suivants : *Tremplin électoral, prix d'une crise, soustraire le Parlement à la violence des courants électoraux, renfermer le Congrès dans des bornes, gouvernements qui refusent à une nation des* ORGANES, *navette des lois financières, détente qui s'accentue,* lesquels, selon lui, revenaient trop souvent dans les comptes rendus des débats législatifs ou sous la plume des rédacteurs de journaux politiques parisiens. (*Gil Blas* du 27 Janvier 1882.)

Je poursuis :

« M. Brutus Saint-Victor, saisissant l'occasion au vol... »

Vous avez bien lu, ami lecteur, « *saisissant l'occasion au vol* ». M'est avis qu'un adversaire convaincu du langage figuré eût évité ce « *saisissant l'occasion au vol* » mis ici entre deux virgules. Le vol de l'occasion !... *L'Occasion déguisée en oiseau et prête à prendre son vol est saisie par M. Brutus Saint-Victor !* Quel beau sujet à mettre en vers latins ! Quelle belle légende au bas d'une composition de peinture pour le prix de Rome !.. Il fait bon de lire les chroniques intitulées de *Paris à Haïti* après qu'on a déjeûné. Le style fait rire... et on digère.

M. Brutus Saint-Victor, ayant donc saisi l'occasion au vol — peut-être par une des plumes de la susdite, peut-être par la patte... M. Cochinat a oublié de nous le dire — ...

« eut bien garde de désavouer l'ex-libéral, M. Callisthène Fouchard, et il déclara *modestement* qu'il se ralliait à la proposition du fougueux bienfaiteur du gouvernement.

« Je le crois bien !

« Le budget est en déficit de près de 700,000 piastres (3,500,000 fr.) et dans cette tempête financière, tous *les mouillazes ils sont bons*, comme dit le Marseillais. »

Je trouve charmant le mot du Marseillais, mais je prise davantage le *modestement* de plus haut. « Modestement » est une perle.

Je vois d'ici le ministre, les yeux baissés, pudique, *rougissant* sous les regards de toute l'assemblée, la bouche en cœur et disant d'une voix douce, enfantine, féminine, sucrée : « Messieurs, je me rallie *modestement* à la proposition que vient de vous soumettre l'honorable préopinant. » Encore un autre sujet de tableau. Encore un autre sujet de narration ! Cela aurait pu servir de pendant à *l'Hippocrate refusant les présents d'Ataxercès*, par exemple ! J'adore ces petits intermèdes, mais il n'est si agréable compagnie qu'il ne faille quitter. Aux choses sérieuses !

Le Budget est en déficit de 3,500,000 francs. Il le faut combler, ce déficit. Comment ? Par un emprunt, impôt sur les revenus futurs.

Je m'étonne même que le Gouvernement, ayant besoin de 3,500,000 francs, n'en emprunte que 2,500,000... Ce diable de Cochinat est si étourdi que je n'ose trop me fier à lui. Il est bien capable d'avoir transposé les chiffres. S'il n'en était point ainsi, à l'aide de quelles ressources le Gouvernement pourrait-il faire face au million d'excédent de dépenses qui reste porté au Budget ?

Lorsqu'il arrive à un budget de se solder par un excédent de dépenses, le Gouvernement est obligé de contracter un emprunt.

Si l'emprunt est amortissable, c'est-à-dire si son capital est remboursable dans un délai déterminé, l'excédent de dépenses qui y a donné lieu s'appelle comme lui un « découvert du Trésor » ou « un passif » et vient augmenter la dette flottante. Cet emprunt vient augmenter la dette inscrite au Grand Livre de la Dette Nationale si le remboursement de son capital n'est pas exigible par les porteurs des titres et que l'intérêt seul doit être servi sous forme de rentes non amortissables.

Le passif de la dette flottante inscrite au Budget français de 1883 s'élève à la somme de trois milliards (de Foville. *Le Budget de* 1883), et le budget général de la France pour 1883 est de 4,095,640,228 francs. (G. Alix. *Législation Budgétaire*, 1882.)

M. Cochinat si souvent trivial devient ici lyrique. Écoutons-le :

« O Pétion ! qui es mort sans laisser de quoi t'enterrer !
« O Boyer, qui refusais une dotation de la Chambre des dé-
« putés de ton temps, en disant « qu'en faisant le bien de la

« patrie tu n'avais fait que ton devoir ! » que diriez-vous de
« tout cela, vous qui n'avez même pas encore un monument
« sur cette terre haïtienne, que vous aviez rendue libre et
« prospère.

« Mais vous êtes des hommes de l'ancien jeu. Votre pro-
« bité gênante soulève les rires des députés d'aujourd'hui;
« votre souvenir même leur est importun.

« Dormez dans vos cercueils, taisez-vous dans vos tombes !

. . . .

« Haïti, c'est la caisse ! »

J'espère qu'il est frondeur; « l'excellent bon ! » Il avait pourtant dit qu'il ne le serait point. Ou il avait pris un engagement téméraire et alors il est un étourdi, ou il a pris cet engagement avec l'intention tacite de n'en pas tenir compte et alors c'est un sagouin, un triste sire. Ce n'est pas que je sois autrement courroucé de le voir frondeur. Au contraire, j'ai de bonnes raisons pour lui être reconnaissant du service qu'il me rend en me fournissant l'occasion de souffleter sur sa figure tous les détracteurs systématiques ou intéressés de mon pays et de ma race.

Toussaint-Louverture, Dessalines, Pétion et d'autres peuvent encore attendre leur statue. Ils auront chacun la leur. Peu à peu le jour se fait autour des grandes figures de notre histoire. De plus en plus Haïti apprend à connaître, à vénérer, à chérir, à respecter et à honorer tous ces ouvriers de la première heure, tous ces artisans de son indépendance. Avec ceux que j'ai déjà nommés et que tous connaissent, avec eux, il y en a encore beaucoup d'autres, toute une phalange de vaillants et de désintéressés qui dorment ignorés le long sommeil : Halaou, Hyacinthe, le commandant Sylla, Capois, Clervaux, Vaillant-Gabart, Geffrard, Janvier, Pannier, Goman, Laporte le premier martyr du drapeau...j'en passe et des plus injustement dédaignés ou oubliés par les générations qui précédèrent celle-ci.

Mais j'admire ces paladins qui s'en vont par le monde quémandant des statues pour des chefs haïtiens lorsque pendant si longtemps Vercingétorix, Jeanne d'Arc, Jeanne Hachette, le duc de Guise (François), Eustache de Saint-Pierre n'ont point eu la leur sur ce sol de France qu'ils défendirent si vaillamment et teignirent de leur généreux sang. Je crois qu'ils ont attendu pendant quelques centuries. Dix siècles ont passé avant qu'on eût songé à nous montrer sur une place publique la face de Charlemagne, le prestigieux empereur d'Occident. Où Roland, où Olivier, où le Grand-Ferré? Où Étienne Marcel, le bon prévôt de Paris? Si je ne me trompe, Delgresse n'a pas encore sa statue, Monsieur Cochinat. Allez donc en demander une pour lui et quand vous l'aurez obtenue vous viendrez réclamer autant pour Pétion, pour Toussaint-Louverture et pour Dessalines !...

Je pourrais encore, *my darling*, trouver bien des choses à redire touchant votre petite débauche de lyrisme et critiquer à fond le passage consacré à

Pétion et à Boyer. J'ai vingt fois relu les *Souvenirs de Guy Joseph Bonnet* et surtout le chapitre VI de cet intéressant ouvrage. Je n'en veux rien faire, estimant, comme disait Napoléon Ier, que « le linge sale se doit laver en famille ».

Toutefois, effleurant le sujet, ou plutôt le prenant par ses côtés économiques et politiques, je vais démontrer que ce morceau est de nulle valeur et sort d'une plume novice aussi bien en matière de finances qu'en matière d'histoire.

Retenons d'abord ceci : Le citoyen haïtien est un de ceux qui ont le moins d'impôts à payer. En moyenne, un Français paye 80 francs d'impôts ; un Anglais plus encore ; un Haïtien ne paye que 20 francs d'impôts, environ.

Le Président Pétion ne pouvait songer à faire des emprunts à l'étranger puisque, plusieurs années après sa mort, la France n'avait pas encore abdiqué ses droits sur l'ancienne Saint-Domingue et que les nations prêteuses n'auraient point voulu aventurer leurs capitaux en Haïti ; d'ailleurs il était de politique nationale à cette époque de ne rien demander à l'étranger. D'un autre côté, sous Pétion, le capital existait encore moins en Haïti qu'aujourd'hui ; un emprunt même minime, émis par le Gouvernement d'alors, eût été très difficilement couvert dans le pays même. Pétion et Boyer ne se faisaient nulle illusion à cet égard. (Ardouin. Bonnet.)

Aussitôt après que la France eut reconnu l'autonomie d'Haïti, le président Boyer contracta un emprunt à l'étranger : c'est l'emprunt Gandolphe-Ternaux qui devint l'emprunt Laffite, emprunt de trente millions, lequel servit à payer le premier terme de l'indemnité de cent cinquante millions de francs consenti par le gouvernement de Boyer en faveur de la France.

Certes, on pourrait désirer voir que toute loi financière, toute loi portant ouverture d'un crédit surtout, fût présentée soit par le ministère seul, ainsi que cela se passe en Angleterre, soit par un député, mais sur proposition signée de trente de ses collègues au moins et de tout le bureau de la Chambre : cela empêcherait les entraînements, d'une Chambre trop prodigue, parce que trop nerveuse.

Mais maintenant, ô voyageur trop lyrique, écoutez ceci : « Tout gouvernement qui se fonde après une révolution, se voit contraint de recourir immédiatement au crédit : c'est là une loi inéluctable. Il suffit d'un changement de régime politique pour jeter la perturbation dans les recettes et dans les dépenses. Celles-là se trouvent généralement réduites et celles-ci accrues. » — Qui parle ainsi ? — M. Paul Leroy-Beaulieu, en son *Traité de la Science des Finances*.

La dette de la France augmenta bien plus rapidement pendant les trois années qui suivirent la

Révolution de 1848 qu'elle ne l'avait fait pendant tout le laps de temps qui s'était écoulé de 1823 à 1848, c'est-à-dire pendant trente-deux ans. Retenez ceci en passant, ô vous qui dites tant que vous aimez votre patrie et qui croyez, sur la foi de fallacieux conseillers, que pour faire son bonheur il faut renverser un gouvernement toutes les fois qu'il déplaît à dix mille personnes sur un million !

En France encore, au lendemain du coup d'État du 2 Décembre 1851, la confiance étant revenue, nous voyons inaugurer le système des emprunts coup sur coup, emprunts qui devaient servir non seulement aux armements de l'Empire, mais encore à la subvention des dépenses qu'allaient occasionner les grands travaux de paix, canaux, routes, chemins de fer, ponts, etc.

« Les ministres, d'ailleurs expérimentés, qui conduisirent les finances sous le second Empire, préféraient l'emprunt à l'impôt, en opposition avec la doctrine des hommes d'État de l'Angleterre contemporaine, notamment de M. Gladstone. Ils savaient combien l'impôt est désagréable ; l'emprunt, au contraire, est généralement bien vu du public ; les banquiers, beaucoup de capitalistes, nombre de petits rentiers et de petits propriétaires, se féliciteraient comme d'une manne céleste de l'émission d'emprunts annuels, si le payement des intérêts de ces emprunts ne devaient pas exiger des augmentations d'impôts (Leroy-Beaulieu).

Toute la politique financière du règne de Napoléon III consista en emprunts, et il y eut pendant les vingt années qu'a vécu ce règne huit grandes émissions d'emprunt. « Les années de paix eurent leurs emprunts comme les années de guerre. » (*Eodem loco citato.*)

Le gouvernement haïtien actuel a voulu organiser le travail, encourager l'agriculture et l'industrie nationales, et donner le plus d'extension possible à l'instruction primaire tant dans les villes que dans les campagnes, naturellement le budget des dépenses a été accru en comparaison du budget des recettes qui baissait parce que nous venions de sortir d'une crise politique et par conséquent commerciale. Voulant mettre ses projets à exécution, le gouvernement n'avait qu'un moyen pratique auquel il pût recourir pour combler ce déficit passager : l'emprunt. Il en émet un. Qu'y a-t-il là d'anormal, d'excessif, d'inédit ?...

Je disais tout à l'heure que le citoyen haïtien était l'un des moins imposés du monde civilisé (1).

---

(1) J'écris ce mot « civilisé » et avec Michelet qui, dès 1860, dans son livre : *La Femme*, s'adressait en ces termes à Haïti : « Puisses-tu « développer ton libre génie, celui de cette grande race si cruelle- « ment calomniée et dont tu es l'unique représentant *civilisé* sur la « terre. » — A la page 179 de la brochure, datée du mois de Mars dernier, qu'il vient de publier à Kingston (Jamaïque) et que j'ai lue il y a deux jours, M. Edmond Paul, ancien député haïtien, a cru devoir transcrire cette phrase qu'il a extraite du journal *l'Economiste français* et que je mets au compte du directeur de ce journal, M. Paul Leroy-Beaulieu, parce que je la lui ai entendu dire à son

Pour amortir tous les emprunts conclus par Haïti jusques à ce jour, sans s'arrêter à l'unification de la dette par conversion forcée, sans porter atteinte au crédit de la nation, le gouvernement peut établir de nouveaux impôts : sinon l'impôt foncier qu'il serait difficile d'évaluer et de percevoir, mais l'impôt personnel et mobilier, mais un impôt de capitation mis sur les non-naturalisés, l'impôt des portes et fenêtres, la taxe des chiens, celle des chevaux et voitures, les taxes mortuaires, des impôts

---

cours au Collège de France: « Haïti est retombée dans la barbarie. » — M. Leroy-Beaulieu est un partisan à outrance de la colonisation européenne. C'est son droit, c'est son devoir. Aussi n'a-t-il point manqué de répéter au cours de la seconde édition de son ouvrage sur la *Colonisation chez les peuples modernes*, parue à Paris, il y a un mois, que les Antilles françaises « retourneraient à la barbarie *si la race nègre y exerçait aucune prépondérance et même si elle y jouissait de la plénitude des droits politiques qu'elle y possède en ce moment.* »

Quand il parle des Haïtiens il ne fait exception pour personne: on peut en être sûr ; je l'affirme et j'ai été pendant deux ans son *auditeur à certificats* au Collège de France.

J'ajoute ceci: Haïti n'a pu sortir de la barbarie qu'à partir de 1804.

M. Leroy-Beaulieu a lui-même enseigné devant moi que la société qui existait à Saint-Domingue avant 1789 « était *anti-sociale* parce qu'elle reposait sur quelque chose de monstrueux : l'esclavage ».

Depuis 1860, depuis le mot de Michelet, Haïti a progressé d'une manière étonnante au point de vue intellectuel et moral. L'ouvrage de M. Paul et celui-ci en donnent des preuves... entre autres que l'on pourrait citer....

La Russie, la Turquie et l'Irlande passent pour pays civilisés.

Toutes choses égales d'ailleurs, je ne sache pas qu'ils jouissent d'une plus haute civilisation que ma patrie....

Je n'insiste pas davantage. Pour le moment, je ne puis discuter avec mes compatriotes. Je constate et rectifie sans vouloir aller au fond du débat.

Je fais face à ce que le grec appelait βαρβαρος, l'étranger.

20 Septembre 1882.

somptuaires, des droits de patentes et de mutation plus élevés. On pourrait encore autoriser les communes à ajouter des centimes additionnels au principal de l'impôt des patentes et à les retenir pour couvrir les dépenses d'instruction primaire et les frais de cultes qui allégeraient d'autant le Budget général de l'Etat.

D'aucuns pourraient croire que si les budgets d'Haïti se soldent par excédents de dépenses la faute en est toute à l'imprévoyance des ministres, soit au moment de la préparation de la loi de finances, soit lorsque, après avoir été votée par le Parlement, elle est mise en exercice. Qu'ils en soient détrompés.

Cela tient à foule de choses dont les principales sont l'extension donnée depuis quelque temps aux services des ministères de l'Intérieur, des Travaux publics, de l'Agriculture et de l'Instruction publique — et dans un but tout à fait économique. — On sème pour récolter plus tard.

En France, et, en grande partie, les mêmes motifs portent les ministres et les Chambres à demander et à voter des crédits extraordinaires ou supplémentaires. Depuis 1840 tous les budgets se sont soldés en déficit. Je laisse la parole à M. Paul Leroy-Beaulieu : « Si l'on veut voir ce que deviennent les budgets primitifs par le vote de tous ces crédits extraordinaires ou supplémentaires, il faut ouvrir le compte général de l'administration des finances pour 1869, pages 518 et 519, voici la situation édifiante qu'on y relève année par année :

Budgets des dépenses de la France pendant les périodes de 1840 à 1868.

Années.	Evaluations des dépenses dans le budget primitif. Milliers de francs.	Dépenses définitivement effectuées. Milliers de francs.	Augmentation + ou Diminution — relativement au budget primitif. Milliers de francs.
1840	1.156.896	1.363.711	+ 206.814
1841	1.198.654	1.425.239	+ 226.585
1842	1.370.077	1.440.974	+ 70.898
1843	1.363.905	1.445.265	+ 81.360
1844	1.405.061	1.428.133	+ 23.072
1845	1.432.032	1.489.432	+ 57.399
1846	1.494.978	1.566.525	+ 71.547
1847	1.536.704	1.629.678	+ 92.973
1848	1.824.686	1.770.960	— 53.726
1849	1.591.398	1.646.304	+ 54.905
1850	1.460.696	1.472.637	+ 11.941
1851	1.435.571	1.461.329	+ 25.757
1852	1.504.716	1.513.103	+ 8.387
1853	1.488.003	1.547.597	+ 59.593
1854	1.528.876	1.988.078	+ 459.202
1855	1.573.208	2.399.217	+ 826.009
1856	1.620.066	2.195.781	+ 575.715
1857	1.752.485	1.892.526	+ 140.040
1858	1.761.494	1.858.493	+ 96.992
1859	1.775.637	2.207.660	+ 432.023
1860	1.830.625	2.084.091	+ 253.465
1861	1.863.499	2.170.988	+ 307.489
1862	1.991.305	2.212.839	+ 221.534
1863	2.082.882	2.287.069	+ 204.106
1864	2.127.954	2.256.706	+ 128.752
1865	2.117.364	1.147.191	+ 29.826
1866	2.097.307	2.203.074	+ 105.767
1867	1.920.597	2.169.764	+ 249.166
1868	1.980.833	2.137.054	+ 156.226

« Ainsi, sur ces vingt-neuf années, il ne s'en rencontre en France qu'une seule où les dépenses réalisées aient été au-dessous des dépenses évaluées dans le Budget primitif. Généralement les crédits accordés par la loi de finances sont dépassés chaque année de cent ou de deux cent millions de francs, tandis qu'en Angleterre ils ne sont d'ordinaire pas atteints. Ces mauvaises habitudes durent depuis 1840. Comment s'étonner des déficits perpétuels de nos budgets? Depuis 1840 jusqu'en 1870, la France n'a presque pas eu de budget en équilibre. Depuis 1875, il est vrai, nos budgets ont retrouvé l'équilibre et présentent même des excédents, cela tient toutefois aux plus-values d'impôts, car les crédits supplémentaires continuent et foisonnent (1) . . . .

« En France, pendant les vingt-neuf années qui se sont écoulées de 1840 à 1868, on constate vingt-cinq exercices qui se soldent en déficit, quatre seulement qui offrent des excédents : encore ces excédents si rares sont en partie fictifs et sont dus à des emprunts, comme en 1855 et en 1868. En réalité, de 1840 à 1868, il n'y a eu que deux années, 1858 et 1868, qui aient présenté un excédent de bon aloi, c'est-à-dire un excédent qui soit dû aux recettes ordinaires, sans supplément de ressources tirées de l'emprunt.

« La lecture du tableau qui suit ne peut manquer d'être instructive ; elle montrera où condui-

---

(1) Le Budget français de 1882 sera en déficit de 140 millions. (Leroy-Beaulieu. L'*Économiste français*, Septembre 1882.)

sent les crédits supplémentaires ; ces chiffres sont empruntés au *Comptoir général de l'Administration des finances pour* 1869 (page 519).

Tableau des excédents et des déficits des budgets français de 1840 à 1868.

ANNÉES.	EXCÉDENTS budgétaires. Francs.	DÉFICITS budgétaires. Francs.
1840	»	129.228.003
1841	»	27.470.931
1842	»	109.980.263
1843	»	67.041.539
1844	»	43.372.426
1845	»	96.145.256
1846	»	167.235.036
1847	»	257.290.639
1848	»	3.005.050
1849	»	214.625.477
1850	»	41.014.767
1851	»	100.728.869
1852	»	25.759.013
1853	»	23.148.545
1854	»	186.033.322
1855	394.056.125	»
1856	»	281.838.638
1857	»	93.300.379
1858	12.888.013	»
1859	»	28.921.268
1860	»	121.892.737
1861	»	164.903.164
1862	»	34.953.626
1863	»	22.131.099
1864	»	51.765.611
1865	21.961.530	»
1866	»	10.245.340
1867	»	1.978.660
1868	19.359.099	»

« D'où vient que les Anglais peuvent se passer de crédits supplémentaires, tandis que nous nous abandonnons à ce flot de dépenses insidieuses et subreptices? Cela tient à trois causes : à la différence de méthode pour le vote du Budget, à la différence des lois sur les crédits tardifs, enfin aussi à la différence des mœurs et des idées générales dans les deux pays. En Angleterre, le Budget primitif est voté beaucoup plus près de l'ouverture de l'exercice, de sorte qu'il est beaucoup plus exactement dressé et que les prévisions en sont beaucoup plus étudiées et plus sérieuses; en second lieu, en Angleterre, la Couronne seule, c'est-à-dire les ministres ont le droit de proposer des crédits, les députés n'ont pas cette faculté, et cette privation n'est pas un mal; en troisième lieu, l'esprit public, qui est fait à la pratique des affaires, considère la rigueur budgétaire comme le premier bien : on préfère ajourner une dépense même utile que de l'inscrire tardivement au budget; il n'est guère, en effet, de dépense qui ne puisse attendre une année. De ces trois causes réunies, il résulte qu'on n'ouvre des crédits supplémentaires que dans les cas fort rares, généralement pour les seuls ministères de la guerre et de la marine.

« En France, au contraire, le budget est préparé et voté beaucoup trop tôt.... il est fait quinze mois d'avance, et discuté dix mois d'avance, ce qui est absurde. L'écart entre les prévisions et les besoins réels a beaucoup plus de chance d'être considérable. Les crédits supplémentaires ou extraordinaires peuvent être votés sur l'initiative du moindre député qui veut se signaler par une générosité dont il ne paye pas les frais.

« Enfin notre organisation sociale, notre centralisation administrative et le suffrage universel font que les députés se considèrent comme intéressés à obtenir pour une foule d'agents, surtout pour les petits, des augmentations de traitements. Les juges de paix, les facteurs des postes, les maîtres d'école, sont d'excellents instruments électoraux. Chaque député veut se concilier leur bonne grâce en devançant pour l'amélioration de leur sort les propositions du gouvernement. Aussi les amendements pleuvent de tous côtés pour provoquer des dépenses nouvelles...

« Le rôle primitif des Assemblées représentatives, le rôle essentiel encore des Parlements dans tous les pays d'Europe, c'est de retenir le gouvernement dans ses projets de dépenses, de mettre un frein à son désir de tout faire et de tout améliorer, de s'opposer à la tentation qu'il éprouve de créer des taxes nouvelles. En France c'est tout l'opposé, les Assemblées semblent se faire cette singulière idée de leur mission, qu'elles ont été nommées pour pousser le gouvernement dans la voie des dépenses de plus en plus grandes. Ainsi, en 1876, voici un député, bien intentionné, nous n'en doutons pas, compétent nous le voulons croire, qui réclame qu'on porte le Budget de la Guerre de dix millions au-dessus des propositions du ministre; en voici un autre qui veut que l'État donne des suppléments de traitements aux professeurs des collèges communaux; un troisième qui croit que les intérêts de la France seraient compromis si l'on ne triplait pas la subvention accordée au Théâtre-Lyrique, en l'élevant de 100,000 francs à 300,000 francs ; un quatrième s'apitoie sur le sort de tel ou tel conservatoire de musique de province; un cinquième est épris des observatoires d'astronomie; nous ne parlons pas des ambitieux qui réclament 9 millions de primes annuelles pour la marine marchande. Il y a dans ce goût plusieurs douzaines d'amendements!

« Comment pourrait-on arriver ainsi à l'équilibre du Budget? Chacun est partisan des économies *in abstracto* et des augmentations de dépenses *in concreto*. Quand il s'agit de faire des discours généraux et vagues, on prêche la modération; quand on vient aux applications particulières et aux votes par articles, chacun se prononce pour des augmentations de crédits. Chaque député a sa clientèle particulière, suivant ses goûts et suivant le terroir : l'un est mélomane, un autre est épris des sciences exactes ; celui-ci est éleveur de chevaux, cet autre s'intéresse à la marine; tel député se pique de compétence militaire; tel autre fait sa spécialité de l'étude des questions sociales : tout cela se traduit par des demandes de dépenses. Ajoutons que tous les députés, outre les fantaisies qui varient de l'un à l'autre, ont une vaste clientèle commune, et, d'ailleurs, fort intéressante : ce sont les instituteurs, les desservants, les employés des postes, les gendarmes, les employés des préfectures, etc.

« Il faudrait cependant considérer que le régime représentatif a été institué pour mettre de l'économie dans les finances, non pour y porter le gaspillage. Le gouvernement, somme toute, a la charge de l'administration ; lui seul connaît à la fois les détails et l'ensemble : il faut bien s'en fier et s'en remettre à lui pour l'engagement des dépenses. De deux choses l'une, par exemple : ou le ministre de la guerre est compétent et attentif, alors il est inutile qu'un député vienne presser la Chambre d'augmenter de dix millions, comme on l'a proposé en 1876, les crédits demandés par ce département, ou le ministre de la Guerre est un homme de peu de sens et de soin, alors il convient de le remplacer. Il est sans exemple qu'un gouvernement repousse une demande de crédit qui est nécessaire : pourquoi donc ne pas laisser à lui seul le droit d'initiative en matière de crédits supplémentaires ?

« Ce serait un grand progrès que d'introduire en France la législation anglaise qui ne reconnaît pas aux membres du Parlement le droit de proposer des augmentations de crédits (1). »

Renvoyé à qui de droit. . .

Trait final. — Permettez, ô Cochinat, que je prenne la liberté grande de vous recommander l'ouvrage de M. Paul Leroy-Beaulieu. Votre Seigneurie y apprendra foule de choses dont on s'aperçoit facilement qu'Elle ignore les rudiments (2). . . .

---

(1) Leroy-Beaulieu. *Science des Finances*.
(2) Leroy-Beaulieu. *Science des Finances*, 2ᵉ édition. Paris, Guillaumin, édit., rue Richelieu, 14.
Et voilà !. ..

CHAPITRE II

EN HAÏTI COMME AILLEURS

SOMMAIRE. — Le propos est charmant et digne de Gribouille. — C'est bien fait. — J'approuve les Anglais. — Bohêmes, ratés et aigris ! — A tout seigneur, tout honneur. — Je n'en dédis point et le vais prouver. — Des élections officielles et pas autre chose. — Halte-là ! Prenez Victor Hugo, *Actes et Paroles*. — Excepté pour les ignorants. — Nulle méthode. — Mieux vaut tard que jamais. — Merci ! Nous avons bu l'absinthe. — Concéder ! Allons donc !?... — Portez ailleurs. — Dans le mot « *Hattien* » la lettre *H* est muette. — « *En Haïti* » et non « *à Haïti* ». — C'est disgracieux en diable. — Après M. Smester, d'ailleurs. — Terrible homme pour affirmer. — Haïti et la race noire. — Wendell Phillips, Bétancès, Schœlcher, Toussaint-Louverture, Dessalines, Capoix. — Madiou, Lasselve, Robin. — Et vous aussi, lourd Buchner. — Bonaparte et les journalistes. — *La loi sur la Presse* de Musset. — Tout progrès suivi de réaction. — Liberté de la presse, de réunion, d'association. — « Vecy ce que je vouldroys. »

Par sa lettre du 28 Octobre, datée de Port-au-Prince, le correspondant de la *Petite Presse* mandait au directeur de ce journal des choses... des choses !...

Tout d'abord il se qualifiait de *suspect*.

Le pauvre homme! Suspect! Ce serait trop d'honneur pour lui que d'être considéré comme tel!...

Le fantaisiste narrateur se lamentait en ces termes :

« Je suis la preuve vivante des malentendus qu'occasionne ce patriotisme à rebours (le patriotisme haïtien) et depuis quelques jours j'aurais conçu les plus vives inquiétudes sur ma situation et sur celle de plusieurs de mes amis (il se vante), si je prenais au sérieux toutes les absurdités qu'on vient me débiter à propos des innocents articles que je vous adresse. » (*Petite Presse* du 11 décembre.)

Innocents articles! Voilà qui est charmant! Le propos est plaisant et digne de Gribouille. Un quidam va conter à quelqu'un du mal d'un honnête homme, d'un honorable commerçant, par exemple, dont il dit : « Lui, mais c'est un filou, un coquin, un ignare, un ladre-vert qui ne tient point ses engagements et mange son blé en herbe... et puis, quand, à juste titre, le commerçant, ayant appris ces choses, s'en indigne, s'en courrouce et fait des reproches au quidam, celui-ci répond avec un beau flegme anglais : « Ah! mais j'ai cru ne dire là que quelque chose de très innocent. »

Le Vieil enfant de la *Petite Presse* ajoutait :

« Tous ces gens qui viennent me rabattre les oreilles d'un tas d'extravagances qu'enfante leur cervelle échauffée, sont si peu habitués à entendre parler avec franchise des affaires de leur pays et avec indépendance de leurs chefs, qu'ils considèrent comme un acte de hardiesse inouï de ma part d'avoir dit sincèrement ce que je pensais des uns et des autres. »

Mon mignon, vous n'avez rien dit de sincère. Vous vous trompez et trompez les autres du commencement à la fin; ce qui se passe vraiment et que vous avez vu, vous le racontez tout de travers. Puis, voyez comme il est poli et reconnaissant, mons Cochinat. Les Haïtiens, gens trop charitables, trop compatissants, se donnent la peine de s'intéresser à lui et lui viennent conseiller de modérer le ton des critiques aussi peu mesurées que peu sérieuses qu'il fait de la société haïtienne, là-dessus, le bonhomme trouve « qu'on lui vient débiter des absurdités; que tous ces gens viennent lui rabattre les oreilles d'un tas d'extravagances qu'enfante leur cervelle échauffée ». Du même coup, il vous traite « d'absurdes », « d'extravagants », « de cervelles échauffées », tous ces bons Haïtiens, ses caudataires. C'est bien fait. « Fallait pas qu'y aillent »... comme dit la chanson.

Pour qu'il ait tenu un pareil langage, même en parlant de ceux qui lui venaient obséquieusement donner des conseils, où donc a-t-il été élevé, mons Cochinat?... Son nom même l'indique : Cochinat... Cochonat... Cochonet... le reste se devine.

Le grand critique s'étonne de l'outrecuidance grande dont nous faisons preuve en ne voulant pas que nos gouvernants soient diffamés par lui.

Son étonnement m'étonne! Oui, nous voulons qu'on parle avec respect de nos chefs. C'est nous qui nous les sommes choisis et de nous on peut dire avec pleine raison : « Un peuple n'a que le gouvernement qu'il mérite. » Le gouvernement haïtien, gouvernement républicain, est une émanation du peuple, et c'est par l'effet d'une manifestation de la volonté populaire qu'il détient le pouvoir. Si la nation laisse ridiculiser ses mandataires, c'est qu'elle se laisse ridiculiser elle-même.

Tout citoyen conséquent avec lui-même, qui comprend la fiction du contrat constitutionnel et qui est respectueux des volontés de la majorité de son pays librement exprimée, doit donc obéissance, aide et assistance au gouvernement de son pays et le doit défendre toutes et quantes fois il est attaqué. Et s'il est attaqué par un être sans valeur intrinsèque, par un voyou de la plume, on doit prendre un fouet à triple queue pour châtier le loustic et le châtier jusqu'au sang.

D'ailleurs les Haïtiens ne sont pas les seuls à vouloir qu'on ait des égards pour ceux auxquels ils ont donné la mission de veiller sur les intérêts matériels et moraux de leur patrie et pour ceux auxquels ils ont confié les rênes de l'Etat.

« Ce que je dis ici, je le prouve en exemple » (1), comme dit Musset » lequel, ô Cochinat, n'est pas

---

(1) Don Paëz.

mon poète favori : mes poètes favoris sont Hugo, Leconte de Lisle et Coppée.

Allez en Angleterre, soyez dans un lieu public et que la foule entonne le *God Save the Queen*, tout le monde se découvre ; vous qui êtes étranger et qui n'avez aucune raison particulière pour crier Vive la reine ! vous continuez de garder votre chapeau sur la tête. Le premier Anglais qui passe près de vous vous invite à vous découvrir, et si vous vous y refusez il met votre chapeau à bas. Ne faites pas de résistance, vous seriez maltraité par la foule avant que les *policemen* soient venus vous dégager.

J'approuve les Anglais.

Les Américains non plus n'admettent pas qu'on parle légèrement de leurs hommes d'Etat. Exemple : A l'avènement de Garfield au pouvoir, un journal parisien — j'en tais le nom par convenance — publia un article dans lequel il se permit de mettre en doute les hautes aptitudes et la parfaite honorabilité du président des États-Unis. Immédiatement, le correspondant à Paris du journal américain le *New-York Hérald* télégraphia l'article à son journal en Amérique. Deux jours après la réponse du *New-York Hérald* télégraphiée à Paris y arrivait et était imprimée dans plusieurs journaux du matin. Cette réponse était une verte et dure leçon — et de ces leçons comme en savent donner les Américains, gens à angles et qui n'en sont point encore au maniérisme et à la sucrerie du style — c'était une leçon à l'adresse du journaliste parisien. Le directeur de ce journal désavoua l'article de son collaborateur et il le désavoua avec d'autant plus d'empressement qu'il avait déjà été mis à même de constater que les Américains, lesquels sont très patriotes, avaient commencé un joli jeu de désabonnement à son journal. Ces deux exemples suffiront pour édifier, je crois. Il est vrai que bien des gens qui permettent aux Anglais et aux Américains de vénérer leurs gouvernants et d'aimer leur pays jusqu'à la rage, ne veulent point du tout qu'il en soit ainsi pour les Haïtiens.

Si je pouvais rougir — et je suis heureux que cela me soit impossible, car je passerais ma vie à rougir de colère et de douleur devant toutes les injustices, les petitesses, les platitudes, les mesquineries, les lâchetés que je vois et les nénies que j'entends par le monde, — si je pouvais rougir, je rougirais de honte pour quelques-uns de mes compatriotes, très peu nombreux heureusement, dont la légèreté de langage et d'attitude — je ne mets que légèreté — fait les détracteurs les plus dangereux de leur patrie.

Quelques-uns d'entre eux se figurent naïvement, parce qu'ils se sont, pendant un été, mouché le nez à Paris, à Londres ou à Washington, que tout, en Haïti, devrait se passer exactement comme les choses se passent à Paris, à Londres et à Washington. Pour un peu, quand ils retournent vers les bords fleuris d'où l'on aperçoit la Gonâve, ils demanderaient volontiers pourquoi Port-au-Prince n'est pas bâtie sur un fleuve comme la Seine et pourquoi les wharfs du port de cette ville ne ressemblent pas aux docks de la Tamise. Ils ne savent point quelle somme d'argent et de temps il a fallu dépenser pour construire les susdits docks et les quais de la Seine ; ils oublient toujours que les chemins de fer ne datent que de soixante ans ; ils ont l'air de n'avoir jamais su que pendant plusieurs siècles Londres ne fut jamais illuminée la nuit et Paris non plus ; ils croient que toujours on a eu le télégraphe à sa disposition et le téléphone et le phonographe ; ils ne veulent pas entendre que tel palais de Paris, le Louvre, par exemple, est plus vieux que Santo-Domingo, laquelle est la plus vieille ville de toute l'Amérique, que des Européens ont construite ; enfin, ils ne veulent pas tenir compte de ce petit élément de la civilisation qui s'appelle le *temps !...*

Bonnes âmes, attendez donc ! attendez encore quelques siècles et ne vous pressez point de désespérer de vos compatriotes. Paris, nous dit-on, n'a point été bâtie en un jour et cela est vrai. Il est bon que vous vous souveniez qu'un empereur romain a vécu à Paris ; il n'est pas mauvais que vous sachiez que, cinquante-deux ans avant la venue de Jésus-Christ sur la terre, Paris soutenait un siège contre les troupes de César et que les Gaulois de Camulogène furent écrasés par l'armée de Labiénus là où vous avez marché en 1878, sur le terrain de l'Exposition universelle, au Champ de Mars (1). Observez que Paris n'est pourvu de bonne eau que depuis cent ans; que l'avenue de l'Opéra, le boulevard Saint-Michel, la rue Guy-Lussac, la rue Soufflot, le boulevard Haussmann et tout le quartier du parc Monceaux ne sont sortis de dessous terre que depuis trente ans à peine. Soyez persuadés que pour avoir des choses semblables en Haïti il nous faudra de la patience, du travail et du temps et qu'il nous faudra surtout renverser moins souvent le chef que nous avons élu, rien que pour le punir de ce qu'il avait voulu faire arriver à la députation nationale quelques hommes qu'il savait être les amis de son ministère et de sa politique.

Malgré tout, je me refuse à croire que la phrase suivante mise dans la bouche d'un Haïtien par M. Cochinat soit d'un de mes compatriotes.

M. Cochinat lui disait :

« M. Salomon a trop longtemps vécu en Europe pour ne pas savoir que lorsqu'un homme de lettres arrive dans un pays, *son premier soin* est d'employer sa plume à la description des coutumes et des mœurs de ce pays. »

---

(1) Henri Houssaye. *Le Premier Siège de Paris.*

Ce à quoi l'Haïtien répondit :

« — Cela peut être vrai pour tous les autres endroits du monde, mais non pour Haïti. Vous vous croyez en France ? En Haïti ce n'est ni comme en France... ni comme ailleurs. »

Ce qui prouve que le mot a été dit et pris en mauvaise part, c'est la réponse du chroniqueur évaltonné :

« — Votre mot est joli ; mais, ô maladroits amis, quel tort vous feriez en Europe à celui que vous croyez servir, si l'on n'avait pas assez de bon sens pour faire la part de toutes vos ridicules exagérations. »

D'abord il n'est pas vrai que le « *premier soin* d'un homme de lettres qui arrive dans un pays est d'employer sa plume à la description des coutumes et des mœurs de ce pays ». Les véritables hommes de lettres ne courent pas le monde comme des dons Quichottes à la recherche d'aventures, et les voyageurs véridiques ne sont pas souvent des hommes de lettres dans toute l'acception du mot.

Je prétends que la phrase : « En Haïti ce n'est pas comme en France... ni comme ailleurs, » est d'un naïf. On la peut porter à l'actif de notre évaporé et oublieux adversaire, lequel d'ailleurs l'avait employée plus haut et pour son propre compte.

Il n'en est pas en Haïti comme en France pour bien des choses — c'est une vérité de M. de la

Palice — mais on peut affirmer qu'il en est *toujours* en Haïti comme ailleurs, car Haïti n'est un pays unique en son genre, un pays *sui generis*, que pour quelques bohêmes étrangers et pour quelques *ratés* haïtiens, auxquels on peut donner la qualification collective *d'aigris*.

Avant de pénétrer dans le cœur du sujet, je tiens à faire observer que dans plusieurs contrées d'Europe il n'eût point été permis au correspondant de la *Petite Presse* d'articuler contre le gouvernement du pays les diffamations qu'il a articulées contre l'administration haïtienne. Ainsi, en Russie, on l'aurait expulsé bel et bien et sans même fournir d'explications à son ambassadeur, comme il en a été fait pour un voyageur français avec lequel j'ai maintes fois causé et dont le ministère russe connaissait l'inimitié à son égard. De Turquie, ces temps derniers, on a expulsé un journaliste anglais qui s'était permis de critiquer de vive voix le gouvernement de sa Hautesse le Sultan et le journal français *le Gaulois*, jugé peu favorable au Divan, est interdit dans tout l'Empire ottoman. Le 18 Février 1881 encore, un autre journaliste anglais, M. Mackensie Wallace, correspondant du *Times*, fut expulsé de Constantinople parce qu'il avait révélé à son journal des faits se rapportant à la politique secrète de la Sublime Porte.

En Allemagne, la censure interdit l'entrée des livres de M. Victor Tissot, réputés injurieux pour le gouvernement de l'empereur, et si M. Tissot passe le Rhin il est certain qu'il lui sera fait un mauvais parti au *Pays des Milliards*. En Espagne, un correspondant de la *Revue des Deux Mondes* fut mystérieusement assassiné, il y a deux ou trois ans, parce qu'il n'avait pas caché l'intention dans laquelle il était de critiquer les mœurs des régnicoles du pays des castagnettes, du boléro, des *senoras* long voilées, des *manolas* endiablées, des *posadas* et des toréadors. Sous le Second Empire, M. Cernuschi fut expulsé de France pour avoir donné cent mille francs aux républicains et, par ainsi, aidé à fonder un journal qui devait attaquer la politique de Napoléon III.

Depuis six ans que je suis à Paris, les divers cabinets qui se sont succédé à l'Elysée ont fait conduire à la frontière M. Ruiz Zorilla, don Carlos, MM. Lavroff, Cipriani, Morphy, Hartmann, Tito Zanardelli et d'autres plus obscurs qui, par leur attitude, par leurs discours ou par leurs écrits avaient été signalés ou regardés comme pouvant compromettre les bonnes relations de la France avec les puissances continentales ou troubler sa paix intérieure. Il y a quelques mois, en Allemagne, à Prague, une foule s'était assemblée autour de la gare dans le dessein de maltraiter, à son arrivée, le général russe Skobeleff qui, dans un discours prononcé à Paris peu de jours auparavant, avait hautement manifesté son antipathie, son aversion contre tout ce qui était allemand. Je pourrais multiplier les exemples. Deux pour finir. A tout seigneur tout honneur. Le *Times*, le plus important des organes de la presse anglaise, entretient un correspondant à Paris : M. Oppert de Blowitz. Quand il soutient la politique du ministère en charge par ses correspondances au *Times*, on lui fait risette au quai d'Orsay, on le décore et les journaux ministériels le couvrent de fleurs ; s'il se permet de critiquer les actes des ministres, oh ! alors, cela change : tous les journaux véritablement patriotes, et quelle que soit leur nuance politique, taillent de rudes croupières au correspondant de la feuille de la Cité. Enfin, quelques semaines se sont à peine écoulées depuis que plusieurs journaux parisiens et *l'Evénement*, entre autres, par la plume nerveuse de M. Léon Chapron, demandaient l'expulsion du journaliste italien qui, dans le *Pensiero*, journal niçois séparatiste, avait injurié le gouvernement français et critiqué les mœurs françaises.

Il en a été et il en sera toujours ainsi, car il est de la nature de l'homme de ne pas aimer qu'on critique ses actes. Dites à un jeune scrofuleux, chétif, rabougri, mal bâti, aux dents mal plantées et aux ongles fusiformes, dites à ce prédisposé à la phtisie pulmonaire : Jeune homme, ne fumez pas ; ne passez pas de nuits blanches dans les tabagies ; faites beaucoup d'exercice physique, escrime, boxe, équitation, natation ; prenez des douches froides le corps en sueur ; portez les cheveux courts ; mangez de la viande saignante ; ne buvez que du vin : jamais d'alcool ni de bière ; prenez de l'huile de foie de morue et fuyez le beau sexe. Il vous enverra vous promener et continuera de fumer, de boire et de penser à la bagatelle.

Ce n'est pas que l'on ne doive critiquer les actes d'un gouvernement, les affaires, les manières, les us et les coutumes, les usages et les mœurs d'un peuple, mais on le doit faire dans des conditions sérieuses, en écrivain consciencieux, après qu'on en a étudié l'histoire, l'ethnographie, la linguistique, la constitution politique, et fouillé en un mot le *casier judiciaire* de ce peuple. Et on doit toujours parler d'une collection d'hommes en homme du monde, en homme bien élevé, en homme qui se respecte, en gentleman, et l'on n'en doit pas prendre à sa guise et fantaisie pour en parler en badaud, en gamin, en farceur, en débiteur de boniments, en anecdotier. Voilà ce que l'on vous reproche, Monsieur Cochinat. Nous vous reprochons de nous avoir caricaturés avec votre plume... d'oie au lieu de montrer que vous aviez étudié sérieusement et consciencieusement notre jeune société.

Mais je reviens à cette phrase... « Rien ne se passe en Haïti comme ailleurs. » J'ai soutenu qu'elle était d'un ignorant : je n'en dédis point et vais le prouver.

En Haïti, en effet, on voit des filles-mères et on voit très rarement des infanticides ; il n'en est pas de même en Chine, mais il en est de même en Allemagne et surtout en Bavière « où on encourage les naissances illégitimes » (Alfred Fouillée. *Revue des Deux Mondes*. Septembre 1882) ; il en est de même aussi dans toutes les colonies françaises, anglaises, danoises, espagnoles et hollandaises du golfe du Mexique où l'esclavage a passé, laissant après lui les mœurs qu'il avait perpétuées pendant des siècles ; il en est de même encore au Brésil, au Chili, à la Plata, en Bolivie (Levasseur) et au Pérou, et au Vénézuela.

De véritables économistes dont les vues sont larges et politiques regrettent amèrement même qu'il n'en soit point ainsi dans plusieurs pays trop civilisés où le fait d'une mère étouffant son enfant est assez commun — cela à cause d'absurdes préjugés contre lesquels on ne saurait assez réagir. De 1871 à 1879 l'Italie a gagné 1,200,000 habitants, parmi lesquels une notable proportion d'enfants naturels. En France, le nombre des naissances naturelles a diminué de 1870 à aujourd'hui ; mais l'accroissement de la population est beaucoup plus lent qu'en Allemagne et en Italie où naissent beaucoup d'enfants illégitimes. « Mais, dit M. Paul Leroy-Beaulieu dans les *Débats* du 15 Mai 1882, la diminution des naissances naturelles n'est pas toujours une preuve d'accroissement de la moralité. La stérilité et le vice peuvent très bien s'allier.» M'est avis que je dois persister dans l'opinion que j'ai émise (Voir les *Détracteurs de la Race noire*), à savoir qu'il est plus raisonnable — au point de vue politique — de procréer des enfants naturels que de n'en point procréer du tout.

En Haïti, contrairement à ce qui est dans plusieurs pays européens (Louis Blanc), le paysan est le meilleur homme du monde. Il essaiera peut-être de tromper son monde au marché, mais jamais il ne lui viendra l'idée d'assommer un voyageur esseulé (Schœlcher) pour lui enlever son argent ; il en est de même dans les campagnes de France, depuis qu'il n'y a plus de *Chauffeurs*. Si le vol à main armée est inconnu sur les grands chemins et même dans les villes de la République noire, la même chose s'observe dans les colonies françaises du golfe du Mexique (Schœlcher). Sur ce point, il est vrai, on ne pourrait pas faire le même compliment aux grandes villes européennes.

En Haïti nous avons une Chambre des députés et un Sénat. Il me semble qu'il n'en est pas autrement en France, en Italie, en Espagne, en Belgique, aux Etats-Unis et dans presque tous les États de l'Amérique du Nord, de l'Amérique Centrale et de l'Amérique du Sud. Je sais fort bien que les modes d'élections législatives varient dans ces différents pays : j'ai tous les jours Batbie et Laferrière ou Demombynes au poing. (*Constitutions européennes*, etc.)

Je veux admettre pour un instant que, en Haïti, on voit des députés trafiquer de leur mandat : il n'en n'est pas autrement ailleurs. Ici, on vote avec le ministère pour faire accorder un bureau de tabac à un de ses parents ou à un de ses agents électoraux ; là on donne son vote au cabinet afin de faire envoyer son fils dans une ambassade ; aux Etats-Unis, on l'échange contre la promesse d'une concession de chemin de fer pour son district ; en Italie, on en trafique pour avoir le moyen de faire entrer le fils d'un électeur influent dans les bureaux d'un ministère ; et, dans plusieurs pays riches en capitaux, les députés sont grands amis des administrateurs des grandes compagnies financières.

Sur les bords de l'Artibonite on fait quelquefois des passe-droits à des jeunes gens très intelligents qui ont eu le malheur de n'être pas nés fils de ministres ou de n'avoir pas eu de parents courtisans du Pouvoir; en est-il autrement sur les bords de la Tamise où les fils de lords et de *Commoners* obtiennent de gros emplois à un âge très tendre, lorsqu'ils sont encore tout frais émoulus de Cambridge ou d'Oxford ? Je me suis laissé dire que les mêmes choses se répétaient sur les bords du Nil, pour les fils des pachas et des beys et qu'elles se répétaient encore sur les bords de l'Hudson et du Potomac.

En Haïti, les ministres, en arrivant à la tête du gouvernement, nomment leurs parents et familiers à toutes les fonctions et quelquefois font perdre leur pain à de vieux bonshommes qui ont femme et enfants à leur charge.

Je constate qu'en Angleterre quand un ministère monte aux affaires, il change tout le haut personnel administratif, depuis le vice-roi des Indes et les gouverneurs des Colonies jusqu'aux ambassadeurs et quelquefois même jusqu'aux femmes qui sont chargées de la garde-robe de la Reine.

En France, n'a-t-on pas vu, après la Révolution de 1830, Guizot, ministre de l'Intérieur, révoquer tous les préfets à l'exception de quatre, je crois? Après la Révolution de 1848, Ledru-Rollin n'a-t-il pas remplacé les préfets de Louis-Philippe par des Commissaires de la République? Après le 4 Septembre 1870, Gambetta n'a-t-il pas imité ses deux prédécesseurs au ministère de l'Intérieur dont je viens de citer les noms? Le cabinet Broglie-Fourtou, après le 16 Mai 1877, n'a-t-il pas changé une grande partie du personnel administratif sur lequel il savait ne pas pouvoir compter?

Aux Etats-Unis, c'est encore pis. A l'approche des élections, le gouvernement, pour faire élire ses candidats, révoque systématiquement jusqu'aux derniers manœuvres des arsenaux, jusqu'aux hoquetons des ministères qu'on lui signale comme étant hostiles à l'élection du candidat patronné directement ou indirectement par le Cabinet en charge.

Les Haïtiens ont abusé ou abusent encore, prétend-on, des élections officielles. En était-il autrement ici sous Louis XVIII (*Chambre introuvable*), sous Charles X (circulaire de M. de Villèle), sous Louis-Philippe et sous Napoléon III ?

Que font-ils en ce moment en Transylvanie, en Carinthie, dans le Tyrol, dans le Vorarlberg, dans l'archiduché d'Autriche? Dans la grasse Lombardie, dans l'ardente Sicile ou en Sardaigne ? Et que font-ils encore *Tra los montes*, dans la *Castilla Vieja*, en Aragon, dans Jaën, Cordoue, Ségorbe, Murcie, Agreda, Bilbao, Salamanque, Ségovie, Cadix, Séville et Saragosse, ou encore à Oporto et à Coïmbre, du Tage au Guadalquivir et du Mançanarès au Tage?

Des élections officielles, et pas autre chose...... si j'en dois croire ce que je lis dans les journaux quotidiens, dans les revues, dans les livres.

Et en France.... je cueille les deux alinéas suivants dans le *Gaulois* du 6 Avril 1882.

Ils sont dus à la plume compétente et autorisée de M. Jules Simon, sénateur :

« Le remède, le vrai remède, n'est pas dans la substitution d'un scrutin à un autre. Il est dans la reconstitution de l'administration avec des règles fixes, qui empêchent les promotions scandaleuses, qui ne permettent plus de transformer les emplois publics en monnaie électorale, qui mettent un terme aux épurations fantaisistes, et qui nous épargnent la honte et les résultats désastreux de la curée...

« On ne saurait trop le répéter ni le dire trop haut : une charte administrative est plus nécessaire aux administrés qu'aux administrants.

« Et avec nos habitudes de candidatures officielles patentes ou cachées, la réforme administrative est la meilleure des réformes électorales. »

Les Chambres haïtiennes accordent plutôt des subventions aux amis du Gouvernement ?... Je voudrais bien que l'on me montrât un pays où les subventions sont données aux adversaires de ceux qui les font voter. En tout cas, la chose ne se peut passer qu'à la Terre de Feu ou dans la Lune. On peut affirmer qu'elle ne se voit nulle part en Europe.

En Haïti, on disposait des bourses de collèges plutôt par faveur que par le concours (*Exposé général de la situation*, 1882). Croit-on qu'aux Etats-Unis, les élèves de West-Point y entrent au concours ? Pas le moins du monde. C'est le Président de la République, le Sénateur ou le Député ou le Gouverneur d'un Etat qui les font entrer à cette haute école (d'Haussonville). Il va sans dire que leur choix se fixe toujours ou presque toujours sur le fils d'un régnicole qui dispose d'un grand nombre de voix aux élections.

Dans les pays où le concours est de rigueur, à côté de lui existe *le coup de piston* (Lorédan Larchey) la recommandation aux professeurs. J'ai connu des étudiants qui ont été *pistonnés* à tous leurs examens de médecine, et qui sans cela eussent été réfusés (*recalés*) deux ou trois fois à chaque examen.

On m'objecte qu'en Haïti les Chambres octroyent de trop fortes subventions aux poètes et aux prosateurs, je sais que Louis XIV et Napoléon Ier les subventionnaient ; que Victor Hugo fut pensionné par Louis XVIII ; qu'Alfred de Musset fut pourvu de la sinécure de bibliothécaire au ministère de l'Intérieur sous Louis-Philippe, et que la Révolution de Février la lui ayant fait perdre, il fut placé plus tard en qualité de bibliothécaire au ministère de l'Instruction publique.

Je vois bien que les rues de Port-au-Prince sont mouillées après qu'il a plu et qu'elles sont poussiéreuses lorsqu'il ne pleut pas, mais, sacrejeu ! que personne ne me vienne dire qu'il n'en est pas de même à la Guadeloupe et à la Martinique : je sais le contraire. Et si les rues de Paris sont fort belles et fort propres au printemps et en été, je sais que, quand vient l'hiver, on patauge très bien dans la neige fondue, en nivôse, et dans la boue en pluviôse, car je le les ai pratiquées, ces rues. Certes, elles sont en général moins boueuses que celles de Port-au-Prince, mais il y a plus de vingt siècles qu'on les foule et si on n'avait pas fini par les paver on serait quelque peu négligent. Mais qui ne connaît la satire de Boileau : *Les Embarras de Paris,* laquelle commence ainsi :

« Qui frappe l'air, grand Dieu, de ces lugubres cris ?
« Est-ce donc pour veiller que l'on vit à Paris ? »

Elle prouve bien ce qu'était Paris sous Louis XIV,
En de certains quartiers, et de nos jours, l'état des rues de Paris laisse encore à désirer. En doutez-vous, lisez ceci qui a été publié à la date du 7 Mai 1882 par le journal parisien *Le Gaulois* et sous l'anonyme de M. Jules Simon, sénateur :

« Cette cité des Kroumirs, avec ses dépendances et ses attenances, est située dans l'intérieur des murs. Elle appartient au treizième arrondissement en attendant M. Songeon. Ses habitants sont citoyens, électeurs et éligibles....

« En présence de cet égout à ciel ouvert, de ce chemin boueux dont un village de Hottentots ne voudrait pas, de ces mares noirâtres, épaisses, incompréhensibles, habitées par des êtres immondes, de ces dépotoirs empestés que les Kroumirs appellent leurs jardins, on se demande pourquoi les règlements de voirie qui prescrivent le pavage, l'éclairage et l'assainissement des rues n'existent pas pour eux, pourquoi ils n'ont pas les mêmes droits que leurs concitoyens sur le budget communal ; pourquoi la prévoyance et la clairvoyance de l'administration s'arrêtent à la place Pinel et à la rue Jenner ? »

Les officiers haïtiens s'en vont gueusant quelque bout de galon, disent ceux qui s'en vont par le monde gueusant quelque bout de ruban ou de grasses sinécures ?... Halte-là ! leur puis-je répondre en citant l'ïambe immortel d'Auguste Barbier : *La Curée*. Il est du mois d'Août 1830.

« Oh ! lorsqu'un lourd soleil chauffait les larges dalles
« Des quais et de nos ponts déserts, etc. »

Peut-on pas citer encore l'autre tant enflammé : *La Popularité*, du même auteur ? Qui veut jeter les yeux sur l'ouvrage que Simonin a consacré à l'exposition de la vie sociale aux États-Unis ; qui veut lire les descriptions de Constantinople tracées par Théophile Gautier, Edmond de Amicis, madame Olympe Audouard ; qui veut consulter les ouvrages écrits sur les deux Amériques, et sur l'Océanie, et sur l'Asie et surtout sur Rio-de-Janeiro, capitale du Brésil, laquelle est bâtie dans l'hémisphère austral presque à la même distance de l'équateur que Port-au-Prince dans l'hémisphère boréal ; qui veut suivre dans le récit de leurs pérégrinations les auteurs qui ont raconté les mœurs des habitants de Lima, du Callao, de la Paz d'Ayacucho, de San-Luis de Potosi, de Quito, de Valparaiso, de Santiago du Chili, de Montevideo, de Buenos-Ayres, de Melbourne, de Calcutta, de Tokio, de Canton, de Pékin, de Sanghaï, de Yeddo et de San-Francisco, c'est-à-dire Humboldt et Bompland, Lucien Biart, Siegfried, Henri Rochefort, Roger de Beauvoir, de Ujfalvy, Francis Garnier, Mme Judith Gautier ; qui les veut lire apprendra à comparer et à ne point désespérer de son pays ou de sa race.

Il y a trop souvent des révolutions en Haïti ? — A vrai dire, ce ne sont pas des révolutions qu'on y voit ; ce sont tout au plus des révoltes contre l'autorité suivies de prise en possession du pouvoir par l'un et d'exil pour l'autre. Ils ne sont pas nombreux ceux qui en sont à savoir que les mêmes choses se passaient encore il n'y a pas longtemps dans presque toute l'Amérique du Sud (Levasseur. *Cours du Collège de France*. Notes personnelles) et qu'en ce moment même d'identiques ou de plus périlleux, de plus dangereux actes s'accomplissent ou se préparent en Bolivie à Santo-Domingo et au Pérou.

Le gouvernement haïtien avait renié sa dette de 1875, et M. Cochinat se promettait de rire des mesures prises par le Parlement haïtien à cet égard. La bonne bête !... Les Haïtiens avaient fait banqueroute en reniant leur dette, mais ils l'ont reconnue, et leur crédit national s'en est relevé.

Que d'autres pays ont renié complètement la leur : le Honduras, notamment!... Croyez-vous, bon Cochinat, que le Portugal ait payé l'emprunt don Miguel? Point. Il ne s'en porte pas plus mal. En reniant sa dette, Haïti n'avait fait que suivre de très nombreux et très glorieux exemples (1). Si vous voulez remonter assez haut dans l'histoire financière des peuples, vous verrez — tenez, prenez Victor Hugo, *Actes et Paroles* — vous y verrez que le royaume de France avait souventes fois fait banqueroute avant la Révolution, avant que la Convention, sur la proposition de Cambon, eût décrété la création du Grand-Livre. Dans ces soixante dernières années plusieurs Etats de la Confédération Etoilée, d'ailleurs prospères, renièrent leur dette (Leroy-Beaulieu). Le Mississipi, la Floride, le Michigan, l'Arkansas en agirent ainsi et, à l'issue de la guerre de Sécession, il fut très sérieuse-

---

(1) Les 28, 29 et 30 Juin 1875, 72,929 obligations de 500 francs chacune furent émises à 15 % d'intérêt annuel. C'était léonin. 21,842,000 francs furent versés à Paris par les souscripteurs.

Dès le 31 Décembre 1878, il fut arrêté, en principe, entre l'agent du Crédit général Français en Haïti et l'Exécutif haïtien que l'emprunt serait reconnu — sauf ratification du Parlement haïtien ; — que les titres seraient remboursés à 375 francs l'un ; que l'intérêt à servir serait de 7 % et l'annuité de 2,500,000 francs.

Liautaud Ethéart. *Le Gouvernement du général Boisrond Canal. La France et l'emprunt de* 1875. Port-au-Prince, 1882.

Plus tard, nous eûmes la bonne foi de reconnaître l'emprunt au taux de l'émission, c'est-à-dire à 500 francs l'obligation.

On conviendra que nous n'avons rien épargné pour ne point faillir à l'honneur.

L.-J. J.

ment question à Washington de renier la dette qu'avait occasionnée la lutte entre le Sud et le Nord. En 1879, l'Etat de Tennessee et l'Etat de Virginie renièrent à demi la leur. L'Espagne aussi ne s'était pas gênée pour répudier les emprunts Cortez contractés en 1823 ; ce ne fut qu'en 1831 ou plutôt en 1834 qu'elle consentit à reconnaître la dette, mais en abaissant beaucoup le taux de l'intérêt à payer aux créanciers. « Depuis 1834, no-
« tamment en 1876, l'Espagne a fait des concor-
« dats analogues à celui de 1831, auxquels elle
« n'a pas été plus fidèle. » (Leroy-Beaulieu, *Science des Finances*, tome II.)

Vous voyez donc bien que ce qui se passe en Haïti se voit partout ailleurs sur le globe... excepté pour les ignorants.

M. Cochinat ne lit plus. Est-il même bien sûr qu'il relise ?... Il ignore donc les choses nouvelles et ne conserve qu'une vague souvenance de celles qu'il a autrefois apprises. Ses chroniques portent la marque évidente d'un cerveau en état de faillite, et son style est un style de décadent. Nulle méthode. Cette manie d'analyser les menus faits sans s'élever jamais jusqu'à une synthèse, jusqu'à une vue d'ensemble ; cette division extrême du sujet, cette recherche du mot drôle et de la petite bête, ce style lâché, cette manie des anecdotes, cette légèreté dans les jugements, cette étroitesse et cette bassesse des aperçus, cette trivialité de l'expression et de l'image, tout cela sont des signes certains qui annoncent que son esprit est arrivé sur les bords du néant et qu'au moment d'y plonger pour toujours il crépite et jette sa dernière lueur en zigzagant au milieu de la nuit dont il ne se détache déjà plus.

Poursuivons.

Le critique qui ne doute de rien aurait voulu, écrit-il naïvement, que,

« sans perdre de temps à parler trop longtemps pour ne rien dire, »

les Haïtiens concédassent au rédacteur de la *Petite Presse* tout ce qu'il dit et ajoutassent :

« Mais, Monsieur Cochinat, tout ce que vous dites là n'est pas nouveau, nous connaissons cela aussi bien et même mieux que vous ; cela a existé et existait *encore* bien avant l'avènement du général Salomon ; ce n'est pas la faute de celui-ci si quelques abus persistent encore.

« Il est en train de faire l'éducation politique de ce pays, mais il n'y a que deux ans qu'il gouverne ; laissez l'y donc tranquillement et n'exigez pas qu'il fasse tout à la fois pour tout embrouiller. Il veut réorganiser l'armée, cela ne se fait pas en un jour, puisque la France elle-même n'a pas encore fini cette tâche depuis onze ans ; attendez-le donc à l'œuvre. Il a pour devoir d'éclairer le pays, donnez-lui le temps d'y rouvrir les écoles que ses prédécesseurs ont laissé se fermer, et vous pouvez être tranquille ; il les rétablira. Les finances ? avec un homme d'ordre tel que lui, la régularité reviendra.

L'agriculture? vous voyez les mesures que ses ministres prennent pour la protéger et la favoriser. Quant à l'assainissement de nos villes, l'aspect de Port-au-Prince, comparé à celui qu'il présentait sous ses prédécesseurs, est la meilleure réponse que l'on puisse faire à vos critiques. Quand Hercule s'est mis à nettoyer les écuries d'Augias, ce n'est pas en un seul coup de balai qu'il y a ramené la propreté. Est-ce que l'ordre matériel n'existe pas ici depuis deux ans, grâce à lui? Ne soyez donc pas aussi impatients que vous l'êtes, tout viendra en son temps. *Trop pressé pas fai jour l'ouvrir* (se lever tôt n'accélère pas le retour du jour). »

« Voilà ce qu'on aurait dû tâcher de me faire comprendre, comme le dit le Misanthrope, en vers, bien entendu, et, certainement, je suis homme à accepter ces bonnes raisons-là. » (*Petite Presse* du 19 Décembre.)

Mieux vaut tard que jamais. Le correspondant de la *Petite Presse* consent à nous faire cette concession tardive que les abus qui se commettent en Haïti ne datent pas de deux ans. Il serait bon d'ajouter qu'ils datent non seulement de l'époque de notre indépendance, mais que les Haïtiens en ont hérité des Européens qui colonisèrent Haïti.

Il serait banal de répéter qu'il faut quelquefois plus de cent ans pour déraciner un abus, une erreur ou un préjugé, mais j'aime mieux laisser au lecteur intelligent le soin de tirer réflexion des considérations immédiatement précédentes, surtout s'il a attentivement lu toutes les nigauderies qu'a débitées et toutes les appréciations malveillantes qu'a faites M. Cochinat depuis le commencement de ses chroniques.

Le rédacteur de la *Petite Presse* se veut dérober.

Il sent bien que s'il ne mêle un peu de miel à son absinthe, son livre ne sera pas beaucoup lu en Haïti; il sait aussi que, qu'il soit tout fiel ou tout miel, il n'en recueillera pas des sommes en France, alors le bonhomme se veut conquérir des lecteurs haïtiens et essaie de les amadouer par quelques caresses. Merci ! Nous avons bu votre absinthe et ne nous laisserons plus prendre à votre miel. Nous connaissons la chanson :

> « Jeanne, Jeanne n'écoute pas douces paroles
> « D'un cavalier (*ter*)
> « Trompeur et léger. » (*bis*)

Quant à vous concéder que tout ce que vous avez dit est vrai, jamais de la vie ! Concéder ! En voilà un qui n'a pas de prétention !... « De concessions en concessions qu'il avait octroyées, Louis XVI en arriva à se faire octroyer une concession à perpétuité », répète-t-on souvent. Concéder ? Allons donc !... Par ma foi, Monsieur le critique hyperphysique des peuples, vous auriez voulu que je vous concédasse le droit de dire, en parlant des sénateurs de mon pays, de dire d'eux, après en avoir nommé quatre :

« Le reste ne vaut pas l'honneur d'être nommé ? » On voit que vous avez peu la notion exacte du mot « patrie » !...

Vous auriez voulu que je vous permisse de médire du gouvernement, de médire du peuple et de la jeunesse de mon pays, d'induire en erreur sur tout, hormis sur le sexe contraire, vieux roquentin! don Guritan en redingote! Vous auriez voulu que je vous entendisse nier le progrès, nier le travail, nier l'effort du peuple haïtien vers un mieux en civilisation et que je me tusse, les yeux vers mon nombril baissés, comme si j'étais un fakir indien, en vous concédant toutes ces choses qui sont autant d'hérésies que vous avez émises, qui sont d'autant plus dangereuses que ceux qui n'ignorent point que vous êtes notre congénère ne sauraient élever aucun doute contre vos assertions, parce que peu de gens savent qu'un frère dénaturé ou renieur est le pire ennemi qui puisse exister sous le ciel bleu?...

Croyez-vous donc que c'est du sang de mollusque, du sang blanc, du sang de homard qui circule en nous?... Si vous êtes une huître, croyez-vous que je vous doive forcément ressembler?... Croyez-vous que je doive me laisser cracher au nez, laisser défigurer mon frère, mes amis, les miens que vous traitez de vaniteux, d'ivrognes, de voleurs, de lâches, de tellement paresseux et inconscients qu'ils dormiraient dans l'eau? Puis-je laisser insulter à ma famille, à la famille agrandie, c'est-à-dire à ma patrie, sans sentir bouillonner tout mon être et bondir dans mes artères ce vieux sang de combattant qui m'étouffe?... Tous les bons et vrais Haïtiens ont dans leurs veines basiliques une goutte du rouge liquide qui a arrosé le Bahoruco et la Crête-à-Pierrot, et cette goutte de sang les force à être solidaires les uns des autres, les rive éternellement à la chaîne d'une indestructible solidarité... Sachez, Cochinat que vous êtes, que nous vous en avons déjà trop concédé, à vous et à vos prédécesseurs dans la carrière de la charge, de la caricature ou de l'à peu près ; que nous n'entendons plus faire de concessions ; que vous, personnellement, nous vous poursuivrons de notre sarcasme, de notre rire, de nos railleries, de notre dialectique, de notre verve, et que tout ce que nous pouvons faire pour vous désormais, c'est de vous concéder que vous êtes un benêt, oui, un benêt qui a trop longtemps joui d'une réputation imméritée et surfaite d'homme d'esprit, réputation que l'on doit impitoyablement démolir.

C'est vainement que vous essayez de nous donner le change quand vous écrivez :

« Je suis donc *heureux* de déclarer *avec plaisir* aux trembleurs qui frissonnent d'effroi en pensant aux dangers imaginaires que je suis censé courir, que je ne serais jamais tracassé par le président d'Haïti qui me connaît de longue date, et qu'ils perdent leur peine à vouloir m'empêcher de continuer *mes petites études* sur *leur intéressant pays.* »

Se fait-il assez petit, ce critique transcendental ?

Est-il assez charmant, ce moraliste qui fait imprimer que « les Haïtiens se soucient aussi peu de ce qu'il écrit que de ce qu'il pense ».

Puisque vous savez qu'il en est ainsi, que ne saisissez-vous l'occasion — par son toupet de cheveux, cette fois-ci — pour vous taire ?... Pour qui parlez-vous alors et à qui s'adressent vos mercuriales, ô réformateur des nations ?... Puisque vous savez que vous prêchez dans le désert, saint Jean-Baptiste qui vous nourrissez de biftecks au lieu de miel et qui portez un complet en drap de Sedan au lieu d'un vêtement de poil de chameau, que ne fermez-vous cette bouche à parole retentissante, « *os magna sonaturum* », comme eût dit un cracheur de latin et que l'irrévérencieux gamin de Paris eût appelé un *plomb* (1) !...»

Admirez, je vous prie, la souplesse d'échine de ce monsieur auquel les Haïtiens veulent méchamment empêcher de continuer ses « *petites études* » sur leur « *intéressant pays* ». Pour un peu, il nous demanderait à deux genoux la permission de nous couvrir de ridicule.

Dites-moi, philosophe à jugeotte de taupe, est-ce que réellement, en votre for intérieur, vous nous prenez pour des grues? Vous croyez pouvoir nous faire avaler la pilule en essayant de la dorer? Nenni, Monsieur le piètre apothicaire, nous n'ai-

---

(1) Lorédan Larchey. *Dictionnaire d'ar ot.*

mons point les médecines que nous veulent donner les charlatans. Portez ailleurs. Vos appréciations erronées et enfantines, produit d'observations hâtives, sont d'un esprit imaginatif, fallacieux, malveillant au fond : elles sont pour qu'on les relève et pour qu'on en démontre toute l'inanité.

Le dénigreur des Haïtiens nous raconte que se trouvant dans la boutique d'un épicier étranger qui habite Port-au-Prince, celui-ci l'invita à y venir faire sa correspondance les jours de packet parce que, ajoutait cet épicier que M. Cochinat trouve spirituel — je ne sais trop pourquoi? — « ces jours-là nous sommes très occupés »... non, lisez plutôt:

« Cependant, un des négociants de ce pays, jeune homme actif et intelligent, m'a prié de lui rendre un service qui m'a donné un peu à penser. Comme je me trouvais par nécessité dans son magasin et que je m'excusais d'y rester un peu plus qu'il ne fallait.

« — Ne vous gênez donc pas, me dit-il. Regardez la maison comme vôtre. Vous y serez toujours bien reçu. Si vous voulez même me faire un plaisir tout particulier, vous viendrez faire ici votre correspondance les jours de packet.

« — Pourquoi cela?

« — Parce que ces jours-là nous sommes très occupés; mes commis et moi nous ne savons où donner de la tête, tant nous sommes pressés, et les flâneurs nous font un tort considérable. S'ils vous voient ici, je les connais, pas un seul n'y entrera et ils fileront comme des flèches !

« Il est vrai que ce commerçant est français.

« Sous cette forme qui semble paradoxale on ne saurait croire combien cette observation contient de tristes vérités... »

Si tant est que ce commerçant, qui me paraît plus épicier que spirituel, soit spirituel, il faut que M. Cochinat soit diantrement jobard pour ne point s'être aperçu qu'on lui faisait une véritable insulte lorsqu'on lui demandait de consentir à servir d'épouvantail. Dans sa vaniteuse cervelle le vieil enfant s'était logé l'idée que si les Haïtiens ne le voulaient plus fréquenter c'était parce qu'on le considérait comme « suspect ». C'est épique !...

Je vais détruire cette douce illusion dans laquelle se complaît peut-être encore le régnicole du Lamentin en lui apprenant que si l'on ne le voulait plus fréquenter c'était autant à cause de ses chroniques que l'on trouvait trop injustes et trop diffamantes qu'à cause de sa mauvaise tenue, de ses manières vulgaires et communes, de son ton de cockney égaré parmi des personnes de goût et de sa réputation assez mal famée ici qui commençait à être connue là-bas. — Mais cet écrivain passé à l'état d'épouvantail !... J'en ris à mourir chaque fois que j'y pense. Il me rappelle ces mâchoires d'ânes et ces chiffons blancs que, chez nous, les paysans accrochent au bout d'une pique et mettent dans les champs de riz dès que les grappes commencent à mûrir pour en éloigner les oiseaux.

« Sous cette forme qui semble paradoxale, on ne saurait croire combien cette observation contient de vérités ; car personne au monde n'a moins d'indépendance de caractère dans la vie privée que ces Haïtiens qui se changent si souvent en héros quand le feu de la guerre civile les enflamme. Mais quand ils sont rentrés dans leurs foyers, ne leur parlez pas de *courage civil*. Tant qu'il ne se bat pas contre le chef qu'il veut renverser, *le Haïtien* (sic) se courbe devant lui et a l'air de trouver bon tout ce que fait celui contre lequel il va s'élancer demain. Mais n'exigez pas de lui, une fois qu'il a repris ses habitudes, qu'il revendique des droits par la plume ou la parole, comme en France, et dans d'autres pays. » (*Petite Presse* du 19 Décembre.)

Dans le mot *Haïtien*, la lettre *H* n'est pas aspirée. On doit donc écrire l'*Haïtien* et non le *Haïtien*. Je prends la liberté de faire observer, en passant, qu'il est absurde de dire « *à Haïti* » au lieu de « *en Haïti* ». Il y a pour cela dix bonnes raisons dont, à mon avis, voici les deux meilleures : la raison géographique et la raison grammaticale ou euphonique. Un musicien ou un grammairien ne diront jamais « *à Haïti* ». Les bons auteurs qui se sont occupés de l'histoire de notre pays écrivent « *en Haïti* », notamment Schœlcher : c'est une autorité. La forme « *à Haïti* » est cacophonique, surannée et prétentieuse : elle tend à disparaître. C'est, ma foi, fort heureux, car rien n'est horripilant comme d'entendre et surtout *de voir* quelqu'un prononcer « *à Haïti* ». C'est disgracieux en diable.

Ce cher monsieur Cochinat tient beaucoup à « courage *civil* » au lieu de « courage *civique* ». Je le renvoie au *Dictionnaire des synonymes de la langue française de Lafaye*. Il y verra que l'on doit dire « courage *civique* » et non « courage *civil* ». Je n'aurais jamais pensé à faire ici l'Aristarque et à relever toutes ces petites fautes de langue si M. Cochinat, dans sa douteuse aménité, ne s'était permis — après M. Smester, d'ailleurs — de vouloir faire rire des Haïtiens et de la façon dont ceux-ci s'expriment en français. Je ne relève les fautes de M. Cochinat que pour montrer que son style est loin d'être impeccable.

Le français est une langue si difficultueuse, si hérissée de finesses que les écrivains les plus purs, les plus corrects, pêchent quelquefois contre la syntaxe : même Racine, même Lamartine. Il faut lire l'ouvrage si curieux et si intéressant de Léger Noël, *la Clef de la Langue*, etc., pour se convaincre de l'absolue véracité de ce que je dis ici.

Je sais de plus que l'indulgence est la vertu des forts. Mais on n'est vraiment fort que quand l'adversaire se déclare vaincu et demande merci. Là ! trève de digression.

« Personne au monde n'a moins d'indépendance de caractère dans la vie privée que les Haïtiens », etc...

En êtes vous bien sûr ? Quel terrible homme pour affirmer que ce M. Cochinat ! Personne au monde ! » C'est bientôt dit. Etes-vous bien sûr que les Haïtiens aient moins d'indépendance de caractère que les Russes, les Turcs, les Persans, les Chinois, les Egyptiens et même les Portugais ? Il me semble pourtant me rappeler que, dans l'une de vos précédentes lettres à la *Petite Presse,* vous nous peigniez les habitants d'Haïti comme très frondeurs de leur gouvernants. J'adore vous prendre en flagrant délit de contradiction avec vous-même. J'extrais les lignes suivantes d'une de vos chroniques composée à la date du 23 Octobre.

« Faites de l'opposition avec ces gens qui ne se gênent « guère pour dire leur façon de penser sur les puissants du « jour, et pour faire les charges les plus amusantes et les « plus spirituelles sur les chefs militaires et autres qui tien- « nent maintenant le haut du pavé », etc...

Autre contradiction. Vous soutenez en ce moment que les Haïtiens sont des héros « quand le feu de la guerre civile les enflamme », eh mais! vous ne vous rappelez donc pas que dans vos chroniques, publiées en Novembre, vous aviez l'air d'insinuer qu'ils avaient fui par lâcheté devant les troupes dominicaines et que, au cours de celles parues en Septembre, vous racontiez que le président Boyer n'avait confiance ni dans ses artilleurs pour défendre la rade de Port-au-Prince contre un ennemi venu du dehors, ni dans les fantassins de sa garde pour défendre l'artillerie que lui demandait Inginac, lorsque ce dernier voulait aller reprendre Léogane sur les bourgeois du Sud qui composaient *l'armée populaire* en 1843.

Si les Haïtiens sont braves quand la guerre civile les ruine, à plus forte raison doivent-ils l'être — et le sont-ils — quand il s'agit d'une guerre avec l'étranger.

Le grand orateur américain Wendell Philips s'exprimait ainsi sur le compte des Haïtiens : « Avec cette masse informe et dédaignée (les noirs d'Haïti qui venaient de briser leurs chaînes en 1791), Toussaint forgea pourtant la foudre, et il la déchargea, sur qui? sur la race la plus orgueilleuse de l'Europe, les Espagnols ; et il les fit rentrer chez eux, humbles et soumis ; sur la race la plus guerrière de l'Europe, les Français, et il les terrassa à ses pieds ; sur la race la plus audacieuse de l'Europe, les Anglais, et il les jeta à la mer, sur la Jamaïque » (1).

Elle est encore de Wendell Philips la comparaison suivante, qu'aucun Haïtien ne peut lire sans tressaillir de légitime orgueil :

« Nous, Saxons, nous fûmes esclaves pendant environ quatre siècles, et nos ancêtres ne firent jamais un signe du doigt pour mettre un terme à leur servitude. Ils attendirent que le christianisme et la civilisation, que le commerce et la découverte de l'Amérique vinssent rompre leurs chaînes. En Italie, Spartacus souleva les esclaves de Rome contre la reine du monde. Il fut assassiné, et ses compagnons furent crucifiés. Il n'y a jamais

---

(1) *Détraoteurs de la Race noire*. Paris, 1882. Article du Dr Bétancès.

eu qu'une seule révolte d'esclaves couronnée de succès, et elle a eu lieu à Santo-Domingo. Toutes les races ont gémi, à différentes époques, dans les chaînes ; mais il n'y en a jamais eu qu'une seule qui, affaiblie, sans secours, dégradée par l'esclavage le plus lourd, ait brisé ses fers, les ait transformés en épées, et ait conquis sa liberté sur les champs de bataille, une seule : la race noire de Saint-Domingue (1). »

Est-ce que, rien que pour cela, Haïti ne mérite pas de grands égards de la part de n'importe quelle nation du monde? Est-ce qu'elle n'a pas droit, pour les grandes actions qu'elle a faites, pour le grand rôle moral qu'elle a directement joué, est-ce qu'elle n'a pas droit au respect, à l'admiration, à l'amour et à la reconnaissance de toute la race noire ?...

Le discours de Wendell Philips fut prononcé à New-York et à Boston en Décembre 1861. J'en détache le passage suivant pour l'opposer à une phrase du rédacteur du *Temps*, journal parisien, que M. Edmond Paul a rapportée dans son dernier ouvrage, daté de Kingston (page 179), et qui est ainsi conçue : « *Martiniquais, l'exemple d'Haïti est grotesque* (2). »

---

(1) *Discours sur Toussaint-Louverture*, par Wendell Phillips. Traduction Bétancès. Paris, 1879.
(2) C'est par pur sentiment de délicatesse et de convenance que je ne veux pas mettre directement en cause mon compatriote, M. Edmond Paul: il est en exil.

Et maintenant la parole est à Wendell Philips :

« Brûlez New-York cette nuit, comblez ses canaux, coulez ses navires, détruisez ses rails, effacez tout ce qui brille de l'éducation de ses enfants, plongez-les dans la misère et l'ignorance, ne leur laissez rien, rien que leurs bras pour recommencer ce monde... Que pourront-ils faire en soixante ans ? Et encore êtes-vous sûrs que l'Europe vous prêtera son argent, tandis qu'elle n'avance pas un dollar à Haïti. — Pourtant Haïti, sortant des ruines de la dépendance coloniale, *est devenue un Etat civilisé ; il est le septième sur le catalogue du commerce avec notre pays, et il n'est inférieur, par l'éducation et la moralité de ses habitants, à aucune des îles de l'océan Indien d'Occident. Le commerce étranger prête aussi volontiers confiance à ses tribunaux qu'aux nôtres.* Jusqu'ici ce peuple a déjoué aussi bien l'ambition de l'Espagne et la cupidité de l'Angleterre que la politique malicieuse de Calhoun. Toussaint-Louverture la fit ce qu'elle est. Il fut habilement secondé dans son œuvre par un groupe d'une vingtaine d'hommes presque tous noirs pur sang. Ils furent grands dans la guerre et habiles dans les affaires ; mais non comme lui remarquables par cette rare combinaison des hautes qualités qui font seules la véritable grandeur et assurent à un homme la première place parmi tant d'autres qui, au demeurant, sont ses égaux. Toussaint fut sans dispute leur chef. Courage, énergie, constance — voilà ses preuves. Il a fondé un état si solidement, que le monde entier n'a pu le détruire.

« Je l'appellerais Napoléon ; mais Napoléon arriva à l'empire, servi par des serments violés et à travers une mer de sang. Toussaint ne viola jamais sa parole. « POINT DE REPRÉSAILLES, » telle était sa noble devise et la règle de sa vie. Les dernières paroles adressées à son fils en France furent les suivantes : « Mon enfant, vous reviendrez un jour à Saint-Domingue. Oubliez que la France a assassiné votre père. » — Je l'appellerais Cromwell, mais Cromwell ne fut qu'un soldat, et l'Etat qu'il fonda s'écroula sur sa tombe. Je l'appellerais Washington, mais le grand Virginien eut des esclaves. Toussaint-Louverture risqua son pouvoir plutôt que de permettre la traite dans le plus humble des hameaux soumis à sa domination. »

Et Wendell Philips, s'adressant à son auditoire, terminait par cette splendide péroraison :

« Vous me prendrez sans doute ce soir pour un fanatique, *parce que vous lisez l'histoire moins avec vos yeux qu'avec vos préjugés ;* mais dans cinquante ans, lorsque la vérité se fera entendre, la muse de l'histoire choisira Phocion pour les Grecs, Brutus pour les Romains, Hampden pour l'Angleterre, Lafayette pour la France ; elle prendra Washington comme la fleur la plus éclatante et la plus pure de notre civilisation naissante, et John

Brown comme le fruit parfait de notre maturité (Tonnerre d'applaudissements); et alors, plongeant sa plume dans les rayons du soleil, elle écrira sous le ciel clair et bleu, au-dessus d'eux tous, le nom du soldat, de l'homme d'Etat, du martyr Toussaint-Louverture. » (Applaudissements longuement prolongés.)

Après Wendell Philips, Schœlcher ; après Toussaint-Louverture, Dessalines et Capoix.

Le 27 Juillet 1879, M. Victor Schœlcher, sénateur, a fait à Paris, dans la salle des Folies-Bergères, une conférence sur Toussaint-Louverture. Je suis désolé de ne la pouvoir transcrire toute. Citons au moins une page qui peut donner une idée du reste.

« Le 11 novembre 1803, Dessalines assiège la ville du Cap, hérissée de petits forts avancés. L'assaut de Vertières, un de ces forts établis sur la crête d'un monticule, mérite d'être raconté.

« Dessalines ordonne au général Capoix de s'en emparer. Ce nègre, surnommé Capoix la Mort, tant il avait tué d'ennemis de sa main, marche avec trois demi-brigades qui reculent, horriblement mutilées par le feu du fort. Il les ramène, la mitraille les déchire et les renverse encore au pied de la colline. Bouillant de colère, il va chercher de nouvelles troupes, monte à cheval, et, pour la troisième fois, s'élance ; mais toujours les mille morts que vomissait la forteresse le repoussent lui et ses brigades. Jamais soldats n'eurent plus que les siens le mépris du trépas, ils sont embrasés d'une ardeur homérique. Il lui suffit de quelques mots pour les entraîner une quatrième fois. En avant! en avant! un boulet tue son cheval; il tombe; mais bientôt dégagé des cadavres abattus avec lui, il court se replacer à la tête des noirs. En avant! en avant! répète-t-il avec enthousiasme. Au même instant, son chapeau, garni de plumes, est enlevé par la mitraille. Il répond à l'insulte en mettant le sabre au poing et se jette encore à l'assaut. En avant! en avant!

« Au spectacle de tant d'impétuosité, de grandes acclamations partent tout à coup des remparts de la ville. Bravo! bravo! Vivat! vivat! crient Rochambeau et sa garde d'honneur qui considéraient cette superbe attaque. Un roulement de tambours se fait entendre, le feu de Vertières se tait, un officier sort des murs du Cap, s'avance au galop jusqu'au front des indigènes surpris, et dit en saluant : « Le capitaine-général Rochambeau et l'armée française envoient l'expression de leur admiration au général qui vient de se couvrir de tant de gloire. » L'heureux cavalier chargé de ce magnifique message tourne bride, calme son cheval, rentre au pas, et l'assaut recommence. — On peut penser si Capoix la Mort et ses soldats firent de nouveaux prodiges de valeur ! Mais les assiégés, électrisés eux-mêmes, ne voulurent point se laisser vaincre, et Dessalines envoya l'ordre à son lieutenant de se retirer.

« Rochambeau, comme les hommes de grand courage, aimait les courageux.

« Le lendemain, un écuyer amena au quartier-général des indigènes un cheval caparaçonné que le capitaine-général, disait-il, « offrait en admiration à l'Achille nègre, pour remplacer celui que l'armée française regrettait de lui avoir tué ».

« Tels étaient les hommes de cette grande époque qu'un barbare civilisé forçait à s'entr'égorger!

« Si héroïque qu'ait pu être sa défense avec des soldats minés par la fièvre jaune et la famine, Rochambeau fut obligé de s'avouer qu'il ne pouvait tenir plus longtemps contre de pareils ennemis qui se multipliaient; le huitième jour du siège, le 19 Novembre 1803, il capitula, libre de s'embarquer avec armes et bagages sur les vaisseaux qui étaient en rade (1). »

Quand les pères furent si vaillants, les fils ne sauraient manquer de courage civique. Et voici qui le prouve.

---

(1) Les combats qui furent livrés autour du Cap en 1803 et qui amenèrent la reddition de cette place ont été bien racontés par M. Madiou (*Histoire d'Haïti*). Il est à regretter que Saint-Remy et Ardouin n'aient pas cru devoir fouiller aux *Archives de France*, pour reconstituer la physionomie de la grande journée du 11 Novembre 1803. Le récit de Madiou est mouvementé, plein d'action et de feu. Les incorrections mêmes le rendent plus chaud. M. Edgard Lasselve l'a copié sans citer le nom de l'auteur... ce qui est un plagiat. M. Robin l'a trop écourté.

Je demande au lecteur pardon de me citer :

« Aujourd'hui le courage au feu n'est nullement éteint dans l'âme des Haïtiens. A côté de lui a grandi le courage civique. Les sublimes vertus du citoyen sont pratiquées chez nous avec une abnégation et une grandeur toutes romaines. Et si cela n'était pas, verrait-on les révolutions si fréquentes ?...

« Quand on a l'âme enfoncée dans la matière, songe-t-on jamais à s'insurger contre l'autorité ou à défendre son pays attaqué ? Ceux-là seuls qui vivent sur les sommets de la pensée sont amants farouches de la liberté, du dévouement et de l'abnégation, ceux-là seuls ne sont pas les vils contempteurs de l'enthousiasme et du patriotisme !...

« Le difficile même, ç'a toujours été de régler ce patriotisme si exalté et de lui faire entendre qu'il était préférable pour la patrie que le citoyen fût toujours pacifique et tranquille et qu'il était dangereux pour elle qu'on eût une seule fois recours à la force pour la revendication d'aucun droit et d'aucune liberté.

« Mais nous n'avons pas la sagesse des Anglais, lesquels, depuis 1688, par le *Bill des Droits* complété en 1701, par *l'Acte d'Établissement*, ont conquis leurs libertés les unes après les autres, sans révolution sanglante. Si nous ne l'avons pas, cette sagesse, c'est qu'il est difficile de l'acquérir et qu'elle est le fruit d'une longue suite de transformations cérébrales qui n'ont pas encore eu lieu dans le cerveau de l'Haïtien; et que, de plus, nous sommes des Latino-Africains vivant par les 17-21° degrés de latitude au-dessus de l'équateur... Est-ce à dire qu'elle ne naîtra pas, cette sagesse? Si, elle naîtra, mais tout le monde sait que l'enfant s'assagit à mesure qu'il grandit et que l'hérédité psychologique est autrement difficile à vaincre que l'hérédité physiologique, que tout progrès est suivi de réaction, et que nulle part la civilisation n'a été l'œuvre d'un jour ni même d'un siècle. Prosper Lucas, Caro, Th. Ribot, Guizot, Herbert Spencer, Darwin, de Nadaillac, John Lubbock, Jacoby, de Mortillet, ont assez fouillé et creusé ces questions pour permettre d'affirmer ces vérités (1). »

Soutenir qu' « Haïti est retournée à l'état de barbarie » est une criante injustice; c'est aussi une négation de la vérité qu'il est du devoir de tous les Haïtiens de relever (2).

Ces considérations sur lesquelles j'ai jugé né-

---

(1) *Détracteurs de la Race noire*, 2ᵉ édition. Paris, 1882.

(2) A qui regarde bien, d'ailleurs, l'extrême civilisation est en quelque sorte une barbarie retournée quand on considère le sort du prolétaire dans les pays vieux.

J'en trouve une preuve dans la phrase suivante que l'on peut lire dans le *Gaulois* du 4 Mai 1882.

C'est une apostrophe que M. Jules Simon, alors directeur politique de ce journal, lançait à la ville de Paris: « Prends garde à toi, Gomorrhe! ton ineptie et ta barbarie te tueront. » (*Question des garnis insalubres.*)

Les garnis sont encore bien plus insalubres à Londres qu'à Paris.

cessaire de m'appesantir ici ne sont point de vaines et inutiles digressions. Elles ne sont nullement inopportunes non plus que déplacées. Elles sont voulues. Je les fais pour prévenir que les Haïtiens de nos jours sont restés les dignes fils des Toussaint-Louverture, des Clervaux, des Capoix et des Gabart.

Soyez-en persuadés, Quesnel et Cochinat, et vous aussi, lourd Buchner (1).

Retombons. De l'Olympe à l'Achéron.

Des hauteurs où nous avaient entraîné à leur suite les éloquents orateurs, les vaillants *agitateurs*, les penseurs véritablement originaux et profonds, retombons dans le terre-à-terre de la discussion, revenons au journaliste amusant, in-

---

(1) Le filandreux Buchner (*Force et Matière*) et M. Léo Quesnel (*Revue politique et littéraire* du 21 Janvier 1882) ont parlé à la légère de quelque chose qu'ils appellent la « lâcheté du noir ».

Voici encore une preuve de cette *lâcheté* dont je me permets de douter de l'existence dans l'âme de Buchner aussi bien que dans celle de Quesnel :

A la bataille de Tell-el-Kébir, livrée en Egypte cette année même par les Anglais aux troupes d'Arabi-Pacha, « un millier de noirs sont morts en combattant bravement; 200 environ étaient restés dans les retranchements pour essayer de repousser les Anglais à la baïonnette.

« Bref, » dit le correspondant du journal parisien *l'Estafette* que je cite ici, « le champ de bataille faisait honneur à cette poignée de braves presque tous nègres, qui n'avaient pas craint de se mesurer avec l'armée anglaise tout entière. »

conscient, à l'homme aux affirmations singulièrement hasardées et hasardeuses.

Voici deux lignes sorties de la plume de M. Cochinat et sur lesquelles je ne puis pas ne pas m'arrêter un instant :

« N'exigez pas de lui (de l'Haïtien), une fois qu'il a repris ses habitudes, qu'il revendique ses droits par la plume ou par la parole, comme en France, en Angleterre et d'autres pays. » (*Petite Presse* du 19 Décembre.)

En Angleterre, la liberté de la presse, en matière politique, n'est pas très vieille : elle ne remonte qu'au siècle dernier, et une des preuves c'est que très peu de discours politiques de Walpole et même du premier comte Chatam sont venus jusques à nous. Sous la reine Anne, un prédicateur, Sacheverell, fut poursuivi par la Chambre des lords parce qu'il avait osé soutenir en chaire que le Parlement devait obéissance absolue à la reine. Pendant fort longtemps, pour faire le compte rendu, très adouci, des débats du Parlement, les journalistes anglais étaient obligés d'employer des noms pris dans le *Voyage à Lilliput de Gulliver* (Swift) afin de désigner les principaux lords et *commoners*.

Actuellement encore, et d'une manière générale, les critiques de la presse anglaise sont toutes respectueuses pour les gouvernants, le *cant* anglais le voulant ainsi. Les journalistes du Royaume-Uni réservent leurs traits acérés et leurs critiques mordantes ou malsonnantes pour les étrangers.

Pour ce qui est de la France, encore qu'elle ait fait la Révolution de 1789 un peu pour avoir le droit d'imprimer librement ce qu'elle pensait et qu'elle eût inscrit ce droit dans ses constitutions, nous savons fort bien que, à l'origine, le peuple ne permit pas aux journalistes royalistes de défendre la cause du trône. Personne n'ignore — j'entends parler de celles qui lisent — quel fut le malheureux sort de Suleau et de Fréron, deux journalistes royalistes. Camille Desmoulins, encore qu'il fût membre de la Convention, mourut sur l'échafaud pour avoir exaspéré son ami Robespierre dont il contrariait la politique par ses articles de journaux. Sous le Directoire, on maltraitait dans les rues les journalistes qui dénonçaient la conduite de certains directeurs concussionnaires et incapables comme Barras. Cela se passait en pleine fièvre révolutionnaire, m'objectera-t-on. — Fort bien ! Quand Bonaparte fut devenu Premier Consul et qu'il eut ramené la paix et l'ordre, il supprima tous les journaux qui osèrent montrer quelques velléités d'indépendance. Il ne supportait pas la moindre critique, le moindre conseil.

« Bonaparte détestait le journalisme ; il ne perdait aucune occasion de manifester son antipathie contre les feuilles périodiques. Il disait souvent que quatre gazettes hostiles faisaient plus de mal que cent mille hommes en plate campagne. La plus mauvaise recommandation qu'on pût donner à quelqu'un auprès de lui, c'était de le prétendre rédacteur de journaux. Il ne leur pardonnait pas les sottises débitées sur son compte. Il regardait leur liberté comme désorganisatrice de tout gouvernement. Peu après le 18 Brumaire, Fabre, de l'Aube, qu'il estimait beaucoup, sollicitait de lui un emploi pour un homme de sa connaissance :

« Qu'a-t-il fait ? demanda Bonaparte.

« — Une gazette. »

« Le Premier Consul tressaillit.

« — Une gazette ! répéta-t-il. Ah ! c'est un parleur, un critique, un frondeur, un donneur de conseils, un régent des souverains, un tuteur des nations. Il n'y a que les cabanons de Bicêtre qui conviennent à ces gens-là.

« — Mais, Premier Consul, répartit Fabre, qui avait encore son franc-parler, vous employez tous les jours des hommes qui ont été journalistes.

« — S'ils n'avaient été que cela, je les repousserais. Je m'en sers malgré cela, entendez-vous ?

« On ne doit donc pas s'étonner du soin qu'il mit à garrotter la presse, et surtout la presse périodique. Il ne pouvait la supporter que soumise à ses volontés impérieuses....

« Le pouvoir, disait-il, est une roue qui doit aller sans cesse : tout ce qui retarde ou entrave sa marche est périlleux. Il lui faut une libre carrière, le concours de tous, et nulle résistance. Sans cette condition, il vacille, il n'est sûr de lui ni des autres. Comment ses agents lui obéiront-ils dans le cas où ils verront les autres blâmer ses actes ? Le silence en dehors de lui fait une portion considérable de sa force ? » (*Le Directoire*, par Roger de Parnes, page 116. »

Quand il devint empereur il appliqua à la lettre ce programme. Il confisqua le journal « *les Débats* » et donna les parts d'actionnaires de cette feuille à ses familiers.

La Restauration ne changea rien au régime imposé à la presse en France par le Premier Consul et par l'empereur Napoléon 1er; au contraire la *Chambre introuvable* arma Louis XVIII de pouvoirs exorbitants sur la presse. On sait l'aventure qui arriva à ce que Charles X appelait *une loi de justice et d'amour;* on sait que, entre autres choses que les *fameuses Ordonnances* du même roi allaient enlever aux Français, il y avait les droits de la presse déjà si souvent escamotés depuis la Révolution française par le Pouvoir.

Sous Louis-Philippe la presse fut muselée le plus possible ou *subventionnée*. Malgré cela nous connaissons la pièce de Musset : *La Loi sur la Presse.* Elle est du mois d'Août 1835.

Si je ne me trompe, la presse s'était quelque peu tue en France, sous le Second Empire, de 1851 à 1867. Il fallait avoir alors la plume d'un Prévost-Paradol ou d'un J.-J. Weiss pour faire de l'opposition dans un journal sans qu'il fût obligé d'insérer force *communiqués*, et dans la suite supprimé. Quand l'*Univers*, journal de Louis Veuillot, cessa de paraître *par ordre supérieur*, l'auteur des *Odeurs de Paris* eut à subir, sans pouvoir répondre, toutes les épigrammes que lui décochaient les journalistes qui étaient « pensionnés » par le Château ou par le ministère de la place Beauveau. N'est-ce pas parce que ses articles déplaisaient aux Tuileries que Henri Rochefort dut quitter *le Figaro* et qu'il se vit contraint de se réfugier en Belgique pour publier *la Lanterne* ?

La Commune aussi fit taire les journaux qui lui étaient hostiles.

Sous le gouvernement de M. Thiers, les procès et condamnations des journalistes pleuvaient comme grêle — comme au temps de l'Empire et comme en 1848.

Et le gouvernement du maréchal de Mac-Mahon se servit des armes dont il avait hérité des gouvernements précédents et parmi ces armes se trouvait *la loi du sacrilège. La loi du sacrilège !* votée sous la Restauration par une Chambre très cléricale, elle fut appliquée en 1878 contre un artiste de grand talent, « quoique jeune », lequel, à la chasse, avait eu le malheur de décharger son fusil sur une vieille croix de bois. — Cela se passait plus d'un siècle après que Voltaire avait écrit ses éloquents plaidoyers pour obtenir la réhabilitation *de la mémoire* du chevalier de La Barre !...

Ai-je eu raison de dire que tout progrès était suivi de réaction ?

Enfin, ce n'est que le 29 Juillet 1881 qu'a été rendue la loi sur *la presse* qui s'exprime ainsi en son article premier : L'imprimerie et la librairie sont libres. Pour en arriver là, il a fallu passer par une dizaine de révolutions et par une vingtaine de gouvernements. Et encore... rien ne prouve qu'il n'y aura pas réaction. Observez, je vous prie, que la liberté de la presse était déjà un fait accompli dès après le vote de *la Déclaration des Droits de l'Homme*, le 26 Août 1789.

En Belgique, la presse n'est libre que depuis qu'a été promulguée la Constitution du 7 Février 1831 (art. 18).

La liberté de réunion n'existe pas encore en France. Ce n'est qu'en Suisse et en Angleterre que cette liberté est réelle.

La liberté de la presse, la liberté de réunion et la liberté d'association sont encore entravées dans presque tous les pays d'Europe.

En Amérique, aux Etats-Unis, les deux premières coexistent, la troisième est quelque peu restreinte.

Haïti a quelque lieu de craindre davantage les révolutions et révoltes inutiles que les Etats-Unis et tous les autres pays que j'ai dessus nommés.

Ce n'est pas que je ne sois un partisan de la pleine liberté de la presse. Je connais mon Laboulaye (*Paris en Amérique*). J'en suis le partisan convaincu et le serais même si j'étais né au Fort-Liberté ou à Ouanaminthe au lieu que d'avoir pris l'être à Port-au-Prince, au Morne-à-Tuf — pays gouailleur par nature, irrévérencieux et frondeur — mais je voudrais que le journaliste eût le respect de sa profession, laquelle est au-dessus de celles du médecin et du prêtre, puisque son sacerdoce s'exerce non pas sur mille ou sur cent personnes, mais sur vingt, sur cinquante mille à la fois ; j'aurais voulu que le journaliste ne trafiquât pas de sa plume, qu'il ne la fît pas servir à ses rancunes personnelles et qu'il n'allât pas par le monde, l'offrant à qui veut l'acheter comme autrefois les reîtres et les condottieri du Moyen-Age s'en allaient offrant leurs épées aux princes. Je voudrais enfin qu'un journaliste fût savant, probe, impartial, désintéressé, bon citoyen, en un mot, et que, surtout, il n'y eût jamais de journaliste de l'acabit de M. Cochinat. Voilà ce que je voudrais.

CHAPITRE III

DES OPPOSITIONS EN HAITI

LEUR ROLE. LEURS RÉSULTATS

Sommaire. — Question palpitante d'intérêt! — Fables et fariboles. — 16 Avril 1848 et 2 Décembre 1851. — A nos dénigreurs — Un critique qui se critique. — Remontons à Dessalines. — Pétion et les opposants du Sénat. — L'opposition sous Boyer. — Les opposants au pouvoir en 1843. — De cette brouille naquit Acaau dit l'*Infâme*. — Là était la vraie révolution. Conséquences de 1843. — Le gouvernement de Geffrard. — Cagnette ou Capoue. — La crise du coton pendant la guerre de Sécession. — Le marquis de la Gandara. — Neutralisation de l'île d'Haïti. — Digression nécessaire. — La *Constituante* et la *Législative* sous Salnave. — « Tempestueuse » est de Mirabeau. — Une Héraclée parlementaire. — Le coup de 1808 répété en 1867. — Impérieux devoirs du député. — Le Sud se soulève. — De 1867 à 1870. — Résultats médiats du drame. — Nissage Saget; Michel Domingue. — La Chambre passe dédaigneusement à l'ordre du jour. — Tâche immense! œuvre de concorde sainte! — La crise du café. — *Coffea arabica* et *Coffea liberica*. — Ceci tuera cela. — « Essayons de la paix » (S. Auguste). — « La paix est le premier des intérêts. » (E. de Lavelaye.) — La paix à tout prix. — Ne touchons plus au fusil. — Egalité, fraternité, liberté de la parole, liberté de la pensée, liberté individuelle en Haïti... et ailleurs. — Le président était trop bon! — L'argent qui circule fait l'argent. — « Rien ne coûte aussi cher que la guerre civile. » (E. Hervé.) — *Un mot de caractère* : « Sire, vous avez bien fait. »

L'opposition en Haïti! Question palpitante d'intérêt!... Elle est curieuse, instructive, pleine d'enseignements et de renseignements. Elle mérite attention. Elle est peu connue. C'est un devoir pour moi de la creuser et de l'exposer au grand jour. Étudions-la en quelques pages.

Le bon chroniqueur lui consacre quelques lignes. Mettons-les d'abord sous les yeux du lecteur :

« On ne fait plus d'opposition dans ce pays comme du temps de Boyer, d'Hérard Rivière et même de *Geffrard*. Les écrivains populaires, les tribuns éloquents, les amis du peuple ou ses favoris, n'osent plus se montrer au grand jour, ne se sentant plus soutenus par la multitude. Dès le jour où le président *Soulouque*, que l'on ridiculisait, que l'on caricaturait, parce qu'on le prenait pour un bonhomme, a changé son uniforme de général contre un manteau impérial, teint de sang, tout le monde a fait silence, chacun est rentré dans son trou comme les animaux faibles qui sentent le voisinage du tigre, et une prudence égoïste et peureuse a succédé à la jactance qu'on montrait avant la journée du 16 avril 1848. » (*Petite Presse* du 19 Décembre.)

Je croyais que Soulouque avait précédé Geffrard au pouvoir? Les abonnés de la feuille du quai Voltaire pourraient supposer que depuis Geffrard on n'a jamais fait d'opposition au Gouvernement sur les rivages parfumés que baigne la mer des Caraïbes de la baie de Mancenille au cap de la Béate. Nous rectifierons les faits.

« La pusillanimité politique est tellement entrée dans leur sang, que lorsqu'ils arrivent à Paris, (les Haïtiens) ils ne lâchent pas un mot sur leur pays sans avoir préalablement regardé à droite et à gauche, devant et derrière eux, pour voir si on ne les écoute pas. »

Fables et fariboles que tout cela !

« Ils (les Haïtiens) avaient une telle peur de déplaire à Souloque, que, lorsque, par hasard, un Parisien indiscret prononçait en riant le nom de ce Croquemitaine noir, ils restaient muets et s'arrangeaient pour quitter au plus vite la société de l'imprudent. »

Ces Haïtiens étaient bien bons et bien naïfs. Quand on prononçait devant eux le nom de Faustin Ier, ils n'avaient qu'à prononcer celui de Napoléon III, ce Croquemitaine blanc dont le manteau impérial ne fut pas absolument vierge de toute macule, si l'on en peut croire Victor Hugo, Schœlcher et Gambetta.

Le sang qui macula le manteau de Soulouque — si tant est qu'il ait été souillé — fut du sang de combattants ; celui dont fut taché le manteau de Napoléon III fut du sang d'inoffensifs. (Victor Hugo, *Histoire d'un Crime*.) Les répétitions du gazetier noir me forcent à me répéter. Je dis donc de nouveau avec l'historien Enélus Robin, que le 16 Avril 1848 « il y eut lutte sanglante dans les rues de Port-au-Prince entre la bourgeoisie et les autorités militaires. » (*Histoire d'Haïti.*) Le 2 Décembre 1851, sur les boulevards de Paris, la foule fut mitraillée ou fusillée ou foulée aux pieds des chevaux (Eugène Ténot). Soulouque eut à combattre une petite minorité du peuple haïtien qui était hostile à son gouvernement, gouvernement qui lui avait été constitutionnellement confié et qu'il eut raison de vouloir garder; Louis Bonaparte garrotta tout le peuple français dans la personne de ses mandataires élus et ses généraux firent tirer sur une foule sans armes et non ennemie. Si l'on jette à la figure des Haïtiens le livre de Gustave d'Alaux, ils n'ont qu'à opposer en réponse les *Châtiments* et *l'Histoire d'un Crime* de Victor Hugo.

« Aujourd'hui encore, si vous voyez un groupe d'Haïtiens prenant le frais devant quelque café parisien, n'allez pas, ô Martiniquais ou Guadeloupéens légers, leur demander une seule nouvelle politique de leur république.

« Tout d'abord, ils ne vous répondront pas; mais si l'un d'eux rompt le silence, ce sera pour vous dire — tant ils se méfient les uns des autres! — que tout marche à souhait dans la meilleure des Haïti possible et pour faire du président qui règne un éloge « à tout casser » *dont, en bon Haïtien,* pas un seul des *frères* présents — l'occasion s'en présentant plus tard — ne dira un traitre mot au susdit président.

« Comme cela, ces fils de l'Artibonite seront parfaitement en règle avec la circonspection outrée et la dissimulation qui sont les fruits naturels de toutes les terres où fleurissent les gouvernements personnels et autocratiques. » (*Petite Presse* du 20 Décembre.)

Les Haïtiens ne sont pas si jaloux les uns des autres, si méfiants et si dissimulés que le pense le folliculaire martiniquais. Au contraire, ils sont très confiants et très expansifs. Ils sont aussi trop bons, trop indulgents et trop accueillants pour quelques aventuriers, peu nombreux d'ailleurs, qui, quoique n'étant pas Haïtiens, se prétendent chauds Haïtiens à Port-au-Prince, au Cap ou aux Cayes et qui, par une sottise sans nom, par une lâcheté sans seconde, par une noire ingratitude, dénigrent, injurient, insultent, ridiculisent, desservent ou évitent mes compatriotes dès l'instant qu'ils sont à l'étranger, quelquefois même dès l'instant qu'ils sont montés sur le pont du navire qui les emporte loin du pays qu'ils viennent de piller... On en peut nommer de ceux-là que nous avons nourris aux jours où ils avaient faim et qui, maintenant que nous les avons nippés et décrassés, ont l'air de nous protéger et essaient même de baver sur nous!... Vaillants esprits, nobles cœurs et triples paltoquets! Êtres sans reconnaissance et sans pudeur, ô vous les moqueurs et les magnanimes, vos crachats vous retomberont sur le nez!.. (1).

Je ne vois pas la raison pour laquelle les Haïtiens à l'étranger médiraient de leur gouvernement actuel, attendu que M. Cochinat qui les morigène, les morigène, je crois, dans la personne de leurs gouvernants passés, car il écrit lui-même que les Haïtiens auraient pu lui clore la bouche avec les raisonnements suivants :

---

(1) Il va sans dire que ce morceau ne concerne nullement les étrangers laborieux qui viennent chez nous et qui nous aiment vraiment pour nous-mêmes, et qui épousent nos sœurs. Ceux-là sont des frères

« Mais, Monsieur Cochinat, tout ce que vous dites là n'est pas nouveau, nous connaissons cela aussi bien que vous *et même mieux que vous;* cela a existé et existait bien avant l'avènement du général Salomon ; *ce n'est pas la faute* de celui-ci si quelques abus persistent encore.

« Il est en train de faire l'éducation politique de ce pays, mais il n'y a que deux ans qu'il gouverne ; laissez-l'y donc travailler tranquillement et n'exigez pas qu'il fasse tout à la fois pour tout embrouiller. Il veut réorganiser l'armée, cela ne se fait pas en un jour, puisque la France elle-même n'a pas encore fini cette tâche depuis onze ans ; attendez-le donc à l'œuvre. Il a pour devoir d'éclairer le pays ; donnez-lui le temps de rouvrir les écoles que ses prédécesseurs ont laissé se fermer, et vous pourrez être tranquille, il les rétablira (1). Les finances? avec un homme d'ordre tel que lui, la régularité reviendra. L'agriculture ? vous voyez les mesures que ses ministres prennent pour la protéger et la favoriser. Est-ce que l'ordre matériel n'existe pas ici depuis deux ans, grâce à lui? Ne soyez donc pas aussi impatients que vous l'êtes, tout viendra en son temps?... »

Le chroniqueur se critiquant lui-même fait voir que ses critiques sont pour qu'on en tienne peu compte et qu'on les peut plutôt tenir, jusqu'à un certain point, pour nulles et non avenues, par le fait seul qu'elles se rapportent, non pas au temps

---

(1) « Il appert de rapports officiels et de statistiques que dans le département du Morbihan (en France), sur cent mariages qui passent aux mairies, il y a soixante couples qui ne savent pas signer leurs noms. Le département de la Vendée est un peu moins arriéré ; sur cent couples, quarante seulement signent en faisant une croix.

« M. Jules Ferry vient d'affecter un million à la construction d'écoles dans le Morbihan et six cent mille francs à la construction d'écoles dans la Vendée. » (*Intransigeant* du 8 Mai 1882).

présent, mais à des époques historiques éloignées de nous.

Aussi vais-je encore lui reprocher de trouver mauvais qu'on ne fasse plus d'opposition en Haïti « comme au temps de Boyer, d'Hérard Rivière et « même de Geffrard ».

D'abord, grand logicien, pourquoi voulez-vous qu'on fasse opposition au gouvernement actuel, puisque, de votre aveu même, il prend toutes les mesures nécessaires pour réparer le mal causé par ses prédécesseurs et qu'il emploie tous ses soins, toutes ses veilles, toute sa sollicitude à administrer avec patriotisme, science et conscience le pays qui s'est confié à lui ?

On voit bien que M. Cochinat n'est pas Haïtien et qu'il ne sait pas quels grands désastres sont résultés des oppositions en Haïti.

Je vais essayer d'esquisser à grands traits le tableau sombre, effrayant de ces luttes calamiteuses qui furent toujours stériles, et qui, plus d'une fois, ont compromis l'avenir de la nation (1).

Remontons à Dessalines, à 1806.

Ce fut une opposition née aux Cayes (Madiou)

---

(1) « Reportez-vous à 1844. Notre justice sociale, à cette époque, avait paru totalement voilée. Il en est résulté que des citoyens, fous d'égarement, ont couru au-devant d'une nation étrangère, de la France, l'implorant avec tous les signes de leur détresse, la suppliant de couvrir Haïti de son manteau tout-puissant.....

« Puis songez aux autres scènes plus honteuses de 1869. — Il est constant qu'au congrès de Washington ont été entérinés les actes

qui amena l'acte d'insubordination commis au Port-Salut par le commandant Messeroux, le 8 Octobre 1806, et, par la suite, le soulèvement de tout le département du Sud. Les insurgés marchèrent sur l'Ouest.

Port-au-Prince et Pétion se déclarèrent en leur faveur et, le 17 Octobre, Dessalines mourut au Pont-Rouge. On a vu plus haut quelles furent les conséquences déplorables de cet assassinat politique.

Christophe tient le pouvoir dans le Nord et Pétion est président dans l'Ouest. En dehors des conspirations de Yayou et de Magloire Ambroise qui furent étouffées dans le sang, Pétion en eut beaucoup d'autres à déjouer ou à dissoudre. Une opposition rageuse, systématique, toute de chicanes mesquines et de soldatesques impertinences, était faite dans le Sénat au président Pétion. Qui la menait? Gérin, un ancien compétiteur de Pétion à la présidence; Daumec, un brouillon, un opposant-né; Lys, militaire d'une bravoure audacieuse, ancien ami intime de Pétion, qu'il trouvait « ingrat envers lui », Lys, qui devait plus tard reve-

---

solennels par lesquels nos deux Gouvernements, alors rivaux, et saouls de leurs luttes, ont l'un et l'autre offert à l'Amérique une portion de notre territoire pour prix de son assistance marchandée. »

« Il n'y a donc pas à en douter: Nos luttes fratricides sont mortelles à notre indépendance. » (Edmond Paul. *Les Causes de nos malheurs*, 1882.)

nir à son capitaine et mourir en héros, mais âme politique flottante et qui se laissait entraîner par les trois premiers. Pétion, pour se débarrasser de ces opposants, ferma le Sénat et prit la dictature. Cela se passait dans les derniers jours de 1808. En 1810, le 18 Janvier, Gérin fut tué dans une échauffourée. Le 7 Avril arrive en Haïti le général Rigaud. La même année, en Octobre-Novembre, la scission du Sud s'opère, conseillée, disent plusieurs historiens, autant par Bonnet, qui ne pardonnait pas à Pétion de l'avoir renvoyé de la Secrétairie d'Etat, que par d'autres sénateurs mécontents d'avoir été réduits au silence. Aussitôt que Rigaud eut constitué le gouvernement du Sud, Bourjolly-Modé, Pélage-Varein, Daumec, Bonnet et Lys quittèrent Port-au-Prince et se rendirent aux Cayes auprès de l'ancien adversaire de Toussaint-Louverture (Saint-Rémy). Cette scission du Sud fut un événement malheureux; et, n'eût été que Christophe était occupé alors à se créer un trône dans le Nord, c'eût été fait de la République de l'Ouest et par suite de celle du Sud. La réconciliation entre le Sud et l'Ouest, entre les Cayes et Port-au-Prince, devint un fait accompli juste au moment où Christophe, ayant pris le titre de roi d'Haïti, venait, pour la deuxième fois, mettre le siège devant Port-au-Prince qu'il aurait enlevée si les *Sudistes*, frais ralliés au gouvernement de Pétion, n'étaient accourus à marches forcées au secours de la capitale de la République.

Sous Boyer, l'Opposition fut âpre, violente, acrimonieuse et pourtant quelque peu puérile. Quand Boyer la voulut calmer, en lui accordant les réformes qu'elle demandait, il n'était plus temps. La prise d'armes de Praslin avait déjà eu lieu et *l'armée populaire* du Sud marchait sur Port-au-Prince. Elle était à Léogane, lorsque le 13 Mars 1843, le président Boyer s'embarqua pour l'exil après avoir envoyé sa démission au Sénat de la République.

Les opposants arrivent au pouvoir. Ils font une Constitution excellente (1). Cette Constitution remplace le régime exclusivement militaire par un régime administratif semblable à celui de la France. La République Haïtienne devait être divisée en préfectures, sous-préfectures et mairies. Le nouveau pacte fondamental déplaît naturellement aux partisans de la vieille routine, aux anciens amis de gouvernement de Boyer et aux militaires. Les opposants d'ailleurs n'eurent guère le temps d'en faire l'essai loyal. Ils trouvèrent de plus le moyen de se brouiller avec le peuple : de cette brouille naquit Acaau, suscité, disent quelques annalistes, par les amis politiques de Boyer. Acaau, que les faiseurs d'almanachs se plaisent

---

(1) Voir la note *C* à la fin du volume.

jusqu'ici à appeler « *l'infâme Acaau* », ne fut nullement l'homme que la légende nous représente comme un bandit, chef de bandits. Gustave d'Alaux, lui-même, si peu tendre généralement pour les révolutionnaires sortis de la foule, rend pleine justice à sa parfaite honorabilité et à son rare désintéressement. Acaau vit que les adversaires du président Boyer, maîtres de l'autorité après la lui avoir arrachée, faisaient les affaires d'une fraction de la nation avec les leurs propres et nullement celles de la majorité du peuple. En un mot la *révolution* n'allait devenir qu'une simple *révolte heureuse*. Il prit les armes en réclamant l'instruction publique générale et demanda pour les paysans les terres que Pétion leur distribuait autrefois, mais que Boyer avait cessé de leur concéder. Là était la vraie révolution et non sur le papier d'une constitution. Acaau, qui, par une espèce de révélation ou de divination économique, réclamait en Haïti ce qu'on allait réclamer en France quatre ans plus tard, en 1848, et qui est réclamé en ce moment par les économistes et les hommes d'Etat les plus éminents en Belgique, en Angleterre et en Allemagne ; Acaau, qui voulait que le paysan exploiteur du sol en fût le véritable propriétaire ; Acaau, partisan de la petite propriété, respecta toutes les propriétés tant urbaines que rurales ; il fut sublime de générosité, de mansuétude et de bravoure et se brûla la cervelle quand il vit qu'il n'avait point été compris par les siens et que son programme ne pouvait être réalisé que lentement, au fur et à mesure. Cet ignorant de génie, dont l'histoire réhabilitera le nom, ne fit de mal à personne et fut meilleur républicain que tous ceux qui avaient renversé le gouvernement de Boyer et qui croyaient naïvement que les nations se nourrissent de constitutions et qu'un gouvernement peut se soutenir quand il n'a pas le vrai peuple et le paysan pour lui. — Mais le plus grand tort des révolutionnaires de 1843 ce fut leur impéritie et leur nullité comme hommes de haute politique. Ils froissèrent si bien les Dominicains en fermant les ports de la partie espagnole et en faisant autre chose, que ceux-ci se séparèrent de nous en 1844 et que depuis 1848, nous sommes obligés de payer pour eux à la France les soixante millions consentis en 1838 pour l'indemnité territoriale de Saint-Domingue.

Voilà le bilan de l'opposition qu'on a faite à Boyer; tels sont les résultats immédiats de la Révolution de 1843.

Ses conséquences lointaines? Elles se font encore sentir. C'est à elle que nous devons toutes les querelles qui suivirent; à elle que nous avons dû la perte de la partie espagnole d'Haïti et, par suite, toutes les guerres de Soulouque et la perte de l'argent qu'elles nous ont coûté; c'est à elle que nous devons d'avoir été obligés de saluer Rubalcava ; à elle encore qu'il faut remonter pour trouver les causes de toutes les difficultés que nous avons eues depuis la chute de Boyer avec la France, l'Espagne, les Etats-Unis et l'Angleterre et toutes les interventions consulaires ou diplomatiques dans nos affaires privées qui se sont vues depuis lors.

L'opposition qu'on fit à Geffrard et à son gouvernement n'a guère produit de meilleurs résultats.

Faite surtout à la Chambre, elle avait peu d'écho dans le grand public. Enfin, en 1865, elle se traduit par une prise d'armes décisive : celle du Cap. Le président Geffrard passe un temps considérable à assiéger cette place. Cagnette était une Capoue. Enfin la ville du Cap fut emportée après que ses forts eurent été démantelés par le canon anglais. Encore les interventions étrangères !... Choses éminemment dangereuses!...

Pendant que nous perdions un temps précieux à nous déchirer, nous laissâmes échapper deux occasions excellentes qui s'offraient à nous de nous enrichir, et j'ose dire, de nous agrandir.

La première était une occasion économique, commerciale. La guerre de Sécession aux Etats-Unis avait suspendu dans ce pays la culture du coton. L'Europe demandait du coton à tous les pays de la terre. Les manufacturiers anglais en eussent été chercher en enfer, si l'enfer en produisait : à plus forte raison seraient-ils venus nous demander le nôtre, à nous qui vivons dans le même hémisphère que le cockney de Londres, le coutellier de Manchester et le tisserand de Birmingham. Le Brésil, l'Inde et l'Egypte se sont couverts de cotonniers depuis lors. — Donc, en 1865-1866, presque toute la flotte commerçante de l'Europe qui se serait dirigée vers Haïti se porta vers d'autres rivages. La population valide s'était trop longtemps arrêtée devant les murs du Cap pendant que les montagnes d'Haïti restaient veuves du mari de la terre : le paysan.

La seconde occasion était à la fois économique et politique. Le 5 Juillet 1865, le marquis de la Gandara évacua la ville de Santo-Domingo. C'était le moment ou jamais — si le cabinet de Port-au-Prince n'était pas retenu devant le Cap — d'exiger des Dominicains une indemnité territoriale pour les armes que nous leur avions fournies en cachette afin de les aider à chasser les Espagnols et pour l'argent qu'ils nous devaient depuis 1848, ou même de tenter à nouveau le coup de 1822 et d'aller boire un peu l'eau de l'Ozama. Les tirailleurs haïtiens étaient d'excellents soldats disciplinés à l'européenne et qui, en trois marches, eussent été souper à Azua et, de là, auraient gagné en deux jours le portail San-Carlos. Les Dominicains étaient épuisés et divisés : c'était l'heure psychologique pour fonder dans Quisqueya la *République confédérée d'Haïti* en garantissant aux

Dominicains des droits absolument égaux à ceux des Haïtiens et même pour déclarer Saint-Jean ville neutre et siège d'un congrès fédéral (1).

Mais le président Geffrard était occupé devant les remparts de la ville du Cap !... Il ne put que saisir les puissances d'une demande de neutralisation de l'île d'Haïti...

Quelle confiance doit-on accorder à un gouvernement qui peut être renversé du jour au lendemain ?... Aucune. — Aussi les cabinets des Tuileries, de la Maison-Blanche, de Saint-James et de l'Escurial firent la sourde oreille aux propositions du cabinet de Port-au-Prince. Le 23 Mars 1867, Geffrard quittait la présidence et se condamnait à l'exil.

Tel est le bilan de l'opposition qui fut faite à Geffard : tels sont les résultats de l'insurrection du Cap en 1865.

Le 14 Juin 1867, le général Salnave, le vaincu du Cap, fut élu président d'Haïti par une Constituante toute pleine de défiance contre lui. Le cabinet du 21 Juin ne sut pas piper les dés. Le président Salnave laissa élire à la nouvelle Législative un grand nombre d'anciens partisans de Geffrard.

Je déclare ici, en digression, que je ne suis nullement le partisan des élections officielles ; seulement, je ne puis m'empêcher de constater qu'elles

---

(1) Voir à la fin du volume la note *D*, intitulée : *Neutralisation de l'île d'Haïti.*

ont été de tous les temps, de toutes les époques, de tous les pays et qu'elles se pratiquent encore dans plusieurs pays nés depuis des semaines d'années à la vie parlementaire. A mon avis, l'idéal d'une Assemblée politique, c'est la Convention française, l'unique, l'immortelle, la titanesque Convention française. Eh bien ! la majorité de la Convention était sortie d'élections officielles. Danton, Robespierre, Camille Desmoulins, Saint-Just, Billaud-Varennes, Lakanal, David, Vergniaud, Barbaroux, etc., furent parfaitement des candidats officiels choisis et désignés au peuple par les Comités jacobins, d'après un mot d'ordre parti de Paris ou par les municipalités locales ou par les directoires des départements.

Donc, Salnave laissa élire à la Législative de 1867 des hommes qui ne pouvaient être que les adversaires politiques de son administration. Ce fut un tort. Ils le lui firent bien voir. Le 26 Septembre 1867 la Législative se réunit. Le 11 Octobre, elle interpella le ministère. Séance tumultueuse et tempestueuse. (Permettez « tempestueuse », — il est de Mirabeau.) Au sortir de cette séance, le premier ministre, qui était un fin lettré, aurait pu s'écrier : « C'est une victoire d'Héraclée ; une autre comme celle-là et je suis perdu. » Etait-ce victoire ou bataille ?... Le ministère pouvait recommencer la lutte. Marengo fut perdue le matin et gagnée le soir... Il fallait rallier les ministériels, séduire les indécis, intimider les faibles, conquérir ceux qui étaient prêts à donner leurs votes au gouvernement moyennant certaines promesses, puis, à peu près sûr d'une notable fraction de la Chambre, enlever un ordre du jour de confiance à la suite d'un splendide discours. Tout cela n'aurait été qu'un jeu pour le premier ministre d'alors, brillant membre et même *leader* de l'Opposition sous Geffrard. Malheureusement, le président Salnave ne l'en voulut point croire et aima mieux céder aux conseils violents que lui donnaient quelques aides-de-camp qui n'entendaient rien à la fine politique et qui ne pensaient pas que le meilleur moyen pour donner une solution à une question parlementaire c'est de laisser faire les parlementaires.

Le président Salnave laissa répéter le coup de Pétion en 1808.

L'émeute victorieuse ferma les portes du Parlement. Les opposants de la Chambre eurent aussi le tort de ne pas rester pour mourir sur leurs bancs. Ils devaient, ce jour-là, s'offrir en holocauste à la patrie. Un député n'a pas le droit de quitter son siège, surtout quand il sait que la mort l'y doit prendre. L'Assemblée nationale incarne en elle la nation tout entière et la nation ne saurait reculer devant une infime minorité factieuse ou égarée. Si les représentants du peuple n'en peuvent imposer à la multitude qui envahit l'enceinte de leurs délibérations, la Maison de la Nation, ils doivent se faire tuer là, à leur place. La vraie et la seule gloire est là... et pas ailleurs. C'est au reste du pays d'aviser.

Les opposants qui n'avaient point cru devoir faire tête à l'émeute allèrent soulever le pays contre celui qui s'était emparé de l'autorité dictatoriale, répétant partout le mot fameux sorti de la Constituante de 1789 et qu'on attribue toujours à tort à Casimir Périer ou à Garnier Pagès : « Quand la Constitution est violée, l'insurrection est le plus saint des devoirs... » L'insurrection devint générale dans le Nord. Le Sud se soulève. Le 19 Décembre 1869, forcé dans son palais, le président Salnave abandonne la capitale où il n'est ramené que prisonnier et pour cesser de vivre, le 15 Janvier 1870.

Mais que de ruines amoncelées en dix-huit mois ! Quelle désolation ! Que de pleurs ! Que de sang inutilement versé ! Que de douleurs ! Que de lamentations ! Que de déchirantes misères ! Toutes les villes du Sud bombardées, pillées, incendiées, saccagées, éventrées ! et la lueur des maisons qui flambent, éclairant les rades jusqu'à deux lieues en mer ! Les enfants ont perdu leurs mères et les mères ont perdu leurs enfants. Tous les livres rares sont dispersés au vent, perdus, déchirés, exportés ! Toutes les richesses artistiques, tous les souvenirs qui nous retraçaient les faces auréolées de gloire et les hauts faits de nos ancêtres sont mutilés ou détruits. Les palais, que les sueurs du peuple avait édifiés, brûlés ! L'épargne nationale, fruit de cinquante ans de laborieux et patients travaux, dilapidée, mangée, dévorée et les plus riches devenant les plus misérables. La dette nationale augmentée à l'extérieur, augmentée à l'intérieur ! Les campagnes déchaînées sur les villes ; le paysan armé contre le citadin ; l'artisan armé contre le bourgeois. Cent millions au moins de dépensés et des pertes matérielles de toutes sortes qu'on peut évaluer à deux cents millions au moins ! Les écoles fermées pendant deux ans, toute pensée suspendue ! et la haine, sinistre, implacable, laide, dégouttante de sang et en demandant, encore la haine, la hideuse haine, assise au foyer de la nation haïtienne !...

Victorieux et vaincus ont décapité par des réactions terribles l'aristocratie intellectuelle du Sud, l'aristocratie intellectuelle de l'Ouest, l'aristocratie intellectuelle du Nord.

Trois mois après la lutte éteinte, des vaillants mouraient encore victimes de leur dévouement au chef tombé ; puis une période de trois années d'une lassitude, d'un détraquement, d'un énervement de toute la machine sociale !

Voilà le bilan de l'opposition qu'on a faite à Salnave et le bilan de la soi-disant Révolution de 1867 !...

Ce sont là les résultats immédiats. Mais voyez

les médiats. Nissage Saget, élu président d'Haïti le 19 Mars 1870, prête serment sur la Constitution de 1867. Quatre ans après, en descendant du pouvoir, — *in cauda venenum*, — il viole cette Constitution de 1867 qui a été signée avec tant d'encre rouge. Le général Domingue qui a aussi combattu pour le maintien de cette Constitution, n'en veut pas pour gouverner à son tour. Le 7 Août 1874, est promulgué un nouveau pacte fondamental voté par une Constituante sortie des élections du 20 Mai. Le 19 Février 1875, l'Assemblée nationale autorise le gouvernement à contracter un emprunt à l'étranger. C'est grâce à ce vote que la République haïtienne voit sa dette augmentée de vingt-un millions, dont M. Cochinat dit qu'elle n'a pas bénéficié d'un seul. Le 15 Avril de l'année suivante Domingue tombe du pouvoir. La Constitution de 1867 est remise en vigueur en 1876, mais, le 2 Août 1878, l'Exécutif, composé d'hommes qui avaient combattu en 1868 et en 1876 pour la restauration du Concordat politique promulgué en 1867, le 2 Août 1878, l'Exécutif présentait au Parlement un projet de revision de ce Concordat politique.

La Chambre passa dédaigneusement à l'ordre du jour.

Cette attitude du Parlement n'a pas été étrangère aux mouvements insurrectionnels qui ont encore dérangé l'équilibre de la nation et nui à son commerce et à sa prospérité en 1879.

C'est au gouvernement actuel qu'est laissée la tâche de panser toutes les plaies qui ont été faites à la patrie, non seulement depuis 1867, mais encore depuis 1843. Tâche immense ! Elle ne peut être réalisée qu'au milieu du plus profond recueillement des esprits, du plus parfait apaisement des passions et des partis qui ont régné en Haïti depuis la chute du président Boyer.

Œuvre de concorde sainte et de fraternité pleine, heureux seront ceux qui verront ton accomplissement et qui jouiront de tes fruits !...

Les mœurs peuvent tout sans les lois, les lois ne peuvent rien sans les mœurs.

Pour moi, je ne considère point comme une arche sainte, comme un palladium et une panacée à tous nos maux, comme un remède universel pour tout guérir, comme une amulette politique, comme un talisman sauveur, une Constitution si écrite soit-elle, si solennellement et si loyalement jurée et si souvent promulguée que l'on voudra, dès l'instant que ceux qui ont versé du sang pour la réclamer et que ceux qui l'ont faite en demandent la revision toutes les fois qu'ils reçoivent du peuple la mission de l'appliquer parce qu'ils trouvent alors que les libertés qu'elle consacre doivent mener à la licence et à l'anarchie.

Je suis en cela partisan convaincu de la doctrine exposée en quelques lignes par l'éminent philosophe allemand Arthur Schopenhauer. La voici :

« L'organisation de la société humaine oscille comme un pendule entre deux extrêmes, deux pôles, deux maux opposés : le despotisme et l'anarchie. Plus elle s'éloigne de l'un, plus elle se rapproche de l'autre. La pensée nous vient alors que le juste milieu serait le point convenable : quelle erreur! Ces deux maux ne sont pas également dangereux ; le premier est infiniment moins à craindre : d'abord les coups du despotime n'existent qu'à l'état de possibilité, et lorsqu'ils se produisent en actes ils n'atteignent qu'un homme entre des millions d'hommes. Quant à l'anarchie, possibilité et réalité sont inséparables : ses coups atteignent chaque citoyen et cela chaque jour. Aussi, toute Constitution doit se rapprocher beaucoup plus du despotisme que de l'anarchie : elle doit même contenir une légère possibilité de despotisme. » — (Schopenhauer. *Pensées et Fragments*, p. 206.)

Il est clair qu'il est préférable d'avoir des gouvernements despotiques ainsi que le furent ceux de Pétion, de Boyer, de Faustin Ier et de Geffrard, lesquels encourageaient le travail, donnaient de l'extension à la puissance productrice du pays, garantissaient la sécurité des propriétés et la vie des citoyens paisibles et laborieux, que de subir des périodes d'anarchie comme celles de 1843 à 1848, de 1867 à 1870, durant lesquelles la vie de chacun était chaque jour menacée, où le règne des lois était suspendu, où les propriétés ne pouvaient être ni garanties ni respectées et où toutes les libertés étaient bien plus foulées aux pieds que jamais.

Pendant qu'Haïti entrait en convalescence à la suite de cette crise nerveuse désignée communément sous le nom de Révolution de 1867 ; pendant que, sous de fallacieux prétextes, la Constitution promulguée et déchirée par le président Salnave servait de tremplin aux hommes politiques qui avaient besoin d'un *platform* pour monter à la présidence, au ministère ou au Parlement, la crise du café avait lieu en Europe. Une ligue d'accapareurs s'était formée dans le but d'acheter d'immenses quantités de cette fève pour les revendre à haut prix lorsqu'elle serait devenue rare (Levasseur. *Cours du collège de France. Notes personnelles*). Les importateurs ordinaires de cette denrée en demandaient à tous les pays qui la produisent. Le Brésil saisit cette occasion pour faire des affaires d'or et pour se couvrir de caféières nouvelles.

De 1872 à 1882, Java, Ceylan, le Vénézuela, l'Inde anglaise, Costa-Rica, la Colombie, le Guatémala, Porto-Rico, la Jamaïque, les Philippines, Aden, le Nicaragua sont devenus de plus en plus grands exportateurs de café, ainsi que Bourbon et la Martinique, de telle façon que, Haïti, qui tenait autrefois un bon rang par sa production, n'est plus que le cinquième sur la liste des pays qui fournissent du café, encore que sa production n'ait point décru. (*Notes personnelles recueillies au*

Ministère du Commerce et de l'Agriculture de France en 1881.)

Il est bon d'observer que plusieurs de ces pays, notamment Ceylan, le Continent indien, Java, le Brésil et les colonies anglaises du golfe du Mexique, ont acclimaté chez eux le nouveau café : *Coffea liberica*, qu'ils en ont établi de nombreuses plantations et que ce café de Libéria est destiné à faire une concurrence qui peut devenir mortelle pour la culture de l'ancien café : *Coffea arabica*. (Baillon. *Cours de la Faculté de Médecine. Notes personnelles.*)

Nous avons laissé passer, sans en profiter presque, la crise du café qui s'était opérée dans le monde commercial il y a tantôt deux lustres. Or, depuis lors, non seulement notre dette intérieure s'est augmentée à la suite de chaque révolte et de chaque émission de bons dits « *de la Révolution* (?) », mais encore notre dette extérieure s'est surchargée des 21 millions de l'emprunt contracté à Paris en Juin 1875.

Nos charges ont quintuplé et malheureusement nos recettes n'ont pu encore les suivre dans cette voie.

C'est ce moment que M. Cochinat choisit pour dire, avec ce petit ton tranchant qui rend son impertinence encore plus insupportable, qu'une « prudence égoïste et peureuse » nous empêche de faire de l'opposition au gouvernement en charge.

Je ne me suis imposé le douloureux devoir de mettre ce sombre tableau sous les yeux de mes compatriotes que pour leur dire avec une douce et fraternelle autorité :

« *N'écoutez point les paroles d'un chroniqueur* « *trompeur et léger.* » *Nous avons un proverbe que nous ne devons point oublier. Il est tel :* « *Celui qui vous donne le conseil d'acheter un cheval pansu dans la saison des pluies ne vous aidera point à le nourrir quand viendra la sécheresse.* » *Un de nos concitoyens les plus distingués, un excellent Haïtien aussi patriote que vénérable, M. Seymour Auguste, du Cap, répète souvent avec une spirituelle mélancolie :* « *Nous avons essayé des révolutions pendant* « *une trentaine d'années. Elles ne nous ont point* « *réussi. Essayons de la paix.* »

« *Ce sont les oppositions systématiques, les compétitions acharnées au pouvoir et les rancunes de ceux qui n'ont point réussi à y monter qui nous ont fait tout le mal dont nous souffrons en ce moment. Puisque nous avons aujourd'hui le gouvernement qui nous divise le moins et qui pense au bien du plus grand nombre en même temps qu'il ne persécute personne, qui cherche à rallier tous les enfants de Quisqueya la Montagneuse dans une politique commune, qui nous donne toutes les libertés sans tolérer les licences, tâchons de nous en accommoder et ne lui faisons point une opposition qui l'aigrirait et qui d'ailleurs serait inopportune et inutile.*

« *Jusqu'ici, ce qu'on a toujours trouvé de mieux à faire pour s'enrichir, c'est de travailler. Un peuple ne vit pas d'opposition: il vit de bonne soupe et de paix. Et la paix — ceci est d'une vérité générale, mais pour nous c'est d'une vérité spéciale et qui saute aux yeux — la paix est la meilleure des réformes. M. Emile de Laveleye, le savant économiste belge, écrivait ceci dans la* Revue des Deux Mondes *du 15 Avril 1881 :* « *La paix est non seulement pour les Etats le plus sacré des devoirs, mais le premier des intérêts.* »

« *C'est à l'aide de la paix intérieure dont la France a joui à partir du 18 Brumaire que l'agriculture française a recommencé de se perfectionner; c'est à l'aide du Blocus Continental et de la sécurité qu'il a produite que la France est devenue d'agricole industrielle; c'est à l'aide de la paix dont elle a bénéficié sous Louis-Philippe qu'elle a commencé de construire ses chemins de fer et d'ouvrir de nouveaux débouchés à sa production nationale; c'est sous l'aile d'une paix intérieure profonde que, sous Napoléon III, elle s'est couverte de ponts, de canaux, de chemins de fer, de digues, d'aqueducs, etc., surtout quand cet empereur eut conclu avec l'Angleterre d'abord et ensuite avec des puissances continentales des traités de commerce qui faisaient bientôt de la France une immense foire européenne. Et c'est cette paix qui a parachevé la richesse de la nation française, richesse qui lui a permis de sortir comme un phénix des cendres de la guerre de 1870-1871, de dépenser trente milliards (De Foville. Ce que coûte la guerre), sans presque se gêner et de payer sa rançon rien qu'en mettant quelques nouveaux impôts de consommation, en établissant quelques contributions indirectes nouvelles.*

« *La Constitution anglaise n'est signée nulle part sur le papier. Pourtant elle est écrite dans le cœur et dans le cerveau de chaque Anglais. Les usages seuls l'ont faite. Ce qu'il nous faut, ce ne sont ni les constitutions écrites dont les rédacteurs sont les premiers à les violer, ni les oppositions systématiques au gouvernement, mais la paix.*

« *Si nous avons la paix, nous pourrons liquider notre dette; nous ferons alliance avec les Dominicains nos frères et nous les dissuaderons de laisser venir à Samana ni Américains, ni personne ; nous multiplierons nos plantations de café, de coton, de cacao; nous cultiverons le tabac, la vanille et le cactus à cochenille* (Cactus coccinelifera) ; *nous n'importerons plus de l'étranger pour* « *plus de trois millions cinq cent mille livres de riz* » — *ce qui est vraiment scandaleux!* — *nous ouvrirons de nouvelles écoles et nous agrandirons celles qui existent; nous réparerons nos routes et nos ponts et nous creuserons nos ports; nous pourrons prendre part à la lutte économique qui va se livrer dans la mer des Antilles, au milieu de ce triangle dont Panama est le sommet et dont nous occupons le centre; nous*

nous ferons respecter, sinon craindre ; en un mot, avec la paix, nous ferons notre pays cultivé, instruit et prospère.

« Je vous adjure, mes chers compatriotes, de n'oublier point que si nous nous mettons en guerre nous ne savons pas ce qui peut arriver. Ce n'est plus ni la France, ni l'Espagne qui nous regardent, qui nous guettent et dont nous avons à craindre les revendications; nous avons un surveillant, un voisin très dangereux et chez lequel il ne ferait pas bon de mettre en gage une fraction si minime soit-elle de nos droits de peuple souverain et autonome : c'est les Etats-Unis.

« Si nous tenons à ne pas compromettre cette autonomie si vaillamment et si glorieusement conquise, cette indépendance si chèrement achetée et méritée au prix de tant de sacrifices depuis lors, vivons en paix les uns avec les autres et ne faisons d'opposition au gouvernement de notre pays que si nous y sommes forcés par des événements d'une excessive gravité, et même alors cette opposition ne doit être faite que dans les Chambres, dans les journaux — et pas ailleurs.

Surtout ne touchons jamais plus au fer qui donne la mort.

Nous lisons de M. Cochinat :

« Il y a bien une constitution qui, semblable à toutes ses
« aînées, proclame en Haïti la *liberté*, l'*égalité*, la *fraternité*,

« qui garantit la *liberté individuelle, la liberté de la presse, de
« la parole, de la pensée,* ainsi que tous les *droits du ci-
« toyen,* etc., etc., etc., mais tout cela, je ne saurais trop y
« insister, c'est fictions pures et poudre à jeter aux yeux des
« autres peuples.

« Les Haïtiens savent fort bien que toutes ces belles choses
« n'existent qu'en théorie, mais que, dans la pratique, ce qui
« prévaut, c'est la volonté du chef.

« D'ailleurs les habitudes locales, les mœurs nationales, le
« peu de souci que les masses ont de leurs droits politiques
« et civiques, l'absence absolue de toute solidarité entre les
« citoyens, font que l'on s'inquiète plus de ce que pense,
« désire et veut celui qui est à la tête du pays, que des arti-
« cles de journaux les mieux écrits et des discours les plus
« indépendants prononcés dans un parlement composé les
« trois quarts du temps de créatures du pouvoir. Aussi le
« président, quel qu'il soit, fait ou finit par faire presque
« toujours ce qui est dans sa convenance. » (*Petite Presse*
du 23 Décembre.)

L'égalité et la fraternité n'existent nulle part dans ce bas monde. En Europe, tous les jours, les mineurs se mettent en grève. Pourquoi ?.... Parce qu'ils sont furieux de voir que le charbon qu'ils tirent du puits de mine après tant de durs travaux et de dangers bravés ne leur rapporte que juste de quoi mourir de faim, tandis que le capitaliste qui n'a fait que leur avancer l'outil empoche des bénéfices considérables.

Le duc de Westminster possède tout un quartier de Londres, le quartier de Belgravia ; une autre section de la capitale de l'Angleterre, le quartier Tyburnia, appartient au duc de Portland, et pourtant les deux cinquièmes des Londoniens meurent de froid quand vient l'hiver.

A Londres encore, sur une population de 3 millions 500,000 âmes, il y a 800,000 personnes qui vivent de la charité publique. (E. Lockroy. *Rappel*, 1882.)

La liberté de la parole existe-t-elle complètement ? En France, les meetings politiques en plein vent sont défendus ; pour les autres, il faut une autorisation de la police et la police n'autorise que ceux qu'elle sait ne pas devoir être dangereux.

La liberté de la pensée ? La possède-t-on dans tous ces pays d'Europe où la censure existe toujours encore que pourtant ils produisent des penseurs depuis des siècles. Voyez en Angleterre. M. Bradlaugh, membre du Parlement, ne peut pas siéger parce qu'il a refusé de jurer qu'il croyait en Dieu. On voit en Allemagne, en 1882, un Congrès d'anti-sémites se réunir à Dresde, et, comme aux temps barbares du Moyen-Age, menacer les Juifs d'une extermination prochaine.

La liberté individuelle ? En France, la prison préventive est encore un instrument entre les mains des magistrats et, ces temps derniers, les journaux parisiens fulminaient contre certains abus commis sur la personne de citoyens dont la détention préventive avait été fort longue et qui furent reconnus parfaitement innocents.

Sur ce point, la législation de la Belgique est

bien plus libérale que celle de la France. Aux Etats-Unis, la liberté individuelle est si bien protégée que, de nos jours, la loi de Lynch continue d'y fleurir.

Voilà qui suffit pour vider la question, la France, l'Angleterre et les Etats-Unis étant réputés les pays les plus libres de la terre avec la Suisse, la Belgique et l'Italie.

« Quand le président s'appelle Pétion, tout va bien, dit l'historien (?) correspondant de la *Petite Presse*; quand il se nomme Boyer, cela va encore, et les caisses publiques renferment force doublons. »

Décidément je vois que M. Cochinat n'a jamais lu Ardouin. Ah! tout allait bien sous Pétion! C'est du nouveau que vous m'apprenez là... Et sous Boyer la caisse était remplie de doublons! Voilà qui est particulier!...

Ce fut sous Pétion, en 1813, que l'on créa le papier-monnaie (Ardouin). Pétion fut toujours en guerre avec Christophe. J'ai déjà parlé des tentatives insurrectionnelles de Magloire Ambroise, de Yayou et de Gérin, je n'y reviens point; je ne fais que mentionner la scission du Sud et la révolte de Goman. Celle-ci ne fut jamais réprimée du vivant de Pétion. Plusieurs fois alors les monnaies furent falsifiées (Bonnet), sans que les faux-monnayeurs fussent poursuivis. Le président était trop bon !...

Sous Boyer il y avait tant de doublons dans la caisse qu'on fut obligé de faire de nouvelles émissions de papier-monnaie.

Je sais bien que quand il partit d'Haïti il laissait un million de piastres au Trésor et que de sa main, dit Ardouin, tome XI, page 328, il ajouta sur l'original de sa lettre de démission que « d'autres fonds étaient en outre déposés à la Caisse des dépôts et consignations, à Paris, pour compte de la République »; mais tous ces fonds étaient destinés au paiement des annuités de l'indemnité territoriale.

D'ailleurs, un système de thésaurisation aurait pu être bon, employé sous Pétion ou employé sous Boyer jusqu'en 1825 exclusivement, parce que, jusqu'à cette année, la guerre était encore possible quoique nullement probable entre la France et Haïti; mais, actuellement, ce serait une hérésie d'économie politique que de laisser dormir l'argent dans les caisses de l'Etat. S'il y avait excédent de recettes sur les dépenses, on appliquerait cet excédent à l'augmentation de l'outillage matériel ou intellectuel de la nation : routes, instruction publique.

De nos jours, les enfants mêmes savent que thésauriser de gros sous ou des pièces d'or est un fait de vieux ignorants et de vieux avares. Il est banal le dicton : « L'argent qui circule fait l'argent. »

Voici le reste de ce curieux morceau :

« Mais s'il a nom Soulouque, on a les fusillades du 16 avril 1848 *au bord de mer* principalement, et autres petites fêtes semblables.... »

Il paraît que les événements du 16 Avril 1848 reviennent souvent dans les souvenirs de M. Cochinat et que Soulouque est sa bête noire. Voici la quatrième fois au moins qu'il fait mention de ces événements déplorables. Aussi bien, je ne puis me répéter à chaque instant. Poursuivons :

« Quand c'est Geffrard qui *règne* on nage en pleine rhétorique et l'on a pour spectacles force revues et force exécutions. »

Pourquoi donc donniez-vous tant d'éloges, naguères, à son gouvernement, dans les journaux de Paris ? Pourquoi ? Était-ce *pro dinero* ?

« Avec Salnave on a trente mois de tempêtes civiles et politiques, plus les emprunts forcés; avec Domingue, on cherche jusqu'à présent où sont passés les 21 millions de francs du dernier *Emprunt haïtien* fait à Paris, et enfin avec Boisrond Canal, on est témoin des taquineries, des vexations et des affronts quotidiens lancés par les députés contre ce chef débonnaire; on voit les complots se former partout, à ciel ouvert, dans les administrations, dans les ministères et jusqu'au palais même de la présidence, puis à la Chambre, dominant tout, une opposition permanente et d'autant plus intraitable, arrogante et *intrépide* (1), qu'elle savait n'avoir

---

(1) Ce mot est souligné dans Cochinat.

affaire qu'à un homme incapable de faire du mal à une mouche.

« C'était le temps du courage facile et des violences oratoires sans danger. »

Je laisse de côté les erreurs du début de cette période pour ne m'attacher qu'au membre de phrase final :

« Enfin avec Boisrond Canal on est témoin des taquineries, des vexations et des affronts quotidiens lancés par les députés contre ce chef débonnaire, etc. »

Eh bien ! M. Cochinat, vous voyez où conduisent les oppositions taquines, vexatoires et par conséquent mesquines. Le président Boisrond Canal était incapable de maltraiter une bestiole, je vous en veux croire, et, pourtant, une opposition systématique s'était dressée contre son gouvernement. Ou bien vous êtes en contradiction avec vous-même, car s'il gérait régulièrement les affaires de l'Etat, les députés ne pouvaient trouver motif d'animosité contre son administration ; ou bien il avait mésusé de son mandat présidentiel, puisque ses ministres avaient à lutter tous les jours pour se maintenir avec lui au timon des affaires. A supposer qu'une opposition s'était formée dans le Parlement pour contrarier toutes les vues politiques du chef de l'Etat, alors même que ces vues n'étaient pas en désaccord avec la Constitution et encore que le président fût dans l'exercice légal de ses droits, vous êtes obligé de convenir qu'on a eu le tort de le renverser, et vous faites, par ainsi, que les Haïtiens ressembleraient assez à ces grenouilles qui demandaient un roi à Jupiter.

Tirons la conclusion en deux lignes. L'opposition détermine la chute du gouvernement débonnaire de Boisrond Canal ; la ville de Port-au-Prince et la ville des Gonaïves sont incendiées. Le résultat? Une perte matérielle de trente millions au moins. Quant aux inconvénients moraux, intangibles, ils sont incalculables.

« Rien ne coûte aussi cher que la guerre civile, » lisons-nous dans la *Revue des Deux Mondes* du 15 Avril 1882, sous la signature de M. E. Hervé.

Il est difficile de monter au pouvoir et d'y rester. Il faut avoir les reins solides pour saisir aux naseaux cette « cavale indomptée et rebelle, sans freins d'acier ni rênes d'or », qu'elle se nomme la France ou Haïti. Pour saillir telles juments, il faut qu'on soit un mâle en politique !

D'après le chroniqueur martiniquais, on jouit en ce moment de la liberté de la presse en Haïti, aux mêmes conditions qu'on en jouissait en France aux temps de Beaumarchais...

« C'est-à-dire que pourvu que les journalistes du pays ne parlent ni des ministres, ni de la Banque, ni des finances, ni des préjugés, ni de l'esprit d'exclusion des uns, ni de la soumission peureuse des autres, ni des flatteurs ni des flattés, ni de la magistrature, ni des gens en place, ni de leurs profits et privilèges, ni des *djobs*, ni de la gêne générale, ni enfin de quoi que ce soit qui puisse déplaire au maître ou à ses amis, sauf cela on a le droit de tout dire. »

Je lis régulièrement les journaux haïtiens *le Moniteur*, *l'Œil*, *l'Impulsion* et *l'Avant-Garde*, et puis affirmer que non seulement toutes ces questions sont traitées très nettement et en termes excellents dans ces différents journaux, mais plusieurs autres encore que M. le correspondant de la *Petite Presse* a oublié de mentionner.

M. Cochinat choisit aussi mal ses exemples que ses termes de comparaison. Il confond et brouille toutes choses. Il a l'air de croire que la liberté de la parole en politique est absolument la même que la liberté ou plutôt la vivacité de parole qui peut être permise à un avocat.

Je me réjouis de voir que M. Munier est sorti de prison sous caution, et me réjouis encore plus de la digne attitude du barreau de Port-au-Prince en cette occurrence.

« Il est juste de dire que le barreau d'ici, comprenant sa dignité, tient sa parole, ne plaide pas devant le tribunal civil et ne plaidera que lorsque réparation aura été faite au confrère qui a été si arbitrairement incarcéré. » (*Petite Presse* du 24 Décembre.)

A rapprocher de ceci :

« D'ailleurs, les habitudes locales, les mœurs nationales... *l'absence absolue de toute solidarité entre les citoyens...*»(*Petite Presse* du 20 Décembre.)

Le 20, il soutient qu'il y a « absence absolue de toute solidarité » entre les citoyens, et le 24, il parle d'un fait qui prouve que cette solidarité existe parfaitement. J'en pourrais citer bien d'autres, mais passons à un dernier trait pour finir ce chapitre :

« *La Fraternité* : J'ai vu ce beau mot souvent écrit sur les drapeaux des bataillons haïtiens. Le devoir du journaliste haïtien consiste aussi à tout approuver et à ne pas importuner ceux qui les gouvernent par des observations qui leur agacent les nerfs. Mais, par exemple, il peut s'armer d'une fière indépendance et dire en certains cas au dispensateur des encouragements publics : « Sire, vous avez bien fait ! »
« Ces hauts et puissants seigneurs sont hommes à entendre sans sourciller de pareilles vérités ! » (*Petite Presse* du 24 Décembre.)

Comme exemple ironique de la fraternité haïtienne, voilà qui est trouvé ! M'est avis qu'avec un peu de bonne volonté on aurait pu chercher pour le mettre ici quelque chose de plus décisif, de plus convaincant, de plus juste.

Avais-je eu raison de dire que la réputation d'homme intelligent dont jouissait M. Cochinat était réellement surfaite. Le pauvre homme ne sait pas même faire choix d'excellentes preuves, d'arguments précis pour appuyer ses dires !...

Mais le trait de la fin est un *mot de caractère* (1). On voit que M. Cochinat a été habitué à dire autrefois : « Sire, vous avez bien fait. »

---

(1) Francisque Sarcey. *Le Mot et la Chose.*

CHAPITRE IV

DU GÉNIE D'IMITATION DES HAÏTIENS

Sommaire. — « Les Haïtiens n'ont jamais rien inventé! » — Ce que c'est que la civilisation. — École de Rome, École d'Athènes, École d'Alexandrie. — Imiter n'est pas facile. — Nombre de noirs sont inventeurs. — Un puissant cerveau est un héritage. — Qu'est la routine? — « Le vain quarante-trois » (Paul Lochard). — Rentrons en lice, seigneur Cochinat. — Etude de constitution comparée. — Cochinat: animal imitatif. — Une poignée de perles, dont deux : « Rien n'appartient à rien, tout appartient à tous », — et « C'est imiter quelqu'un que de planter des choux. » — Le droit de dissolution en Haïti. — Le suffrage universel en Haïti. — Voyez Demombynes, Batbie et Laferrière. — Constitution haïtienne. — Ma parole, il est idiot. — La comparaison est triviale. — L'impôt ne peut être perçu que s'il a été voté. — Quel puissant logicien que ce Cochinat! — Petite leçon de morale évolutionniste. — Attrappe? — Une imposture! — La presse officielle en tout pays. — *Conquistador (?) et ruflen!...*

N'eussent été les conventions, les préjugés de toutes sortes et d'autres puffs antiques et solennels, que de personnes qui n'ont aucune valeur intrinsèque, et qui tiennent à elles seules la place de dix autres, que de personnes seraient obligées de se nourrir de glands!

Les neuf dixièmes des conventions et balivernes semblables sont des choses ennuyeuses, déraisonnables, stupides, absurdes ou même criminelles.

Pour moi, j'ai horreur de l'apprêté, de l'affecté, de l'emprunté, du convenu et de tout ce qui est admis quoique faux.

Il est de convention que les Haïtiens ne furent, ne sont et ne seront jamais que des imitateurs.

J'ai même connu deux ou trois dadais et une demi-douzaine d'escogriffes qui s'en allaient répétant partout avec une bêtise touchante : « Les Haïtiens n'ont jamais rien inventé. »

Ils oublient toujours cette invention merveilleuse, éblouissante, sans seconde, et qui étonna le monde et l'étonnera encore : la République d'Haïti.

Le 1er Janvier 1804 quand, plongés dans le triple océan d'azur du firmament, de la mer et des montagnes qui entourent Gonaïves, Dessalines et Boisrond-Tonnerre personnifiaient la patrie haïtienne et la créaient; durant que les canons hurlaient de joie ; que les drapeaux ondulaient et claquaient sous le vent des acclamations du peuple qui naissait, et souriaient aux baisers de nos mères ; que les yeux de nos aïeuls brillaient, agrandis par des transports extatiques, et que leurs fronts transfigurés et radieux éclataient de resplendeur sous les morsures du soleil nouveau-né, ce jour-là nous n'étions point de vulgaires imitateurs, nous étions de sublimes inventeurs.

Il y a encore beaucoup d'autres choses très grandes et très belles, que nous avons faites tout seuls et avant personne, mais sur lesquelles il est inutile de revenir et d'insister ici, mon intention étant au contraire de démontrer à cette place qu'il est de la nature de l'homme d'être imitateur.

Qu'est-ce que c'est que la civilisation, d'ailleurs? Pastiche ou copie. Et partout. Toute la civilisation consiste en un échange d'imitations plus ou moins appropriées, intelligentes ou opportunes.

Les chemins de fer sont originaires d'Angleterre (Watt); ce fut un Américain, Fulton, qui, le premier, établit un service régulier par bâtiment à vapeur entre New-York et Albany. Ces deux découvertes sont les plus grandes du siècle. Est-ce que les autres nations n'ont point pris modèle sur les Etats-Unis et sur l'Angleterre, lorsqu'on a vu ailleurs que dans le Royaume-Uni des chemins de fer, et ailleurs que sur les eaux de la Confédération Étoilée des bateaux à vapeur. Le télégraphe est né français (Chappe). Ne voit-on pas le télégraphe faire partie en ce moment de l'outillage économique des grandes nations d'Europe et d'Amérique, et ne voit-on pas les lignes télégraphiques rapporter de grosses sommes à d'autres pays qu'à la France?... L'éclairage électrique au moyen de la lampe Edison est une invention qui n'a été réalisée dans le Nouveau-Monde que depuis deux ans à peine et déjà le Vieux-Monde va l'approprier à ses besoins.

La France, tant artistique à cette heure, ne l'était guère avant les guerres d'Italie de Charles VIII. N'a-t-on pas vu un art nouveau se propager sur les bords de la verte Loire et de la rieuse Séquane, après que François Ier fut revenu d'Italie couvert des lauriers de Marignan.

L'art français moderne, tant cosmopolite et tant subtil, est formé de l'association et de l'affinement des arts indien, assyrien, égyptien, grec, romain, gallo-romain, arabe ou maure, espagnol, italien, allemand, flamand, hollandais, anglais et même des arts primitifs des peuplades et des peuples de l'Océanie, de l'Afrique, de l'Asie-Majeure et de l'Amérique dont les chefs-d'œuvres et les produits sont entassés les uns sur les autres dans les salles des musées du Louvre, de Cluny, de Saint-Germain et de l'hôtel Carnavalet. Actuellement encore, la France, si savante pourtant, n'envoie-t-elle pas l'élite de ses jeunes érudits étudier, en qualité de boursiers de l'Etat, en Italie, à la villa Médicis (école de Rome), en Grèce (école d'Athènes) et en Egypte (école d'Alexandrie)?... Ne sont-ce point d'anciens prix de Rome, les Carpeaux, les Bonnat, les Carolus Duran, les Gounod, les Lefuel, les Chapu, les Falguières, les Mercié, qui furent pendant ces vingt dernières années ou qui sont encore à la tête de la peinture, de la sculpture, de l'architecture et de la musique françaises contemporaines ?...

Imiter n'est pas déjà si facile. M. Cochinat est écrivain. Eh bien ! que n'a-t-il imité la vigueur de style de Victor Hugo, l'ampleur de celui de Leconte de Lisle ou de celui de Louis Blanc ? Que n'a-t-il trouvé les généreuses colères et les apostrophes de Michelet, la mâle indignation de Schœlcher ? On ne trouve point dans ses écrits les néologismes hardis et les pittoresques archaïsmes d'Octave Uzanne, de Cladel ou de René Maizeroy, les subtilités d'analyse de Paul Bourget ou de Renan, l'originalité de Coppée, la verve étincelante de Barbey d'Aurevilly, celle puissante de Mario Proth, la logique mordante et décisive de Rochefort et de Camille Pelletan, ou l'ironie de Vacquerie ?...

A-t-il l'esprit d'Aurélien Scholl, le tour vif de Léon Chapron, la science d'écrire d'un Richepin, d'un Banville ou d'un Armand Silvestre ?... Que donc il se taise et qu'il ne médise point des peuples qui tâchent à imiter leurs prédécesseurs !

Quelques superficiels reprochent aux noirs de n'avoir jusqu'ici rien inventé, rien trouvé de neuf en politique, en industrie, dans les sciences, dans les lettres et dans les arts. D'abord ceci n'est pas vrai. Aux États-Unis nombre de noirs sont inventeurs. Ils ont inventé aussi en sentimentalité et en industrie. Et tous les jours, à mesure qu'on découvre la plantureuse terre de Cham, au lieu de l'inonder de sang et de la couvrir de chaînes, on s'aperçoit que les nègres d'Afrique sont moins ignorants et moins cruels qu'on ne l'avait cru autrefois. Ce n'est pas sans émotion, c'est avec des larmes dans les yeux que j'ai entendu, dans la grande salle de la Sorbonne, M. de Serpa-Pinto et plus tard Savorgnan de Brazza venir dire devant la Société de Géographie de Paris combien les noirs d'Afrique (1) sont accueillants, doux, nullement féroces, et combien ils savent se dévouer, même au péril de leur vie, pour ceux qui les aiment.

Et puis, est-ce bien aux Européens, qui pendant des siècles, et dans un but de cupidité vile et sordide, ont systématiquement nié l'intelligence chez le noir et lui ont tenu le cerveau fermé, est-ce bien à eux de venir nous faire un crime de notre ignorance ?... Ils auraient dû avoir honte de nous la reprocher : elle est leur œuvre... Ont-ils fait leur devoir d'éducateurs et où, et depuis combien de temps?... Dans les colonies anglaises, depuis trente-cinq ans; dans les colonies françaises, depuis trente ans; aux États-Unis, depuis quinze

---

(1) Littré (*Dictionnaire de la Langue française*) et Lafaye (*Dictionnaire des Synonymes*) ont établi de subtiles distinctions que, pour ma part, je n'admets point entre les mots *noir* et *nègre*. Je me rallie à l'opinion de Schœlcher, opinion que je formule ainsi : « Tout homme qui a une goutte de sang africain dans les veines doit tenir à honneur d'être qualifié « *nègre* » jusqu'au jour où il ne sera pas plus attaché de pensée dégradante ou déshonorante à ce mot qu'on n'en attache actuellement au mot *blanc*. »

ans. Ailleurs, pas encore... à Cuba surtout! Et pourtant quels beaux et féconds résultats ont été déjà obtenus tant dans les Antilles françaises qu'aux États-Unis et en Haïti!...

L'homme qui abuse de sa force pour assujettir et maltraiter ou exploiter son semblable au lieu d'employer sa science à le perfectionner et son cœur à l'aimer est un être de très petite moralité et on peut lui rire au nez quand, plus tard, il se mêle de venir morigéner ceux qui ont virilement brisé leur chaîne pour vivre par eux-mêmes.

Un puissant cerveau est un héritage : cela se recueille en succession. Il faut des générations d'hommes intelligents et libres pour produire un grand savant. Un érudit est le produit du capital intellectuel accumulé par ses ascendants pendant des siècles. Une hérédité parentale supérieure crée un génie et ce génie ne peut apparaître et prendre tout son essor que dans les sociétés vieilles ou, s'il est né dans un milieu arriéré, il pourra se développer surtout quand il aura vécu dans un milieu social avancé : tel un arbre qui, sur un rocher, aurait poussé chétif et rabougri, mais qui, transplanté sur un sol arable ou bien fertile, poussera avec rapidité et deviendra un des rois de la forêt.

Un poète, par exemple, est un individu subtil, compliqué, fin et violent, profond, hautain, impérieux et caressant, un pasteur des peuples qui est le produit d'une espèce d'efflorescence de un à deux millions d'hommes et qui s'élève tous les cinquante ans du milieu d'une nation pour noter la psychologie de son pays, de son époque, de sa génération.

Il n'y a que les voleurs qui deviennent matériellement riches du jour au lendemain. Mais on ne vole pas la science, on ne peut que l'acquérir et lentement. Au prix de quels efforts! de quelles veilles! de quelles privations de toute joie et de tout plaisir! de quels sacrifices d'argent! Ce qui est vrai pour un seul homme est encore plus vrai pour un peuple et à plus forte raison pour toute une race.

Une seule fois sur dix mille l'homme est un initiateur. Le reste du temps il est imitateur. Il suffit d'un beau garçon ou d'une belle femme pour changer la mode ; il suffit d'un grand homme pour mener une nation ou une époque. Une preuve encore et décisive : c'est la haine que les sots et les envieux ont des individus exceptionnels, des tempéraments personnels et originaux, jusqu'au jour où ils sont forcés de s'incliner devant l'évidence des résultats obtenus par la supériorité d'esprit de ces types et d'être les imitateurs de ces hommes « *différents* », pour employer un mot de Stendhal. Pourquoi hait-on tant les novateurs et pourquoi sont-ils presque toujours persécutés ou méconnus? Parce qu'ils affichent la prétention de ne pas suivre les erreurs du plus grand nombre. Qu'est la routine? L'imitation des aïeux. — Or, tout le monde le sait, la routine est de tous les pays.

Mais attachons-nous à ne traiter le sujet qu'au point de vue purement politique.

Le grand imitateur de tous les burlesques qui ont écrit sur Haïti depuis « le vain quarante-trois » (Paul Lochard), depuis la chute de Boyer, reproche aux Haïtiens d'être « un peuple qui a le génie de l'imitation ». Il donne dans le godan avec une simplicité tellement enfantine, avec une assurance si puérile que c'en est agaçant ; aussi veux-je encore et à ce sujet rompre une lance contre lui. — Rentrons en lice, seigneur Cochinat.

Sous la signature de notre gobeur la *Petite Presse* du 24 Décembre insérait sur ses colonnes les turlututaines suivantes que je guillemette au long :

« Comme les Haïtiens ont en eux le génie de l'imitation et
« qu'ils ne sauraient rien faire sans prendre modèle sur ce
« qui se fait en France et en Angleterre, ils ont comme la
« première un *Sénat* et comme la seconde une *Chambre des*
« *Communes.* »

Pour un lecteur qui ignore que le Parlement se compose en France d'une Chambre et d'un Sénat et qu'il y a en Angleterre une Chambre des Lords et une Chambre des Communes, la phrase de M. Cochinat serait d'un mauvais renseignement, car à la façon dont elle est construite on pourrait plutôt croire que son auteur veut dire qu'en France il n'y a qu'une seule assemblée législative : le *Sénat*, et que la *Chambre des communes* constitue tout le Parlement en Angleterre.

Mais là n'est pas le tout. Grand Dieu ! que cet écervelé ferait bien mieux de se taire plutôt que de commettre tant d'erreurs ! Que de choses il ignore et combien il est léger !...

Puisque les Haïtiens ont eu le génie de l'imitation parce que, selon lui, ils ont imité l'Angleterre et la France, il faut aussi conclure que la France a le génie de l'imitation, car elle a suivi l'exemple de la République des États-Unis dont le Parlement était composé d'une Chambre et d'un Sénat avant que la France ne fût née à la vraie vie parlementaire. Elle aurait encore copié l'Angleterre quand elle créa la Chambre des pairs à côté de la Chambre basse.

A ce compte-là aussi, tous les pays qui ont introduit le parlementarisme chez eux après Haïti, tels que la Belgique, la Grèce, la Roumanie et l'Italie, auraient imité aussi la République haïtienne, de même que tous les États de l'Amérique du Sud et du Centre qui sont devenus indépendants après nous.

C'est la Constitution de 1816 qui créa dans la République de Pétion le système des deux Chambres. Avant cette époque, il n'y avait existé qu'une seule assemblée législative : le Sénat, — si l'on veut laisser de côté et la Constituante de 1807, et la Commission de Constitution de Toussaint-Louverture, et le Conseil d'État de Christophe qui, au fond, ne furent pas de véritables assemblées délibérant dans toute la plénitude et dans toute la majesté de leurs droits d'élues de la nation.

Lorsqu'ils mettaient en vigueur la Constitution de 1816, les Haïtiens ne prenaient pas absolument modèle sur les Français, lesquels venaient alors de transformer leur Sénat en Chambre des Pairs et de déclarer la pairie héréditaire ou viagère en même temps que la Chambre basse continuait d'être un des rouages de leur organisation politique.

Les Haïtiens n'étaient pas non plus les copistes des Anglais, auxquels ils n'empruntaient ni leurs *bourgs pourris* dont quelquefois cinq électeurs suffisaient pour constituer un collège électoral et nommer un député, ni leur Chambre des Lords dont le plus grand nombre des sièges sont héréditaires.

Les fils de 1804 n'imitaient pas non plus les État-Unis dont le Sénat est plutôt une Assemblée d'ambassadeurs délégués des États qu'une véritable Chambre haute à attributions purement législatives. Le recrutement des sénateurs haïtiens ne devait pas se faire sur le même mode que le recrutement des membres du Sénat aux États-Unis, lesquels sont nommés à raison de deux par État. De plus, aux États-Unis il existe une Cour Suprême établie par la Constitution, sorte de Tribunal de Cassation des actes politiques de la Chambre et du Sénat, chose que la Constitution de 1816 ne consacrait pas en Haïti, elle qui y créait un *Grand-Juge*.

Et quand même les Haïtiens auraient systématiquement emprunté toutes leurs institutions politiques à la France ou à l'Angleterre, où serait le mal à cela? Ces pays européens sont de beaucoup plus vieux que la République noire et les institutions qu'ils ont jugées bonnes, nous serions insensés de les rejeter sous le prétexte que de nous les appliquer ce serait faire acte d'imitation.

Soyez sur, Monsieur Cochinat, que vous êtes avant tout un animal imitatif et que vous ne sauriez rien faire sans imiter quelqu'un. Ainsi, quand vous critiquez avec si peu de compétence les coutumes et les mœurs des Haïtiens, vous le faites après les Meignan, les Lasselve et autres de la même farine et vous les copiez servilement quand vous ne montrez pas plus d'ignorance qu'eux. Quand vous éternuez, quand vous vous mouchez, quand vous passez vos bottines, quand vous chiffonnez votre nœud de cravate, vous prenez encore modèle sur quelqu'un et si vous mangiez avec vos doigts vous imiteriez encore un des ancêtres de l'humanité, un de nos aïeux communs de la vieille terre de Cham ou encore les anthropoïdes ou les troglodytes dont nous descendons tous, noirs et blancs, d'après la doctrine darwinienne ou hæckelienne.

M'est avis que quand vous étiez au berceau vous ne saviez point encore vous moucher et que, plus tard, on vous apprit à faire tout seul le nœud de votre cravate !...

Par là-dessus tout, une poignée de perles ! — Perles ? — Oui : ce sont les tant jolis vers de Musset, si alertes, si lestement troussés et si *véritablement* spirituels :

« J'aime surtout les vers, cette langue immortelle,
« C'est peut-être un blasphème, et je le dis tout bas ;
« Mais je l'aime à la rage. Elle a cela pour elle
« Que les sots d'aucun temps n'en ont pu faire cas,
« Qu'elle nous vient de Dieu, — qu'elle est limpide et belle,
« Que le monde l'entend, et ne la parle pas. »

. . . .

« Byron, me direz-vous, m'a servi de modèle.
« Vous ne savez donc pas qu'il imitait Pulci ?...

« Lisez les Italiens, vous verrez s'il les vole.
« Rien n'appartient à rien, tout appartient à tous.
« Il faut être ignorant comme un maître d'école
« Pour se flatter de dire une seule parole
« Que quelqu'un ici-bas n'ait pu dire avant vous.
« C'est imiter quelqu'un que de planter les choux. »

« C'est imiter quelqu'un que de planter des choux. » Rappelez-vous le, mon mignon.

———

« Mais il est extrêmement rare que Chambre ou Sénat ait
« empêché un président d'agir à sa guise, et lorsque, comme
« sous Geffrard, la Chambre des députés a des velléités d'op-
« position, on la dissout tout simplement. »

Le droit de dissolution appartenait alors au président d'Haïti et cela en vertu de l'article 81 de la Constitution du 14 Novembre 1846, article qui ne fut pas modifié par les lois constitutionnelles de 1860.

En ce moment, le droit de dissolution appartient à presque tous les souverains d'Europe. Il appartient au roi de la monarchie la plus libérale du vieux Continent : au roi des Belges (Demombynes, *Constitutions européennes*). Il appartient nominalement au Souverain en Angleterre, mais est exercé en fait par le premier ministre (Batbie et Laferrière). En France, le droit de dissolution peut être exercé par le président de la République sur avis conforme du Sénat, cela en vertu de la teneur de l'article 5 de la loi constitutionnelle du 25 Février 1875. Voir au surplus les Annuaires publiés par la Société de Législation comparée.

Le gouvernement du maréchal de Mac-Mahon usa de ce droit le 25 Février 1877 et « les collèges électoraux ne furent convoqués que pour le 14 Octobre 1877, par un décret en date du 21 Septembre ». (Poudra et Pierre, *Organisation des pouvoirs publics en France.*)

« A la rigueur, écrit l'ignorant politique martini-
« quais, on pourrait donc remplacer ce parlement dispen-
« dieux, inutile et reposant d'ailleurs sur une base électorale

« très étroite, par un simple conseil d'Etat, composé d'hom-
« mes éclairés ; mais outre que cela serait trop simple pour
« un pays d'emphase et de trompe-l'œil comme Haïti, on
« craindrait probablement en agissant ainsi de se mettre à
« dos, en les privant de leur industrie, un tas d'hommes qui,
« sous prétexte de faire « les affaires du peuple » ne bri-
« guent le mandat électoral que pour faire les leurs propres. »

Le Parlement haïtien repose sur une base électorale très étroite ! Voilà qui est nouveau ! C'est charmant ! M. Cochinat ne sait pas même mentir à demi. Le suffrage universel existe pleinement dans notre pays et tout citoyen haïtien qui a atteint l'âge de 21 ans est électeur de plein droit. Soyez-en convaincu, lecteur, par les articles suivants de la Constitution qui nous régit en ce moment : celle du 18 Décembre 1879.

« Article 9. — *Tout citoyen âgé de 21 ans accomplis exerce les droits politiques...*

« Article 159. — *Tout citoyen âgé de 21 ans accomplis a le droit de voter aux Assemblées primaires et électorales, s'il jouit de ses droits civils et politiques.*

« Article 160. — *Les Assemblées primaires s'assemblent de plein droit dans chaque Commune, le dix Janvier de chaque année, selon qu'il y a lieu et selon le mode établi par la loi.*

« Article 161. — *Elles ont pour objet d'élire, aux époques fixées par la Constitution, les représentants du peuple, les Conseillers communaux, et les membres des Assemblées électorales d'arrondissement.* »

Base électorale TRÈS étroite ! Ma parole, il est

idiot ! Lorsqu'il élucubrait ses chroniques il se figurait qu'il n'y aurait aucun Haïtien audacieux et connaissant assez son pays et les autres pour lui faire rentrer tous ses mensonges à la gorge.

La base électorale est bien plus large en Haïti qu'en Belgique, où le cens existe pour les élections sénatoriales et pour les élections à la Chambre basse ; elle est plus large qu'en France, où le collége sénatorial se compose de très peu d'électeurs ; elle est plus large qu'en Italie, où l'électeur doit payer un cens assez élevé (1); plus large qu'en Angleterre, où foule de citoyens ne sont pas électeurs ; plus large qu'en Espagne aussi.

Et si, en Haïti, trop d'électeurs négligent d'aller déposer leur bulletin dans l'urne au jour du vote, c'est que tous ne comprennent pas encore quelle est la grandeur de cet acte et que tous ne savent point encore que ce jour-là ils constituent réellement le *Souverain* dans l'exercice et dans la délégation de ses fonctions. Il a fallu des dizaines d'années et des élections répétées pour faire entrer ces idées dans les neuf dixièmes des cerveaux de ce côté-ci de l'océan Atlantique. A Paris même, la ville qui vote avec le plus de ponctualité en France, tel collège électoral qui compte vingt mille inscrits

---

(1) Le suffrage universel doit fonctionner en Italie cette année même. Mais pour être électeur, un Italien devra faire preuve qu'il sait lire et qu'il est âgé de vingt-cinq ans. La loi n'est pas assez libérale.

sur ses registres n'a exprimé que sept à huit mille votes au jour de l'élection de son député.

« Les chefs d'Etat vraiment solides en Haïti sont les pre-
« miers à savoir combien sont peu résistants ces faiseurs
« politiques, toujours en quête de faveurs présidentielles ou
« ministérielles, mais ils s'arrangent d'une telle représenta-
« tion, d'abord pour lui faire assumer sur sa tête la res-
« ponsabilité de certaines choses qu'on ne peut demander
« soi-même au peuple courbé sous la misère (1), ensuite,
« parce que ces mêmes chefs croient, avec ces Chambres,
« faire illusion à l'étranger. Et puis, de même que ni vous ni
« moi nous ne voudrions, pour tout au monde, sortir avec
« une redingote privée de ses deux boutons de derrière, tout
« inutiles que soient ces boutons, de même pas un président
« d'Haïti qui se respecte ne voudrait marcher sans ses deux
« Chambres derrière son habit. »

La comparaison est d'un trivial achevé. De plus

---

(1) « D'après le *Bulletin de la Société de statistique*, il existe à Paris 1,547,000 pauvres. — *Un million cinq cent quarante-sept mille!*... Sur cent personnes qui meurent, il y a quatre-vingt-deux pauvres. Enfin, dix-huit mille décès annuels, — soit, par jour, une cinquantaine — sont imputables à la seule misère. (*Intransigeant* du 2 Octobre 1882.)

Dieu merci! l'intronisation de *sa gracieuse Majesté* « LE CAPITAL » n'a pas encore eu lieu en Haïti. Mais cela viendra. Et alors, à côté des grandes richesses, on verra les vraies misères; on verra ce qui se voit actuellement en Europe : d'un côté l'armée des prolétaires avec ses Karl Marx, ses Schœffle, ses Benoît Malon, ses Jules Guesde, ses Louis Blanc et ses John Bright, de l'autre on verra le bataillon des conservateurs avec ses Bastiat, ses Schultz-Delitzch, et aussi ses Malthus. C'est une affaire de trois siècles.

Viendra alors la *Bête* qu'on nomme *Industrie*, une goule, une mangeuse d'hommes, une buveuse de la sueur du pauvre, oh! alors mes compatriotes, il y aura des pleurs et des grincements de dents et il y aura de vrais misérables parmi vous.

D'ici là, vous pouvez vous considérez comme n'étant pas même malheureux.

elle n'est pas juste. Mons Cochinat n'a certainement pas très saillante sur son chef branlant la bosse de la comparaison. Un Gall même l'y eût difficilement trouvée. Le bonhomme commence à divaguer. D'ailleurs, ayant été trop ballotté sur les flots de l'Océan parisien, il a vieilli vite. C'est un très vieil enfant de cinquante ans. Il est déjà arrivé à cet âge où les sauvages tuaient les vieillards pour leur empêcher de dire des bêtises.

Voyez-vous cela?... Un président d'Haïti qui est élu par les deux Chambres réunies en Assemblée nationale et qui se permettrait de les dissoudre pour gouverner avec un Conseil d'Etat! Le président d'Haïti comprend aussi bien ses devoirs que les présidents des républiques française, américaine et suisse.

M. Cochinat était certainement né pour devenir homme politique comme moi j'étais né pour devenir fakir. Il a l'air de ne pas se douter même qu'il est de l'essence d'une république démocratique d'être largement un état à gouvernement représentatif. « L'impôt ne peut être perçu que s'il a été voté », telle est la maxime posée par la Constituante de 1789 et qui a été reprise et développée par Royer-Collard. Pour qu'il soit voté en toute connaissance de cause, il doit être discuté de la façon la plus complète possible par le représentant de la plus infime bourgade d'un pays libre.

Rhétorique haïtienne. — Sous ce titre imprimé en gros caractère dans la *Petite Presse* du 24 Décembre, on peut lire ceci :

« Trop fréquemment, hélas ! les discussions de ce Parlement « (Parlement haïtien) laissent à désirer sous le rapport « de la logique et surtout de la clarté. Cela vient de ce que « *tous* les membres, *sans exception*, s'obstinent à s'exprimer « dans un français que ne comprend pas toujours le petit « nombre de ceux de leurs collègues qui sont en complète « possession de cette langue ; mais alors pourquoi les hono- « rables sénateurs ou députés qui manquent de syntaxe — « — cela n'est pas un crime en Haïti — ne se servent-ils pas « de la langue créole si usitée dans le pays et parfois si pit- « toresque. Car ainsi ils seraient à l'aise pour traduire leur « pensée, et l'on ne serait pas si souvent privé des bonnes « choses qu'ils gardent pour eux.

» Soyez plutôt maçon si c'est votre métier. »

« Parlez plutôt créole, si vous ne pouvez pas faire autre- « ment, on vous écoutera avec plus de plaisir, car l'on vous « comprendra au moins. »

Le chroniqueur de la *Petite Presse* nous mande que les membres du Parlement haïtien prononcent trop souvent des discours qui manquent de logique. Et, pour nous donner une preuve de sa puissante logique à lui, il écrit dans le même alinéa ces lignes qui hurlent de se voir accouplées :

« *Tous* les députés haïtiens *sans exception* » s'obstinent à s'exprimer dans un français que ne comprend pas toujours « *le petit nombre de leurs collègues qui sont en possession complète de cette langue* ».

Quel puissant logicien que ce Cochinat !...

Comme il le dit, en effet, ce n'est pas un bien grand crime pour le plus grand nombre des députés haïtiens de ne pas posséder à fond la langue française et de la pouvoir parler correctement à la tribune si l'on considère que la plupart des députés français font des discours qui ne sont pas absolument irréprochables au point de vue de la clarté et de la langue, et qui pour cela sont critiqués tous les jours par les journaux parisiens. On cite les parlementaires français qui parlent d'une façon irréprochable et avec finesse : les Jules Simon, les Clémenceau, les Gambetta, les Louis Blanc, les Buffet, les Broglie, les Léon Renault, les Ribot, les Lockroy, les Camille Pelletan, etc.

Dans aucun parlement tous les membres ne sont des orateurs ni même des hommes d'Etat véritables. C'est justement à la minorité intelligente, savante, de conduire la majorité ignorante. A la Chambre des Communes, en Angleterre, les deux leaders et leurs principaux lieutenants sont tout, le reste de la Chambre ne fait que voter docilement aux commandements de ceux qu'ils ont reconnus pour leurs chefs parlementaires. — Je sais bien qu'un parti politique nouveau-né à la vie parlementaire ne peut être facilement conduit, mais il faut établir la maxime suivante : Un homme d'Etat si éloquent et si instruit soit-il, qui, dans une Chambre, ne peut grouper des amis politiques à sa suite, n'est pas un homme de gouvernement.

Ceci dit, je reviens au cœur du sujet pour répéter à M. Cochinat qu'il n'est pas un écrivain de parfaite correction de style et que si, depuis trente ans, il ne parlait et n'écrivait que la langue créole de la Martinique, il est certain qu'il ferait à chaque ligne bien plus de fautes d'orthographe et d'orthologie françaises qu'il n'en fait actuellement.

Ce n'est pas chose facile, ô Cochinat, que d'improviser à la tribune, même quand, depuis l'adolescence, on s'est exercé à discuter en public et sur toutes sortes de questions.

Pour que tous les députés haïtiens en viennent à pouvoir prononcer de magnifiques discours en belle langue française, le meilleur moyen qui serait pour leur être conseillé ce n'est pas celui que vous proposez malicieusement quand vous les invitez à se servir du créole haïtien — qui n'est pas une langue — comme langue officielle; ce serait, au contraire, de placer une tribune à la Chambre et une au Sénat, comme le demandaient déjà Hérard Dumesle et David Saint-Peux, de façon que ceux qui voudraient en gravir les marches fussent obligés de préparer leurs discours.

Ce n'est qu'à force de forger que l'on devient forgeron. Ni Cicéron, ni Démosthène chez les anciens, ni Mirabeau, ni Jules Favre chez les modernes n'étaient nés orateurs. Ils sont pourtant devenus des princes de la parole.

Qui veut acquérir une riche mémoire doit cultiver celle qu'il a reçu de ses parents, étudier l'histoire et les sciences, apprendre beaucoup de vers et les réciter souvent en manière d'exercice mental, d'exercice labial et d'exercice pulmonaire. Qui veut avoir de beaux muscles doit aller régulièrement au gymnase et à la douche. Qui veut qu'on vante sa voix sonore et mâle doit chanter, discuter, déclamer, cultiver sa voix en un mot. Quand un animal vit dans l'obscurité il perd la faculté de pouvoir regarder la lumière; quand un oiseau, comme l'aigle, plane haut dans l'éther il peut fixer le soleil. En un mot, quand un être se sert d'un de ses membres, d'un de ses sens, d'une de ses facultés, ce membre devient plus vigoureux, ce sens et cette faculté augmentent et s'affinent, deviennent plus délicats, plus exquis et les autres membres, sens ou facultés qui ne font aucun acte de la vie végétative ou organique s'atrophient. Le résultat de ce travail intellectuel ou physique, de cette transformation organique, s'appelle la « sélection naturelle », surtout quand elle est continue dans toute une nation, dans toute une race d'hommes, et si l'on a soin de faire en sorte que les plus beaux produits de cette transformation individuelle ou sociale s'unissent entre eux pour perpétuer l'espèce sociale à laquelle ils appartiennent.

Tenez ceci pour une petite leçon de morale évolutionniste. Et si vous ne me voulez pas accepter pour maître, lisez Darwin, et Herbert Spencer, et Jacoby, et Ribot, et Auguste Comte, et Pierre Lafitte.

Puis, comme mot de la fin, voici du Leroy-Beaulieu : « Il n'y a aucune loi constitutionnelle « qui puisse dispenser les citoyens d'un grand « pays de l'esprit de patience, de modération, de « conciliation et de temporisation, et l'on ne peut « supprimer les institutions libérales parce qu'il « y a des chances qu'on en abuse. Ce serait sub- « stituer un mal chronique et intense à des dan- « gers éventuels. » (*Science des finances*, tome II, page 11.)

Attrape !...

Je relève encore ceci :

« Non seulement comme discussion, mais comme tenue, cette Chambre a été étonnante. A sa dernière séance, qui eut lieu la nuit, presque chacun de ses membres avait devant lui un bock écumant, et elle s'est séparée en se dandinant au bruit de la musique de M. Occide Jenty, chef d'orchestre à Port-au-Prince. »

Ceci est une imposture !

Précédemment, M. Cochinat avait dit :

« Parfois, dans la Chambre des communes, — rien de l'Angleterre, — s'élève une voix d'opposition qui rompt le concert optimiste si cher aux oreilles des hommes du pouvoir, mais il n'y a là rien à craindre pour ceux-ci. M. Septimus Rameau, le neveu et le ministre des finances du président Domingue, confiait un jour à un de mes amis que c'était lui qui entretenait parfois sur les fonds secrets de l'Etat, ces voix fallacieusement indépendantes, afin que le ministère eût l'air de rencontrer parfois quelque résistance à la Chambre, et que la nation ne trouvât pas que les affaires du gouvernement « allaient trop comme sur des roulettes ».

« Que dites-vous de cette petite comédie parlementaire ? Ce n'est vraiment pas trop mal pour Haïti. »

L'histoire n'est pas trop mal inventée ni trop mal racontée... pour un Jocrisse comme vous, *my sweet heart*...

« Du reste, ce Sénat complaisant et cette Chambre bonne enfant ont été appréciés à leur juste valeur par l'opinion publique et la presse officieuse elle-même, toujours si respectueuse ici envers les vivants, mais toujours si empressée, en revanche, à dire rudement la vérité aux morts, ne ménage pas les termes pour qualifier cette assemblée dont les membres, à l'exception de quatre sénateurs, auraient mérité chacun d'avoir un conseil judiciaire. »

En tout pays, la presse officieuse attaque ceux qui déplaisent au pouvoir et défend les amis de celui-ci ; partout, les morts et ceux qui sont censés ne pas pouvoir répondre sont les plus malmenés par elle.

M. Cochinat imitait la presse officieuse quand, après la mort de Napoléon III, il attaquait la mémoire de l'empereur mort dans cet article, fait après cent autres, où il établissait le bilan des guerres du second Empire. Il employait encore un des moyens chers à la presse officieuse lorsqu'il élucubrait ses premières impertinences contre les Haïtiens. Il croyait que nous ne répondrions point.

Quant à ce qu'il ose prétendre des membres du Parlement haïtien dont quatre seulement pourraient ne point être pourvus chacun d'un conseil judiciaire, je lui renvoie la balle et lui dis que, mieux que personne, lui, Cochinat, aurait besoin d'être pourvu d'un conseil judiciaire. Il a cinquante ans passés. Je le vois célibataire, errant par le monde comme un troubadour du Moyen-Age et gueusant chaque jour sa pitance de porte en porte, allant jusqu'en Haïti mendier la correspondance du *Moniteur Haïtien*. Je le vois vivant aux crochets de ses amis haïtiens et obligé de trahir l'hospitalité qu'on lui donne pour gagner quelques misérables sous dans un microscopique journal de Paris. Il est venu jusqu'à moi le bruit que ce condottière d'un nouveau genre n'était qu'un de ces débris vivants de l'océan parisien qui quittent la nouvelle Ville Eternelle lorsque des créanciers impatients les harcèlent de demandes d'argent. Je me suis laissé dire que la goutte n'était pour rien dans sa fugue en Amérique et qu'en y allant le *Conquistador* de la *Petite Presse* jouait sa dernière carte.

C'est à lui qu'il faut un conseil judiciaire. Dieu merci, tous les membres du Parlement haïtien sont des hommes éminemment respectables et honorables et qui n'auraient point désir de toucher la main à un rufien des lettres de l'espèce de leur détracteur (1).

---

(1) Je m'explique. M. Cochinat (*Jean-Baptiste-Thomas, dit Victor*) fit faillite le 14 Février 1860. Sa faillite est inscrite au greffe du tribunal de commerce de Paris, au numéro 16,843.

Chacun peut s'en assurer par ses propres yeux, non seulement en lisant les numéros 17,710, 17,752 et 17,708 du *Journal général d'Affiches*, le numéro du 16 Février 1860 de la *Gazette des Tribunaux* et les numéros du *Droit* des 16 et 22 Février 1860, mais encore en feuilletant le dossier des pièces originales et manuscrites de la faillite.

....

Je suis d'un tempérament tellement nerveux et sanguin à la fois qu'à l'audition de la moindre allusion injurieuse à l'adresse de mon pays ou de ma race tout mon être vibre de colère. Ce que j'ai souffert à la lecture des livres de MM. Gustave d'Alaux, Meignan, de Feissal, etc., etc., je ne pourrais jamais trouver de mots pour le raconter; telle des chroniques de M. Cochinat m'a ôté le sommeil pendant plus de huit nuits entières et consécutives; depuis treize mois, chaque fois que je pense à ce dernier qui est mon congénère, la fièvre vient me brûler le sang et plusieurs fois j'ai vérifié que mon pouls redevenait *puéril* et donnait jusqu'à 120 pulsations à la minute.

Je motive les raisons de mes actes voulant qu'on sache que j'agis de propos délibéré; que je n'ai peur de rien et de personne; que j'entends que ma patrie et mes compatriotes, gouvernement et particuliers, soient respectés même par messieurs les anciens faillis et autres individus qui oublient de payer leurs dettes en Europe et qui cependant poussent l'impertinence jusqu'à *venir en Haïti nous la faire à la Caton* aussi bien que par ceux que nous avons accueillis et traités comme des frères et qui pourtant, à leur retour en Europe, s'amusent à publier des opuscules venimeux ou des livres hâtivement composés tout le long desquels on voit qu'ils suent, et peinent, et geignent pour essayer de couvrir ma patrie de ridicule et pour calomnier ma race.

L.-J. J.

CHAPITRE V

PORTRAITS DE MINISTRES

Sommaire. — La marine haïtienne est devenue côtière. — De Pétion à nos jours. — Le cabinet précédent : MM. Laforesterie, Brutus Saint-Victor, Henri Piquant, E. Laroche, D. Légitime, Charles Archin. — Le cabinet du 1er Janvier : MM. J.-B. Damier, Innocent Michel-Pierre. — Edouard Pinckombe, Ovide Cameau, François Manigat, Thomas Madiou. — Etre quelqu'un, pouvoir faire quelque chose. — Une pensée de Schopenhauer. — Toussaint-Louverture, Maitland, Hédouville, Rigaud, — Ardouin, Saint-Remy, Madiou. — C'est inconvenant, malséant. — Dissipons les malentendus et les erreurs. — Rigaud et Pétion. — La belle avance ! — Un mot de Lefèbvre. — Chamillard, Mortier, Maison. — Jugement de Louis Blanc. — Soult, Guizot, Elias Regnault. — Erreur des gens du monde. — Fourtoul. — MM. Devès, Tirard, Labuze, de Mahy. — Le ministre, dans un pays parlementaire. — Des idées, des plans, une âme.

Quintilien dit quelque part de Clitarque — un des historiens d'Alexandre le Grand — : « On est tenté de louer l'esprit de Clitarque, on éprouve le besoin de flétrir sa mauvaise foi. »

On pourrait porter le même jugement sur le détracteur des Haïtiens, si l'on pouvait louer l'esprit que M. Cochinat n'a point.

Les passages que je vais transcrire et réfuter tout à l'heure prouveront en exemples ce que j'avance ici.

Selon lui :

« Haïti est, de tous les pays du monde, celui qui met le plus en pratique la fameuse formule de Figaro : « Il fallait un calculateur, on choisit un danseur. »

« Pour aucun poste de la République on ne prend un homme spécial, pas même un homme que ses aptitudes, ses capacités et la professsion qu'il exerce pourraient rendre possible dans les fonctions qu'on lui destine. Ainsi, a-t-on besoin d'un ministre de la guerre, on prend un maître d'école ; faut-il un ministre de la justice, on appelle un général ; pour administrer les finances et conduire les affaires étrangères, on a recours à un huissier, et pour faire prospérer l'instruction publique ou encourager l'agriculture, on placera à la tête de ces deux départements un maître maçon ou un capitaine au long cours.

« Aucun de ces « personnages » ne se sentant à son aise dans de pareils emplois, ils hésitent, chancellent, font des écoles et se dégoûtent d'un travail qui ne leur attire que critique et ironie. Alors, au lieu de souffrir en voyant leur temps dévoré dans des détails fastidieux, ils se résignent à ne point rendre service à la patrie et se consolent à la fin de chaque mois en touchant leurs appointements. » (*Petite Presse* du 29 Décembre.)

Il m'est excessivement facile de réfuter les erreurs qui sont accumulées comme à plaisir dans ces trois alinéas.

Encore que sous Christophe, sous Pétion et sous Boyer le pavillon haïtien ait été visiter le continent américain et le vieux continent, nous n'avons plus eu depuis lors beaucoup de capitaines au long cours. Cela pour une raison excellente : c'est que, depuis Boyer, la marine haïtienne est devenue toute côtière. La loi n'autorise pas le cabotage par navires étrangers, mais les navires étrangers de fort tonnage, vapeurs et voiliers, américains, français, anglais, allemands, se chargent de transporter les marchandises haïtiennes au dehors et d'introduire en Haïti les marchandises exotiques.

Ceux qui savent que pour épargner les insultes à notre jeune pavillon le président Boyer lui défendit de quitter les eaux haïtiennes; ceux qui savent que la mer des Antilles était écumée par les pirates il n'y a pas très longtemps encore; ceux qui savent que dans toutes les petites ou grandes Antilles, où l'esclavage subsistait ou subsiste encore, il était et il est défendu aux navires haïtiens d'aborder, comprendront que jusqu'à présent il en soit ainsi.

J'ai là sur ma table de travail la liste des noms de tous les citoyens de la République haïtienne qui ont été chargés de fonctions ministérielles depuis la présidence de Pétion jusques à nos jours : je viens de la relire et n'ai pas rencontré le nom d'un seul *capitaine au long cours* (?) parmi ceux des secrétaires d'Etat aux départements ministériels de l'Instruction publique et de l'Agriculture.

Pour mieux démontrer la crédulité ou la duplicité de M. Cochinat, je prends la liste des noms des hommes d'Etat qui composaient le cabinet lorsque le chroniqueur noir arriva en Haïti, puis je prendrai la liste des noms des membres du ministère actuel et ferai voir, par ainsi, avec quel sans-façon le critique évaltonné se moque de son lecteur.

Lorsque le chroniqueur de la *Petite Presse* débarqua à Port-au-Prince, le cabinet en charge était formé comme suit :

Finances et Relations Extérieures : M. Charles Laforesterie.

Guerre et Marine : M. le général Henri Piquant.

Intérieur et Agriculture : M. le général D. Légitime.

Instruction publique, Justice et Cultes: M. Charles Archin.

J'ai déjà esquissé le portrait politique de M. Ch. Laforesterie. Je rappelle qu'il a successivement occupé les emplois de secrétaire de la Légation d'Haïti à Paris et de Ministre-Résident d'Haïti à Paris. Homme spécial, attendu que ses connaissances financières ne le cèdent en rien à celles diplomatiques qu'il a acquises pendant un séjour de plus de quarante années en France.

Quand M. Laforesterie quitta le ministère, il y fut remplacé provisoirement par son bras droit, le chef de division Brutus Saint-Victor, un de ces travailleurs dont l'espèce est rare partout, homme probe, intègre et possédant à fond toutes les affaires du ministère des finances.

Le général Henri Piquant, ancien député du peuple, a de brillants états de service. Secrétaire et aide-de-camp de son père, un ancien commandant d'arrondissement et un des vétérans de nos guerres, il a eu lui-même à son actif toute la campagne du Sud, faite de 1868 à 1870. Les aptitudes spéciales qu'il avait montrées en sa qualité de membre du Comité de la Guerre à la Chambre le désignaient au choix du président pour être placé à la tête des départements de la Guerre et de la Marine.

M. D. Légitime, ancien aide-de-camp du président Salnave, est un de ces Haïtiens laborieux autant que patriotes et dont on est forcé de reconnaître les talents et les capacités. Il est l'auteur d'un projet très estimé de *Réorganisation de l'armée haïtienne*. De plus, son *Plan d'organisation et d'administration* de l'agriculture haïtienne est d'un penseur et d'un véritable agronome (1).

---

(1) Le prédécesseur de M. Légitime au ministère de l'Intérieur fut le général Evariste Laroche, dont voici en quelques mots la biographie politique: Officier attaché à la personne du président Pierrot, contrôleur à la douane du Cap, puis magistrat communal de la même ville, sous Geffrard; sous Salnave, après avoir rempli plusieurs missions de confiance à l'étranger, le président Salnave, dont il était l'ami d'enfance, le nomma ministre plénipotentiaire d'Haïti à Washington.

Elu sénateur en 1878, il occupait son poste avec grand honneur, quand son ami politique le général Salomon, à l'élection duquel il

M. Ch. Archin est une des lumières du barreau de Port-au-Prince où il a débuté et où il est parvenu au bâtonnat, ce maréchalat de la noble profession de défenseur public. M. Archin a été plusieurs fois chargé de la rédaction ou de la revision de nos Constitutions. C'est un jurisconsulte et un parlementaire. Ancien professeur, parent d'un directeur de l'enseignement public à Port-au-Prince, l'accueillant et savant Fénelon Duplessis, M. Charles Archin, plusieurs fois ministre de l'Instruction publique et de la Justice, était encore désigné au choix du chef dont il avait soutenu et défendu la politique.

Voici maintenant pour le cabinet qui est aux affaires en ce moment, celui qui a été constitué le 1ᵉʳ Janvier de cette année :

Commerce, Finances et Relations Extérieures : J.-B. Damier.

Guerre et Marine : Innocent-Michel Pierre.

Intérieur et Travaux publics : Edouard Pinckombe.

---

avait beaucoup contribué, le choisit comme ministre de l'Intérieur.

M. Laroche a rendu d'éminents services à son pays tant comme titulaire du ministère de l'Intérieur que comme intérimaire chargé de tous les autres portefeuilles.

M. E. Laroche jouit d'une grande popularité dans le Nord ; c'est un homme d'une très haute compétence politique, en même temps qu'un esprit très ferme et très délié.

Instruction publique et Agriculture : François Manigat.

Justice et Cultes : Thomas Madiou.

M. J.-B. Damier, ancien ambassadeur d'Haïti à Londres, fut membre du cabinet formé par le président Geffrard, le 9 Juillet 1862, puis membre du ministère constitué le 2 Janvier 1872 par le président Nissage Saget. Il était administrateur des Finances aux Gonaïves, quand le Président d'Haïti l'a appelé au Conseil. M. Damier est certainement un des hommes d'Etat haïtiens qui connaissent le mieux toutes les affaires diplomatiques dans lesquelles Haïti a été engagée depuis notre indépendance jusqu'à nos jours. C'est un homme d'une très haute culture intellectuelle et un politicien de grande valeur.

Le général Innocent-Michel Pierre a quitté le Sénat pour entrer au Conseil. Il fut ministre, conseiller d'Etat sous Salnave, député du peuple sous Domingue. M. Michel Pierre a été tour à tour président de la Chambre et président du Sénat. Quand un homme a été appelé par le vœu unanime de ses collègues à occuper de si hautes fonctions, il est fastidieux de faire son éloge.

Edouard Pinckombe, titulaire du portefeuille de l'Intérieur, dans la combinaison ministérielle du 1ᵉʳ Janvier, est mort depuis. Il avait été directeur de la Douane de Port-au-Prince sous Salnave. Député de la commune de Saint-Marc à la Chambre des Communes, il la quitta pour aller occuper un siège au Sénat. Doué d'une grande activité, d'un talent d'assimilation des plus remarquables, Pinckombe fut un orateur de talent, un polémiste plein de fougue et de verve, un journaliste puissant par sa dialectique. Il avait été plusieurs fois membre des Comités de l'Intérieur à la Chambre et au Sénat. C'était un politique.

Aujourd'hui le portefeuille de l'Intérieur est confié à M. Ovide Cameau. M. Cameau a été administrateur des finances, ministre, député au Corps législatif. Il a rempli des missions diplomatiques fort délicates.

M. François Manigat est un ancien professeur de belles-lettres et de philosophie qui a fait toutes ses études en France. Successivement membre de Conseil d'arrondissement, membre du Conseil supérieur de l'Instruction publique, député du peuple, président du Comité de l'Instruction publique à la Chambre, puis président de la Chambre des députés, M. Manigat est un *debater* de première force et un orateur aussi persuasif qu'entraînant. C'est un patriote très instruit et très compétent et qui a étudié les divers systèmes d'enseignement qui sont mis en usage en France, en Angleterre et aux Etats-Unis. Il a déjà réalisé de sérieuses réformes depuis son arrivée au pouvoir. Il sait vouloir. Il sait agir.

M. Madiou est l'aménité et la finesse mêmes. C'est un jurisconsulte. Il est l'auteur d'une *Histoire d'Haïti* publiée à une époque où les archives des ministères n'étaient pas encore ouvertes en Haïti aux recherches des historiens consciencieux. Quoi qu'il en soit, cet ouvrage, qui se compose de trois volumes, est écrit en une langue chaude, puissante, colorée, quelquefois incorrecte, — c'est une œuvre de jeunesse. — Il est palpitant, vibrant, entraînant; il trouble et passionne. Il est moins partial que le livre de Saint-Remy et que celui d'Ardouin; moins complet que ce dernier, moins précis que le premier, il est plus qu'eux dans la tradition nationale et abondant en aperçus lumineux. M. Madiou est un penseur. Il s'est acquitté de sérieuses missions à l'étranger. Ministre résident d'Haïti à Madrid, il a rendu là à son pays l'éminent service de pousser l'Espagne à évacuer la partie orientale de Quisqueya. Le 2 Avril 1866, il faisait partie d'une combinaison ministérielle en qualité de titulaire des départements de la Justice, de l'Instruction publique et des Cultes. Le 15 Juin 1874, le général Domingue l'appelait à la gestion de ces trois portefeuilles ministériels dont on vient de lui confier, pour la troisième fois, la direction de deux d'entre eux. En dernier lieu, M. Madiou était président du Conseil supérieur de l'Instruction publique.

Je ne me suis donné la peine de reconstituer

toutes ces biographies que pour percer à jour la duplicité ou l'impudence du dénigreur des Haïtiens. Presque toutes ses assertions sont aussi inconsistantes que celles dont on vient de voir le non-fondé.

Pour faire partie d'un cabinet ministériel en Haïti, il faut être quelqu'un et pouvoir faire quelque chose.

Schopenhauer, l'illustre philosophe allemand, a écrit ceci : « De même qu'une mise abandonnée trahit le peu d'estime que l'on fait de la société où l'on se montre, ainsi un mauvais style, négligé, lâché, témoigne un mépris offensant pour le lecteur, qui se venge à bon droit en ne vous lisant pas. »

A plus forte raison doit-il en être ainsi quand il s'agit d'un auteur qui, parce qu'il décrit un pays mal connu, se fait un jeu de travestir la vérité et d'accumuler bourdes sur nigauderies, inepties sur niaiseries.

———

« Bienheureux, continuait le commis-voyageur de la *Petite Presse*, bienheureux lorsque tous les ministres savent lire et écrire ! Et si l'on croit que j'exagère en parlant ainsi, je raconterai l'histoire du vieux et bon et brave général Lazare, qui avait vaillamment combattu les Anglais dans le Sud de Saint-Domingue, sous les ordres de Rigaud (« Rigaud, général français, mulâtre », a mis en note au bas de la page M. Cochinat —) et avait aidé celui-ci à les chasser de l'île. »

N'en déplaise à l'historien improvisé, je lui apprendrai que les Anglais ne furent nullement chassés du sud de l'île par Rigaud. Rigaud conquit sur eux les places de Léogane, de Tiburon et des Irois, mais les Anglais gardèrent Jérémie et Corail. Ce fut après que Maitland, le général anglais Maitland, eut conclu avec le général en chef Toussaint-Louverture la convention d'évacuation des villes du littoral qui étaient au pouvoir des Anglais, ce fut alors que ceux-ci abandonnèrent le Sud d'Haïti.

Tenez, Monsieur le marchand de chroniques fallacieuses, consultez les historiens haïtiens Madiou, Saint-Remy, Ardouin; vous verrez que Toussaint-Louverture entra à Saint-Marc le 8 Mai 1798, à l'Arcahaie le 12 Mai, à la Croix-des-Bouquets le 14 Mai et le même jour, dans l'après-midi, à Port-au-Prince (Saint-Remy). Le 30 Juillet 1798, Toussaint-Louverture reçut une lettre de Maitland par laquelle celui-ci offrait d'évacuer le Môle-Saint-Nicolas et Jérémie. Le 13 Août, convention est signée pour l'évacuation de Jérémie. Le 18 Août (Ardouin. Saint-Remy), convention fût passée pour la reddition du Môle-Saint-Nicolas. « Les Anglais évacuèrent Jérémie le 20 Août, le Corail le 22 » (Ardouin). Alors les troupes noires prirent possession de ces places. Toutes les conventions traitant de l'abandon de ces villes sont signées du nom du général en chef Toussaint-Louverture. Les

Anglais n'avaient voulu traiter ni avec Rigaud ni avec l'agent du Directoire, le général Hédouville.

Vous voyez donc, bon Cochinat, que vous avez fait erreur, et qu'il est malséant de raconter l'histoire d'un pays d'après des légendes. Il faut étudier à fond l'histoire d'Haïti, et dans beaucoup d'auteurs, si l'on veut avoir seulement une idée nette de la formation du peuple haïtien. Il est pour qu'on fasse la lumière sur cette histoire pour qu'elle ne soit plus partiellement, conventionnellement ou partialement racontée. Dissipons les malentendus et les erreurs.

Ainsi, encore que Rigaud eût opéré dans le Sud en qualité de général, et dans une colonie appartenant à la France, il est bon de faire observer qu'il est mort général haïtien. De même que l'on ne peut pas dire que Washington est un général anglais, de même on ne peut pas soutenir que Rigaud est un général français. Rigaud, âme politique moyenne, et qui ne sut ni jouer les grands rôles, ni s'effacer à temps, est pourtant une gloire militaire que je revendique pour Haïti. Le 18 Septembre 1811, étant chef du gouvernement départemental du sud d'Haïti, il se laissa mourir de faim et de douleur, en voyant que la scission du Sud, qu'il avait provoquée peu de temps auparavant, était une œuvre de petite conception politique, et qu'elle n'était pas née viable. Sa mort amena la fin de cette scission et le retour du *Long département* au giron de la République de l'Ouest dont Alexandre Pétion était le dictateur.

⁎ ⁎ ⁎

En effet, le général Lazare ne savait pas lire. La belle avance! Peu de gens en Haïti avaient reçu une certaine éducation avant 1789.

Presque tous nos généraux de l'indépendance n'avaient point passé par aucune école, pas même par l'école primaire. Cela leur avait été défendu alors qu'ils étaient enfants. Au point de vue de la culture intellectuelle, ils ressemblaient à beaucoup d'officiers des armées de la Révolution française. Lefèbvre ne savait que signer son nom, cela ne l'a pas empêché de devenir duc de Dantzig et maréchal de France. C'était le même Lefèbvre qui professait un si beau mépris pour les membres du Directoire, du Conseil des Anciens et du Conseil des Cinq-Cents, et qui, dédaigneusement, parlait d'eux en ces termes à la veille du 18 Brumaire : « Il faut jeter ces avocats à la rivière. » (Thiers. *Consulat et Empire*.)

Le général Lazare fut ministre, parce qu'on avait besoin de son nom au ministère. Il fut chargé d'un portefeuille à peu près comme Lefèbvre fut chargé du siège de Dantzig, et crut être le véritable conquérant de cette place encore que ce fût bien le général de génie Chasseloup-Laubat qui en avait fait taire les fortifications et pratiqué la brèche. On appela Lazare au Conseil pour honorer ses services, et de la même manière que les Grecs firent de Canaris, qui ne savait pas lire non plus, un grand amiral de la Grèce, un sénateur et un ministre de la marine. (Maxime du Camp. *Revue des Deux Mondes*, 1881.)

Ces vieux guerriers, artisans de l'indépendance de leurs pays, furent, encore qu'illettrés, plus légitimement ministres que ne le fut Chamillard, par exemple, Chamillard, le ministre des finances et de la guerre sous Louis XIV, et qui mérita l'épitaphe suivante :

« Ci-gît le fameux Chamillard
« De son roi le protonotaire ;
« Ce fut un héros au billard,
« Un zéro dans le ministère. »

On mit Lazare aux affaires, de même que sous Louis-Philippe on a vu placer à la présidence du Conseil le général Mortier, et plus tard au ministère de la guerre le maréchal Maison. On avait voulu s'entourer du lustre qu'ils avaient acquis sous le premier Empire, pour bien faire voir de l'armée et des bonapartistes le gouvernement de Louis-Philippe. Voici le jugement porté sur le général Mortier : « La rentrée du duc de Broglie aux affaires était, du reste, favorisée par la complète nullité du général Mortier, qui n'était guère autre chose qu'un mannequin respecté. L'interpellait-on à la Chambre ? Il se dressait de toute la hauteur de sa taille gigantesque, promenait sur l'Assemblée des regards pleins d'une anxiété douloureuse, ouvrait la bouche et ne pouvait que balbutier. Il y avait là, pour le cabinet, une cause de défaveur et presque de ridicule. Le général Mortier le sentait lui-même. » (Louis Blanc. *Histoire de Dix Ans*, tome IV, chapitre ix.)

On peut dire ici que le général Lazare ne fut pendant son court ministère qu'un mannequin respecté. Que ne se colère point l'ombre du guerrier noir ! que ne se courrouce pas celle de l'héroïque vainqueur de Dirnstein ! que me pardonnent enfin et Lazare qui fut fait prince par Faustin Ier, et Mortier qui fut créé duc de Trévise par Napoléon Ier.

Lorsque le duc de Broglie quitta le ministère des Affaires Étrangères, en 1833, il y fut remplacé par de Rigny, qui était un marin, et s'entendait peu aux finesses de la diplomatie. Le maréchal Soult resta président du Conseil, et son nom seul y servait à quelque chose, car à la table du Conseil siégeaient en même temps que lui Thiers, Guizot, d'Agout, Barthe. Le roi Louis-Philippe prenait part aussi à toutes les délibérations. Plus tard, quand d'Agout et Barthe quittèrent le ministère, ils furent remplacés par Persil et Duchatel.

Soult fut encore président du Conseil de 1840 à 1847. Guizot était aux Affaires Étrangères, et était l'âme du ministère. Le maréchal duc de Dalmatie donna sa démission en 1847, après avoir signé le décret de nomination du duc d'Aumale au gouvernement général de l'Algérie. Ce fut alors que Guizot devint titulaire de la présidence du Conseil. (Elias Regnault. *Histoire de Huit Ans*.)

Une des grandes erreurs des gens du monde, j'entends parler de ceux qui n'ont jamais fait d'études politiques sérieuses, c'est de croire naïvement que tout ministre doit être un homme spécial à la tête de la branche d'administration qu'on lui confie.

En France, où, Dieu merci ! il ne manque point d'hommes spéciaux, on ne pense nullement ainsi. Fourtoul fut mis par Napoléon III à la tête de ces deux départements : Instruction publique et Marine. Or, Fourtoul était un ancien professeur. Dans le cabinet qui est actuellement aux affaires, cabinet Duclerc, siège M. Devès, qui, avant que de devenir titulaire du portefeuille de la Justice, avait été ministre de l'Agriculture. M. Devès est avocat. M. Tirard, qui tient le portefeuille des finances, avait été autrefois ministre de l'Agriculture. Durant son passage à ce ministère, il encourut les critiques du journal *le Pays* qui lui faisait le reproche, peu sérieux, d'avoir vu un épi de maïs et demandé ce que c'était. M. Tirard, ayant toujours habité Paris, pouvait n'avoir jamais vu un épi de maïs. Enfin, M. Labuze, le sous-secrétaire d'Etat au département des Finances, est un médecin âgé de 35 ans. M. de Mahy, qui dirige le ministère de l'Agriculture, avant que de devenir député, questeur de la Chambre, puis ministre, exerçait la profession médicale.

Je n'insiste pas davantage. Le ministre, dans un pays parlementaire, doit être, avant tout, un homme politique auquel on confie un département à gouverner. Il en répond devant les Chambres, mais les véritables administrateurs d'un département ministériel, j'entends pour le détail, sont les chefs de division et les chefs de services.

En un mot, ce qu'on doit surtout demander à un ministre, c'est d'avoir des idées, des plans, de vouloir et de pouvoir les appliquer : c'est d'être une âme qui agit et fait agir les autres.

CHAPITRE VI

LES DERNIÈRES DU ÇARQUOIS

P. P. C.

SOMMAIRE. — C'est pour prendre congé. — *Le Pas d'Armes du roi Jean*. — *Grafignette*. — *Grafougnette*. — *Graphomètre*. — « Graphomètre » est absurde. — Un touriste cul-de-jatte. — Salomon, Timagène Rameau, D. Denis, L. Éthéart. — Dufresne, Philippeaux, M. Clément, H. Piquant. — A la hiérarchie, à la carrière, au moule. — Clinquant et paillons! — Quand on court après lui, il fuit. — Opinion de Francisque Sarcey. — Gustave d'Alaux et la *Revue des Deux Mondes*. — Paul d'Hormoys et le *Figaro*. — Edgard Lasselve et le *Tour du Monde*. — Pyramide de grimaudages, prends garde à toi ; ton jour vient ! — Un vers du *Misanthrope*, de Molière. — M. Cochinat comme styliste et comme penseur. — Puérilité sénile et exécrabilité de son œuvre. — On en fera mention.... pour mémoire. — *Amen!*

Pour prendre congé !

Analysons la dernière chronique du nouveau sire de la Palice. C'est celle du 31 Décembre 1881.

On y lit tout au commencement :

« Le vieux général (Lazare), qui avait été d'abord chargé du ministère de l'instruction publique sous Soulouque, avait le léger défaut, pour un tel poste, de ne pas savoir signer son nom; on le plaça ensuite à la guerre où son épée pouvait valoir toutes les plumes du monde, et comme il avait la confiance entière du vieil empereur, celui-ci le chargeait par *interim* des portefeuilles de tous les autres ministres absents, chaque fois que Sa Majesté s'en allait avec sa cour recevoir des Dominicains une de ces « tripotées », après lesquelles il rentrait régulièrement à Port-au-Prince, sous un arc de triomphe. »

Le cas du vieux guerrier haïtien qui ne fut chargé que par *interim* du ministère de l'instruction publique en son pays n'est pas plus drôle, en somme, que celui du maréchal Vaillant qui fut directeur des Beaux-Arts en France, sous le Second Empire. Mais passons, faisons plutôt un peu de linguistique.

« Pour obvier à l'inconvénient de ne pouvoir signer ses actes officiels, les employés du vieux soldat lui avaient fait faire une griffe, qu'il appelait son *grafougnette*, c'est ainsi qu'il prononçait *graphomètre*; et lorsque ses chefs de division ou de bureaux lui apportaient quelques documents à signer, le valeureux compagnon de Rigaud plaçait doctoralement le papier sous ses yeux, l'en éloignait un peu, et de l'air digne d'un presbyte qui lit, il en approuvait la rédaction; puis il y apposait sa *grafougnette*, quelquefois tête en bas, mais ses employés qui le respectaient beaucoup comme il le méritait, avaient soin de ne pas s'en apercevoir pour ne point détruire les illusions du *vieux vétéran*.

« Quelquefois, quand la besogne donnait trop et que ses commis lui apportaient plus de pièces à signer qu'à l'ordinaire, le bon ministre les renvoyait en refusant de se servir de son instrument de travail: « Ah! non, disait-il, *zote fais moins trope écri jôdi, moins bouqué, a dimain.* » — Traduction : « Ah ! non, l'on m'a trop fait écrire aujourd'hui, je suis fatigué, à demain. »

Je veux bien permettre qu'on murmure en lisant les lignes précédentes les trois strophes du *Pas d'armes du roi Jean* de Victor Hugo (*Odes et Ballades*) :

« Qu'un gros carme
« Chartrier
« Ait pour arme
« L'encrier ;
« Qu'une fille,
« Sous la grille,
« S'égosille
« A prier.

« Nous qui sommes,
« De par Dieu,
« Gentilshommes
« De haut lieu,
« Il faut faire
« Bruit sur terre,
« Et la guerre
« N'est qu'un jeu.
. . . .

« Un vrai sire,
« Châtelain
« Laisse écrire
« Le vilain ;
« Sa main digne,
« Quand il signe,
« Egratigne
« Le vélin..... »

mais je me refuse à croire et à laisser croire que le général Lazare appelait sa griffe *grafougnette* en voulant dire *graphomètre*. Ici encore le médisant de la *Petite Presse* a été mal renseigné. Il existe dans le patois haïtien le mot *grafignette* qui vient du vieux français et qui s'emploie quand on veut désigner une égratignure faite par un chat, par une épine d'arbre ou par un instrument qui peut égratigner.

Qui ne voit dans le mot *grafignette* un air de famille avec *gratigner, esgrafigner, grafigner,* tous mots de la vieille langue française, lesquels descendent à leur tour de l'espagnol *grattar*, de l'italien *grattare,* du bas-latin *cratare?* (Auguste Braschet.)

Suivant Braschet (*Dictionnaire étymologique de la langue française*), c'est *grattare* qui a formé *gratelle, grateron, grattoir, grattin, esgratigner, égratignure.* Littré (*Dictionnaire de la langue française*) au mot *Egratigner,* cite l'exemple suivant qui se trouve dans Rabelais (Gargantua, I, 11): « Les petits chiens de son père (à Gargantua) mangeoient à son escuelle... il leur mordoit les oreilles, ils lui *graphinoient* le nez ».

Le mot haïtien *grafignette,* que d'aucuns prononcent *grafougnette,* pourrait venir encore du verbe *griffonner* qui, d'après Littré, veut signifier d'abord « saisir comme un griffon » ou « écrire comme un animal qui a des griffes ». — Dans l'esprit du vieux général Lazare, et il avait raison, sa *grafignette* égratignait le papier ainsi que l'aurait fait l'ongle d'un chat ou d'un autre animal qui porte des griffes. — On comprend facilement qu'il ait appelé sa griffe *grafignette*, mais il est peu sage de supposer qu'il entendait prononcer *graphomètre* lorsqu'il disait *grafougnette*. Graphomètre vient du grec : de γραφὴ, ligne, et μετρον, mesure. Le graphomètre est un instrument qui sert à mesurer les angles dans les opérations d'arpentage (Littré) et non à écrire, même une signature. M. Cochinat est impayable : il n'est même pas heureux quand il essaie de faire le philologue. Le mot français *graphomètre* pour traduire les mots haïtiens *grafignette* ou *grafougnette* est absolument impropre et même absurde.

Relevons encore ceci :

« La race de ces ministres illettrés (comme l'était Lazare) est actuellement passée en Haïti, et probablement pour toujours, mais combien l'exemple de Lazare n'a-t-il pas excité l'ambition d'une foule de gens qui n'ont pour eux ni la valeur morale, ni le patriotisme, ni l'âme sans peur et sans reproche du vieux général. Comment s'étonner après tout que ceux qui voyaient tant de leurs concitoyens, placés au plus haut poste de l'Etat et même au premier sans la moindre culture intellectuelle, pussent se résigner à ne pas être quelqu'un d'officiel quand son voisin, qui en savait encore moins que lui, devenait soudainement un général sans avoir jamais touché un fusil, ni vu une armée. Quant on leur parlait de leurs titres à un emploi quelconque, ils vous répondaient fièrement : — « Qui tite ça ! (Ici un signe de dédain intraduisible pour l'étranger.) *Oh ! oh ! pays-là cé pou moins tou, pouqui moins pas ta joui li tou ! à l'hé qui lé ce tou pas moins.* »

Traduction : — « *Quels titres ?* Oh ! oh ! le pays est à moi aussi ; pourquoi n'en jouirais-je pas ? Maintenant c'est mon tour. »

Puisque la race de ces ministres illettrés est passée, ce n'était pas la peine de nous en parler si longuement. Vous écrivez vos impressions de voyage en touriste goutteux et alité — drôle d'espèce de touriste! — Vous voulez donner une idée de l'Haïti actuelle et pour cela vous copiez Gustave d'Alaux et les autres, sans les citer, et vous allez chercher des exemples vieux de plus de trente ans comme si vous nous faisiez une peinture de l'Haïti d'alors. Le général Lazare fut ministre en 1845 et en 1846 et depuis lors tout est changé, transformé sur les bords de l'Artibonite. Que ne citez-vous les noms de ces ministres qui s'appelèrent Dufrène et Philippeaux?

Colbert et Louvois étaient des hommes hors pair et qui moururent écrasés, le premier sous le faix des finances, l'autre sous celui du ministère de la guerre. A leur mort pourtant, Louis XIV donna les deux ministères à Chamillard, un ancien membre du Parlement de Paris, qui n'avait de connaissances spéciales ni en finances ni en choses de guerre. Fleury qui était d'église et n'était ni un Richelieu, ni un Mazarin, ni un Alberoni, ni un Dubois, devint premier ministre de Louis XV. Est-ce une raison pour qu'on cite les noms de Chamillard et de Fleury quand on a à parler des ministres qui, en France, ont occupé le ministère des finances ou celui de la guerre, lorsque l'on peut nommer de préférence Colbert, Turgot,

Necker, Cambon, Gaudin, Louis, Humann, Lafitte, Magne, Fould, Léon Say, Pouyer-Quertier, comme ministres des finances; Louvois, Saint-Germain, Carnot, Clarke, Gouvion Saint-Cyr, Niel, Gambetta comme ministres de la guerre. Ces noms doivent faire oublier non seulement Chamillard et Fleury, mais encore Dubois, Calonne et Loménie de Brienne.

Sans remonter jusqu'au prince de Limbé, le ministre de la Guerre du roi Christophe, et au comte de la Taste, ministre des Finances d'Henry Ier, lesquels ont été des organisateurs, que dis-je? de véritables créateurs, on peut citer les noms suivants qui sont ceux de ministres des finances en Haïti et qui feront figure, plus tard, dans les pages de notre histoire financière : Salomon, duc de Saint-Louis du Sud, Timagène Rameau, L. Ethéart, Ch. Laforesterie ; parmi les ministres de la guerre de ces trente dernières années ceux suivants échapperont à l'oubli : Dufresne, duc de Tiburon, Philippeaux, Ménélas Clément, Henri Piquant.

Le Cadet-Roussel noir s'écrie en un accès d'ironique bonhomie :

« Est-ce qu'un Haïtien a besoin d'étudier quoi que ce soit pour être un savant? Ne doit-il pas être un homme universel comme l'a écrit l'un d'eux.

« Aussi est-il prêt à tout, cet heureux privilégié de la nature, et l'on n'a qu'à descendre au *bord de la mer*, pour voir des Haïtiens d'à peine trente ans qui ont été déjà chefs de bureaux, colonels, capitaines de vaisseaux — sans vaisseaux — professeurs, diplomates, avocats, ingénieurs, hommes politiques, révolutionnaires et exilés plusieurs fois ; ils ne sont embarrassés de rien, et un proverbe local dit que lorsque, à quarante ans, un Haïtien *n'a pas été fusillé* au moins *une fois ou deux*, c'est qu'il a une fière chance.

« C'est ce qui explique combien, avec une si petite population, eu égard à son vaste territoire, cette terre a vu tant de guerres civiles, les révolutions, comme dit Rabagas, étant la carrière des Haïtiens désœuvrés et une branche du commerce si fertile en ministres étrangers aux affaires. » (*Petite Presse* du 31 Décembre 1881.)

Lorsqu'on lit attentivement et entre les lignes les chroniques de notre olibrius, on s'aperçoit qu'il est en même temps le type achevé du Géronte grognon et un de ces esprits attachés jusqu'au fanatisme, jusqu'à la bêtise, à tout ce qui se fait ou se voit en Europe : à la hiérarchie, à la carrière, au moule. En dehors de cela tout lui est sujet à étonnement. S'il avait été aux États-Unis au lieu de se rendre en Haïti, quelles impressions de voyage semées de points d'exclamation nous aurions eu à lire. A chaque instant notre naïf chroniqueur reste bouche béante. Ma parole, il est à peindre.

Il est encore à observer que, pour lui, Port-au-Prince c'est toute la république d'Haïti et que toute la ville de Port-au-Prince se trouve dans ce qu'il appelle *le bord de mer*. Quel curieux voyageur !... On voit bien qu'il n'a étudié les Haïtiens que par ouï-dire, en restant accroupi dans un *rocking-chair* ou recroquevillé dans son lit sous ses couvertures de laine.

A travers tout son fatras de rocamboles, on démêle une haine profonde de la jeunesse. Il est encroûté dans les préjugés ; il tient aux vieilleries et croit qu'avant d'avoir atteint l'âge de soixante ans un homme ne peut rien savoir ; il a dans le sang cette croyance — actuellement tant démodée — que l'expérience n'appartient qu'aux vieillards, même quand ces vieillards sont impotents de toutes leurs facultés. C'est du rococo à faire sourire de pitié. Et puis, il est d'une crédulité unique. Il voit bien la paille dans l'œil du voisin, mais il ne voit pas la poutre qui est dans son œil. Il ne s'abstient point de reprocher aux Haïtiens de se croire universels, mais s'il se voulait donner la peine de raisonner une minute, il verrait que lui aussi se croit universel : il tance le ministre des finances et lui donne des conseils ; il fait des remontrances au ministre de la justice ; il gourmande le président d'Haïti ; il critique l'Exposition haïtienne et par suite le ministre de l'Intérieur et de l'Agriculture qui en fut le principal organisateur ; il émet des jugements sur l'armée et des appréciations sur la marine ; il reconnaît les emplacements qui seraient convenables pour servir de champ de bataille, pour établir des batteries barbettes ; il dit ce qu'il serait convenable de faire pour les galeries couvertes des maisons de Port-au-Prince; il propose des mesures pour l'éclairage des rues et pour la transformation de l'armée haïtienne en un corps de gendarmerie champêtre ; enfin il se pose en hygiéniste, en marin, en stratégiste, en économiste, en administrateur, en édile, en financier, en diplomate, en moraliste en historien, en homme d'État et même en critique littéraire, et pourtant il n'est rien de tout cela. Il n'est rien de tout cela et il est facile de prouver qu'il écrit insuffisamment et fort trivialement la langue française qu'il se vante tant de savoir et qu'il ne sait point, encore qu'il l'ait pratiquée pendant près de trente ans dans la ville du monde où on la parle le mieux, non seulement au point de vue de la correction plate et banale, de l'orthologie, de la syntaxe grammaticale, mais encore au point de vue de l'élégance de la tournure, du pittoresque du mot, de la finesse du sous-entendu, du piquant, de l'audace ou de la variété des termes, du charme des néologismes nécessaires et des archaïsmes exquis, au point de vue de cette syntaxe particulière qui prouve l'intelligence ou la science de celui qui parle et le cas qu'il fait de ses auditeurs.

Pour M. Cochinat, un Haïtien ayant émis cette opinion à savoir que : tout indigène d'Haïti doit être un homme universel, cet Haïtien est pour qu'on le croie sur parole. Si un Port-au-Princien s'était avisé de prétendre que M. Cochinat était blanc et non nègre et que tous les Haïtiens étaient blancs et non noirs, je gage que M. Cochinat l'aurait cru sur parole. Et dire que son nom de baptême est *Thomas!* Quel Schlomé Grumpir!..

Le Guibollard de la chronique a la manie — inoffensive celle-là et que je lui pardonnerais volontiers n'était le respect pieux que je professe pour le langage musical dont ma mère se servait pour m'endormir sur ses genoux — de faire à chaque instant des citations en patois d'Haïti.

A nous autres Haïtiens, ils causent une indescriptible horripilation, tous ces auteurs qui se croient forcés de traduire en français un langage qu'ils n'entendent point et dont ils ne saisissent nullement les finesses et les beautés. Si un écrivain anglais veut publier ses impressions de voyage en Chine, il n'est nul besoin qu'il assomme ses lecteurs de citations chinoises pour les traduire en anglais. M. Cochinat est Martiniquais; or le patois créole d'Haïti ne ressemble que fort peu au patois créole de la Martinique. Au lieu donc qu'il se soit évertué à traduire en français le créole qu'on parle en Haïti, il aurait mieux fait de rédiger ses chroniques entièrement en français ou tout à fait en créole haïtien. Ç'aurait été plus intelligent.

Le correspondant toujours ahuri de la *Petite Presse* a un faible pour les anecdotes. Il en raconte à chaque instant ; la plupart du temps elles sont controuvées. On les dirait imaginées par le chroniqueur noir. Cette passion pour les anecdotes décèle un esprit inférieur. Il n'y a personne pour en conter comme ces individus superficiels et badins dont le mince bagage intellectuel se compose absolument de celui des autres.

Bons comme amuseurs dans un salon de coquettes écervelées et de petits crevés dont ils gueusent les encens, ils font hausser les épaules aux hommes qui savent réfléchir. Leur petite cervelle ne sait que retenir des mots derrière lesquels il n'y a nulle idée. Leurs narines se gonflent à la fanfare des rires des sots qu'ils soulèvent, mais ils ne voient pas les gens sensés qui plissent les lèvres à l'audition de leurs puérilités. Dans les *Précieuses Ridicules,* Molière montre sur la scène ce pendard de Mascarille qui travaillait à mettre en madrigaux toute l'histoire romaine. On jurerait que le découvreur de la baie que l'on connaît avait parié de peindre les Haïtiens d'après des anecdotes et des mots. Anecdotes fades, mots faux et sonnant mal ; le tout dépourvu d'originalité et de couleur locale. Clinquant et paillons !

On pourrait appliquer à l'étrange Livingston d'Haïti le vers que Molière met dans la bouche de Célimène (*Misanthrope*) pour flageller la vanité prétentieuse de l'oncle de Cléon, le seigneur Damis :

« .... dans tous ses propos
« On voit qu'il se travaille à dire de bons mots. »

Ce pourquoi il n'y réussit guère, car l'esprit est comme la femme : quand on court après lui il fuit.

Cette rage de faire des mots dont est possédé notre Céladon évaltonné, Francisque Sarcey l'a tournée en ridicule dans ce petit livre mordant tout le long duquel l'esprit gaulois le dispute au sel attique : *Le Mot et la Chose*. On voit que M. Cochinat se chatouille pour faire rire. On sent qu'il rit le premier de ce qu'il dit, ce qui non seulement n'est pas le meilleur moyen de faire rire les autres, mais excellent pour faire rire de soi. Or, Sarcey écrit ceci : « Celui qui fait des mots le sait, et ne le fait que pour exciter un éclat de rire qu'il partage. C'est en cela précisément que consiste ce qu'on appelle aujourd'hui un *mot*. Passez en revue tous les exemples qui vous viendront à l'esprit, vous verrez aisément que, quand ce terme n'est pas caractérisé par une épithète, par d'autres mots qui en modifient le sens, il ne signifie pas autre chose qu'une plaisanterie dont celui qui la fait a parfaitement conscience. Remarquez, je vous prie, que ces mots-là ne sont jamais ni les meilleurs ni les plus forts.

« Les bons mots qu'on laisse échapper, et qui ne sont pas des *mots*, sont infiniment plus plaisants.

Les uns échappent à la passion, d'autres au caractère, d'autres à la profession. »

Selon le dire aussi incongru que trivial du tâcheron des lettres qui de Port-au-Prince dénigrait ses hôtes dans la *Petite Presse,* « les Haïtiens ont une *venette* du journal ». Nous n'avons aucune peur du journal, bien que nous sachions que les calomnies accumulées contre notre jeune nationalité ont presque toujours trouvé place dans un journal avant que de paraître au grand jour de la publicité sous forme de volume.

Les élucubrations de Gustave d'Alaux ont été publiées d'abord par la grave *Revue des Deux Mondes ;* les pastiches de M. Lasselve, emprunts habilement faits surtout aux ouvrages de deux Haïtiens : Madiou et Delorme, ont fait leur première apparition dans *le Tour du Monde ; Une Visite chez Soulouque* de Paul d'Hormoys ne devint un volume qu'après avoir été lu en feuilletons dans *le Figaro ;* nous voyons s'étaler aujourd'hui sur les colonnes de *la Petite Presse* le futur libelle du sire de Cochinat, c'est-à-dire un amas de plaisanteries fades nées d'un fripier d'écrits et qui sont plus plates et plus niaises que tout ce qu'on avait vu d'imprimé sur Haïti jusqu'à ce jour.

J'ai mis la main sur cette pyramide de grimaudages. D'autres viendront après moi qui la démoliront.

En somme, je ne veux point céler mon indignation contre l'ancien pensionné des Haïtiens, mais je me console en pensant à part moi qu'on peut dire à juste raison de tout le papier qu'il a barbouillé ce qu'Alceste dit du sonnet d'Oronte :

« Franchement, il est bon à mettre au cabinet (1). »

Notre détracteur ne connaît point Haïti. Dans sa cervelle tout s'est embrouillé : hommes, événements, dates, historiosophie.

La faute en est à sa pulpe cérébrale qui n'est plus spongieuse : les carotides n'y apportent que juste ce qu'il faut de sang pour retarder l'atrophie des capillaires de la périphérie, mais pas assez pour que l'organe fabrique même la quantité normale de cholestérine; aussi, non seulement il n'a point vu la situation, mais il ne l'a pas même entrevue. Même après qu'il a bu de ce café d'Haïti si nourrissant, tant aromatique et si fort, et qui rend « tant intelligent, tant spirituel et si brave » (Michelet. *Histoire de France*. tome 17); même après qu'il a savouré ce divin nectar qui électriserait l'homme le plus lourd et le plus lymphatique, la substance grise de son cerveau reste inerte et ratatinée : aucune étincelle n'en peut plus jaillir. Les circonvolutions refusent de bondir et les anfractuosités de se creuser : elles sont

---

(1) *Misanthrope*. Molière.

veuves de toute pensée sérieuse. On dirait qu'elles vont bientôt adhérer aux méninges et que la pachyméningite et la paralysie agitante vont venir.

Le grand pourfendeur des Haïtiens n'a qu'une notion fort imparfaite de notre jeune littérature si féconde déjà, si originale, si puissante et si variée pourtant. S'il la connaissait un peu au lieu que de barboter dans les infiniments petits de la vie sociale des Haïtiens il se serait occupé de nos prosateurs, de nos poètes, de nos penseurs. Il n'en a soufflé mot. — Il n'a certainement point lu les *Primevères* de Charles Villevaleix, les *Rires et Pleurs* d'Oswald Durand, les *Bambous* de Battier, *Les Chants du Soir* de Paul Lochard, les *Rimes Haïtiennes* d'Emmanuel Edouard. Pour ne parler que des vivants, cette fois, — journalistes, économistes, polémistes, financiers, orateurs dont je mêle à dessein les noms — il n'a point lu les écrits ou les discours de Madiou, de Delorme, Périclès Manigat, Victor, Guillaume Manigat, L. Ethéart, Saint-Cap Blot, E. Désert, D. Légitime, Morpeau, Anténor Firmin, J. J. Chancy, Lamothe, J. Bouzon, Jacques Boco, G. Boco, Jacques Léger, E. Robin, Cadet Jérémie, J. J. Audain, Fréderic Marcelin, Price, Solon Ménos, O. Piquant... il n'a pas lu tout cela et il prétend connaître Haïti et les Haïtiens, et il prétend nous montrer à l'étranger. C'est par trop fort!

Tout un côté de la vie intellectuelle de la nation

haïtienne à échappé à la perception de son sensorium émoussé. Une société, une époque, se jugent surtout d'après les livres qui sont sortis d'elles. Ceux qui ont lu les ouvrages d'esprit de mes compatriotes ne manquent point de demeurer frappés de la vigueur et de la douceur du génie haïtien.

Leur poésie offre ce double caractère d'être élevé et pleine de sentiments tendres ; elle est grandiose et fière sans cesser d'être exquise de finesse et de charme. Elle sait exprimer les vertueuses colères et les saintes indignations de tout un peuple : témoin l'ïambe débordant d'âpre mépris d'Oswald Durand et la strophe violente de Lochard ; elle sait noter les sensations les plus intimes et les plus délicates du cœur en extase devant le beau, devant la nature ou gonflé d'amour : témoins les sonnets impeccables de Villevaleix, les idylles et les églogues d'Oswald Durand, les odelettes de Fleury Battier, d'Emmanuel Edouard, de Solon Ménos et de Tertullien Guilbaud.

Le journalisme haïtien né d'hier compte déjà des polémistes d'un talent réel et incontestable (1).

La nation haïtienne est des plus vivaces. Elle

---

(1) Un reproche. Il est à regretter que trop de journalistes militants ne signent point leurs articles ou les signent d'un pseudonyme. Qui ne signe son œuvre la renie ou n'a pas confiance en elle. En tout cas, on peut lui en contester la paternité. — Un article non-signé est vite oublié. L'auteur oublié est mort. — D'un autre côté, ce que le journaliste écrit aujourd'hui peut servir à l'historien demain. Il faut signer.

L. J. J.

croît en population. Elle est dans une phase complète d'évolution ascendante. Trois ans de paix ont suffi pour prouver une nouvelle fois ceci : La pensée se réveille quand le fusil dort.

M. Cochinat n'a rien vu de tout celà.

N'ayant aucune des connaissances ni aucune des qualités qu'il faut pour être un observateur judicieux, on a pu lui montrer tout à travers un mirage trompeur ; quant à lui, on aurait dit qu'un voile épais lui couvrait les yeux.

Son radotage est celui du perroquet qui répète machinalement les choses les plus abstruses qu'on lui a soufflées. Son intelligence n'a nulle profondeur, nulle originalité, nul piquant. Son style est terne quand il n'est pas diffus et toujours lâché ; il est vétuste ou vieillot quand il n'est point enfantin. Burlesque quand il veut être lyrique, ce grimaud devient grotesque quand il se bat les flancs pour accoucher d'une idylle. Ce jeune barbon n'est ni un esprit analytique ni un esprit synthétique.

L'analyse est le fait de l'observation : or, je l'ai démontré, il n'est point observateur. Quant à la synthèse, jamais aussi piètre écrivain ne sut construire une synthèse sociale. N'étant pas un analyseur et ne sachant point synthétiser, M. Cochinat sera forcément rangé dans la catégorie des cerveaux neutres, de ces cerveaux veules qui n'ont ni l'ampleur et la vigueur masculines, ni la subtilité et la finesse féminines.

Comme styliste, c'est un eunuque; comme penseur, c'est encore un castrat.

L'homme est d'une sénile puérilité et son odyssée est exécrable au double point de vue scientifique et littéraire, philosophique et grammatical. Au point de vue moral, c'est une mauvaise action et même un véritable crime contre sa race.

Le châtiment qui est réservé à des chroniques d'une tant insigne mauvaise foi et d'une nullité si complète on peut le prévoir : avant qu'il soit longtemps le factum de M. Cochinat ira où vont les œuvres hâtives, méchantes et sottes : dans la hotte du chiffonnier, au dépotoir. On n'en voudra même point pour envelopper du poivre.

Et dans dix ans on n'en fera plus mention que pour mémoire.

Ainsi soit-il !

POST-FACE

Yo contra todos y todos contra yo.
(Devise espagnole).

Vaticinons.
L.-J. J.

Je conclus.

Il y a trois siècles, l'Angleterre n'avait pas de flotte, pas d'armée, pas de finances, pas de commerce, pas de routes, pas de canaux, pas de ponts. Son influence politique était nulle et elle ne nourrissait que cinq millions d'habitants.

Aujourd'hui elle est la première nation maritime du monde et elle commande à trois cents millions d'hommes.

La langue anglaise est la plus répandue sous le soleil.

Il y a un siècle et demi, la Prusse était encore enterrée sous les sables de la Poméranie et du Brandebourg. Après Frédéric-Guillaume Ier, Frédéric II le Grand. — Puis, Iëna, Auerstædt. Nuit noire. — Napoléon Ier data des décrets de Berlin. La Prusse fut réduite à cinq millions d'âmes et son armée à seize mille hommes.

Aujourd'hui la Prusse est royaume capitale d'Empire et sa puissance militaire inquiète l'Europe.

Il y a cent et quelques années, à la place où l'on voit aujourd'hui la République des Etats-Unis, il n'y avait que des colonies de protestants rigides de mœurs et étroits d'esprit.

On peut rappeler ici que des fils d'Haïti allèrent combattre à Savannah, pour la cause de l'indépendance américaine.

De nos jours, la Confédération Étoilée éveille les appréhensions de toutes les autres puissances du Long Continent.

Il y a cent ans, la France était encore serve en partie. L'aristocratie peu lettrée ne pensait qu'à s'amuser. Humble, le bourgeois courbait la tête, mais travaillait, étudiait, s'enrichissait. Le paysan, ruiné par les collecteurs d'impôts et par la gabelle, courait par les bois, nu, mourant de faim et grelottant de froid.

Actuellement, le paysan français est riche, instruit. Avec le paysan des Etats-Unis et le paysan suisse, c'est l'homme qui connaît le mieux ses devoirs envers la patrie et exerce avec le plus de plénitude ses droits civiques et politiques. Il a délivré le monde en portant partout l'amour de la liberté attaché aux plis d'un drapeau qui date de 1789.

L'Italie, endormie pendant des siècles, s'est subitement réveillée et est devenue un grand peuple en moins de trente ans.

L'Angleterre a toujours fait ceci : Elle a cherché ses hommes de gouvernement. Lorsqu'elle les avait trouvés, elle les gardait au pouvoir.

L'esprit de suite dans les idées politiques a transformé la Prusse de 1813 à nos jours.

*
* *

Il y a cent ans, en 1782, que se passait-il en Haïti ?...

On voyait ceci :

Des hommes qui travaillaient sans relâche depuis quatre heures du matin jusqu'à dix heures du soir — dix-huit heures par jour. Ils arrosaient les sillons, de leurs sueurs toujours, de leur sang souvent. Pour qui travaillaient-ils ? Pour eux ? — Non ! Pour d'autres. — Vingt-cinq mille d'entre eux mouraient tous les ans. C'est monstrueux et incroyable, mais c'est vrai.... Nulle école, nulle lumière. Noirs et mulâtres affranchis ou nés libres vivaient courbés sous l'humiliation et sous le mépris; tenus systématiquement dans l'ignorance, ils avaient à peine conscience de leur existence morale individuelle. Pas d'état civil pour eux et la potence partout. — Etait-ce des hommes ? — Oui et non. — Au point de vue anthropologique, oui ; au point de vue philosophique, non!

Aujourd'hui, que voyons-nous?... Ces machines humaines sont devenues des hommes dont l'âme vibre dans toute l'intégrité de ses fonctions et le cerveau dans toute la plénitude de ses facultés.

Que sera-ce dans cent ans ? — Mieux. — Dans deux siècles ? — Mieux encore.

L'avenir nous sourit et nous paraît tout rose. Ayons confiance. Ayons foi. L'âge d'or est devant nous. Pressons-en la venue. — Comment ? — En mettant le *Livre* dans la main du dernier des paysans. Qu'il soit le dieu lare de la plus petite chaumière !... Qui lit grandit et s'agrandit... Le *Livre* console et porte la paix dans ses pages.

Qu'est la paix — avec et par le *Livre* ? — C'est le seul facteur de la grandeur durable et de la véritable gloire de toute nation.

La paix, c'est l'évolution. Toute évolution est un pas en avant, un progrès définitif.

Toute révolution trouble et détruit ; de là, guerre, réaction. Toute guerre est ruineuse non seulement parce que le capital amassé est dépensé, perdu, mais encore parce que la guerre est une perte de temps.

Toute réaction, si elle n'est pas atroce, est implacable ou peu miséricordieuse.

De là, la haine et la peur qui immobilisent tout — hommes et choses.

De la barbarie à la civilisation la route est longue, rocailleuse, la montée est âpre et dure : aucun peuple homogène n'est parvenu au sommet en courant.

Soyons patients, soyons persévérants : Nous ne serons forts qu'à ce prix.

*
* *

La splendide marche en avant qu'a exécutée Haïti depuis seulement trente ans ne peut être niée que par les ignorants et les aveugles.

Le passé répond de l'avenir.

La transformation a été intellectuelle et morale : voilà pourquoi elle échappe encore à l'entendement des superficiels, des éloignés ou des esprits purement analytiques.

En toute chose, il faut considérer le point de départ, le relatif et saisir l'ensemble.

Le mouvement moral et intellectuel précède toujours le mieux matériel. L'esprit conduit la matière.

La Révolution française, changement de la propriété en France, révolution matérielle sur ce point, est née de deux livres : l'*Encyclopédie*, *le Contrat social*.

*
* *

Nos pères, ces vaillants, lorsqu'ils ont fondé la patrie haïtienne, ne pensaient pas à eux : ils pensaient à nous.

Nous, nous devons faire abnégation de nous-mêmes, ne rêver pour nous aucun bonheur, aucune jouissance et ne songer qu'à nos enfants.

Eux seuls jouiront. Nous serons vivants dans eux.

Ni la religion, ni le climat, ni les coutumes anciennes, ni les mœurs, ni l'étroitesse momentanée d'un crâne ne sont des obstacles qui peuvent mettre empêchement d'une façon absolue à la sélection, à la civilisation, à la grandeur d'une nation. Tout effort raisonné et continu est toujours couronné de succès.

Je le redis : Ce qu'il nous faut, c'est la paix, encore la paix, toujours la paix. — La paix seule engendre la sécurité, le travail, la prospérité, la richesse, le bonheur.

*
* *

Je suis un désintéressé : je ne vois que la patrie. Comme j'ai la prescience que je vivrai peu, je puis parler en voyant, en vaticinateur. Et je dis aux Haïtiens : *Quand nous avons de véritables hommes de gouvernement à la tête de l'Etat, gardons-les. Ne les changeons point. Ne les changeons ni contre des espérances qui peuvent être trompeuses, ni contre de futures marionnettes.*

Ne lâchons point la proie pour l'ombre !

Je n'ai point voulu laisser amoindrir, défigurer, travestir l'œuvre des hommes d'Etat à qui, depuis trois ans, nous avons confié la mission sainte de diriger nos destinées, de relever le nom haïtien, de veiller au salut de la patrie.

Ce sont des hommes de gouvernement.

Et leurs noms iront dans la postérité avec ceux des sublimes fondateurs de notre indépendance entourés de la même auréole de gloire.

Et, dans deux siècles, la mémoire des uns et le souvenir des autres seront bénis par un grand peuple : le peuple haïtien.

Vive Haiti !...

Vive la fille ainée de la race noire !...

Paris, 4, rue de l'Ecole-de-Médecine.
    Ce 11 Octobre 1882.

NOTES

Nulla temere.
    L. J. J.

NOTE A. (Voir à la page 24.)

Voici ce que j'entends par réforme dans l'appropriation des terres :

1° *Morcellement dans les plaines et dans les montagnes des habitations qui appartiennent à l'Etat.*

Jamais le paysan haïtien avec le système actuel — le système dit de *moitié* (?) — ne consent de bon cœur à partager avec le propriétaire du sol.

Aux États-Unis, voici le système qui est suivi par le gouvernement fédéral : Le gouvernement concède un terrain à un particulier, celui-ci le fait enclore; pendant cinq ans il l'exploite étant exempté de tout impôt, de toute redevance. A l'expiration de ces cinq ans, sur sa demande, on lui passe un acte de propriété et il devient propriétaire incommutable de ce terrain qu'il peut transmettre.

L'État haïtien, grand propriétaire foncier, n'aurait qu'à suivre l'exemple tracé par les États-Unis et bientôt les plaines deviendraient florissantes.

Concurremment avec cette nouvelle appropriation des terres dans les plaines, il serait fondé des usines centrales pour le raffinage du sucre ; il serait aussi créé des établissements centraux dans lesquels seraient placées des machines pour le nettoyage du coton.

2° *Un système analogue de concessions de terres serait mis en usage dans les montagnes.*

Les petits propriétaires cultiveraient mieux qu'ils ne le font le café et le cacao, si le sol leur appartenait entièrement. Je veux appuyer mes dires de faits. La langue de terre sur laquelle se développe la commune de l'Arcahaie est une des plus riches et peut-être la mieux cultivée d'Haïti. La raison, c'est que la propriété y est fort divisée et que la ville de Port-au-Prince est un grand et facile débouché pour les paysans de cette région qui sont tous de petits propriétaires.

Actuellement, dans les montagnes d'Haïti, le paysan est plus aisé et plus laborieux que dans les plaines parce qu'en dehors de cette condition climatologique que la chaleur y est moins forte, le sol est plus divisé dans les montagnes que dans les plaines. Le montagnard qui sait qu'il travaille pour lui et non pour un co-partageant du produit, lequel serait maître du fonds de terre, songe à le faire sérieusement. D'une manière générale donc, le montagnard sera plus actif, moins indolent que le paysan du premier étage. Ce qui est vrai.

Si le sol était plus divisé encore dans les montagnes, celles-ci se défricheraient davantage et les caféyères et cacaoyères y deviendraient florissantes surtout si on plaçait des machines à décortiquer le café dans chaque section rurale ou si on mettait des décortiqueuses ambulantes au service des paysans. (Projet Simmonds.)

3° *Amélioration des routes de montagnes.* Cela est de nécessité urgente, car, sans débouchés faciles, pas de travail. Le paysan serait contraint par des règlements très sévères de fournir des journées de travail pour l'entretien des routes. Ces prestations en nature seraient rachetables par des prestations en argent comme cela se pratique en France et dans d'autres pays d'Europe.

Il serait bon d'employer aux travaux des routes de montagnes tous les condamnés aux travaux forcés qu'on laisse inactifs dans les prisons, à la disposition du premier conspirateur venu, et par un respect trop grand des criminels. Ceux qui n'auraient commis que des délits seraient employés aux travaux des chemins et chaussées : extractions de cailloux, empierrement, ponts, endiguements, etc. Les grands criminels seraient envoyés à la Tortue, à *la Béate*, à *Alta-Vela*, aux Cayemittes et à la Gonâve où l'on fonderait pour eux des colonies pénitentiaires soit fixes, soit nomades.

Celles-ci seraient composées de bergers préposés à l'élevage des bœufs, des chevaux, des moutons et des porcs, et l'État deviendrait à la fois éleveur de bestiaux et vendeur de laines ou, tout au moins, par l'entremise de colons volontaires, il aurait transformé les îles adjacentes d'Haïti en autant de microscopiques Australies (1).

L'ensemble de ce vaste système économique qui comprendrait aussi l'instruction théorique et pratique du paysan étant rigoureusement appliqué et avec esprit de suite, la production économique d'Haïti serait certainement triplée avant dix ans et, par suite, bien des convulsions politiques conjurées.

Ce système, qui a été suivi en partie en Australie, est préconisé par nombre d'excellents esprits et par beaucoup de grands économistes contemporains.

Je compte bien examiner ailleurs la question et lui consacrer une étude spéciale.

Disons toujours ceci : la principale faute économique qu'a commise le président Boyer, ce fut d'abandonner l'excellent système démocratique institué par Pétion en souvenir de ce que firent les anciens triomphateurs romains qui donnaient des terres à leurs légionnaires pour les récom-

---

(1) Je suis heureux d'apprendre qu'un Haïtien, M. Barbancourt, est dans l'intention de coloniser la Gonâve et d'y fonder des établissements agricoles, des bergeries, en faisant un appel aux *capitaux haïtiens*. Bravo !...

penser des services rendus à la patrie. Le président Boyer eut la main forcée par son entourage (Voir Bonnet), et revint à la conception économique de Toussaint-Louverture, du général Leclerc et de Dessalines, conception aristocratique qui pouvait convenir dans une société aristocratique, à une époque féodale, mais qui était mauvaise et n'était pas faite pour être appliquée dans un État démocratique tel que l'était Haïti sous Boyer.

Voici des faits et des chiffres. Je cite Ardouin, l'historien haïtien le mieux renseigné sur tous les actes du gouvernement de Boyer : « Le 18 Juillet 1821, le président d'Haïti avait publié un ordre du jour pour annoncer que la délivrance de toutes les concessions de terrain, à titre de don national (on n'en faisait pas d'une autre espèce — Voir Bonnet. *Souvenirs historiques*. Page 219 — et ce n'était pas un mal) — étaient provisoirement suspendues afin de mettre les nombreux concessionnaires antérieurs en mesure de fixer leurs abornements, et le gouvernement à même de savoir où il y aurait encore des portions disponibles, surtout dans les départements de l'Artibonite et du Nord (1). »

Le résultat de cette mesure fut déplorable. Le travail et la production diminuèrent pour le coton, le café et le sucre.

---

(1) Ardouin. T. IX, p. 75.

Années.	Café.	Coton.	Cacao.	Sucre.
1821	29.925.951	820.563	264.792	600.000
1822	24.235.372	592.360	464.154	200.000

En 1823, la production du café augmente, mais les autres denrées ne suivent pas le café dans cette voie; au contraire, la production du cacao baisse à son tour :

Année.	Café.	Coton.	Cacao.	Sucre.
1823	33.593.160	323.806	332.711	14.920

En 1824, augmentation générale dans la production pour le café, le coton et la cacao, mais l'industrie du sucre est tuée — les habitations sucrières sont exclusivement situées dans les plaines — car le paysan déserte l'habitation ou n'y travaille plus qu'avec répugnance et préfère se faire coupeur de campêche, d'acajou ou de gaïac plutôt que cultiver la canne à sucre de compte à demi avec le grand planteur.

Année.	Café.	Coton.	Cacao.	Sucre.
1824	44.269.084	1.028.045	461.694	5.166

En 1821, les recettes s'étaient élevées à la somme de 3.570.691 gourdes. En 1822, le gouvernement ne perçoit que pour 2.620.012 gourdes d'impôts. En 1823, les recettes sont de 2.684.548

gourdes. En 1824, encore que le Nord et l'Est soient venus depuis deux ans agrandir le territoire de la République de Pétion, et grossir le budget des recettes, celui-ci n'est que de 3.101.716 gourdes, chiffre inférieur à celui de 1821.

De 1825 à 1831, la production générale augmente pour toutes les denrées, mais — fait curieux et digne de remarque — les recettes ne dépassent plus 2.600.000 gourdes par an.

Montesquieu a établi, avec cette lumineuse clarté qu'on lui connaît, que le paysan travaillait d'autant plus que la terre était à lui. Nous lisons ceci de l'auteur des *Lettres persanes* (chapitre IV du Livre XIV de l'*Esprit des lois*) : « La culture des terres est le plus grand travail des hommes. Plus le climat les porte à fuir ce travail, plus la religion et les lois doivent y exciter. Ainsi les lois des Indes, qui donnent les terres aux princes et ôtent aux particuliers l'esprit de propriété, augmentent les mauvais effets du climat, c'est-à-dire la paresse naturelle ».

Et Levasseur, de l'Institut (*Cours d'Économie rurale*, etc.), dit ceci : « *La petite propriété est la plus convenable au maintien d'une constitution démocratique* » page 83.

La Révolution française, en retirant la terre des mains de la noblesse et du clergé pour la donner au paysan, a décrété la richesse de la France actuelle.

Cette même France, avant 1789, était presque en jachères.

Dans les pays chauds plus que partout ailleurs la terre doit être aux paysans.

En ce moment, dans un pays froid et où le système de la grande propriété est plusieurs fois séculaire, en Angleterre, les fermiers demandent que toutes les terres fassent retour à l'Etat afin que celui-ci puisse les leur louer à longs termes.

La Roumanie a suivi l'exemple de la France. Le Parlement roumain a voté la *loi immortelle* de Rosetti qui établit la petite propriété et fait passer la terre de la main des grands propriétaires qui pratiquaient l'absentéisme dans celle plus noble des paysans. Aussi la Roumanie s'enrichit-elle avec rapidité.

Un autre mode d'exploitation de la terre que je voudrais voir employer en Haïti, c'est la *grande culture collective*. L'État pourrait donner en concession ou à bail emphythéotique à une association de paysans une *habitation* entière par exemple. Ces paysans feraient valoir en commun le domaine confié à leurs soins avec leurs propres capitaux ou ceux à eux avancés par une banque foncière ou par une société de capitalistes autorisés *ad hoc*, ou par l'État lui-même. Rien de plus simple. Je ne dis rien là auquel d'autres n'ont pensé avant moi, notamment Karl Marx, Louis Blanc, Émile de Lavelaye, pour ne citer que ceux-là.

NOTE B. (Voir à la page 54.)

« Arcahaie, Gonaïves, villes sacrées! » etc. (1).

Gonaïves est ville sacrée parce que c'est là que, le 1ᵉʳ Janvier 1804, les officiers haïtiens réunis en Congrès furent d'accord pour redonner au pays son nom aborigène d'*Haïti*. Ils nommèrent d'acclamation Dessalines gouverneur-général à vie du nouvel État avec des pouvoirs dictatoriaux, et prêtèrent individuellement entre ses mains le serment de « *renoncer à jamais à la France, de mou-*
« *rir plutôt que de vivre sous sa domination, et de*
« *combattre jusqu'au dernier soupir pour l'indé-*
« *pendance* (2).

---

(1) Arcahaie et Gonaïves sont des noms et des établissements d'origine indienne : *Arka-Haya, Gonaïbo.*

(2) Il s'agit ici de la France de Bonaparte. — Il ne faut pas oublier que Bonaparte alors Premier Consul voulait remettre en esclavage des hommes qui étaient libres depuis onze ans et que la grande France de la Convention avait jugés dignes d'exercer tous leurs droits civiques et politiques. L'esclavage est pire que la mort. — Plus tard, à Sainte-Hélène, Napoléon 1ᵉʳ reconnut lui-même que

« Voici les noms de tous les membres du Con-
« grès des Gonaïves : Dessalines, président ;
« Christophe, Pétion, Clervaux, Geffrard, Vernet,
« Gabart, généraux de division; Paul Romain,
« Gérin, Capois, Jean-Louis François, J.-P. Daux,
« généraux de brigade ; Bonnet, F. Papaillier,
« Morely, Marion, Chevalier, adjudants-géné-
« raux ; Magny, Roux, chefs de brigade ; Quesné,
« Charrairon, Benjamin Louis, Markajoux, Du-
« puy, Carbonne, Raphaël, Diaquoi ainé, Malette
« et Derenoncourt, officiers de divers grades ; et
« Boisrond-Tonnerre, secrétaire. » (Saint-Rémy.
Pétion et Haïti, tome IV.)

Arcahaie est ville sacrée parce que c'est là que, le 15 Mai 1803, un Congrès, présidé par Dessalines, ouvrit ses séances et décréta la création du drapeau haïtien. Les séances de ce Congrès auxquelles prirent part : Gabart, Cangé, Marion, Mimi-Borde, Sanglaou, Isidore, Lamarre, Cadet Borde, Derenoncourt, Masson, Laporte, ne durèrent que quatre jours.

Le drapeau haïtien est né le 18 Mai 1803.

Il faut graver cette date dans la mémoire des prochaines générations haïtiennes. Il faut aussi leur transmettre le mot d'ordre que nous avons reçu des aïeux. — Voici :

---

l'expédition de Saint-Domingue avait été un acte impolitique autant qu'immoral et contraire aux généreux principes pour le triomphe desquels la Révolution française avait été faite.

LE DRAPEAU HAITIEN

Naissance — Avenir.

Un puissant renouveau circulait dans les branches
— C'était le dix-huit Mai de l'an mil huit cent trois —
Lors, dans Arcahaya, vieux bourg aux murs étroits,
Naquit en plein soleil l'oriflamme à deux tranches.

Réunis sous ses plis qui leur frôlaient les hanches,
Les enfants d'Haïti, revendiquant leurs droits,
Iront, vainqueurs partout, de Champin aux Irois ;
Dans six mois ils auront lassé les troupes blanches.

Flotte de Tiburon aux bords de l'Ozama,
Ondule en l'éther bleu, de Ponce (1) à Panama,
Bicolore étendard créé par Dessalines !

De Saint-Yague à Jacmel règne seul — sans retard —;
Flotte sur nos vallons, flotte sur nos collines !...
Les mers seront à toi du Cap à Gibraltar.

Lis-Jos-Jver.

Paris, 18 Mai 1882.

---

(1) Ponce est une ville de l'île de Porto-Rico. « De Ponce à Panama », c'est-à-dire d'un bout à l'autre de la mer *Caraïbéenne*.

NOTE C. (Voir à la page 480.)

La Constitution de 1843 établissait en Haïti un régime d'administration civile à la place du régime d'administration militaire auquel on n'avait pas touché depuis la mort de Dessalines.

Le Parlement haïtien aurait dû revenir à cette conception politique des hommes de 1843 et diviser Haïti en préfectures et sous-préfectures. Les communes (municipalités, mairies) resteraient ce qu'elles sont actuellement.

Les idées que j'émets ici je les voudrais voir transformées en *projets de loi* ou en *propositions de loi*, c'est dire présentées aux Chambres soit par un membre de l'exécutif (*projet*), soit par un membre du Parlement (*proposition*). Voici :

Cinq préfectures : de l'Ouest, — du Nord, — du Sud, — de l'Artibonite, — du Nord-Ouest.

Préfecture de l'Ouest : Un préfet à Port-au-Prince; trois sous-préfectures : Jacmel, — Petit-Goâve, — Mirebalais.

Préfecture du Nord : Un préfet au Cap; trois sous-préfectures : Le Trou, — Fort-Dauphin, — Plaisance.

Préfecture du Sud : Un préfet aux Cayes; trois sous-préfectures : Miragoâne, — Jérémie, — Aquin.

Préfecture de l'Artibonite : Un préfet aux Gonaïves; une sous-préfecture, Saint-Marc.

Préfecture du Nord-Ouest : Un préfet au Port-de-Paix; une sous-préfecture, Môle-Saint-Nicolas.

Au haut du nouvel édifice et pour en connaître du contentieux administratif, un Conseil d'Etat divisé en sections.

Le préfet relève, d'une façon spéciale, du ministre de l'Intérieur et d'une manière générale des autres ministres.

Il doit être toujours étranger du département où on l'envoie administrer.

Son autorité prime celle des commandements d'arrondissement, lesquels ne relèvent plus que du seul ministère de la guerre et sont placés sous les ordres du préfet pour marcher à toute réquisition écrite de ce dernier.

Le préfet est le représentant direct du gouvernement et concentre toute l'autorité administrative entre ses mains.

Vingt ans durant cet état de choses subsiste : C'est là ce que j'appelle l'*état administratif despo-*

tique : sous ce régime, le préfet ressemble à l'intendant français d'avant 1789; c'est un peu le préfet de l'Empire de Napoléon Ier.

Puis l'administration préfectorale devient *aristocratique*, si je puis ainsi dire.

Le préfet est alors assisté d'un Conseil nommé par le gouvernement sur présentation des conseils communaux du département ou sur une liste déterminée d'élus de chaque commune (liste de capacités). Ce conseil ne formule que des vœux et ne donne que des avis. Il ne délibère sur ces vœux qu'en présence du préfet qui le préside avec voix prépondérante et droit de déclarer la clôture des discussions, la suspension ou la levée des séances.

Troisième phase. — Liberté pleine. Election directe du conseil. Un délégué par commune. Décentralisation administrative et financière modérée. Droit de voter des centimes additionnels. Approbation du budget propre du département par les Chambres. Pouvoir propre du Conseil général. Commission permanente élue par elle pour préparer les affaires, étudier les questions et faire des rapports dans les intervalles des sessions. Pas d'indemnité. Frais de transport à tant par lieue. Frais de séjour au chef-lieu à tant par jour.

C'est, à peu de chose près, le mouvement qui a été suivi en France du coup d'Etat du 18 Brumaire à 1871, des lois de l'an VIII à nos jours.

« Agir est le fait d'un seul ; délibérer celui de plusieurs. » (Rœderer.)

La France de nos jours n'eût point été ce qu'elle est sans les préfets de Napoléon Ier, de la Restauration, de Louis-Philippe et de Napoléon III.

Une révolution administrative doit être lente. Ce doit être plutôt une évolution. Mettez en comparaison ce mouvement d'une progression lente et prudente avec le mouvement brusque par lequel les intendants supprimés on les remplaça, en France, par les directoires des départements, corps électifs et délibérants : ceux-ci firent l'anarchie.

Nous avons vu aussi avorter, en Haïti, l'expérience politique que nous avions tentée sous le nom de *Création de Conseils d'arrondissement*.

Les réformes partielles ont ceci de mauvais qu'elles ont tous les désavantages des choses vieilles, des abus antérieurs sans avoir les avantages des réformes radicales, mais les réformes partielles et lentes sont encore meilleures que le stationnement indéfini ou la réforme radicale qui avorte complètement.

Quand on veut apprendre à monter à cheval à un enfant on le familiarise d'abord avec le noble animal, puis on le met en selle ; on lui enseigne le maniement de la bride ; ce n'est que plus tard qu'on fait aller le cheval au pas, puis au trot, puis au galop. Si, de prime abord, un enfant de sept ans est assis sur un cheval fougueux, il y a quatre-vingt-dix-neuf chances sur cent pour que le cavalier soit désarçonné et quatre-vingt-dix pour qu'il se rompe un membre.

Cela pourrait le dégoûter pour longtemps, sinon pour toujours, de l'exercice du cheval.

NOTE D. (Voir à la page 485.)

LA NEUTRALISATION DE L'ILE D'HAITI (1).

La neutralisation est l'action par laquelle une ville, un territoire, un navire est déclaré neutre par traité ou par convention.

« Quelques nations faibles, dit Hautefeuille, et
« entourées d'Etats puissants, entre lesquels elles
« servent en quelque sorte de barrière, ont été
« déclarées neutres par des traités spéciaux, pour
« les protéger contre les entreprises de leurs voi-
« sins, ou plutôt pour protéger les voisins l'un
« contre l'autre. Telles sont la Suisse et la Bel-
« gique. Cette position exceptionnelle n'est pas
« réellement la neutralité conventionnelle. »
(Hautefeuille, art. *Neutralité*. *Dictionnaire du commerce et de la navigation*, Paris, 1863.)

---

(1) Cette étude historique et politique a déjà paru dans un journal de Port-au-Prince : *l'Avant-Garde* (numéros des 20 et 27 Avril 1882). Je crois devoir la reproduire ici — en manière d'appendice à ce livre.

Cette neutralité exceptionnelle de la Belgique et de la Suisse n'est pas non plus, à vrai dire, la neutralité naturelle. Celle-ci est celle des grandes puissances et elle n'a besoin d'autre garantie que la force dont dispose telle ou telle puissance.

Les deux petits Etats qui se partagent l'île d'Haïti sont entourés de colonies appartenant à des grandes nations européennes.

Les hommes d'Etat et les patriotes haïtiens non ennemis de la prudence peuvent désirer voir que l'île d'Haïti, au lieu d'être en état de neutralité naturelle au milieu de ses puissants voisins, soit déclarée et garantie neutre, par traité spécial, et qu'elle occupe dans la mer des Antilles la situation exceptionnelle qui est occupée en ce moment en Europe par la Belgique et par la Suisse.

L'idée n'est pas neuve : elle n'est pas de moi.

Au lieu que d'aller plus avant, m'est avis qu'il vaut mieux exposer la question en faisant un rapide historique des grands faits politiques et diplomatiques qui ont eu lieu dans l'île d'Haïti depuis le commencement de ce siècle.

*
* *

Le 28 Janvier 1801, à la voix des cloches carillonnant à toute volée et aux roulements des tambours, le gouverneur général de la partie française de Saint-Domingue, Toussaint-Louverture, faisait son entrée triomphale à Santo-Domingo, à la tête de dix mille hommes, et en prenait possession au nom de la France.

C'était en vertu d'une des clauses du traité de Bâle, traité intervenu entre la France et l'Espagne en 1795, que le *Premier des noirs* effectuait cette prise en possession de la partie espagnole de Saint-Domingue.

Le 23 Février 1801, l'ancien gouverneur espagnol, Don Joachim Garcia, quittait la vieille ville de Barthélemy Colomb et prenait la mer à bord de l'*Asia*, en partance pour la Havane. La domination espagnole avait vécu. Elle avait duré trois siècles et plus sur cette terre qui avait bu le sang de Kaonabo et d'Anakaona et qui avait été témoin de la vigoureuse résistance du cacique Henri, le défenseur du Bahoruco.

En 1802, Toussaint-Louverture, plus trahi que vaincu, voyait le capitaine-général Leclerc maître de toute l'île de Saint-Domingue. Peu après, le *Premier des noirs*, traitreusement fait prisonnier, était embarqué à Gonaïves et envoyé en Europe. Durant qu'il agonisait au fort de Joux, les soldats de Kerverseau buvaient l'eau de l'Ozama.

Gonaïves. — 1ᵉʳ Janvier 1804!...

En 1808, les Espagnols de l'ancienne *Audience* de Santo-Domingo se mirent en état de rébellion contre le général Ferrand qui y commandait pour la France. Ferrand fut battu à Palo-Hincado, le

7 Novembre 1808, par les forces supérieures de Juan Sanchez Ramirez agissant au nom et pour la cause du roi légitime d'Espagne. Santo-Domingo, assiégée par terre par les Espagnols révoltés, le fut aussi par mer par une escadre anglaise sous les ordres de Sir Hugh Lyle Carmichaël.

En Juillet 1809, le général français Barquier, commandant de la garnison assiégée, capitula, après une héroïque défense, et rendit la place à Sir Carmichaël.

Par le traité de Paris (30 Mai 1814), la partie espagnole de Saint-Domingue fut légalement rétrocédée à l'Espagne par la France. De 1814 à 1821, l'Espagne redevint la métropole de tout le territoire haïtien sur lequel la langue castillane était parlée.

Le 1er Décembre 1821, Nunez Cacérès proclame l'indépendance du *peuple dominicain* et constitue un gouvernement provisoire à la tête duquel il se met. Nunez de Cacérès et les membres de la junte du gouvernement provisoire : Carabajal, Valdès, Moscoso, Arredondo, Ruiz, Mancebo et Umerès eurent non seulement le tort de déclarer le nouvel Etat qu'ils venaient de fonder uni à la République de Colombie, mais celui, plus grand, de maintenir l'esclavage sur le territoire dominicain. C'était à la fois impolitique et immoral.

Le peuple dominicain, justement mécontent des agissements de Cacérès et de la junte du gouvernement provisoire, envoya des adresses au président d'Haïti, J.-P. Boyer, pour dénoncer à celui-ci la conduite du gouvernement de Santo Domingo. Monte-Christe, Laxavon, Saint-Yague arborent le drapeau haïtien. Saint-Jean, Las Matas, Banica, Hinche, Neybe et Azua imitent cet exemple.

Le président Boyer, suivant en cela la politique de Christophe, avait fait travailler l'esprit des populations de l'Est et il avait employé une bonne partie des trésors amassés par Henri Ier à cette œuvre dans laquelle ses officiers à la frontière et ses agents secrets en Dominicaine se montrèrent d'une discrétion et d'une habileté consommées.

Le 9 Février 1822, Boyer, ayant autour de lui quatorze mille hommes, faisait son entrée à Santo-Domingo, escorté d'un brillant état-major.

La porte *del Conde* revit flotter les couleurs haïtiennes que Dessalines lui avait déjà montrées en Mars 1804. Le drapeau *noir* et rouge couvrait alors de ses plis orgueilleux une armée de vingt-deux mille hommes, laquelle serait entrée dans Santo-Domingo, n'eût été qu'à la vue de la flotte de l'amiral Missiessy, le glorieux fondateur de l'indépendance d'Haïti avait cru cette indépendance menacée et avait levé le siège pour accourir à marches forcées à la défense des côtes de la partie occidentale.

De 1822 à 1843, l'île d'Haïti tout entière obéit au même gouvernement, celui du président Boyer.

Le 13 Mars 1843, Boyer partait pour l'exil ayant été renversé du pouvoir par la prise d'armes de Praslin, c'est-à-dire par une opposition qui avait passé de la Chambre des députés dans le peuple par l'organe des principaux membres de cette opposition parlementaire.

Le programme très beau de la Révolution de 1843 n'avait encore reçu qu'un commencement d'exécution, lorsque, le 27 Septembre de la même année, un arrêté imprudent et impolitique du gouvernement provisoire siégeant à Port-au-Prince, déclara fermés tous les ports de l'ancienne partie espagnole.

Cette mesure devait provoquer une vive irritation et une aigreur générale au milieu des populations hispano-haïtiennes. D'autres causes antérieures à celles-là avaient déjà commencé à desserrer les liens d'affection entre Santo-Domingo et Port-au-Prince, entre les Haïtiens de 1821 et ceux de 1804.

Le 16 Janvier 1844, un acte de séparation fut signé à Santo-Domingo, et, le 27 Février, la Révolution éclatait dans cette ville dans laquelle le général Rivière Hérard venait d'accréditer, à titre provisoire, M. Juchereau de Saint-Denis, en qualité de consul, encore qu'il n'eût reçu ses provisions que pour le poste du Cap-Haïtien. La partie espagnole arbora la bannière de l'Indépendance et opéra la scission aux cris de : « *Viva la República*

Dominicana y la Virgen Maria. » Cri naïf et charmant !...

Le Chef d'Exécution des volontés du peuple, le général Hérard, venait d'être porté à la présidence à Port-au-Prince (4 Janvier 1844), par la Constituante qui avait voté la Constitution du 31 Décembre 1843.

Le nouveau président quitta la capitale pour aller ramener au giron de la République les séparatistes de l'Est. Il était à Azua, en marche sur Santo-Domingo, lorsqu'il apprit que sa déchéance avait été prononcée à Port-au-Prince et que le général Guerrier, acclamé président dans le département du Nord, le 26 Avril, venait d'être reconnu comme tel par le reste de la ci-devant partie française.

Le général Hérard partit pour l'exil après avoir confié le commandement des troupes devant Azua au général Souffrant qui les ramena à Port-au-Prince.

Le 18 Novembre 1844, la partie dominicaine se donne une Constitution au bas de laquelle on peut lire les noms des députés de Hinche et de Las Cahobas.

Si l'expédition de Rivière Hérard fut malheureuse, on n'en peut pas dire autant de celles de 1849 et de 1855. La première, faite par le président Soulouque (Mars-Avril-Mai 1849), avorta par suite de complots insurrectionnels qui se tramaient dans l'Ouest pendant que l'armée était engagée dans l'Est ; la seconde, faite en 1855-56, par le président Soulouque devenu empereur sous le nom de Faustin Ier, en Août 1849, ne réussit pas pour les mêmes raisons et surtout parce que peu des officiers qui entouraient l'Empereur comprenaient de quelle haute importance était la réalisation de ce projet que le souverain aurait pu appeler « la plus grande pensée de son règne. »

Quoi qu'il en soit, les deux expéditions de 1849 et de 1855 ont eu pour résultat d'amener l'incorporation définitive à l'empire d'Haïti de Las Cahobas, de Hinche et de toute la riche vallée du Goâve jusques aux portes de Banica. L'Empereur était sur le point de voir venir à lui les populations de Laxavon et de Monte-Christ et de toute la région dépendante de ces villes, où le général Paul Décayette, commandant à Ouanaminthe, entretenait des agents secrets, lorsqu'arriva, en 1859, la chute de l'Empire.

N'eût été la trêve conclue à Port-au-Prince le 17 Février 1857, entre la France et l'Angleterre d'une part et l'empire d'Haïti de l'autre, Faustin Ier aurait certainement profité de l'état précaire dans lequel se trouvait, en 1857, la République Dominicaine pour l'incorporer à son empire, tout en conservant à celle-là, ainsi qu'il le promettait, « ses lois et ses usages propres ».

Le 18 Mars 1861, la partie espagnole d'Haïti se

réunit sous la domination de l'Espagne et proclama « pour sa reine et souveraine la très haute princesse dona Isabelle II ».

M. Lepelletier de Saint-Rémy, qui ne pardonnait pas aux Haïtiens tout le mal qu'il avait dit d'eux dans le livre rempli d'erreurs historiques, géographiques et politiques qu'il avait publié en 1846 sous ce titre : « *Saint-Domingue. Etude et solution de la question haïtienne,* » M. de Saint-Remy tailla de nouveau sa bonne plume de Tolède — celle de 1846 — et écrivit dans la « *Revue des Deux Mondes* » un article laudatif pour l'Espagne, et qu'il voulait rendre sanglant d'ironie pour Haïti.

M. de Saint-Remy y essayait — sans toutefois y parvenir — de railler spirituellement le gouvernement de Geffrard qui avait, à bon droit, protesté contre l'annexion de la moitié de l'île d'Haïti à la couronne d'Espagne.

Bientôt, d'ailleurs, ils devaient s'envoler en fumée, tous les beaux rêves d'or que M. Lepelletier de Saint-Rémy avait faits pour la monarchie, la marine marchande et la nouvelle colonie espagnoles.

Se lassant d'entendre parler à leurs oreilles « un espagnol hautain », les Dominicains eurent l'outrecuidance de ne s'en point contenter, et levèrent l'étendard de la révolte.

Le général Pimentel avait été élevé au généralat

en chef et à la présidence provisoire par les insurgés campés dans le Cibao.

L'insurrection des indigènes de la Dominicanie contre l'Espagne et les négociations conduites, avec le plus grand tact à Madrid, par le plénipotentiaire d'Haïti, M. Thomas Madiou, provoquèrent un vote des Cortès espagnoles portant évacuation de l'ancienne Audience de Santo-Domingo.

Toutefois ce ne fut que le 11 Juillet 1865 que, pour obéir au vote des Cortès, le marquis de la Gandara quitta Santo-Domingo, et s'embarqua avec ses troupes.

Le même jour, Pimentel entrait dans la ville à la tête de l'armée indigène. Pimentel fut peu après renversé de la présidence par le général Cabral, celui-ci peut-être secrètement aidé par le président d'Haïti, Geffrard, que Pimentel avait mécontenté par une proclamation injurieuse, laquelle était en même temps une déclaration de guerre. Cabral fut nommé président provisoire. S'il fût parvenu au pouvoir alors à titre définitif, il y aurait eu entente cordiale entre les deux républiques, ou même réunion complète comme en 1822. Mais, le 23 Novembre 1865, une troupe de partisans se présente devant Santo-Domingo, réclamant l'élection de Baëz à la présidence. Le 27, la ville de Santo-Domingo se prononce en faveur de Baëz.

Déjà, en 1865, après l'évacuation opérée par le général espagnol, marquis de la Gandara, le cabinet de Port-au-Prince avait entrepris des démarches auprès des puissances européennes qui ont des intérêts dans la mer des Antilles pour obtenir d'elles la neutralisation par traité de l'île d'Haïti.

Les cours d'Angleterre, d'Espagne et de France s'étaient montrées favorables à ce projet. Le gouvernement de Washington, engagé dans la guerre de Sécession, avait fait attendre sa réponse.

En 1866, Cabral parvint légalement à la présidence, mais Baëz et ses partisans tenaient la campagne contre lui. Dans l'Ouest, le secret allié de Cabral, Geffrard, était toujours président, mais il se maintenait à peine à la première magistrature, sentant gronder sous lui et la bourgeoisie et le peuple qu'il avait blessés autant par son administration que pour avoir — disait-on — employé le canon anglais à réduire la ville du Cap occupée par une insurrection à la tête de laquelle se trouvait le général Salnave.

Les deux présidents, constitutionnellement élus, Geffrard et Cabral, ne pensèrent que peu à agir en commun pour obtenir la neutralisation, par traité, de toute l'île et pour la faire reconnaître et garantir par les Etats européens. La guerre de Sécession terminée, la reconnaissance du cabinet de la Maison-Blanche aurait suivi la garantie collective de la neutralité de l'île d'Haïti qui aurait été faite par les cabinets de Saint-James, des Tuileries et de l'Escurial.

Il n'en fut point ainsi malheureusement, la stabilité et la quiétude d'esprit ayant manqué aux gouvernants haïtiens pour mener à bonne fin l'œuvre ébauchée.

Le gouvernement de Geffrard fut renversé le premier (13 Mars 1867); celui de Salnave lui succéda (9 Mai, puis 14 Juin 1867).

Au commencement de 1868, Cabral, à son tour, était remplacé aux affaires sur les bords de l'Ozama, par son éternel compétiteur Bonaventura Baëz.

En 1865, il avait été convenu entre Salnave et le général dominicain Polanco que celui-là prendrait les armes dans la République de l'Ouest pour poursuivre le renversement de Geffrard, tandis que celui-ci chercherait à remplacer Pimentel à Santo-Domingo.

Ce double résultat obtenu, ils devaient fonder dans l'île d'Haïti un état fédératif à deux gouvernements locaux, dont l'un devrait assistance à l'autre à toute réquisition.

Ce projet ne put être réalisé, car Salnave ne fut pas vainqueur dans le nord de l'ancienne partie française, et Pimentel fut chassé du pouvoir, non pas par Polanco, allié secret de Salnave, mais par Cabral, ami politique de Geffrard.

Baëz avait remplacé Polanco dans l'amitié politique de Salnave : l'exécution du plan politique arrêté entre ces deux derniers, en 1865, n'était pas pour être oubliée par un esprit tenace comme l'était Salnave, ni pour être repoussée par Baëz. Il ne fut pas même ajourné, encore que Cabral se fût insurgé en Dominicanie contre Baëz, et menaçât souvent la porte San-Carlos, tandis que la République haïtienne de l'Ouest traversait une des phases les plus aiguës de son existence : la crise de 1868-69.

Un des derniers épisodes de cette guerre intestine fut la mort du président Salnave (15 Janvier 1870). C'était la ruine du projet de 1865.

L'entrevue de Cabeza-Cachon, qui eut lieu cinq ans plus tard, entre le président d'Haïti, Michel Domingue et le président de la Dominicanie, Ignacio Gonzalez, n'était que le prélude d'une action politique et diplomatique, dont le vice-président du Conseil des Ministres de la République d'Haïti, le général Septimus Rameau, tenait tous les fils. Celui-ci avait de vastes desseins, que l'emprunt de 1875 lui eût permis d'accomplir.

Sa mort, arrivée l'année suivante (15 Avril 1876), vint tout interrompre.

* *

La question subsiste tout entière.

Le projet de neutralisation de l'île d'Haïti est pour qu'on le reprenne.

L'Angleterre, la France et l'Espagne n'ont qu'a gagner à ce qu'Haïti soit comme une Suisse ou comme une Belgique insulaire au milieu de leurs possessions antiléennes. Il est même du devoir de l'Espagne et de la France, pour toutes sortes de raisons, d'aider de leur appui le Cabinet de Port-au-Prince dans toutes les démarches que celui-ci pourrait tenter.

La neutralité par traité de l'île d'Haïti aurait pour résultat immédiat une quiétude plus complète des esprits dans tout le territoire *quisquéyen* et pour résultat médiat la prospérité et la fédération des deux Républiques sœurs (1).

Au moment de la grande lutte économique qui va s'ouvrir bientôt dans le Triangle antiléen, il est

---

(1) Si nous obtenons cette neutralité — telle que je la demande — nous reviserons notre Constitution, expressément pour en effacer le fameux article 7, devenu aujourd'hui l'article 6. Sinon, non.

L'Espagne ne conserve plus l'espoir de retourner à Santo-Domingo, mais elle possède encore aux Antilles Cuba et Porto-Rico.

Le splendide empire arabe qui se nomme l'Algérie, et qui est situé à deux journées de Marseille, est devenu un domaine de la France. Elle y dépense annuellement 50 millions de francs et pourtant le nombre des colons français qui habitent l'Algérie est inférieur au nombre des colons italiens et espagnols. (Levasseur, *Cours du Collège de France*. Leroy-Beaulieu, *Cours du Collège de France. Notes personnelles.*)

Depuis que la loi d'aînesse est abolie en France, que les persécutions religieuses ont cessé dans ce pays et que le paysan y est devenu propriétaire du sol, les cadets de famille, les artisans, les paysans et les protestants français songent de moins en moins à quitter les zones tempérées de leur beau pays pour aller tenter fortune sous les ciels tropicaux. — La Martinique et la Guadeloupe sont des Antilles françaises.

L'Angleterre a l'Australie, dont la superficie est presque égale à celle de l'Europe ; elle a encore le Canada, l'Inde anglaise si vaste et l'Afrique du Sud. Elle vient de mettre le pied en Egypte. Le mouvement de l'émigration anglaise se dirige bien plus volontiers vers ces pays, où le sol est moins occupé ou moins épuisé et où le

pour qu'on souhaite de voir le Cabinet de Port-au-Prince et celui de Santo-Domingo unis dans une action commune.

Si la guerre commerciale à outrance est certaine une fois l'isthme de Panama coupé, on peut aussi prévoir un conflit politique, peut-être sanglant, entre les puissances européennes et américaines à propos du même canal et des pays avoisinants.

Sans nullement le désirer, il est permis de penser qu'il en puisse être ainsi quand on songe que dans cinq ans d'ici, les laines de l'Australie, le guano du Pérou et même le thé de Chine et les potiches du Japon viendront passer par Panama.

Le commerce du Chili, de la Bolivie. de l'Equa-

---

climat est plus froid ou plus tempéré, qu'aux Antilles. — La Jamaïque et presque toutes les petites Antilles sont des îles anglaises.

Ces trois grandes nations européennes, France, Espagne, Angleterre, n'ont absolument rien à craindre du voisinage d'Haïti. Si, au contraire, une grande puissance américaine venait s'établir en maîtresse, dans la baie de Samana, par exemple, il ne serait pas éloigné le jour où Cuba et Porto-Rico cesseraient d'être des colonies espagnoles; elle serait prochaine l'heure où les colonies anglaises et françaises de la mer des Antilles pourraient courir des dangers si leurs métropoles respectives étaient quelque peu embarrassées dans une guerre européenne.

Espagne, Angleterre et France ont donc tout intérêt à ce que l'île d'Haïti soit déclarée en état de *neutralité spéciale*.

D'un autre côté, des citoyens de République Étoilée nous viennent offrir leurs capitaux, à nous autres Haïtiens de l'Est et de l'Ouest. Ceux de l'Est ont déjà accepté. C'est peut-être peu prudent. Nous, Haïtiens de l'Ouest, nous avons payé si cher notre autonomie que nous avons le droit et le devoir d'y tenir énormément. — On nous offre des chemins de fer, des lignes de bateaux à vapeur, des télégraphes, que sais-je moi. C'est ainsi qu'on fait au Mexique, c'est ainsi qu'on fait aux îles Sandwich, c'est ainsi qu'on fait au Japon, c'est ainsi qu'on a fait au Texas, c'est ce qu'on veut faire en Colom-

teur, le commerce de l'Amérique russe et des parties du Canada, des États-Unis, du Mexique et du Guatémala baignées par l'Océan Pacifique vaut la peine d'être disputé.

Transit énorme pour Panama ! Transit à nul autre pareil et qui donnera une importance sans seconde non seulement à la région circonscrite entre le 10° et le 5° degré de latitude boréale et les 80 et 85° degrés de longitude occidentale du méridien de Paris, mais encore au canal du Vent, aux débouquements d'Haïti aussi bien qu'à la section

---

bie. Nous savons aussi ce qui s'est passé en Tunisie en 1881, en Egypte en 1882 et dans la Nouvelle-Zélande de 1840 à 1880. Nous pourrions répondre aux Yankees : *Timeo Danaos et dona ferentes*. Nous n'en faisons rien. — D'aucuns crient à tue-tête : « Les capitaux étrangers... tout de suite... Il n'y a que cela. » — Peu savent que les nations capitalistes ont produit elles-mêmes leurs capitaux et que ce qu'on a gagné soi-même on en est avare. Peu voient que le meilleur moyen d'aller vite c'est d'aller lentement. Il serait pourtant à désirer que le langage suivant fut tenu aux citoyens des États-Unis par les Haïtiens instruits et patriotes, c'est-à-dire prudents : « Nous « voulons bien accepter vos dons (?). Vous voulez habiter avec « nous?... Soit. — Vous êtes nos amis chauds?... D'accord. Mais « commencez par nous donner des garanties. Nous avons lu le « fabuliste et nous connaissons la fable du « Lion amoureux d'une « jeune fille ». Coupez vos ongles. Consentez d'abord à reconnaître « et à garantir par *traité* la neutralisation de toute l'île d'Haïti et « de ses dépendances géographiques. »

Les quatre grandes puissances du golfe du Mexique ont un intérêt immédiat et puissant à ce que cette combinaison réussisse. Elle peut réussir.

Les propositions officieuses de réunir un congrès *ad hoc* peuvent aussi bien partir de Port-au-Prince que de Madrid, de Paris, de Londres ou de la Maison-Blanche. Je ne vois pourtant aucun inconvénient à ce qu'elles partent de Port-au-Prince....

L.-J. J.

Paris, 10 Octobre 1882.

de la mer des Antilles comprise entre les 14° et 22° degrés de latitude au-dessus de l'équateur.

Il est d'intérêt majeur que l'intégrité du territoire haïtien et celle de ses îles adjacentes ou dépendantes soient choses déclarées et reconnues par traités patents et garantis par les puissances.

Cette neutralité ne sera pas seulement obtenue pour la sécurité des deux Républiques haïtiennes, mais encore, et peut-être bien plus, pour celles des métropoles européennes.

Le gouvernement haïtien actuel, s'appuyant sur le vrai peuple, est assuré de la stabilité politique, sans laquelle rien n'est, rien ne se peut; il a devant lui un long avenir. « Faites-moi de la bonne politique et je vous ferai de la bonne finance », disait avec raison le baron Louis, ministre de Louis XVIII. La bonne politique intérieure fait et la bonne politique extérieure et la richesse.

Le Cabinet actuel, persuadé que sa ligne de conduite politique sera suivie, peut entreprendre de longues et délicates négociations, composé qu'il est de diplomates éminents et ayant à l'étranger pour le représenter des ministres aussi patriotes que fins, discrets, savants,.... et jeunes.

Toutes les chances de donner la paix et d'établir les bases d'une prospérité continue, croissante et éternelle sont dans les mains de l'homme d'Etat haïtien qui voudra se laisser tenter par le rôle d'un Bismarck ou d'un Cavour.

C'est un surnom glorieux que celui-ci : « l'Unitaire ». Mais, non moins glorieux sont les titres, non moins honorables sont les mérites de ceux qui ont préparé cette unité et cette fusion des cœurs et les ont rendues réalisables par une lente éducation des nationaux, par une sage gradation et par des mesures qui resserrent les liens des peuples, font accroître la richesse, diminuent les chances de troubles et font naître le désir des belles choses, des choses vraiment utiles et vraiment fécondes.

Unir, est bien. Préparer les voies pour unir, est mieux.

Le premier est grand. Le second est grand, laborieux, épineux, ardu et exige une profonde connaissance des hommes, beaucoup de persévérance, d'esprit de suite, de finesse et d'art.

Pour les âmes vraiment fortes et bien trempées, il n'y a que le difficile qui soit tentant.

NOTE E. (Voir à la page XVI de la Préface.)

« Et maintenant, je remercie la noble France, cette mamelle du monde, etc. »

La prose française, le café d'Haïti, les doctrines philosophiques de la Révolution française sont les meilleurs excitants du cerveau haïtien. Ils le font fermenter, le fertilisent, le rendent facilement perfectible, ouvert à toutes les curiosités de l'art, de la science et des lettres.

M. Cochinat a été très mal renseigné quand il a écrit que les jeunes Haïtiens avaient l'intelligence inculte ; que ceux d'entre eux qui avaient reçu une certaine éducation ne lisaient que les œuvres de Musset et s'enivraient d'alcool à l'exemple de leur poète favori. C'est là une grave erreur, une affirmation absolument controuvée. J'ai connu nombre de jeunes gens de ma génération, lesquels, entre leur quatorzième et leur dix-huitième année, avaient déjà lu, en dehors des auteurs classiquès, les ouvrages de Thiers, de Guizot, de Chateaubriand, de Michaud, de Lamartine, de Victor Hugo, de Rollin, de Michelet, de H. Martin, de Lacépède, d'Arago, de Humboldt, d'Augustin Thierry, de Jules Simon, de Zeller, etc. — J'ai connu des professeurs haïtiens, Geoffrin-Lopez, Joseph Hogarth, Paul Lochard, dont l'esprit était dépourvu de tout préjugé et qui pensaient qu'il fallait tout laisser lire aux enfants et qu'il n'y avait de mauvais livres que ceux qu'on n'avait point lus. Aussi ont-ils formé des élèves dont l'esprit est d'une indépendance farouche et qui ne reculent ni devant le mot ni devant la conception philosophique ou politique, — si hardis, si originaux ou si honnis soient-ils.

Il est bon qu'on sache en France combien la nation haïtienne est attachée de cœur au pays qui, le premier, a aboli l'esclavage, montrant ainsi que la fraternité humaine n'était pas un vain mot.

Je détache les passages suivants d'un journal parisien *le Papillon* (numéro du 12 Novembre 1882) :

« La colonie haïtienne est nombreuse au quar-
« tier Latin, et elle s'assoit ponctuellement au
« banc de nos hautes écoles, où elle montre autant
« d'assiduité que d'intelligence à saisir.

« Chose curieuse à noter, tous les jeunes Haï-
« tiens connaissent à fond les doctrines philoso-
« phiques enseignées par Hæckel, Vogt, Darwin,

« Herbert Spencer, Auguste Comte, Littré, Pierre
« Laffitte et André Lefèvre. Comme on a tort de
« dire que la philosophie n'est pas dans les apti-
« tudes de la race noire !

« Rentrés dans leur patrie, ces jeunes savants
« travailleront activement à la diffusion des lumiè-
« res, à celle de ces connaissances qu'ils sont ve-
« nus puiser à Paris, qui peut se dire, avec un
« noble orgueil, que depuis plusieurs siècles il
« nourrit l'intellect de l'univers.

« La France, en ouvrant ses universités aux
« Haïtiens, répare dignement le mal qu'elle leur
« a fait, en les tenant sous un odieux esclavage.

« Au point de vue matériel, nous avons perdu
« Saint-Domingue. Au point de vue intellectuel,
« Haïti est encore une colonie française. »

Le gouvernement français aurait pris une mesure éminemment politique le jour où il déclare-
rait que les droits de scolarité dans les Facultés et
dans les lycées de Paris sont réduits de moitié
par les Haïtiens.

Le chroniqueur du *Papillon* — Féo de Jouval
— continuait ainsi : « Les Haïtiens ne connaissent
« pas l'ingratitude ; ils ont toujours su recon-
« naître les services qu'on leur avait rendus ; ils
« conservent le culte des hommes de cœur qui
« ont pris leur défense.

« Le 13 Juillet dernier, à la cérémonie d'inaugu-
« ration du tombeau de Michelet, au Père-La-

« chaise, les assistants ont été étonnés et char-
« més à la fois de voir un noir, un fils d'Haïti,
« prendre la parole et, d'une voix vibrante d'é-
« motion, saluer au nom de sa patrie ce grand
« affectueux qui aima la race noire et la défendit
« avec son éloquence et avec son cœur.

« La république haïtienne va participer à l'é-
« rection de la statue de Victor Hugo, le grand
« poète de l'humanité (1). »

Pendant longtemps quelques écrivains peu charitables se sont fait un cruel plaisir de cribler les
Haïtiens de leurs plaisanteries de mauvais aloi.
— S'ils savaient combien les piqûres d'épingle
font souffrir les hommes de cœur, ils cesseraient
d'abuser du droit qu'ils ont de blesser des inoffensifs qui ne demandent qu'à aimer ceux qui veulent être aimés.

Il n'y a pas de semaine que tel Haïtien « qui
me ressemble comme un frère » et qui lit tous les
jours une douzaine de grands journaux parisiens
n'ait à relever quelques douteuses aménités à
l'adresse de ses congénères. Chaque fois il en a
l'âme toute endolorie.

---

(1) La souscription d'Haïti m'est parvenue. Je l'ai versée entre les mains à M. A. Vacquerie, directeur du *Rappel*. Je confesse ici que j'agissais absolument de ma propre initiative lorsque j'écrivais l'année dernière à M. Louis Blanc, en France, à MM. Solon Ménos et D. Delorme, en Haïti, pour leur demander de bien vouloir faire en sorte que la nation haïtienne participât à l'érection de la statue de Victor Hugo. Pour le surplus, voir *le Commerce* (Port-au-Prince) du 26 Octobre 1881 et *le Rappel* (Paris) du 5 Novembre 1882.

L.-J. J.

Aussi c'est d'une amour profondément reconnaissante et passionnée que nous aimons ceux qui nous ont tendu la main et qui nous la tendent encore. Il y a telle expression de Victor Hugo qui nous emplit la mémoire durant tout un jour. Exemple celle-ci : « Si la France avait encore Haïti, je dirais à la France : Rends Haïti. Et je dis à l'Espagne : Rends Cuba (1). »

En prenant la défense de John Brown, Victor Hugo élevait la voix en faveur de toute la race noire.

Quant à Michelet, son sensorium fut en perpétuel rayonnement de sympathie pour la race noire. A l'heure où M. Bonneau nous jugeait si mal dans la *Revue contemporaine* du 15 Décembre 1859, au lendemain des publications de M. Gus-

---

(1) C'est encore Victor Hugo qui — dès 1860 — écrivait ceci à un journaliste haïtien, M. Heurtelou : « *Haïti est maintenant une lumière.* » (Solon Ménos. *La Statue de Victor Hugo. Conférence faite à Port-au-Prince,* le 27 Novembre 1881.)

Le 27 Novembre 1881, dans la salle du théâtre national de Port-au-Prince, M. D. Delorme, ancien député du peuple, ancien ministre et la plus grande de nos illustrations littéraires vivantes, et M. Selon Ménos, docteur en droit de la Faculté de Paris et un de nos brillants écrivains de l'avenir, ont chacun fait une conférence sur Victor Hugo. — La salle était comble et le nom du Poète a été acclamé pendant près de trois heures par une foule délirante d'enthousiasme.

Le ministre de l'Intérieur, le général D. Légitime, protecteur éclairé des lettres haïtiennes, assistait à la conférence en qualité de représentant du gouvernement.

Ainsi qu'on peut le voir, petit peuple par le nombre, les Haïtiens sont grands par les idées, par les principes, par la culture intellectuelle et par le cœur.

L.-J. J.

tave d'Alaux, Michelet fit paraître ce livre : *La Femme*.

Que d'accents émus et tous emplis de fraternelle tendresse il a su trouver pour nous consoler ! Que de pages exquises de délicatesse et d'intuition, que de phrases troublantes et délicieusement capiteuses ce livre ne contient-il pas pour exalter la race éthiopienne et pour vanter les qualités gracieusement féminines de la femme noire !...

« *Africa* est une femme », écrit l'historien-poète en désignant la famille chamitique. Or, qui dit femme dit bonté vivante, bénédiction, consolation, allégeance et reconfort. — « Salut, jeune Etat », fait-il ailleurs en s'adressant à Haïti...

O le ravissant chef-d'œuvre !

En son *Histoire de France*, chaque fois que ces mots : « *Haïti* », « *race noire* » reviennent sous sa plume, il s'enthousiasme pour les hommes et pour les choses qui sont nées d'elles. Il est en constante admiration devant l'éblouissante figure de Toussaint-Louverture.

J'étais sous le charme et sous la complète possesion de tous ces souvenirs dans la matinée du 13 Juillet 1882, lorsque, marchant à mon rang dans le cortège officiel, je tenais sur le bras, de la place Voltaire au cimetière du Père-Lachaise, une couronne qui portait ces mots : *Haïti à Michelet*.

Après que le représentant du gouvernement français, M. Jules Ferry, alors ministre de l'Instruction publique et le délégué de la Roumanie, M. Hasdeu-Melcy, directeur des Archives du jeune royaume danubien, eurent parlé, je pris la parole à mon tour.

Je transcris ici, en son entier, le discours que je prononçai ce jour-là à la cérémonie de l'inauguration du splendide mausolée où le demi-dieu repose enseveli dans un suaire de gloire (1) :

Messieurs,

« *C'est au nom de la République d'Haïti et à celui de la race noire que je prends la parole devant le monument où dort son dernier sommeil l'historien-poète dont nous honorons en ce jour la glorieuse mémoire.*

« *Messieurs, Paris est la Ville-Lumière, et la France est la Nation-Flambeau.*

« *Michelet fut un des plus purs, un des plus éclatants rayons de la Lumière française au* XIX° *siècle.*

« *Le sublime penseur donnait la volée à ses livres et leur disait : Allez, au nom de la France, allez par le monde à la conquête des cœurs.*

« *Et les cœurs étaient conquis.*

« *C'est ainsi que le philosophe s'est acquis des*

---

(1) Voir *le Rappel* (Paris) du 19 Juillet 1882 et *l'Avant-Garde* (Port-au-Prince) du 17 Août 1882.

droits à la reconnaissance éternelle de la jeune nation haïtienne.

« C'est Michelet qui dénommait Haïti « la France noire » et qui, au nom de la France, souhaitait la bienvenue à la République antiléenne et lui recommandait de ne rien négliger pour cultiver le cerveau de ses enfants.

« Les souhaits de prospérité et les rêves de bonheur qu'il a faits pour mon pays sont gravés, en traits ineffaçables, dans le cœur des Haïtiens.

« Ce qui fait surtout la gloire de la France, c'est qu'elle est la Nation Désintéressée. Elle est altruiste par excellence.

« Partout où elle a déployé ses couleurs, — qu'elles fussent blanches ou tricolores, — ce qu'elle a cherché à conquérir, ce n'est pas la terre : c'est l'homme.

« Et voilà pourquoi elle restera toujours la Nation Très Aimée.

« La chute de la Bastille, a dit Victor Hugo, fut la chute de toutes les Bastilles. C'est vrai.

« Toutes les fois que la Grande Nation a revendiqué un droit, une liberté, elle l'a fait non seulement pour elle, mais pour toute l'humanité.

« Aussi l'humanité a-t-elle toujours les yeux tournés vers le pays où sont nés tant de vaillants esprits et tant de nobles cœurs : Montaigne et Rabelais, Descartes et Pascal, Diderot et Voltaire et Beaumarchais, Mirabeau et Grégoire, Danton.

Châteaubriand, Lamartine, Victor Hugo, Louis Blanc, et Cochin, et Gasparin et Schœlcher.

« *Michelet, Messieurs, fut à la fois un chevalier et un apôtre. Il eut l'âme haute, fière, douce, incommensurablement bonne. Ce fut un grand affectueux.*

« *Il aima la race noire, il aima la race juive et les défendit — combien chaleureusement ? — elles qu'on a tant calomniées !...*

« *C'est Michelet, Messieurs, qui a appelé la race éthiopienne « la race aimante »; c'est lui, le Voyant, qui a prédit à la famille humaine à laquelle je m'honore d'appartenir de meilleures destinées que celles qui lui ont été réservées jusques à ce jour.*

« *Et tous les noirs — de quelque pays qu'ils soient — parlent ici par ma voix et remercient leur consolateur, celui qui n'a jamais désespéré d'eux.*

« *Au nom de la République d'Haïti et au nom de la race noire, je me découvre devant ton tombeau, Prophète.*

« *Maître, je te salue, au nom de la République d'Haïti, et au nom de la race noire.* »

―――

Et maintenant, j'ai épanché mon cœur.

Comme j'ai ouvert ce livre, comme je veux le

fermer — par deux noms : Cochinat! Michelet!
— Antithèse profonde... Ils sont séparés par un immense abîme.

***

An fond de toute œuvre, il y a une moralité, une philosophie.

Qu'il me soit permis de dégager et de formuler les deux pensées maîtresses qui sont encloses en ces six cents pages. Les voici :

— *La première des religions, c'est la patrie.* —
— *S'il est quelquefois bon d'oublier, il est toujours meilleur de se souvenir.*

FIN

TABLE DES MATIÈRES

                              Pages.

DÉDICACE.
AVANT-PROPOS............ I
PRÉFACE.......... II
COUP-D'ŒIL SYNOPTIQUE............................,.... XVII

LIVRE PREMIER

Escarmouches.

(Septembre — Octobre.)

CHAPITRE PREMIER

LES IMPERTINENCES DE M. COCHINAT.

Lettre à Pinckombe. — Gustave d'Alaux. — *Unguibus et rostro.* — M. Cochinat, géographe. — La « *baie-tise* » de Cochinat. — Mouettes blanches et poissons volants. — C'est pharamineux ! — Inginac, Boyer et Ardouin. — Amour du clairon, question d'atavisme. — M. Cochinat et les commissionnaires en tous pays. — Mendiants à Paris, à Liverpool, à Cherbourg. — Apprenez à réfléchir, Monsieur Cochinat. — Le chauvinisme haïtien, fils du chauvinisme français. — Mère, ils t'ont craché au visage ! — L'orgueil ? Moyen de sélection, dit Darwin. — Beauté est signe de liberté. — Nous voulons faire nous-mêmes. — Haïti a coûté cher. — .... Toujours une main d'étranger qui tient les fils. — Ecrivains haïtiens, inclinez-vous.... et saluez-les ! Saluez !... — Etrangers qui ont écrit sur Haïti. — Leurs erreurs. — .... Il est meilleur d'avoir du bon sens. — Hygiéniste *omniscient !* — Je l'en défie ! — Appropriation des terres en Haïti. — Port-au-Prince. — Une *Commune* noire. — Population peu casanière... *à cause de la chaleur.* — Il dit tout le contraire de ce qui est. — *Notre* ancienne colonie ! — Ça lui emplit la bouche !... — Politiques en chambre et triples crétins ! — Oyez cette phrase. — Remontrances à un remontrant...   3

CHAPITRE II

CHRONIQUEUR MAL RENSEIGNÉ.

Il n'en fut rien. — Avis de *l'Œil*. — Lettre à M. Dalloz. — *Le Vaudoux*. — Prenez pour des fables... — Exposition nationale d'Haïti. — La première Exposition française. — Chaptal et Fox. — Prédiction de François de Neufchâteau (1798). — Quelle différence immense ! — Gouverner, c'est prévoir ! — .... Il a pris date au nom du pays... — L'avenir se chargera de le démontrer. — Hommes d'Etat haïtiens. — Le président actuel. — Banque nationale. — Union postale — Crédit d'Haïti. — Port-au-Prince embellie. — L'instruction publique. — Le général Légitime, ministre de l'Intérieur. — Jamais, en vérité.... — M. Laforesterie, ministre des finances. — La France et Haïti. — Le pain et le sel. — .... même avec une fleur... — Je suis dans l'intention 31

CHAPITRE III

LES INSOLENCES DE M. COCHINAT.

Je sors de ma réserve. — Ma *furia*. — Sans euphémismes. — Entre autres bourdes. — Faut-il qu'un homme soit lâche et mal élevé ! — J'aurais pu vous répondre. — J'aurais pu vous montrer... — Douleurs ostéocopes. — Voyez l'Europe. — J'évoquerais. — Je vous aurais montré. — Et puisque ces choses.... — Paysan haïtien, mon frère.... — Les temps viendront. — Tout vient à point. — L'altruisme vous emplit le cœur !... — Gardez-les ! — Courage *civil* et courage civique ! — Chétive pécore ! — Va, simple jésuite et triple gueux !.... — Arcahaies et Gonaïves, villes sacrées !... — Bientôt, ô Cochinat !... — Tu les verras passer... — Regarde-les. — Donc, tu les regarderas passer. — Héros et vaillants de 1803 !... — C'est l'indépendance d'Haïti... — Manant, apprends à vivre. — La France est la capitale des peuples. Haïti est la France noire. — Aveugle, trois fois aveugle 42

CHAPITRE IV

RÉSIPISCENCE.

Esquisse est joli ! — Oui, ébauche ! (Voir Littré.) — Trop de louanges après l'insulte. — *Le Persévérant* (numéros des 20 et 28 Janvier 1882). — *Flagellant* est substantif et non adjectif. — Omniscient hygiéniste. — Excellents troupiers

—Quelle vue perçante et quels jarrets d'acier!— ... Comme des Numides! — O chroniqueur naïf!... — Allez et ne péchez plus.. 58

LIVRE II.

Revenez - y.

(Septembre — Octobre.)

CHAPITRE PREMIER

COURTES RIPOSTES.

Un excellent ami et collaborateur?!... — Qui *reprit* serait meilleur... — C'est inexact. — *Extra*-démagogiques pour *ultra*-démagogiques !... — ... *Depuis qu'il en a secoué le joug.* — « *Corriges* ton enfant, dit Dieu... » — Knout, schlague et chat à neuf queues. — .... Ce que c'est que l'atavisme ? — ... D'une imagination folle et délirante. — Ni solliciteur, ni frondeur. — ... A bon entendeur, demi-mot. — *Moniteur universel?! Petite Presse*, oui! — Jocrisse ou Calino. — Les résultats moraux sont plus grands encore!... — Les prénoms haïtiens... d'après lui. — De Voltaire à *Phylloxera*. — Il se nomme Jean-Baptiste *Thomas*. — Diafoirus? — Non, Victor... — ... Paul, Duguesclin, Garibaldi. — ... Le ravissement où je suis... — Prenez Madiou, cette fois. — Voyez Saint-Méry! — *Dondon, la Marmelade, la Seringue*, etc. — Journalistes, lisez les *Détracteurs!* — Blanqui-Vercingétorix. — (Si toutefois l'on en peut croire M. Meignan). — A la Martinique. — ... A Meignan et à Cochinat... — (Hein? Victor!) — *La Justice.* — Sainte Routine est si puissante!......... 65

CHAPITRE II

UN PEU DE SOCIOLOGIE.

L'ouvrier à Port-au-Prince. — Voilà que ça change! — Chef-d'œuvre d'inexactitude! — Nous n'en sortirons point. — Entre nous. — Allons, Monsieur, un peu de sociologie. — Entendons-nous — Tel fut le cas de Jasmin. — On sait ce qu'il advint. — ... A Gonaïves, la ville sainte! — L'indemnité territoriale d'Haïti. — Revenons à l'ouvrier haïtien. — Un sociologue aurait applaudi. — Nous savons tous d'où nous sortons. — Des exemples?... — En voici! — Vanderbilt surnommé le *Commodore*. — *Grand Maître*, dites : « *Sinite parvulos.* » — A la silhouette. — A. Audiganne.

— L'ouvrier français est quelque peu le père de l'ouvrier haïtien. — A Witebsk... (Thiers. *Campagne de Russie*.) — Louis Blanc. *Histoire de Dix Ans*. — Voilà 1848 ! — Déception immense !... — Louis Pauliat et la *Revue nouvelle*. — Denis Poulot et le *Sublime*. — Zola et l'*Assommoir*. — Aurélien Scholl, de l'*Evénement*. — Ameline dit : « Qui a bu boira... » etc. — Jules Simon et l'*Ouvrière*. — Levasseur, de l'Institut. — ... La Révolution française est son chef-d'œuvre. — L'ouvrier anglais. — Adam Smith. — E. Boutmy, de l'Institut. — P. Leroy-Beaulieu, de l'Institut. — Fournier. — Maguire. — Les *Home-rulers*. — Les révolutions, non ! Les révoltes... — L'ouvrier américain. — Il sait lire. — Il est très patriote. — Il n'a qu'un défaut. — En deux mots comme en cent. — Karl Marx (*le Capital*, chapitre XXIV). — En avant ! toujours et partout, en avant ! Et pour la patrie ! — On peut critiquer l'ouvrier, mais le calomnier, jamais 84

CHAPITRE III

VIEUX CONTES ET VIEUX COMPTES.

Le *Vaudoux*. — *In globo*. — Ce sont des *Tropidonotes*. — *Et dans le plus profond secret*. — Comme on dit dans l'histoire sainte. — Voyons, ô Cochinat, trop plein de désinvolte. — Petits esprits et grands drôles. — Ce qui est étonnant, ce qui est incroyable. — *En un seul repas* (?). — Le cannibalisme européen. — ... Après Paul d'Hormoys et Gustave Aimard. — Moyaux, Billoir, Barré et Lebiez, Prévost, Gilles et Abadie, Menesclou, Schonen. — Dites-moi, Cochinat que vous êtes... — Vingt lieues environ de Cabeza-Cachon vers Azua et de Ouanaminthe vers Saint-Yague. — Que vous avez les vues courtes ; vous me faites sourire, en vérité. — Comment je la voudrais.... — Tout le monde soldat, voilà le mot d'ordre. — Haïti aux Haïtiens ! — Haïti, c'est la civilisation noire latine. — Haïti est un argument... qui gêne et qui déplaît. — Ça ira, vous dis-je, ça ira. — Mettons qu'il y en ait cinq cents. — A beau mentir qui vient de loin. — Ombres généreuses et trop magnanimes des Bloncourt, des Bonneau... *et ejusdem farinæ*. — Il en est aux anges et il en rit... aux anges. — Serment d'Annibal. Et tenu. — Voyage fructueux... en perspective. — *Perrette et le Pot au lait*. — (Oui, la peine !) — Si l'on pouvait aux grandes choses comparer les petites. — Voici la teneur de ce fragment de lettre. — Remarquez, je vous prie, que c'est signé *Laforesterie*. — Ne fut pas toujours une sinécure. — Voilà l'oiseau ! — Ma plume crache. Est-ce de dégoût ? Peut-être ! 108

CHAPITRE IV

GLANURES.

Il me paraît indispensable. — Sans eau ni sucre. — Comme logicien, c'est un type unique. — Je m'en tiens à ces exemples. — Ce que Bouchardat appelle *le père de tous les maux*. — Quelques douzaines d'écervelés répètent à qui veut l'entendre. — Citons Becquerel, Lunier, Bouchardat, Magnus Huss ; citons Rufz. — Soyez indulgents, Messieurs les moralistes transcendants. — Vous qui n'êtes devenu goutteux (si tant est que vous le soyez).... — Deux mots des incendies à Port-au-Prince et à Paris. — Cette mirifique incurie sur laquelle tant de loustics ont tablé. — Budget de Paris : 256,212,263 fr. en recettes et 255,972,263 fr. en dépenses. — Soyez indulgents pour les édiles port-au-princiens. — Informez-vous des choses avant que d'en parler.. 135

LIVRE III.

L'action s'engage.

(*Novembre.*)

CHAPITRE PREMIER

UN PEU DE POLITIQUE.

O Cochinat *Duplex*. — Le peuple haïtien de sa « nature naturante ». — L'Haïtien sourit devant les balles. — Buchner et Quesnel ou c'est purement idiot. — Au lieu d'écrire des traités à l'usage du parfait fumeur ! — C'est une tactique qui a été suivie depuis 1800. — Il faut en rabattre de ces sornettes. — M. Alexandre Bonneau, dans la *Revue contemporaine* du 15 Décembre 1856. — O Bonneau, nous sommes pénétrés de cette vérité. — Faites-nous crédit de deux siècles. — Ni côté jaune, ni côté noir, ni opposition mulâtre : Cela n'est pas. — Voilà le vrai ! voilà le vrai ! — Mon Dieu, que les gens d'esprit sont bêtes ! — Lisez Cassagnac, lisez Meignan. — Le parti national et le parti libéral en Haïti. — Veillons sur le drapeau rouge et bleu........ 151

CHAPITRE II

ANECDOTES ET RENGAINES.

Dignes de Gribouille. — Que de contradictions ! Que d'erreurs ! Que de fautes d'histoire ! — Charmant, n'est-ce pas ? — Le drapeau marchait tout seul. — Si l'anecdote est vraie. — Il me rappelle le tant joli quatrain de Victor Hugo, intitulé : *Mahomet*. — Toujours cette vieille rengaine des distinctions de couleur qui n'ont jamais existé. — Après tout les troupes européennes leur ont tant de fois donné l'exemple. — Toujours la même antienne. — Vit-on jamais plus curieux personnage ? — Quand nous en serons à mille nous ferons une croix. — *Encasernement* au lieu de *casernement*. — Et sur ce, chantons une autre antienne. — Témoin le splendide panégyrique de Dessalines. — Si, Monsieur, il y avait à dire. — Et, à part cela, tout le reste est vrai. — Et pour clore ce chapitre.... — Les renieurs sont reniés.... 163

CHAPITRE III
JEUNES OFFICIERS, JEUNES POLITIQUES.

Incrédulité vraiment touchante. — Avant, pendant et après la Révolution française. — Ce qu'on a vu en Angleterre. — En somme, tous ces jeunes gens... — Une opinion de Louis Veuillot. — Je m'étonne à mon tour. — Ne voit-on pas coutumièrement ?... — Il cracherait sur lui pour cracher sur quelque chose. — Dans le journal *la République française*. — Je conclus. — Renvoyé à qui de droit. — Que ceux qui se sentent morveux se mouchent........ 181

CHAPITRE IV
ITHOS ET PATHOS.

C'est trahison pure. — Toute moelle m'est bonne. — Voilà votre paquet. — Quel style de Béotien. — Si tant est qu'on la puisse classer. — Bien des choses curieuses et pharamineuses. — Ce doit être charmant à voir un marché en Haïti. — Schœlcher a écrit ceci... — C'est impardonnable ! — Et je leur donne pleinement raison................... 190

CHAPITRE V
SPECTACLES MORALISATEURS.

Tiens ! tiens ! il y a encore des nobles haïtiens ?... — Tircis, faut songer à prendre la retraite. — En chiffres ronds, voici les preuves. — Le *Budget*, le Rapport du Conseil supérieur au Ministre de l'Instruction publique. — C'est un procédé commode... même en voyage. — Or, les candidats évincés seront aigris. — Pot-de-vin et *baschich*. — C'est ici le cas. — Enrichissez-vous ! — Les Haïtiens ont du champ devant eux. — Et puis,... et puis, ça ira ! — Pasteurs des peuples, suivez votre chemin ! — L'équilibre antiléen. — Dont il fut « *aultrefois* » le pensionnaire............... 201

LIVRE IV.

Halte en marchant.

(*Septembre — Octobre — Novembre — Décembre.*)

CHAPITRE PREMIER

DES CHOSES AUX HOMMES.

Martissant, Bizoton, Mariani, la Gonâve. — Rupture d'armistice. — On en pourrait dire autant du peuple haïtien. — L'exception confirme la règle. — Cela pourrait entraîner les plus effroyables calamités. — Si Salnave... non ! C'est trop près de nous... — Vous ne voyez pas plus loin que le bout de votre nez. — Où avez-vous appris l'histoire d'Haïti ?... — Un peu d'histoire, s'il vous plaît. — Pour conserver des droits *qu'il tenait de la nation*. — (Je parle toujours en général.) — Je ne veux nullement faire l'apologie des crimes politiques accomplis en Haïti. — Dissipons les malentendus ; rien n'est meilleur. — Haïti n'a pas d'histoire ! Grosse erreur ! — Elle est étonnante, admirable. — Lisez-les tous, ou bien... « *Imitez de Conrart le silence prudent.* » — Citons encore ceci et soulignons les erreurs. — Complétons ces renseignements. — Jeunes généraux, jeunes politiques : Alfred Delva, Brice.................... 220

CHAPITRE II

LES DEUX CHAMBRES DU PARLEMENT HAÏTIEN.

Tout l'homme est là. — Séances de trente heures d'une seule tenue. — Je ne comprends plus. — Mal installée, bien présidée. — Voilà, certes, une phrase à encadrer ! — Je n'y reviens pas. — Le luxe est affaire de peuples vieux. — J'aime mieux la rudesse de Caton le Censeur et le stoïcisme de Caton d'Utique. — Je connais un beau serment dans l'histoire. — *In medio verum*. — Quel étourdi que ce grand flandrin de badaud ! — En voilà assez ! — Que l'on s'incline devant les décisions des mandataires du peuple. — Ni solliciteur, ni frondeur. — Relisez-le............... 254

CHAPITRE III

COSAS DE ANTILLAS.
(XIXe siècle.)

M. Munier et M. Mérion. — Un mot spirituel. — « On voit qu'il se travaille à dire de bons mots. » — Elle est de M. Cochinat.

— Depuis lors le roi n'est pas son cousin. — C'est burlesque et c'est exquis? — M. le marquis de Cochonat... ça ferait très bien. — Cette coquine de métempsycose n'en fait jamais d'autres. — Le mal ne vient pas des vérités que l'on montre, mais de celles que l'on cache. — Le préjugé de couleur. — Préjugé et vérité. — Définissons d'abord Monseigneur *le Préjugé!* — Et maintenant sus! en avant! à l'abordage! — Louis XIV est le véritable auteur du préjugé de couleur. — Le commandant Sylla. — Je cite M. Meignan. Ce sera long. — Pauvre Amérique, c'est bien fait pour toi! — Le tour est à M. de Feissal. — Soyons justes, soyons impartiaux! — Soyez indulgents, ô fils de l'Europe occidentale. — Dans deux ou trois siècles encore. — Les Romains d'autrefois et les Bretons de nos jours.................. 270

CHAPITRE IV

COSAS DE LAS ANTILLAS.
(Avant 1843 et au XXIIe siècle.)

Donc, citons Schœlcher. — C'est un livre de bonne foi. — Je m'en tiens à la transcription de quelques pages. — Patience et attention sont sœurs. — Deux fractions d'un même tout. — En vérité, je vous le dis, ne falsifiez plus les textes! — Parallèle entre Boyer et Charles X. — D'Inginac à François Manigat. — Ce que j'écrivais en Janvier et en Février 1882. — Et maintenant sortons d'Haïti. — Voici ce que rapporte M. Othenin d'Haussonville. — Défense d'épouser les négresses et mulâtresses... en légitimes nœuds. — Autres règlements *de justice et d'amour*. — Gardons des preuves authentiques, cela pourra servir!... — Ceci est à l'adresse de M. Meignan. — « Revenons aux hommes de la classe libre. » (Schœlcher.) — Le chapitre XV du volume: *Des Colonies Françaises*. — Il prédit l'assimilation des races. — J'aurais transcrit mille pages, s'il le fallait...... 322

CHAPITRE V

CHOSETTES ANTILLÉENNES.
(En 1882.)

Exaltation et démence. — La parole est à M. Schœlcher. — *Le Rappel* du 12 Mai et du 9 Août 1882. — Le Petit-Séminaire-Collège et le couvent des Sœurs de Saint-Joseph-de-Cluny à Port-au-Prince. — La religion catholique et la religion protestante en Haïti. — Pensons à l'avenir — Objectivité et subjectivité des croyances religieuses. — Crime de lèse-patrie! — Libres penseurs et catholiques. —

L'haïtianisme. — « Je ne suis qu'un sonneur de clairon. » — Cette périphrase est voulue. — M. Réache, M. C. Denis: exemples qu'ils tracent. — Haïtiens ! cela suffit !... — Quand donc?!... — Ce terme, il l'atteindra. — Bons naïfs ! — Je le revendique pour Haïti. — *Le Premier des Noirs,* surnom sans pareil. — Car j'ai ma mission : guérir ! — Tous dans un, un dans tous. — Que tous me lisent et me comprennent. — J'ose dire pour toute l'humanité.............. 366

LIVRE V.

D Estoc et de Taille.

CHAPITRE PREMIER

FINANCES ET PARLEMENTARISME COMPARÉS.

J'y reviens.—Tropes parlementaires.—Le vol de l'occasion ! — On rit... et on digère. — « *Modestement* » est une perle ! — Sujet de pendule. — Aux choses sérieuses ! — Budget en déficit. — Un peu de lyrisme. — Etourdi ou triste sire. — Les ignorés seront connus. — « *Souvenirs de Guy-Joseph Bonnet* » et un mot de Napoléon Ier. — Voyageur trop lyrique, écoute.... — Qui parle ainsi ? — Quoi d'anormal, d'excessif, d'inédit?... — Une note qui a son prix. — Qu'ils en soient détrompés. — On sème pour récolter... — Législation budgétaire. — Renvoyé à qui de droit............. 397

CHAPITRE II

EN HAÏTI COMME AILLEURS.

Le propos est charmant et digne de Gribouille. — C'est bien fait. — J'approuve les Anglais. — Bohêmes, ratés et aigris ! — A tout seigneur, tout honneur. — Je n'en dédis point et le vais prouver. — Des élections officielles et pas autre chose. — Halte-là ! Prenez Victor Hugo, *Actes et Paroles.*— Excepté pour les ignorants. — Nulle méthode. — Mieux vaut tard que jamais. — Merci ! Nous avons bu l'absinthe. — Concéder ! Allons donc !?... — Portez ailleurs. — Dans le mot « Haïtien » la lettre *H* est muette. — « *En Haïti* » et non « *à Haïti* ». — C'est disgracieux en diable. — Après M. Smester, d'ailleurs. — Terrible homme pour affirmer. — Haïti et la race noire. — Wendell Phillips, Bétancès, Schœlcher, Toussaint-Louverture, Dessalines, Capoix. — Madiou, Lasselve, Robin. — Et vous aussi, lourd Buchner. — Bonaparte et les journalistes. — *La loi sur la Presse* de Musset. — Tout progrès suivi de réaction. — Liberté de la presse, de réunion, d'association. — « Vecy ce que je vouldroys. » 418

CHAPITRE III

DES OPPOSITIONS EN HAÏTI.
(Leur rôle, leurs résultats.)

Question palpitante d'intérêt! — Fables et fariboles. — 16 Avril 1848 et 2 Décembre 1851. — A nos dénigreurs — Un critique qui se critique. — Remontons à Dessalines. — Pétion et les opposants du Sénat. — L'opposition sous Boyer. — Les opposants au pouvoir en 1843. — De cette brouille naquit Acaau dit l'*Infâme*. — Là était la vraie révolution. Conséquences de 1843. — Le gouvernement de Geffrard. — Cagnette ou Capoue. — La crise du coton pendant la guerre de Sécession. — Le marquis de la Gandara. — Neutralisation de l'île d'Haïti. — Digression nécessaire. — La *Constituante* et la *Législative* sous Salnave. — « Tempestueuse » est de Mirabeau. — Une Héraclée parlementaire. — Le coup de 1808 répété en 1867. — Impérieux devoirs du député. — Le Sud se soulève. — De 1867 à 1870. — Résultats médiats du drame. — Nissage Saget; Michel Domingue. — La Chambre passe dédaigneusement à l'ordre du jour. — Tâche immense! œuvre de concorde sainte! — La crise du café. — *Coffea arabica* et *Coffea liberica*. — Ceci tuera cela. — « Essayons de la paix » (S. Auguste). — « La paix est le premier des intérêts. » (E. de Laveleye.) — La paix à tout prix. — Ne touchons plus au fusil. — Egalité, fraternité, liberté de la parole, liberté de la pensée, liberté individuelle en Haïti... et ailleurs. — Le président était trop bon! — L'argent qui circule fait l'argent. — « Rien ne coûte aussi cher que la guerre civile. » (E. Hervé.) — *Un mot de caractère* : « Sire, vous avez bien fait. » 471

CHAPITRE IV

DU GÉNIE D'IMITATION DES HAÏTIENS.

« Les Haïtiens n'ont jamais rien inventé! » — Ce que c'est que la civilisation. — École de Rome, École d'Athènes, École d'Alexandrie. — Imiter n'est pas facile. — Nombre de noirs sont inventeurs. — Un puissant cerveau est un héritage. — Qu'est la routine ? — « Le vain quarante-trois » (Paul Lochard). — Rentrons en lice, seigneur Cochinat. — Etude de constitution comparée. — Cochinat: animal imitatif. — Une poignée de perles, dont deux : « Rien n'appartient à rien, tout appartient à tous », — et « C'est imiter quelqu'un que de planter des choux. » — Le droit de dissolution en Haïti. — Le suffrage universel en Haïti. — Voyez Demonbynes, Batbie et Laferrière. — Constitution haïtienne. — Ma parole, il est idiot. — La comparaison est triviale. — L'impôt ne peut être perçu que s'il a été voté. — Quel puissant logicien que ce Cochinat! — Petite leçon de morale évolutionniste. — Attrape? — Une imposture! — La presse officielle en tout pays. — *Conquistador (?)* et ruflen !.... 509

CHAPITRE V

PORTRAITS DE MINISTRES.

La marine haïtienne est devenue côtière. — De Pétion à nos jours. — Le cabinet précédent: MM. Laforesterie, Brutus Saint-Victor, Henri Piquant, E. Laroche, D. Légitime, Charles Archin. — Le cabinet du 1er Janvier : MM. J.-B. Damier, Innocent Michel-Pierre, Édouard Pinckombe, Ovide Cameau, François Manigat, Thomas Madiou. — Etre quelqu'un, pouvoir faire quelque chose. — Une pensée de Schopenhauer. — Toussaint-Louverture, Maitland, Hédouville, Rigaud, — Ardouin, Saint-Remy, Madiou. — C'est inconvenant, malséant. — Dissipons les malentendus et les erreurs. — Rigaud et Pétion. — La belle avance ! — Un mot de Lefèbvre. — Chamillard, Mortier, Maison. — Jugement de Louis Blanc. — Soult, Guizot, Elias Regnault. — Erreur des gens du monde. — Fourtoul. — MM. Devès, Tirard, Labuze, de Mahy. — Le ministre, dans un pays parlementaire. — Des idées, des plans, une âme.................... 535

CHAPITRE VI

LES DERNIÈRES DU CARQUOIS.

P. P. C.

C'est pour prendre congé. — *Le Pas d'Armes du roi Jean.* — *Grafignette.* — *Grafougnette.* — *Graphomètre.* — « Graphomètre » est absurde. — Un touriste cul-de-jatte. — Salomon, Timagène Rameau, D. Denis, L. Éthéart. — Dufresne, Philippeaux, M. Clément, H. Piquant. — A la hiérarchie, à la carrière, au moule. — Clinquant et paillons! — Quand on court après lui, il fuit. — Opinion de Francisque Sarcey. — Gustave d'Alaux et la *Revue des Deux Mondes.* — Paul d'Hormoys et le *Figaro.* — Edgard Lasselve et le *Tour du Monde.* — Pyramide de grimaudages, prends garde à toi ; ton jour vient! — Un vers du *Misanthrope,* de Molière. — M. Cochinat comme styliste et comme penseur. — Puérilité sénile et exécrabilité de son œuvre. — On en fera mention…. pour mémoire. — *Amen!* 552

POST-FACE 571

NOTES.

Note A... 582
Note B... 589
Note C... 592
Note D... 595
Note E... 615

FIN DE LA TABLE DES MATIÈRES

Paris. — A. PARENT, imp. de la Fac. de médec., rue M.-le-Prince, 31.
A. DAVY, successeur.

ERRATA

Page 219, ligne 14. Au lieu de *Comptes fantastiques d'Hoffmann*, lisez : *Comptes fantastiques d'Haussmann*.

Page 611, ligne 29. Lisez : des citoyens de la République Etoilée.

www.ingramcontent.com/pod-product-compliance
Lightning Source LLC
Chambersburg PA
CBHW050315240426
43673CB00042B/1414